Pierre Dufour

La Légion étrangère

Foreign Legion

1939 1945

HEIMDAL

– Conception : Georges Bernage.

– Réalisation : Jean-Luc Leleu.

– Textes et légendes : Pierre Dufour.

– Traduction : Tony Kemp.

– Maquette : Francine Gautier.

– Composition et mise en pages : Marie-Claire Passerieu.

– Photogravure : Christian Caïra, Christel Lebret, Franck Richard.

Crédit photos : fond de la Légion étrangère - Revue Miroir - ECPA - Collection Susan Travers - Collection du général Pépin-Lehalleur - Collection du général (+) Hallo - Bundesarchiv - Imperial War Museum.

Remerciements :
L'auteur et les Editions Heimdal remercient la Légion étrangère pour l'aide incomparable qu'elle leur a apportée dans la réalisation de cet ouvrage, et en particulier, le général d'armée (cr) Coullon, président de la FSALE, le lieutenant-colonel Peron, chef de la division communication, information et recrutement, le chef de bataillon Marquet, chef du bureau information et historique de la Légion étrangère, l'adjudant Michon, conservateur du musée et son adjoint l'adjudant Condado, ainsi que le sergent Maiano, chef de l'atelier photo du journal Képi-Blanc, sans oublier tous les gradés et légionnaires qui ont fait preuve d'une disponibilité digne d'éloge.

Acknowledgements : The author and Editions Heimdal wish to thank the Foreign Legion for their assistance and support in the preparation of this book, and in particular General Coullon, President of the FSALE, Lt. Col. Peron, head of the communication, information and recruitment service, Major Marquet, head of the information and historical department of the Foreign Legion, WOII Michon, curator of the museum and his deputy, WOII Condado as well as Sgt. Maiano, head of the photographic studio ofthe magazine Képi Blanc, without forgetting all the officers and legionnaires who made themselves available in an exemplary fashion.

Editions Heimdal - Château de Damigny - BP 320 - 14403 BAYEUX Cedex - Tél. : 02.31.51.68.68 - Fax : 02.31.51.68.60 - E-mail : Editions.Heimdal@wanadoo.fr

ISBN 2 84048 130 8

Préface de Pierre Messmer, de l'Académie Française

Dans notre subconscient, la seule évocation de « La Légion » perpétue le souvenir et réveille la fierté des combats livrés depuis plus d'un siècle et demi dans tant et tant de batailles aux quatre coins du monde.

L'émotion de ceux qui ont le privilège d'assister à un défilé de ses troupes, au pas lent et mesuré des « Képis Blancs », exprime le sentiment profond d'innombrables Français pour la Légion.

L'histoire de la Légion Etrangère dans la Deuxième Guerre mondiale retrace une véritable épopée, depuis la Norvège jusqu'à la victoire de 1945 et bien après, dans nombre d'opérations extérieures, toujours dans l'esprit d'« Honneur et Fidélité », inscrits en lettres d'or sur ses drapeaux et que les légionnaires, aujourd'hui comme hier, ont à cœur de respecter.

Pierre Messmer

Preface by Pierre Messmer, of the Academie Francaise

In our subconscious minds an image of the "Legion" is engraved and recalls the struggles in which they have been involved during more than a century and a half as well as their battles in the four corners of the world.

Those who have had the privilege of witnessing a march-past by those troops at the slow and measured pace of the "White Képis" will understand the profound emotions of many French people for the Legion.

The history of the Foreign Legion in the Second World War recalls a true epic, from Norway to the victory in 1945 through many overseas operations, carried out in the spirit of Honour and Loyalty, words embroidered in golden thread of their flags, and which the legionnaires are as faithful today as they were in the past.

Pierre Messmer

Connaissez-vous ces hommes qui marchent là-bas
Ecoutez un peu la chanson de leurs pas
Elle vous dit qu'ils ont martelé bien des routes
Et çà c'est vrai, il n'y a aucun doute
Du Tonkin à Dakar
D'Afrique en Norvège
Dans le sable, le vent et la neige
Gloire à la Légion étrangère.

Légionnaire de l'Afrique suis tes anciens
De ton allure magnifique va ton chemin
Tête haute sans tourner les yeux,
L'âme légère et le cœur joyeux
Suis ta route sans peur de tomber
Avec honneur et fidélité.

Chant « Armée d'Afrique »

Le défilé de Camerone le 30 avril à la maison mère de la Légion à Aubagne (commémorant la bataille de 1863 au Mexique.

Ceremony of Camerone on the 30th April at th "mother house" of the Legion at Aubagne (commemorating the battle in Mexico in 1863).

Du creuset de l'an qui s'achève, la libération a jailli ! Ainsi a été exaucé le vœu fervent des Français qui n'ont jamais capitulé.

Au nombre des hommes d'armes qui ont toujours espéré, la Légion étrangère tient une place de choix. C'est la 13ᵉ demi-brigade qui offrit à la France, le 28 mai 1940, sa première victoire : Narvik.

Au cours de la retraite meurtrière de 1940, le Régiment étranger de cavalerie ainsi que les 11ᵉ et 12ᵉ régiments étrangers d'infanterie se battirent avec la furia de leurs anciens, multipliant les actes de bravoure, sauvant l'honneur.

En 1941, la 13ᵉ demi-brigade de Légion étrangère, à la tête des unités FFL, retrouve en Erythrée les chemins de la victoire et cueille des milliers de prisonniers. En 1942, par Halfaya où 5 000 ennemis se rendent, Mechili, Ghazala, elle approche de Bir-Hakeim où elle livre un combat par lequel elle entre dans l'Histoire.

En novembre de la même année, au moment où l'armée d'Afrique entre à son tour dans la lutte pour la libération de la Patrie, les légionnaires, le cœur gonflé de joie et de fierté, s'élancent vers la Tunisie, à l'assaut de l'ennemi abhorré. Le régiment de cavalerie de la Légion, les 1ᵉʳ et 3ᵉ régiments étrangers, après une très dure campagne, prennent au Zaghouan, en 1943, une éclatante revanche et font 12 000 Allemands prisonniers, tandis que la 13ᵉ demi-brigade, fidèle au rendez-vous, capture ses vieux adversaires de l'Afrika-Korps.

Et voici 1944, au cours d'une campagne fameuse, la 13ᵉ demi-brigade, décidément émule incomparable du Régiment de marche 14/18, marque à coups de boutoir, son passage sur la terre italienne : ce sont Ponte-Corvo, le Monte-Pencio, Tivoli, et, après le défilé inoubliable dans Rome conquise, Radicofani.

Puis sur le sol de la Patrie frémissante, par Toulon, Lyon, Autun, Dijon, Montbéliard, Héricourt, trois magnifiques régiments de Légion, la vieille et solide 13ᵉ demi-brigade, puis le régiment de cavalerie de Légion et le Régiment de marche de la Légion étrangère, animés du plus pur esprit de sacrifice, jalonnent de leurs morts les étapes qui mènent à la victoire et servent comme ceux d'hier et de demain avec Honneur et Fidélité.

Les Invalides, 9 janvier 1945
Général Koenig
Gouverneur militaire de Paris
Maréchal de France à titre posthume en 1984, mort en 1970

Translator's Preface

The original text was written with a French readership in mind and with the agreement of the publisher, I have omitted a certain amount of detail that would be meaningless to English speaking readers. I have, however, done my best not to alter the flavour of the book, apart from expunging some wildly inaccurate anti-British comments.

The actions of the Foreign Legion during WWII represent a microcosm of the history of the French army during that, for France, tragic period. During the retreat in the early summer of 1940, the Legion cavalry regiment, together with the 11th and 12th infantry regiments, gave a good account of themselves in the face of a superior enemy and ended the campaign with their honour intact.

The following year, the 13th demi-brigade of the Legion, leading the Free French forces in the Western Desert regained the tradition of victory and captured thousands of prisoners. In 1942, via Halfaya where 5,000 of the enemy surrendered, Mechila and Ghazala, they came to Bir Hakeim where their action entered into the history books.

In November of the same year, when the Army of Africa re-entered the struggle for the liberation of the home country, the legionnaires advanced with the Allied armies into Tunisia against the hated enemy. The legion cavalry regiment together with the 1st and 3rd infantry regiments at Zaghouan in 1943 achieved a spectacular revenge and took 12,000 German prisoners, while the 13th demi-brigade, hastening to meet them, helped round up the Afrika Korps.

In 1944, the 13th demi-brigade, during a hard campaign, stamped its presence on Italian territory. Ist battle honours were Ponte-Corvo, Monte-Pencio, Tivoli, and after the unforgettable march-past in captured Rome, Radicofani.

Then once again the on the soil of France, via Toulon, Lyon, Autun, Dijon, Montbeliard and Héricourt, three regiments of the Legion, the 13th demi-brigade, plus the cavalry regiment and the regiment of foot of the Foreign Legion, left their dead along their way to the final victory.

LA FRANCE A PERDU UNE BATAILLE

« Vous avez l'honneur, Messieurs appelés de France, de représenter sur le front du Nord-Est vos camarades des huit régiments d'Afrique, du Levant, du Tonkin. Vous êtes comptables de l'honneur de la Légion, c'est-à-dire cent années de la gloire la plus pure. Donc vous devez faire plus qu'aucun autre soldat de France. »

Colonel Robert, commandant le 11ᵉ REI

FRANCE HAS LOST A BATTLE

"You have the honour, gentlemen called to serve France, to represent on the north-eastern front your comrades in the eight regiments in Africa, the Levant and Indo-China. You are guardians of the honour of the Legion, that is to say, a hundred years of the purest glory. But you do not have to do more than any other French soldier."

Colonel Robert 11th REI Commander

Adieu vieille Europe

Cavaliers du 1ᵉʳ REC dans le bled.

Cavalrymen of the 1st REC in North Africa.

As-tu vu le fanion du légionnaire ?
As-tu vu le fanion de la Légion ?
On nous appelle les fortes têtes,
On a mauvaise réputation,
Mais on s'en fout comme d'une musette,
On est fier d'être à la Légion...
« Le fanion de la Légion », 1930

Lorsque sonnent les clairons de l'armistice du 11 novembre 1918, un monde vient de mourir. Plus jamais l'Europe ne sera la même. Dans le fracas des guerres civiles qui succèdent à l'hécatombe, quatre empires s'écroulent et deux autres sont touchés dans leurs œuvres vives, mais ils ne le savent pas encore.

A l'est, par *Tchéka* puis NKVD interposés, Lénine, et surtout Staline, instaurent la « dictature du prolétariat » et tentent d'exporter la Révolution par le biais de « l'Internationale » : émeutes et déstabilisation de la Chine, aide aux spartakistes allemands, ingérences dans les affaires espagnoles. Sur les ruines de l'ex-empire austro-hongrois a été créée une véritable mosaïque d'états nouveaux dans une région à l'instabilité chronique. L'Allemagne qui a résolu les crises des années 1920 et a jeté la République de Weimar aux orties pour goûter les étreintes du national-socialisme, n'a jamais accepté le « Diktat » de Versailles.

1. Légionnaires d'une batterie saharienne devant un canon de 90 mm de montagne.

2. Algérie : départ en « marche » d'une unité de Légion.

1. Legionnaires from a Saharan battery in front of a 90 mm mountain gun.

2. Algeria. A unit of the Legion leaving for a patrol.

Le futur général Andolenko, lieutenant au 2ᵉ REI en 1937.

The future General Andolenko, as a second-lieutenant in the 2nd REI in 1937.

Pendant ce temps, l'Italie qui, avec Mussolini, s'est donnée un « Duce » dès 1924, plonge dans le fascisme et lorgne vers les territoires que le traité de Versailles aurait dû lui attribuer. En même temps, Mussolini jette les bases d'un empire colonial qui partout se heurte aux intérêts français ou britanniques. Enfin, si la Sublime Porte est devenue la Turquie neutraliste d'Atatürk, elle n'en a pas moins laissé un certain nombre de bombes à retardement

Farewell to the Old Europe

While the trumpets sounded for the Armistice on 11 November 1918, the old world order was dying and Europe would never be the same again. Four empires collapsed while two others were fatally wounded although they had not realised the fact.

In the East, Lenin and then Stalin installed the dictatorship of the proletariat, and tried to export their revolution by means of the Communist International. From the ruins of the Austro-Hungarian Empire a patchwork of new countries emerged lending the Balkan region a chronic instability. Germany, which had surmounted the turmoil of 1920 had settled into the Weimar Republic although still refusing to come to terms with the terms on the treaty of Versailles.

At the same time, Italy which had gained the fascist dictator Mussolini in 1924, was busily establishing its colonial empire which was everywhere infringing upon French or British spheres of influence. Finally, the Ottoman Empire had become the neutralist Turkey of Ataturk, which had left in its wake a number of time bombs ticking away in its ancient Middle Eastern territories causing problems in the French and British mandates.

On the other side of the Pacific, the threat posed by the Japanese was becoming apparent. Confined within its narrow archipelago and lacking in natural resources, Japan proclaimed the Asian Co-Prosperity Zone, It laid hands on Manchuria, invaded China and at the outbreak of war, threatened the European colonies in the Far East.

At the same time, the western democracies, especially France, exhausted by the victory, and torn by political strife, lowered their guard. They called it "the war to end all wars", but that did not apply to the young Germans who gave their allegiance to Hitler.

Germany rearmed, with clandestine help from the Soviet Union and then more and more openly thanks to Hitler's diplomacy. This became apparent in Spain where the Condor Legion turned that country into a veritable test bed for the military-industrial might of Nazi Germany during the civil war. Guernica became the forerunner of Rotterdam.

One again, France was in the front line, but felt itself dangerously secure behind the fortifications of the Maginot Line, defended by the magnificent army of 1918. The *Anschluss* with Austria and the Sudeten crisis intervenes, but "peace" had been guaranteed at Munich in 1938. What of the displaced populations and the reign of terror that had descended on Prague and Vienna, not to mention the Polish problem? There would not be another war, would there ?

In 1939 the "pact of steel" was signed between Hitler and Mussolini, to be followed by the non-aggression pact with Russia. The Spanish Republic

Saïda 1937. Avant la revue.

Saida 1937. Before parade.

Ci-dessus : En Algérie. La guerre à l'ancienne. La traditionnelle murette de pierre dans les djebels (exercice).

Above : *Old fashioned warfare in Algeria. A traditional stone breastwork in a defile (exercise).*

Ci-dessus : Légionnaire d'un régiment étranger d'infanterie. Période 1935-1939.

Ci-dessous : Manœuvres divisionnaires en Algérie 1938.

Above : *Legionnaire from an infantry regiment. Period 1935-1939.*

Below : *Divisional manœuvres in Algeria in 1938.*

La garde à l'étendard du 1er REC en 1938.

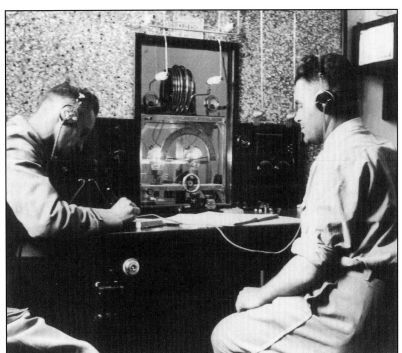

En haut, à droite : Progrès techniques : une station radio TSF dans un poste Légion.

Right : Technological advance. Radio apparatus at a Legion base.

The colour party of the 1st REC in 1938.

5

was defeated and Franco entered Barcelona and then took Madrid. Thousands of republican troops flooded over the Pyrennees to be interned in the camps at Barcarès, from where somewhat later, they were to become an important element in the mobilisation of the regiments undertaken by the French Foreign Legion. But for the moment, faced by the demands made by Hitler of Poland and the *casus belli* of the Danzig corridor, France decided to demonstrate her military might on the occasion of the 14 July 1939.

In 1919, marching behind their flag and the legendary Colonel Rollet, the men of the Foreign Legion Regiment of Foot, had taken part in the victory parade. 20 years later they were to return to Paris, where Colonel Rollet was at the Gare de Lyon to greet the guard of honour battalion from Sidi bel Abbes. Two days later the legionnaires were ready, when at 9 o'clock, the President of the Republic, Albert Lebrun, accompanied by the President of the Council, Edouard Daladier, reviewed them.

"Shortly afterwards forming up for the march past. As far as the Etoile (Arc de Triomphe) everything was quiet. But, when the battalion moved onto the broad roadway of the Champs Elysees and our band struck up our famous march, there was a moment of stunned silence and then an immense roar burst out from the crowd lining the route. This was Paris at its enthusiastic best, with the traditional chauvinism, which acclaimed us. The music was lost and from time to time we could only make out the bass drum. Everything else was drowned out by the cries of the delirious crowd. And soon after we passed the reviewing stand, the barriers were broken down and flowers rained down on us."

For the first time in its history, the legion marched past wearing white képis. Led by officers who were so soon to go down in history, the legionnaires of the desert made a proud display. In front marched the bearded sappers with their shouldered axes and behind them, Colonel Robert and flag of the 1st Regiment, their heavy paces redolent all the glory won on distant battlefields. The band played the "Boudin" which set the pace for their imposing march. The "Mirror" wrote : *"One saw a troop advancing, tall and solemn faced, wearing wasged-out khaki and with dented képis on their heads covered with white cloth which each man, wherever he was, would find the means to wash and iron."*

Also immaculately turned out were the fortress regiments from the Maginot Line, the colonial units, the engineers, the tanks and the mechanised forces, of which "not one broke down", wrote Paris Match! In passing on the congratulations of the President of the Republic, Daladier, added : *"The magnificent spectacle that has taken place conforms the strength and cohesion of the French Army, as well as the solidity of the ties which units us with the British Empire."*

L'état-major du 1er REC
en 1938.

*The staff of the 1st
REC in 1938.*

Officier du 1er REC avec son cheval.
Officer of the 1st REC with his horse.

Officiers du 1er REC à Sousse en 1939.
Officers of the 1st REC at Sousse in 1939.

dans ses anciennes possessions, et les mandats français ou l'occupation britannique au Moyen-Orient sont loin d'être une sinécure.

Et voici qu'au bout du Pacifique, la menace de l'empire du Soleil-Levant se précise. A l'étroit dans son archipel, dépourvu de ressources naturelles, le Japon en appelle à la « sphère de co-prospérité asiatique ». Il fait main basse sur la Mandchourie, envahit la Chine et, à la veille de la guerre, le *Mikado* menace les colonies européennes d'Extrême-Orient.

Pendant ce temps, les démocraties occidentales, particulièrement la France épuisée par sa victoire militaire, empêtrées dans des querelles byzantines, baissent leur garde. « Plus jamais ça » avaient-elles dit ! Les rescapés français certainement... Mais pas la jeune génération allemande à qui Hitler a rendu sa fierté !

Car l'Allemagne réarme, d'abord clandestinement avec l'aide des Russes et sous le regard plus ou moins complice des Anglo-Saxons qui ne veulent pas d'une France trop forte, puis de plus en plus ouvertement au gré des succès diplomatiques du chancelier Hitler. Cette politique se concrétise d'abord en Espagne où la Légion Condor transforme le pays en banc d'essai de l'industrie militaire nazie durant la guerre civile. Guernica préfigure Rotterdam et les routes de l'exode.

A nouveau, la France est en première ligne. Mais à l'abri derrière sa formidable ligne Maginot, défendue par sa splendide armée de 1918, prospère grâce aux richesses de son empire, malgré quelques grincements indépendantistes, la Nation ne s'en émeut pas pour autant ! L'*Anschluss*, la crise des Sudètes... Allons, l'année 1938 ne se termine pas si mal que ça puisque l'on a définitivement fait la paix à Munich ! Qu'importent les populations déplacées, la terreur qui s'est abattue sur Prague et Vienne, les inquiétudes polonaises ; il n'y aura pas de guerre. Et pourtant...

1939, l'année de tous les périls : « pacte d'acier » entre Hitler et Mussolini, pacte de non-agression entre Hitler et Staline, effondrement de la République espagnole ; Franco prend Barcelone et entre dans Madrid. Des milliers de soldats républicains franchissent les Pyrénées et sont internés dans les camps du Barcarès. Quelques temps plus tard, ils constitueront une part importante des régiments de mobilisation mis sur pied par la Légion. Mais pour l'heure, devant les exigences polonaises de Hitler et le *casus belli* de Dantzig, la France décide de montrer sa puissance militaire. Le 14 juillet 1939 va lui en fournir l'occasion.

En 1919, derrière le drapeau et le légendaire colonel Rollet, les Poilus du Régiment de marche de la Légion étrangère avaient participé au défilé de la Victoire. Vingt ans plus tard, ils sont de retour à Paris. Avant même la revue, c'est un succès. Le général Rollet est présent gare de Lyon pour accueillir le bataillon d'honneur de Sidi-Bel-Abbès. Deux jours plus tard, les légionnaires sont prêts. A 9 heures, le Président de la République Albert Lebrun accompagné du Président du Conseil Edouard Daladier passe les troupes en revue...

« Aussitôt après, mise en place pour le défilé. Jusqu'à l'Etoile, calme plat. Mais dès que le bataillon se trouve dans l'axe des Champs-Elysées et que notre musique entame notre fameuse marche, après un moment de silence, de stupeur, un cri immense, formidable, jaillit, nous accompagne et ne nous lâche plus. C'est Paris dans tout

son enthousiasme vibrant, son chauvinisme exacerbé qui nous acclame. Plus question de musique, c'est à peine si on entend de temps en temps la grosse caisse. Le reste est étouffé, noyé sous les cris, les applaudissements de la foule en délire. Et aussitôt après les tribunes officielles, c'est la rupture des barrages, les fleurs qui pleuvent sur nous... »

Pour la première fois de son histoire, la Légion défile en képi blanc. Conduits par des officiers qui ne vont pas tarder à entrer dans l'Histoire : Amilakvari, Tritschler, de Sairigné... les légionnaires du bled ont fière allure. Précédés des sapeurs barbus et hiératiques, derrière le colonel Robert et le drapeau du 1er Etranger, ils vont de ce pas lourd de toute une gloire accumulée sur tous les champs de bataille. La « clique » joue le « Boudin » qui rythme leur marche imposante. *« Alors, écrit le Miroir, on vit s'avancer une troupe massive, sombre, vêtue de kaki délavé, coiffée de képis cabossés mais recouverts du bout de toile blanche que chaque légionnaire, où qu'il soit, trouve le moyen de laver et de repasser... »*

Tenue irréprochable également des régiments de forteresse de l'invincible ligne Maginot, des coloniaux à la bravoure éprouvée, du génie, des tanks et des mécanisés, *« dont pas un n'est tombé en panne »* écrit *Match*. Le spectacle semble avoir galvanisé les énergies ; en transmettant les félicitations du Président de la République, Daladier, le « héros de Munich » se prend à ajouter : *« Le magnifique spectacle qui vient de se dérouler confirme la force et la cohésion de l'armée française en même temps que la solidité des liens qui nous unissent à l'Empire britannique. »*

1. Levant 1939. Légionnaires du 6e REI sur la route de Damas.

2. 1939 : tenue typique du légionnaire d'avant-guerre.

1. Levant 1939. Legionnaires of the 6th REI on the Damascus road.

2. 1939. Typical dress of the pre-war legionnaire.

14 juillet 1939 à Paris.
Arrivée gare de Lyon.

*14 July 1939 at Paris.
The arrival at the Gare
de Lyon.*

14 juillet 1939. Défilé
sur les Champs-Ely-
sées.

*14 July 1939. March-
past on the Champs
Elysées.*

Nous sommes tous des volontaires

« Aussitôt c'est la ruée de milliers de volontaires étrangers : beaucoup de ces hommes affluant en France fuyaient l'horreur des ghettos ou la peur des camps de concentration naissants. Ils venaient chercher un hâvre de compréhension et de liberté, offrant à la France ce sang qu'ils avaient jusqu'alors réussi à sauvegarder. »

Général Brothier

1er REI - Algérie. Expérimentation par la Légion des chenillettes de transport de troupes tout terrain.

1st REI in Algeria. The Legion experimented with light tracked vehicle for moving men over any terrain.

Deux mois plus tard, il n'est plus temps de parader, de lourds nuages, rouges du sang des Polonais, s'amoncellent sur l'Europe. La France et la Grande-Bretagne prennent tardivement leurs responsabilités et déclarent la guerre à l'Allemagne. Oubliée l'apothéose parisienne devant le général Rollet. Il est l'heure de se battre.

Troupe d'Afrique par excellence, la Légion n'a guère subi de modifications depuis 1918. Si l'on excepte quelques compagnies montées « motorisées », entre autres les premières du genre des capitaines Robitaille et Gaultier qui ont fait preuve d'efficacité, la majeure partie des unités est à vocation pédestre ou hippomobile. Les cavaliers russes du 1er REC ou le trinôme « deux hommes et un mulet » sont encore largement majoritaires avec le fantassin dans les colonnes. Ajouté à cela l'extrême dispersion des unités, les combats incessants contre toutes sortes de dissidences ou de rébellions, et l'on comprend que la mobilisation d'une telle troupe ne soit pas chose aisée. En effet, à la date du 3 septembre 1939, la Légion étrangère présente l'articulation et les implantations suivantes :

- 1er régiment étranger à Sidi-Bel-Abbès et trois bataillons en Syrie ;
- 2e régiment étranger à Meknès, au Maroc, et un bataillon à Homs, en Syrie ;
- 3e REI à Fez au Maroc ;
- 4e régiment étranger : réparti sur tout le territoire marocain ;
- 5e REI en garnison au Tonkin à Vietri, Tong et d'autres postes de moindre importance sur l'ensemble du territoire ;
- 1er REC à Sousse en Tunisie ;
- 2e REC à Midelt en Tunisie.

Avec le 4e Etranger, les 2e et 3e REI assurent la présence française au Maroc. De surcroît, ils fournissent la quasi-totalité des cadres et des renforts destinés aux régiments de mobilisation formés en métropole. En Syrie, les trois bataillons du 1er Etranger et celui du 2e RE sont regroupés et forment le groupement de Légion étrangère du Levant avant de constituer, le 1er octobre 1939, le 6e REI sous le commandement du colonel Imhaus, puis du lieutenant-colonel Barré.

En métropole, comme en 1870 et en 1914, les volontaires étrangers affluent. Mais cette fois l'armée française et son intendance se sentent à même de maîtriser cette situation. Les camps de la région lyonnaise : la Valbonne près Sathonay, le fort de Vancia, Dagneux, Montluel, Miribel, tous ces villages qui bordent le Rhône, accueillent les réservistes et les renforts d'Afrique du Nord dans le cadre même qui a vu l'enrôlement de leurs anciens de 1914. Pour certains, ce sont d'ailleurs des retrouvailles. Ici seront formés les 11e et 12e REI au destin aussi court que tragique.

Distribution de paquetages de guerre au 3e Etranger qui met sur pied des détachements chargés d'encadrer les régiments de mobilisation. La même mission est dévolue aux 2e et 4e Etrangers.

Distribution of war equipment to the 3rd REI which provided detachments to staff the new regiments on mobilisation. The 2nd and 4th Regiments were also used for this purpose.

Organigramme et état d'encadrement du 6e REI

Chef de corps : Colonel Imhaus
Commandant en second : Lieutenant-colonel Barré

Etat-major

Chef d'état-major : Chef de bataillon Fouache
Capitaine adjudant-major : Capitaine Orsini
Officier adjoint : Capitaine Serra
Officier trésorier : Capitaine Geslin

1er bataillon

Commandant le bataillon : Chef de bataillon Edart
Capitaine adjudant-major : Capitaine Hourtane
Section hors rang : Lieutenants Bultel, de Moratti, de Lannurien
Commandant la 1re compagnie : Capitaine Maftein
Commandant la 2e compagnie : Capitaine Andolenko
Commandant la 3e compagnie : Capitaine Comiti
Commandant la 4e compagnie : Capitaine Motha

2e bataillon

Commandant le bataillon : Chef de bataillon Brisset
Capitaine adjudant-major : Capitaine Olive
Médecin-chef : Médecin-capitaine Pons
Section hors rang : Lieutenants Schmitz, Bouchard, Combey, Sous-lieutenant Spelly
Commadant la 5e compagnie : Capitaine Michaud
Commandant la 6e compagnie : Capitaine Vecchioni
Commandant la 7e compagnie : Capitaine Dupuy
Commandant la 8e compagnie : Capitaine Duval

Compagnie hors rang

Commandant d'unité : Capitaine Delattre
Transmissions : Lieutenant Etienne
Approvisionnements : Lieutenant Grimaldi
Officier « Z » : Lieutenant Odry
Renseignement : Lieutenant Bloch

3e bataillon

Commandant le bataillon : Chef de bataillon Taguet
Capitaine adjudant-major : Capitaine Ollier
Médecin-chef : Médecin-capitaine Germain
Section hors rang : Lieutenants Segretain et Ay
Commandant la 9e compagnie : Capitaine Roumy
Commandant la 10e compagnie : Capitaine Dancausse
Commandant la 11e compagnie : Capitaine de Caumont
Commandant la CA 3 : Capitaine Arkhipoff

4e bataillon

Commandant le bataillon : Chef de bataillon Boitel
Capitaine adjudant-major : Capitaine Pate
Médecin-chef : Médecin-capitaine Dubroca
Section hors rang : Lieutenants Lafond et Baudens
13e compagnie : Capitaine Douplitsky
14e compagnie : Capitaine Laimay
15e compagnie : Capitaine Collot
CA 4 : Capitaine Babonneau.

Dans la configuration de 1939, avec 4 bataillons comprenant 16 compagnies plus une compagnie hors rang, le 6e REI constitue une grosse unité qui compte 3 210 hommes, dont 85 officiers et 334 sous-officiers. Son encadrement est de qualité et l'on relève parmi les officiers les noms de plusieurs figures qui ont marqué la Légion, en premier lieu, le lieutenant-colonel Barré, les capitaines Andolenko, Laimay, futur chef de corps du 3e REI, Babonneau qui se distinguera trois ans plus tard à Bir-Hakeim dans les rangs de la 13e DBLE, puis en Indochine, les lieutenants Audibert, Pépin-Lehalleur, de Lannurien, Favreau que l'on retrouvera au djebel Mansour, et bien sûr, ces jeunes officiers qui entreront dans la légende de la Légion et des Troupes aéroportées : les lieutenants Segrétain et Jeanpierre, tous deux tombés à la tête du 1er BEP sur la RC 4 en Indochine, et du 1er REP à Guelma sur la frontière algéro-tunisienne.

Faiblement équipé, le 6e REI est à vocation hippomobile. Il compte 31 chevaux et 456 mulets pour 25 véhicules à moteur, dont 2 voitures, 19 camionnettes et 4 motos side-car.

L'état-major du régiment et la compagnie hors rang sont implantés à Homs et les bataillons sont répartis sur tout le territoire du Mandat. Ainsi, le 1er bataillon occupe Soueïda et Salkhad, le 2e bataillon est cantonné à Baalbeck, Deir Es Zor et Beyrouth, le 3e bataillon à Mezzé et Damas, et le 4e bataillon à Homs et à Palmyre. Le 10 mars 1940, le général Weygand, commandant en chef du théâtre d'opérations de Méditerranée orientale, prescrit de diviser le 6e REI en deux formations distinctes. Le 6e REI proprement dit comporte l'état-major du régiment, la compagnie de commandement et d'engins, la compagnie hors rang et les 1er et 2e bataillons. Le groupement de Légion étrangère du Levant est formé d'une section de commandement, des 3e et 4e bataillons et de la section spéciale du régiment. Le 6e REI et le GLEL appartiennent respectivement à la 192e DI et aux troupes des Territoires Sud de Syrie.

In its 1939 configuration with four battalions and sixteen companies plus a headquarters company, the 6th REI was a large unit with a total of 3,210 men of whom 85 were officers and 334 nco's. Its officers were of high quality and among them were several who made a name for themselves in the Legion : Lt.Col. Barré, Captains Andolenko, Laimey, later commander of the 3rd REI, Babonneau, who distinguished himself three years later at Bir Hacheim with the 13th DBLE and then in Indo-China, the Lieutenants Audibert, Pépin-Lehalleur, de Lannurien, Favreau who we will encounter again on the djebel Mansour, and certainly the young officers who entered into the history of the Legion in the airborne troops : Lieutenants Segrétain and Jeanpierre, both of whom were killed respectively at the head of the 1st BEP in Indo-China and the 1st REP at Guelma on the Algero-Tunisian border.

The 6th REI was weakly equipped and relied on horsedrawn transport. It had 31 horses and 465 mules, compared with 25 motor vehicles : 2 cars, 19 vans and 4 motorcycles with sidecars.

The regimental staff and the headquarters company were stationed at Homs and the battalions were spread out all over the territory of the mandate (Syria). Thus, the 1st Batt. Was at Soueida and Salkhad, the 2nd at Baalbeck, the 3rd. at Mezzé and Damascus and the 4th. at Homs and Palmyra. On 10 March 1940, General Weygand, the C-in-C Western Mediterranean, prdered the division of the 6th REI into two distinct units. The actual 6th REI retained the regimental staff, the headquarters company and the engineer company plus the 1st and 2nd battalions. The Foreign Legion Group Levant was formed with a headquarters section, the 3rd. and 4th. Battalions and the special section of the regiment. The two units belonged respectively to the 192nd Infantry Division and to the South Syrian Territory forces.

Les régiments de La Valbonne

Créé le 1er novembre 1939 sous le commandement du colonel Maire, une figure légendaire de la Légion, le 11e REI comprend une compagnie de commandement et des services, une compagnie hors rang, une compagnie régimentaire d'engins et trois bataillons à quatre compagnies dont une d'accompagnement. Son effectif est important puisqu'il compte au moment de son départ au front 79 officiers, 184 sous-officiers et 2 390 gradés et légionnaires. Il sera le seul des régiments de mobilisation de la Légion à recevoir un drapeau. Fidèles à l'esprit de la Légion, réservistes et légionnaires d'active se fondent dans un même creuset sous la houlette du colonel Maire. Le colonel Robert, lui aussi vieux légionnaire, qui lui succède, peut ainsi travailler sur de bonnes bases. L'instruction est poussée, à la limite du drill ; avec elle apparaissent la cohésion et l'esprit de corps. Au plan physique et moral, le régiment est fin prêt. Il n'en est pas de même du matériel. Malgré son assurance, l'intendance, complètement débordée, ne le délivre qu'au compte-gouttes. C'est ainsi qu'au lieu des 3 000 paquets de pansements prévus et nécessaires, le 11e REI n'en reçoit que 400, 12 marmites norvégiennes au lieu de 90, mais surtout 9 canons de 25 mm antichars sur les 12 prévus au TED. Il en est ainsi pour le reste de l'armement, pour le matériel...

Conçu sur le même modèle, le 12e REI est créé le 25 février 1940 ; hormis les officiers et les sous-officiers de réserve, le contingent d'Afrique du Nord, il accueille essentiellement des engagés volontaires pour la durée de la guerre, espagnols et polonais pour une grande part. Ces hommes sont animés d'une telle haine des Allemands que l'instruction leur fait l'effet d'une simple formalité. Le 30 avril, après avoir commémoré le combat de Camerone, le 12e REI est prêt à monter en ligne. Comme au 11e, seule l'intendance n'est pas à la hauteur de ces formidables combattants. Là aussi, les canons de 25 manquent ; les hommes transportent un impressionnant barda, celui de 1918, mais ils n'ont même pas de couverture, tout juste des couvre-pieds. Toutes les améliorations apportées à leur condition sont le fruit de leur imagination. Le 11 mai, sous le commandement du lieutenant-colonel Besson, officier énergique et compétent, titulaire de plusieurs citations en 1914-18, le 12e REI est affecté à la 8e division d'infanterie. Avec elle, il connaîtra son baptême du feu

We are all volunteers

"There was a flood of thousands of foreign volunteers : many of those men came to France escaping from the horror of the ghettos or the fear of the early concentration camps. They came to find a haven of understanding and freedom, offering to France their blood which they had just succeeded in saving."

Two months later it was no longer time for parading. The heavy clouds red with the blood of Poland, drifted over Europe. France and Great Britain declared war on Germany. Time to forget the euphoric reception in Paris in front of General Rollet : it was time to fight.

Essentially excellent African troops, the legion had been hardly modernised since 1918, with the exception of the addition of a few motorised companies, and the majority were either on foot or on horseback. The Russian cavalrymen from the 1st Legion Cavalry Regiment were a part of that majority. The various units of the Legion were widely dispersed, constantly fighting various groups of dissidents or rebels, and one can understand how difficult it was to put them all on a war footing. In effect, as of 3 September 1939, the Foreign Legion was stationed as follows :

– The 1st Foreign Infantry Regiment (1 REI) was based at Sidi Bel Abbes with three battalions in Syria.

– 2th REI was at Meknes in Morocco with one battalion at Homs in Syria.

– 3th REI at Fez in Morocco.

– 4th REI spread out all over Morocco.

– 5th REI in garrison in Indo-China, at Vietri, Tong and other less important places.

– Ist Cavalry (1st REC) was at Sousse in Tunisia.

– 2th REC was based at Midelt in Tunisia.

The 2nd, 3rd and 4th Regiments safeguarded the French presence in Morocco. In addition, they provided almost the total of the permanent cadres and reinforcements destined for the regiments formed upon mobilisation in metropolitan France. In Syria, the three battalions from the 1th REI and the one from the 2th REI were formed into the Foreign Legion Group Levant, before becoming on 1 October 1939, the 6th REI under the command of Colonel Imhaus and then Lieutenant-Colonel Barré.

In metropolitan France, as in 1870 and 1914, there was an influx of foreign volunteers, but this time the French Army and the supply services were able to master the situation. The camps in the Lyon region and in the villages on the banks of the Rhone, absorbed the reservists and the reinforcements from North Africa in the same way as in 1914, forming them into the 11th and 12th REI, whose destiny was just as short as it was tragic.

1. Officier de réserve à titre étranger.

2. Défilé d'un élément en formation au camp de La Valbonne.

1. A foreign reserve officer.

2. March-past by a detachment in training at La Valbonne.

Organigrammes et états d'encadrement des 11e et 12e REI

11e REI

Chef de corps : Colonel Maire, puis colonel Robert et Commandant Clément

Etat-major
Chef d'état-major : Chef de bataillon Robitaille
Médecin-chef : Médecin-capitaine Blanc-Perducet, puis Médecin-capitaine Lados
Officier adjoint : Lieutenant Cardonne
Officier de renseignement : Lieutenant Virenque
Officier « Z » : Lieutenant Lamor
Officier des détails : Lieutenant Funkl
Vétérinaire : Sous-lieutenant vétérinaire Lemoine
Aumônier : Capitaine Watel, puis Capitiane Houet

Compagnie de commandement
Commandant de compagnie : Capitaine Perret, puis capitaine Lignez
Officier transmissions : Lieutenant de Rouziers
Chef des éclaireurs motos : Lieutenant Malaud
Officier pionnier : Lieutenant Martin

Compagnie hors rang
Commandant de compagnie : Capitaine Chiron
Officier d'approvisionnements : Lieutenant Papot
Officier de ravitaillement : Lieutenant Laparra
Officier de dépannage : Lieutenants de Besset, puis Seillon et Corduant
Pharmacien : Lieutenant-pharmacien Carraz

Compagnie régimentaire d'engins
Commandant de compagnie : Capitaine Costa

1er bataillon
Commandant le bataillon : Chef de bataillon Auffrey, puis Capitaine Rouillon
Capitaine adjudant-major : Capitaine Rouillon, puis Capitaine Clément
Officier adjoint : Lieutenant Girard
Médecin-chef : Médecin-lieutenant Pressard
Médecin auxiliaire : Sous-lieutenant Devaux
Commandant la 1re compagnie : Capitaine Lemoine
Commandant la 2e compagnie : Capitaine Truffy
Commandant la 3e compagnie : Capitaine Emmanuelli, puis lieutenant Gheysens (fondateur de la revue Képi-Blanc en 1947)
CA 1 : Capitaine Clément

2e bataillon
Commandant le bataillon : Chef de bataillon Brissard, puis Capitaine d'Algeron
Capitaine adjudant-major : Capitaine d'Algeron
Officier adjoint : Lieutenant Chapo, puis Lieutenant Coubart
Officier adjoint : Lieutenant Brochet de Vaugrigneuse, puis Capitaine Lemoine
Médecin-chef : Médecin-sous-lieutenant Rousson
Médecins auxiliaires : Adjudant Hypoustheguy et Adjudant Fitsche
Commandant la 5e compagnie : Capitaine Lanchon
Commandant la 6e compagnie : Capitaine Magne
Commandant la 7e compagnie : Capitaine Perossier, puis Capitaine Coquet
Commandant la CA 2 : Capitaine de Closmadeuc

3e bataillon
Commandant le bataillon : Commandant Guyot, puis Capitaine Rio et Capitaine Gaultier
Capitaine adjudant-major : Capitaine Marguet
Officier adjoint : Lieutenant Lannelongue, puis Lieutenant de Rebeval
Médecin-chef : Médecin-lieutenant Jaegerschmidt

Médecin-auxiliaire : Aspirant Dejean
Commandant la 9e compagnie : Capitaine Marguet, puis Lieutenant Jayet
Commandant la 10e compagnie : Capitaine Février, puis Capitaine Trimaille
Commandant la 11e compagnie : Capitaine lignez, puis Capitaine Lhuisset
Commandant la CA 3 : Capitaine Baron

12e REI

Chef de corps : Lieutenant-Colonel Besson

Etat-major
Chef d'état-major : Chef de bataillon Dury
Officier de renseignement : Sous-lieutenant Brouland
Officier « Z » : Capitaine Gantillon
Officier des détails : Lieutenant Chartier
Officier de liaison : Lieutenant de La Garde
Médecin-chef : Médecin-capitaine Valence
Vétérinaire : Sous-lieutenant Salomon

Compagnie de commandement
Commandant d'unité : Capitaine Breuillard
Officier transmissions : Sous-lieutenant Drykoningen
Officier pionnier : Lieutenant Carandeau
Commandant la section moto : Lieutenant de Besset

Compagnie hors rang
Commandant d'unité : Capitaine Tizon
Officier d'approvisionnements : Sous-lieutenant Joffard
Officier de ravitaillement : Lieutenant Marie
Officier dépannage : Lieutenant Doussy
Pharmacien : Sous-lieutenant Gerbay
Chef de musique : Sous-lieutenant Marocco

Compagnie régimentaire d'engins
Commandant d'unité : Capitaine Gavoille

1er bataillon
Commandant le bataillon : Chef de bataillon Roux
Capitaine adjudant-major : Capitaine Nicolas
Officier adjoint : Lieutenant de La Rocque
Médecin-chef : Médecin-lieutenant Badelon
Commandant la 1re compagnie : Capitaine Seguin
Commandant la 2e compagnie : Capitaine Boudet
Commandant la 3e compagnie : Capitaine Thomas
Commandant la CA 1 : Capitaine Sauget

2e bataillon
Commandant le bataillon : Chef de bataillon Franquet
Capitaine adjudant-major : Capitaine Chatenet
Officier adjoint : Lieutenant Masselot
Médecin-chef : Médecin-lieutenant Fric
Commandant la 1re compagnie : Capitaine Maroille
Commandant la 6e compagnie : Capitaine Forde
Commandant la 7e compagnie : Capitaine Primaux
Commandant la CA 2 : Capitaine Perrossier

3e bataillon
Commandant le bataillon : Chef de bataillon Andre
Capitaine adjudant-major : Chabanne
Officier adjoint : Lieutenant Hutteau
Médecin-chef : Médecin-lieutenant Levy
Commandant la 9e compagnie : Capitaine Ruillier
Commandant la 10e compagnie : Capitaine Perret
Commandant la 11e compagnie : Capitaine Bailly
Commandant la CA 3 : Capitaine Fravossoudovitch

The Valbonne regiments

Created on the 1 November 1939 under the command of Colonel Maire, a legendary figure in the Legion, the 11th REI consisted of a headquarters company, an supernumery company, a heavy weapons company and three battalions, each with four companies, one of which was a guide company. Its effectives were considerable, and when it left for the front, the regiment consisted of 79 officers, 184 nco's and 2,390 legionnaires. It was the only regiment formed on mobilisation to receive a flag. Faithful to the spirit of the Legion, reservists and active service men were welded together under the guidance of Colonel Maire, and Colonel Robert who succeeded him, himself a veteran legionnaire, inherited a solid base. The training was pushed to the limit which in turn cemented the cohesion and *esprit* of the unit, and in terms of fitness and morale, the regiment was ready for action, although the same could not be said for its equipment. In spite of the assurances given, the supply services, completely overwhelmed, could only deliver in dribs and drabs. Thus instead of the required and necessary 3,000 field dressings, the regiment only received 400, 12 Norwegian cooking pots instead of 90, and most importantly, 9 25 mm anti-tank guns instead of the 12 authorised by the war establishment. It was the same story with all the other armament and equipment.

Established according to the same scheme, the 12th REI was formed on 25 February 1945. Other than the reserve officers and nco's, plus the contingent from North Africa, it was made up essentially from Spanish and Polish volunteers for the duration of the war. These men were obsessed by such a hatred for the Germans that their training was little more than a formality, and on 30 April they were ready to take their place at the front. As was the case with the 11th REI, the services of supply let those men down, failing to provide the necessary 25 mm anti-tank guns. All the improvements to the state of their equipment were the products of their own fertile imaginations. On 11 may, under the command of Lieutenant-Colonel Besson, an energetic and competent officer, much decorated during the 1914-18 war, the 12th REI was attached to the 8th Infantry Division with which it received its baptism of fire.

Ci-dessus : Officier de Légion d'active destiné à encadrer les volontaires étrangers dans le cadre des régiments de mobilisation.
Above : Regular Legion officer sent as part of the permanent officer staff for the foreign volunteers destined for the mobilisation regiments.

Ci-dessous : Présentation du 11ᵉ REI à la veille de monter au front en 1940. Au centre, sur son cheval blanc, le colonel Robert.
Below : Parade by the 11th REI the day before leaving for the front in 1940. In the centre on horseback, Col. Robert.

Encadrement des 11ᵉ et 12ᵉ Etrangers à La Valbonne.

Training of the 11th and 12th Foreign Volunteers at the la Valbonne camp.

Officiers et volontaires étrangers au camp de La Valbonne près de Lyon.
Officers and foreign volunteers at the La Valbonne camp near Lyon.

Volontaires étrangers des 11ᵉ et 12ᵉ REI en formation dans les camps de l'Ain.
Foreign volunteers from the 11th and 12th REI in training at the camps on the Ain.

Le camp du Barcarès

Sur les bords de la Méditerranée, au pied des Pyrénées, un autre centre mobilisateur a été aménagé pour recevoir les engagés volontaires de 47 nationalités différentes qui ont assailli les bureaux de recrutement. Autrichiens refusant l'*Anschluss*, Tchèques et Albanais chassés de leur pays, Juifs persécutés, vaincus de la guerre civile espagnole, idéalistes... Entre les engagés d'Afrique du Nord et ceux de métropole, ils furent près de 20 000 qui, avec les réservistes appelés, firent grimper les effectifs de la Légion à 48 800 hommes, plafond absolu qui ne fut jamais dépassé, même au plus fort de l'Indochine. « *Parmi eux, des hommes peu ordinaires : le Prince Napoléon, alias légionnaire Blanchard, le Comte de Paris, alias légionnaire Orliac, tous deux victimes de la loi d'exil frappant les familles régnantes ; le prince Obolensky et la fleur de la noblesse slave, des aventuriers comme le commandant Charles Hora, un Tchèque qui s'illustrera dans la Résistance...* » Le camp du Barcarès formera les 21ᵉ, 22ᵉ et 23ᵉ régiments de marche de volontaires étrangers (RMVE) ainsi qu'un bataillon destiné à la Syrie, mais qui n'aura qu'une existence éphémère devant la gravité de la situation en mai 1940. Le recrutement est hétérogène mais de qualité. Ainsi, plus de 100 volontaires sont médecins. Malgré les protestations du lieutenant-colonel Debuissy qui commande le 21ᵉ RMVE, 43 d'entre eux seront transférés à la 16ᵉ section d'infirmiers militaires. « *J'ai demandé que cette mesure soit rapportée*, écrivit le lieutenant-colonel Debuissy, *car elle enlevait des gradés de valeur au moment où le 21ᵉ RMVE allait partir au feu.* » L'encadrement du régiment se compose de quelques officiers d'active dont certains viennent de la Légion et, parmi les EVDG, d'une forte majorité d'officiers et de sous-officiers de réserve. Le lieutenant-colonel Debuissy est lui-même un ancien officier de Légion où il a passé dix années avant de prendre sa retraite en 1938. Officier de la Légion d'honneur, il compte sept citations et quatre blessures. Sous son commandement, malgré le manque de moyens, il transforme des « bourgeois » en soldats et s'attache à faire du 21ᵉ RMVE une formation soudée et apte au combat. Une des figures des futurs légionnaires parachutistes, le général Brothier, alors jeune officier d'encadrement, a vécu l'expérience du Barcarès :

« C'était un petit village de pêcheurs, un peu au nord-est de Perpignan. Entre la mer et l'immense étang de Leucate s'étire une bande de terre longue d'une dizaine de kilomètres et large d'une centaine de mètres, pelée, désolée et balayée par la tramontane. C'était un emplacement idéal pour accueillir le flot des réfugiés espagnols chassés de chez eux par la victoire de Franco. Il suffisait de placer un peloton de gardes mobiles à chaque extrémité derrière une haie de barbelés pour assurer une surveillance efficace.

Construit à la hâte, il y avait le camp. D'interminables alignements de sinistres bâtisses de papier goudronné cloué sur de légères charpentes en bois. Pas de fenêtres, mais des panneaux de vitrex translucides qui diffusaient une chiche clarté. Pour tout mobilier, deux longs châlits de planches séparés par une allée à même le sable de la plage. A l'extérieur, quelques robinets distribuaient une eau saumâtre. L'ensemble tenait davantage du camp de prisonniers et même du camp de concentration. »

Les conditions d'existence sont tout aussi sévères pour les officiers que pour la troupe. Aguerris par les dures campagnes du Rif ou du Levant, les cadres d'active s'adaptent parfaitement à la situation. Les officiers de réserve, jeunes pour la plupart, également. Plus étonnant sera le comportement des 12 000 volontaires qui seront formés au Barcarès. Plus âgés, plus instruits que leurs camarades, installés dans la vie, bien souvent mariés, ils supporteront sans se plaindre une discipline rigoureuse ou des exercices qu'une forme physique précaire rend plus pénibles. Une foi ardente dans leur cause leur fera oublier les tracas quotidiens. Car tout ne va pas pour le mieux au niveau de la logistique ; le lieutenant Brothier et ses volontaires récupèrent le rebut de la mobilisation :

The camp at Barcarès

On the Mediterranean coast at the foot of the Pyrennees, another mobilisation centre was established to receive the foreign volunteers from 47 countries who had besieged the recruiting offices. Austrians who had refused to accept the *Anschluss,* Czechs and Albanians driven from their homelands, persecuted Jews, defeated Spanish republicans, idealists. With the regulars from North Africa and those from metropolitan France, they were 20,000, who, together with called-up reservists, were to boost the effective strength of the Legion to 48,000 men, a ceiling that would never be exceeded, even later in Indo-China. "Among them were the less ordinary men : Prince Napoleon, alias Legionnaire Blanchard, the Comte de Paris, alias Legionnaire Orliac, both of them victims of the law applying to members of ex-ruling families ; Prince Obolensky and the flower of the Slav nobility, adventurers like Major Charles Hora, a Czech who became famous in the resistance..." The camp at Barcarès trained the 21th, 22th and 23th Regiments of Foot of the Legion (RMVE) as well as a battalion destined for Syria, which only had an ephemeral existence due to the gravity of the situation in May 1940. The recruits were a mixed bag but of high quality, of whom more than a hundred were doctors. In spite of the protests of Lieutenant-Colonel Debuissy, commanding 21st RMVE, 43 of them were transferred to the 16th Military Medicine Centre. "I demanded that this measure be rescinded, wrote Lt.Col. Debuissy, because it removed valuable personnal at the moment when the regiment was about to depart on active service." The core of the regiment consisted of several regular officers, some of whom came from the legion, and among the foreign volunteers for the duration of the war, was a strong element of reserve officers and nco's. Lt.Col. Debuissy himself was a veteran of the Legion in which he had spent ten years before retiring in 1938. An Officer of the Legion of Honour, he had amassed a total of seven citations and four wounds. Under his command, in spite of the lack of resources, he transformed the "civilians" into soldiers and made the 21st RMVE into a formation welded together and battle-ready. One of the future Airborne Legionnaires, General Brothier, at the time a junior staff officer, went through the experiences of Barcarès :

"It was a small fishing village, just to the north-east of Perpignan. Between the sea and the lake of Leucate there stretched a strip of land about a dozen kilometres long and a hundred metres wide, bare, deserted and swept by the wind coming off the mountains. It was the ideal place to receive the flood of refugees chased from their homes by Franco's victories. We only need to post a platoon at each end behind a barbed-wire hedge to ensure an effective guard.

Built in haste, the camp consisted of interminable rows of sinister-looking huts made of tar paper tacked onto light wooden frames. There were no windows, but panels of perspex which diffused a sparse illumination. For furniture there were two long rows of bunks made of planks separated by a passage strewn with beach sand, while outside, a few taps distributed brackish water. The whole place resembled a prison camp or even a concentration camp."

The conditions were just as severe for the officers as for the men, but toughened by the bitter campaigns in the Rif or the Levant, the regulars adapted easily to the circumstances, as did the mainly young reserve officers. More astonishing was the behaviour of the 12,000 volunteers who were trained at Barcarès. Older and better trained than their comrades, settled in life and often married, they put up with rigorous discipline and exercises which exacerbated their often poor physical condition, without complaint. Their enthusiasm for their cause enabled them to ignore the day to day inconveniences, and the logistics left much to be desired : Lieutenant Brothier and his volunteers received the dregs on mobilisation :

"We witnessed the arrival, often in entire railway wagons full, such a collection of junk rejected by the units already mobilised. We found everything : khaki, horizon blue, light cavalry blue, and an amazing mixture of headgear : from caps to berets of various patterns, from riflemens' shakos to shapeless kepis. But the final straw was the footwear : naturally nothing new, only heaps of worn out and second-hand boots.

To sort out, repair and clean everything was our first task in order to make everyone vaguely presentable. Accoutrements : belts, webbing, ammunition pouches, caps, were from the very beginning, issued in dribs and drabs. As far as weapons were concerned, all we had were rifles without slings. In order to remedy such defects we had to resort to using string and we became nicknamed the 'string regiment', but what started out as a term of derision became a byword for glory."

1. Les volontaires étrangers des régiments de marche du camp du Barcarès. On notera la disparité des tenues et des équipements.
2. La musique du 21ᵉ RMVE au camp du Barcarès.
3. Automne 1939. Le camp du Barcarès.

1. Foreign volunteers of the foot regiments at the Barcarès camp. Note the variegated nature of dress and accoutrements.
2. The band of the 21st RMVE at Barcarès.
3. Barcarès in autumn 1939.

« Nous vîmes arriver en vrac, par wagons entiers, une friperie pas très nette et disparate, laissée pour compte par les unités mobilisées. On y trouvait de tout : du kaki, du bleu horizon, du bleu chasseur, et puis un échantillonnage invraisemblable de coiffures : des calots aux bérets de modèles divers, des chéchias de tirailleurs aux képis devenus informes. Mais le fin du fin fut atteint au chapitre des chaussures : aucunes neuves bien sûr, mais des monceaux de godillots usés, dépareillés, racornis...

Trier, nettoyer et réparer fut la première activité pour que tout devienne à peu près présentable. Les équipements : ceinturons, bretelles de suspension, cartouchières, casques, furent au début distribués au compte-gouttes. Quant à l'armement initial, il se composa seulement de fusils sans bretelles. Comme il fallait remédier à tout, la ficelle devint un élément important de dépannage, et nos unités y gagnèrent l'étiquette de régiments ficelle. Leur mérite est d'avoir su faire d'un sobriquet dérisoire, un titre de gloire. »

C'était aussi la Légion

Du fait de leur spécificité, deux autres unités connaîtront une mobilisation et une montée en puissance particulières : le groupement de reconnaissance divisionnaire 97 (GRD 97) et la 13ᵉ demi-brigade de Légion étrangère.

Créé le 1ᵉʳ décembre 1939, le GRD 97 a connu une longue période d'incertitude, faite de multiples tâtonnements et de changements de dénomination. Des éléments du 1ᵉʳ REC avaient d'abord apporté leur contribution à un GRD 87 du type outre-mer. Le 15 janvier 1940, ce dernier prenait le numéro 90, puis 180, et était envoyé au Pont-du-Fahs avant d'être stationné pour une courte période à Bizerte. Formé des personnels des deux REC et du dépôt commun de Sidi-Bel-Abbès, le « GRD Lé-

4

gion » comprend fort peu de réservistes dans ses cadres et aucun EVDG. Le 5 février 1940, sous le commandement du lieutenant-colonel Lacombe de La Tour, le GRD prend officiellement le numéro 97 et est constitué sur le type métropolitain. Le 21 mars, il débarque à Marseille, d'où il est dirigé sur Carcassonne au dépôt de cavalerie n° 16. A l'exception de son escadron motocycliste parti chercher son matériel à Montlhéry, il séjourne dans l'Aude jusqu'au 23 avril, ses équipages se familiarisant avec les engins et les véhicules de dotation. Il complète ensuite son instruction au Valdahon dans le Doubs, au sein de la 7ᵉ division d'infanterie nord-africaine (DINA) à laquelle il a été affecté. Le 17 mai 1940, la 7ᵉ DINA sera envoyée sur la Somme.

Organigramme et état d'encadrement du GRDI 97

Chef de corps : Lieutenant-colonel Lacombe de La Tour

Commandant en second : Capitaine Moisson

Escadron hors rang

Commandant d'unité : Capitaine Djinnchnadze
Officier adjoint : Capitaine Vatchnadze
Officiers EM : Lieutenants Bonnot, Frappa, Rivoire, Sous-lieutenant Sueron
Officier des détails : Sous-lieutenant Poirson
Médecin-chef : Médecin-lieutenant Benguigi
Médecin auxiliaire Ottavy
Dentiste auxiliaire Ampelas
Vétérinaire auxiliaire Couturas

Escadron hippomobile

Commandant d'unité : Capitaine de Guraud

Escadron motorisé

Commandant d'unité : Capitaine Colonna-Renucci

Escadrons d'automitrailleuses et canons de 25

Commandant d'unité : Capitaine Stevenin

They were also of the Legion

Because of their specialist nature, two further units were mobilised and had their effectiveness considerably increased : the 97th divisional reconnaissance group (GRD 97) and the 13th demi-brigade of the Foreign Legion.

Formed on the 1 December 1939, the GRD 97 had to put up with a lengthy period of uncertainty and changes of name. Elements from the 1st Cavalry Regiment (1st REC) had already contributed to a GRD 87 overseas type. On 15 January 1940 the latter took the number 90 and then 180 and was sent to Pont-de-Fahs before being based for a short while at Bizerta. Made up of personnel from both Legion cavalry regiments and the base depot at Sidi-bel-Abbes, the 'GRD Legion' had very few reservists in its ranks and no war service only foreign volunteers. On 5 February 1940, under the command of Lieutenant-Colonel Lacombe de la Tour, the GRD officially took on the number 97 and was constituted on a home country pattern. On 21 March it disembarked at Marseilles from where it was sent to the 16th Cavalry Depot at Carcassonne, where, with the exception of its motorcycle squadron which had gone to collect its equipment at Montlhéry, it stayed until 23 April, training the crews on the vehicles issued to it. After that it finished its training at Valdehon in the Doubs alongside the 7th North African Infantry Division to which it would be attached. On 17 May 1940, the 7th DINA was sent to the Somme.

At the beginning of 1940, at the request of Finland which was suffering attack by the Soviet Union, the French General Staff, discussed the opportunities for operation in Northern Europe with their opposite numbers in Britain, and on 5 February 1940, the allies decided to send an expeditionary corps to help the Finns. In addition to the Alpine troops earmarked for this mission, it was decided to add a unit of the Foreign Legion.

It was thus that two battalions with an aptitude for mountain warfare were formed at Sidi-bel-Abbes and Fez in Morocco. On 27 February 1940 they were joined together in a demi-brigade, a designation used in the mountain troops, taking the number "13" after the 11th and 12th REI. Disembarking at Marseilles on 6 March, the 13th mountain demi-brigade of the Legion (DBMLE) settled into the camp at Larzac to perfect their training on the rough slopes in the Aveyron. On 29 March, commanded by Lt.Col. Magrin-Vernerey, the demi-brigade transferred to Bellay in the Ain department and then to Brest where it received special equipment ; Organised into two battalion plus staff and headquarters elements, it numbered 2,400 men, all regular legionnaires. Finland, having been crushed by the Soviets in spite of a spirited resistance, the 13th DBMLE embarked to Norway on 24 April 1940.

4. 1939. Instruction santé dans une unité de volontaires étrangers.

5. 1939. Mobilisation à Sidi-Bel-Abbès.

4. Medical instruction in a unit of foreign volunteers.

5. 1939. Mobilisation at Sidi-bel-Abbes.

5

Au début de l'année 1940, à la demande de la Finlande qui ploie sous l'offensive soviétique, l'état-major français se concerte avec les Britanniques sur l'opportunité d'opérations en Europe du Nord. Le 5 février 1940, les Alliés décident d'envoyer un corps expéditionnaire en Finlande. Aux chasseurs alpins désignés pour cette mission, on va adjoindre une unité de Légion étrangère. C'est ainsi que deux bataillons « à vocation montagne » sont créés à Sidi Bel Abbès et à Fez au Maroc. Le 27 février 1940, ils sont réunis en une demi-brigade - désignation en usage dans les troupes alpines - qui prend le numéro 13 à la suite des 11ᵉ et 12ᵉ REI. Débarquée à Marseille le 6 mars, la 13ᵉ demi-brigade de montagne de la Légion étrangère (DBMLE) s'installe au camp du Larzac pour y parfaire son entraînement et sa cohésion dans les rudes conditions des Causses aveyronnaises. Le 29 mars, sous le commandement du lieutenant-colonel Magrin-Vernerey, la demi-brigade fait mouvement sur Belley dans l'Ain, puis sur Brest où elle achève de percevoir des équipements spéciaux. Articulée en deux bataillons et des éléments de commandement et d'accompagnement, elle compte environ 2 400 hommes, tous légionnaires d'active. La Finlande ayant été écrasée par les Soviétiques malgré une résistance acharnée, le 24 avril 1940, la 13ᵉ DBMLE embarque pour la Norvège.

Rassemblement du bataillon d'instruction à Saïda en 1939.
Assembly of the training battalion at Saida in 1939.

L'instruction des volontaires étrangers à Saïda.
Training of foreign volunteers at Saïda.
(Coll. Gen. Hallo.)

<table>
<tr><td colspan="2">**Organigramme et état d'encadrement de la 13ᵉ DBMLE**</td></tr>
</table>

Organigramme et état d'encadrement de la 13ᵉ DBMLE

Chef de corps : Lieutenant-colonel Magrin-Vernerey

Etat-major
Chef d'état-major : Chef de bataillon Cazaud
1ᵉʳ Bureau : Capitaine Carre de Luzancay
3ᵉ Bureau : Capitaine Koenig
Officier de liaison : Capitaine Audier
Officier de liaison franco-britannique : Capitaine Lapie
Officier de renseignement : Lieutenant Sartout

Compagnie de commandement
Commandant d'unité : Capitaine Blanc
Officier des détails : Lieutenant Herzog
Officier transmissions : Lieutenant de Robert
Officier pionnier : Lieutenant Dufrêne
Peloton d'éclaireurs motocyclistes : Lieutenant Lefort
Médecin-chef : Médecin-capitaine Blancardi
Médecin-adjoint : Sous-lieutenant Blanchon
Vétérinaire : Sous-lieutenant Carion

Compagnie hors-rang
Commandant d'unité : Capitaine de Bollardiere
Officier de ravitaillement : Lieutenant Courant
Officier approvisionnement : Sous-lieutenant Fouvez
Officier dépannage : Lieutenant Bernard
Pharmacien : Lieutenant Lemoult
Dentiste : Sous-lieutenant Beraud

Compagnie régimentaire d'engins
Commandant d'unité : Lieutenant Peugeot
Chef de section éclaireurs-skieurs : Lieutenant Geoffrey

1ᵉʳ bataillon
Commandant le bataillon : Chef de bataillon Boyer-Resses
Capitaine adjudant-major : Capitaine Lusinchi
Officier adjoint : Lieutenant Vichot
Médecin du bataillon : Sous-lieutenant Verger
Médecin adjoint : Médecin auxiliaire Roby
Commandant la 1ʳᵉ compagnie : Capitaine Gelat
Commandant la 2ᵉ compagnie : Capitaine Gilbert
Commandant la 3ᵉ compagnie : Capitaine de Guittaut
Commandant la CA 1 : Capitaine Guillemain

2ᵉ bataillon
Commandant le bataillon : Chef de bataillon Gueninchault
Capitaine adjudant-major : Capitaine Ponthieux
Officier adjoint : Lieutenant de Lamaze
Médecin du bataillon : Médecin-capitaine Thiollet
Médecin adjoint : Médecin auxiliaire Juan
Commandant la 5ᵉ compagnie : Capitaine Forde, puis Capitaine Puchois
Commandant la 6ᵉ compagnie : Capitaine de Knorre
Commandant la 7ᵉ compagnie : Capitaine Kovaloff
Commandant la CA 2 : Capitaine Amilakvari

De nombreux volontaires attirés par la destination insolite de la nouvelle unité de marche se présentent pour faire partie des deux bataillons initialement prévus. Le 20 février 1940, le 2ᵉ bataillon créé à Sidi Bel Abbès voit le jour administrativement. Son personnel provient du Dépôt commun des régiments étrangers (DCRE) et du 1ᵉʳ régiment étranger d'infanterie proprement dit. Constitué à Fez le 24 février, le 1ᵉʳ bataillon incorpore des légionnaires des unités du Maroc. Ainsi, le 3ᵉ REI forme la 1ʳᵉ compagnie du bataillon, le 2ᵉ REI la 2ᵉ, et le 4ᵉ REI la 3ᵉ compagnie. La compagnie d'accompagnement amalgame des légionnaires des trois régiments : 3ᵉ REI pour la section de commandement et celle d'engins, 2ᵉ REI pour les deux sections de mitrailleuses et 4ᵉ REI pour les deux autres. Chaque bataillon comprend 3 compagnies de fusiliers-voltigeurs à 4 sections et une compagnie d'accompagnement de bataillon (CAB) forte de 4 sections de mitrailleuses et d'une section d'engins. En outre, les différents renforts ont permis de créer un peloton d'éclaireurs-skieurs à 2 sections, et une compagnie régimentaire d'engins (CRE) dotée de 9 pièces de 25 antichars et d'une section d'éclaireurs motocyclistes. La demi-brigade compte un effectif de 2 322 hommes dont 61 officiers. Dans cette unité aux missions extrêmement physiques, le rajeunissement est sensible avec une moyenne d'âge de 26 ans pour les légionnaires et une ancienneté de service de 4 ans. En outre, la composition par nationalité fait apparaître un afflux de volontaires originaires d'Espagne et d'Europe centrale.

Disposant de moyens spécifiques, elle comporte des camionnettes *Peugeot* neuves qui remplacent les gros camions américains, des chenillettes et des motos, mais aussi des centaines de mulets. L'armement collectif se compose de mitrailleuses *Reibel* Mle 1931, de mortiers de 60 et de 81. En sus du FM 24-29, les légionnaires découvrent le MAS 36, le nouveau fusil de l'armée française. Les hommes des sections d'éclaireurs-skieurs du lieutenant Geoffroy sont dotés de skis et de raquettes.

Les engagés de Saïda

D'une façon indirecte, la guerre touche également l'Afrique du Nord. Dans la plupart des régiments de Légion, nombre de cadres et de légionnaires aguerris ont été envoyés en métropole. Ils sont remplacés par des EVDG qu'il faut instruire le plus rapidement possible afin de compléter les effectifs des unités sur le terrain. Car, comme en 1914, le commandement craint que des agents allemands fomentent des troubles dans ce Maroc toujours prêt à s'enflammer pour une nouvelle guerre sainte. A Sidi-Bel-Abbès, aux 3e et 4e Etrangers, mais surtout à Saïda, où le bataillon qui compte quatre compagnies d'instruction réduites à leur plus simple expression pour cause de mobilisation, accueille un effectif pléthorique. *« Dans les groupements d'instruction*, se souvient le général Hallo alors instructeur à Saïda, *ces EVDG étaient amalgamés aux engagés normaux malgré tout ce qui les différenciait : motivation, âge, éthique, culture. En effet, ils étaient en majorité Israélites, chassés par le nazisme. C'étaient des hommes aux situations aisées et le plus souvent cultivés ; leur moyenne d'âge approchait les trente ans. Peu sportifs en général, certains même déjà empâtés par une vie sédentaire, ils eurent beaucoup de mérite et même de courage à suivre le rythme de leurs camarades espagnols, secs, rustiques et aguerris par trois années de rudes combats. Ils n'avaient qu'un point commun : la haine du nazisme. »*

Comme leurs frères de métropole, ces engagés n'ont qu'une idée bien lointaine de la réalité du guerrier ; comme eux, ils ont tout à apprendre. C'est ainsi qu'à la 1re compagnie d'instruction, à Saïda, le « légionnaire Blanchard » put goûter tout le sel de la tirade de l'adjudant-chef Santini, chargé d'accueillir les nouveaux :

« Sur les rangs je veux une discipline absolue. Vous les étrangers, vous ne connaissez rien à l'histoire des armes. Vous êtes venus ici pour la soupe. Notre plus grand exemple de tous les temps, c'est Bonaparte ! Ici, à la Légion, c'est moi qui le représente. Je suis Corse, de même souche ! »

Cette anecdote évoquée non sans humour par SAI le Prince Napoléon, alors planton du sous-lieutenant Otto Ritter von Heymerle, un officier étranger d'origine autrichienne, est loin d'être la seule survenue dans cette période délicate. On pourrait citer celle de ce commandant d'unité qui, ayant sacrifié « Adolf », un splendide verrat, s'aperçoit que sa nouvelle compagnie était presque exclusivement composée d'engagés israélites... Plus ennuyeuses furent les restrictions de matériel, de telle manière que la motorisation des unités fut suspendue *sine die*. En fait, la véritable motorisation de la Légion n'aura lieu qu'en 1943, lors de la réception de l'armement et du matériel par les unités appelées à participer à la bataille en Europe.

Numerous volunteers attracted by the unexpected destination of the new units came forward to join the two battalions initially envisaged. On 20 February the 2nd Battalion formed at Sidi-bel-Abbes, became officially established, with its members being provided by the Legion's base depot and the 1st Infantry Regiment. The 1st Battalion, formed at Fez on 24 February, incorporated legionnaires from the Moroccan regiments. Thus the 3rd REI provided the troops for the battalion's 1st Company, the 2nd REI the 2nd Company and the 4th REI the 4th Company. The heavy weapons company drew in men from all three regiments, the 3rd REI furnished the headquarters company and the battalion artillery, the 2nd REI provided two sections of machine-gunners and a further two came from the 4th REI. Each battalion consisted of three rifle companies of four sections each and a heavy weapons company with four sections of machine-gunners and one of light artillery. In addition, the reinforcements allowed the formation of a platoon of two sections of guides equipped for skiing and a battalion light artillery company equipped with nine 25 cm anti-tank guns and a section of dispatch riders, giving a total strength for the demi-brigade of 61 officers and 2,322 men. In such a unit devoted to missions demanding extreme fitness, there was an accent on youth, with the average age being 26 and average length of service of four years. In addition, the make-up of nationalities show a strong influx of volunteers originating from Spain and Central Europe.

The demi-brigade was relatively well-equipped, including new *Peugeot* trucks which replaced the large American ones, tracked carriers and motor-cycles as well as hundreds of mules. The heavy armament consisted of Reibel 1931 pattern machine-guns and 60 mm and 81mm mortars. To replace the FM 24-29, the legionnaires discovered the MAS 36, the new standard French army rifle. The skier-guides under Lieutenant Geoffroy were issued with skies and snow shoes.

The volunteers of Saida

The war touched North Africa indirectly, in that it most of the regiments, numerous officers and trained legionnaires departed for France, to be replaced by foreign volunteers for the duration of the war, who it was necessary to train as rapidly as possible to make up the strength of the units on the ground. As was the case in 1914, local commanders believed that German agents would stir up trouble in Morocco, always ready to get involved in a new holy war. At Sidi-bel-Abbes with the 3rd and 4th REI, but especially at Saida, where the battalion with four training companies which had been reduced to the bare minimum on account of mobilisation, they welcomed an abundance of volunteers. General Hallo who was an instructor at the time at Saida, remembers : *"In the training platoons the foreign volunteers were mixed in with normal trainees in spite of being very different in the way of motivation, age, ethics and culture. In fact, the majority were Jews who had suffered from Nazi persecution and generally were men from comfortable backgrounds and mostly well educated. Their average age was approaching thirty and most were generally unfit as a result of leading sedentary lives, but who had to have a lot of willpower and courage to keep up with their Spanish comrades who had been toughened by three years of irregular fighting. They had only one thing in common, their hatred of the Nazis."*

Like their comrades on the mainland, those volunteers only had a vague idea of the realities of combat and had to start right from the beginning. Thus, in the Ist. Training Company at Saida, "Legionnaire Blanchard" had to endure the insults of Sergeant-Major Santini who was responsible for the newcomers.

"I demand absolute discipline in the ranks. You foreigners have no notion of the history of arms and are only here to get fed. Our greatest example for all times was Bonaparte and in the Legion, I represent him. I am a Corsican from the same stock."

That anecdote was told by His Imperial Highness Prince Napoleon who was Second-Lieutenant Otto Ritter von Heymerle's batman, a foreign officer of Austrian origin, and was far from being the only one to appear in that delicate period. The commander of the unit, realised when he had sacrificed "Adolf" a magnificent boar, that most of his men were Jews.

Far more annoying were the restrictions in terms of equipment, to such an extent that the motorisation of the units was suspended indefinitely, which in fact did not start until 1943 at a time when the units of the Legion called to participate in the battle for Europe were re-equipped.

Le légionnaire de 1939

Lorsqu'il entre en guerre en 1939, le légionnaire est pratiquement vêtu et équipé de la même manière que ses anciens de 1918. A l'heure même où la situation s'aggrave, d'incorrigibles bureaucrates de la commission des uniformes en sont encore à essayer d'uniformiser la couleur kaki des tenues de l'armée française, les teintes allant du marron foncé au brun clair, voire verdoyant ! Déjà en 1929, le colonel Azan, commandant le 1er Etranger écrivait : « *La tenue kaki, sobre et pratique au point de vue entretien et tactique, gagnerait à ce que les teintes s'uniformisent sans délai. Il suffirait pour cela de faire refuser systématiquement aux fournisseurs de la Guerre toute livraison de drap dont la teinte ne serait pas conforme au modèle diffusé.* »

En 1935, une nouvelle teinte kaki est adoptée et, en 1937, l'habillement des régiments étrangers dans la nouvelle teinte est en partie achevée. Mais le légionnaire présente toujours la même silhouette régie par le descriptif de 1923 avec seulement de légères modifications. Comme ses anciens, il porte la capote aux pans retroussés, la vareuse et le pantalon-culotte en drap kaki. L'introduction dans l'armée d'une cravate marron modifie la vareuse qui présente désormais un collet plus abaissé et supprime le bouton du haut. La nouvelle vareuse est ainsi à six boutons Légion. Le pantalon-culotte garde ses caractéristiques avec, en plus, une série de cinq passants de ceinturon répartis autour de la taille. Par décision ministérielle du 12 septembre 1935, chaque homme de troupe est doté d'une tenue de drap, dite de sortie, ayant pour particularité de laisser paraître un passepoil distinctif autour des pattes d'épaule et de chaque parement de manche de la vareuse et de la capote. Pour la Légion étrangère, le passepoil est vert et les brides d'épaulettes sont maintenues. Selon le même arrêté ministériel, un nouveau képi est également distribué. Pour la Légion, il s'agit en fait de celui à grenade garance et bandeau bleu foncé. En tenue de campagne, la capote modèle 1920 se porte par dessus le pantalon de treillis en toile et la chemise de toile légère. L'usage du chèche se généralise dans toutes les formations de la Légion étrangère. Le képi est recouvert d'un manchon kaki clair mais, en manœuvre, le casque en acier modèle 1926 est de plus en plus utilisé comme le démontrent de nombreuses photographies de l'époque. Que ce soit en campagne, en tenue de parade ou de sortie, les traditionnelles bandes molletières kaki sont indissociables de l'uniforme du soldat français.

Depuis la révolution du général Rollet en 1931, les signes distinctifs et attributs de la Légion comprennent désormais la ceinture bleue et les épaulettes vertes et rouges, la couleur verte et la grenade à sept flammes dont deux en retour demeurant les marques caractéristiques de cette troupe d'élite. Les boutons de tradition du modèle en cuivre de 1875 et les chevrons d'ancienneté (un pour cinq ans passés à la Légion) rehaussent l'éclat de l'uniforme. Enfin, il faudra attendre l'année 1939 pour que se concrétise définitivement le port du képi blanc lors de la célèbre revue du 14-Juillet sur les Champs-Elysées.

L'équipement individuel est modifié depuis 1934. Un simple passant coulant remplace la cartouchière dorsale dans le dos et permet d'accrocher la bretelle de suspension au ceinturon. Sous chacune des cartouchières du devant et sur le passant est fixé un anneau qui permet d'accrocher d'un côté l'étui-musette, de l'autre le bidon dont la grande courroie a été coupée en deux boucleteaux, chacun terminé par un porte mousqueton. L'armement des légionnaires est celui de l'infanterie avec le fusil Lebel de 8 mm modèle 1916 et sa baïonnette, le fusil 07-15 qui tire la grenade VB, le mousqueton 1892 M.16, et quelques fusils à répétition MAS 36.

C'est donc une fois de plus en étant en retard d'une guerre que les légionnaires entrent dans ce conflit. Les équipements varient d'une division à l'autre. En vingt ans, ni l'armement, ni l'habillement l'équipement n'ont fondamentalement évolué, si ce n'est pour quelques formations motorisées comme le GRDI 97. Déjà la motorisation des 5e et 6e escadrons en 1929 avait contribué au changement de physionomie du cavalier qui allait devenir le légionnaire de l'arme blindée et cavalerie. En 1940, le GRD 97 formé par des éléments des deux REC débarque en France ; ses personnels perçoivent un matériel et de l'habillement propres à leur formation.

La tenue du légionnaire du GRD comprend principalement la veste de cuir du modèle 1935 des chars et automitrailleuses de cavalerie. Coupée en cuir brun, elle se ferme droit sur l'avant par 5 boutons en corrzo marron. Le col rabattu est également en cuir brun. La veste présente deux poches rentrantes sur le devant. Le pantalon-culotte est celui du type infanterie d'Afrique, modèle 1922 ou 1936. Selon la saison, il est en drap ou en toile et se porte avec des molletières qui seront rapidement abandonnées en campagne. Le casque est du modèle 1935 des chars et automitrailleuses de cavalerie. Ce modèle comporte une bombe en acier en une seule pièce avec couvre-nuque. Sur le devant, un bourrelet épais, en cuir fauve, protège le front. Deux « bavolets » ajourés cousus sur la coiffe intérieure remplacent la simple jugulaire du modèle 1926. L'insigne frontal reste la grenade d'infanterie de 1915.

Outre les classiques paires de lunettes en mica et les gants spéciaux, chaque légionnaire est également pourvu d'une collection d'effets en toile kaki du modèle des motocyclistes 1935. L'ensemble en trois parties comprend :

– une veste se fermant droit devant par des boutons métalliques demi-sphériques peints en kaki foncé, la coupe du vêtement ressemblant à celle de la vareuse standard en drap ou en toile kaki clair ;

– une salopette de forme ample avec sur le devant des poches plaquées et une ceinture en toile de fond ;

– un surtout qui n'est autre qu'un imperméable avec pattes d'épaule et collet rabattus. Les devants se ferment par cinq boutons et par une ceinture de toile de fond.

Pour l'entretien des véhicules et du matériel, la tenue de travail est en toile bleu-mécanicien. Le képi est alors recouvert d'un manchon de même couleur. L'équipement en cuir fauve demeure du modèle standard avec les cartouchières du type *Lebel*. L'homme porte en bandoulière, côté gauche le vieux bidon ou le nouveau à un goulot et, le cas échéant, un étui-musette. Sur le côté droit, le masque ANP 31 dans son étui. L'armement individuel se limite au mousqueton 1892 M 16 ou au MAS 36.

Il est à noter que si les 11e et 12e REI furent convenablement équipés, tout comme d'ailleurs le GRD 97 et la 13e DBLE dans un registre spécifique, il n'en alla pas de même des RMVE du Barcarès qui ne reçurent que les rebuts de l'intendance. Ces nouveaux « volontaires de l'An II » équipés de bric et de broc, mais à la foi chevillée au corps, n'en donneront pas moins des leçons de courage et d'abnégation à des unités et à des états-majors beaucoup plus richement dotés.

The Legionnaire of 1939

When France entered the war in 1939, the average legionnaire was essentially equipped and clothed in the same manner as the veterans of 1918. At the time when the situation became threatening, the incorrigible bureaucrats of the uniform commission were still trying to introduce khaki into the French army, the colours ranging from dark chestnut to light brown, verging on green! As early as 1929, Colonel Azan, then commanding the Ist Regiment of the Legion, wrote : "khaki uniform, sober and practical from the point of view of maintenance, must gain over others colours without delay. To achieve that it will be necessary to refuse to take delivery from suppliers of cloth of which the tint is not in conformity with the pattern authorised."

In 1935 a new khaki tint was adopted and in 1937, the clothing of the foreign regiments in the new tint had been partially achieved. But, a legionnaire still presented the same silhouette as in the 1923 regulations, with only slight modifications. Like the veterans he still wore the great-coat with turned up flaps, the tunic and trousers in khaki cloth. The introduction of a chestnut brown tie into the army, modified the tunic which acquired a collar and the top button was eliminated, leaving six Legion pattern ones. The trousers retained their characteristic pattern with the addition of five belt loops around the waist. By a ministerial decree dated 12 September 1935, each soldier was issued a cloth walking-out uniform, having a distinctive coloured braid surrounding the shoulder flaps and decorating the cuffs of the tunic and great-coat. For the Foreign Legion the colour was green and the braid of the shoulder flaps was retained. According to the same decree a new pattern of képi was distributed, and for the Legion, it was that with a grenade and a dark blue band. In fighting order, the 1920 pattern great-coat was worn over the calico trousers and the light cloth shirt, while the kepi had a light khaki cover, although on manoevres, the 1926 pattern steel helmet was preferred, as can be seen in numerous photographs of the period. Whatever the custom in the field, the parade or walking-out uniform included the traditional khaki puttees which were an essential component of the dress of a French soldier.

As a result of the revolutionary changed introduced by Colonel Rollet in 1931, the distinctive appearance of the Legion comprised the blue belt and the green and red shoulder flaps. The colour green and the grenade with seven flames, two of which were bent back, remained the distinctive characteristics of this elite force. The traditional copper buttons of the 1875 pattern and the seniority stripes (one for each five years of service with the legion) emphasised the smartness of the uniform. Finally it was necessary to wait until 1939 before the wearing of the white képi was finally adopted on the occasion of the famous parade on the Champs Elysèes on 14 July.

The individual accoutrements were modified after 1934, when a simple frog replaced the ammunition pouch worn on the back and enabled the attachment of the braces supporting the belt. Under each of the frontal ammunition pouches was a ring to which could be attached on one side the personal pack and on the other the water bottle, the wide sling of which was cut into two each ending with a rifle attachment swivel. The armament of the legionaires was the same as that of the infantry, including the 1916 pattern 8mm Lebel rifle and bayonet, the 07-15 rifle that could fire the VB grenade, the 1892 M.16 carbine and a few MAS 36 repeater rifles.

Once again the legionaires entered unprepared into a war. In twenty years, neither their armament nor their clothing had evolved fundamentally, except in the case of a few mechanised formations such as the GRDI 97. The motorisation of the 5th and 6th squadrons in 1929 significantly altered the appearance of the horseman who was destined to become the legionnaire of the future armoured units. In 1940, the GRDI 97, formed from the two cavalry regiments landed in France, at least was issued with clothing and equipment suitable for its assigned task.

The uniform of a member of the GRDI consisted principally of the leather jacket 1935 pattern, developed mainly for the tanks and armoured card of the cavalry, which was made of brown leather and closed on the right at the front with five buttons. The fold-down collar was also in brown leather and the jacket had two slit pockets at the front. The trousers were of the Army of Africa type, pattern 1922 or 1936, and according to the season, either drill cloth or sailcloth and was worn with puttees which were rapidly abandoned in the field. The protective helmet was of the 1935 pattern issued to the armoured units and consisted of a steel casing with a single piece to protect the neck. At the front, a fawn leather pad protected the forehead, and two perforated straps were stitched to the lining to replace the simple chin-strap of the 1926 pattern helmet. The badge was the infantry grenade pattern 1915.

Other than the classic goggles with mica eye-pieces, each legionaire was issued with a collection of items in khaki cloth of the type developed for motor-cyclists in 1935. The three pieces consisted of :

a coat which closed on the right at the front with hemispherical buttons painted dark khaki, the cut of which resembled that standard great-coat made of linen or light khaki sailcloth.

A generously cut overall with patch pockets at the front and a cloth belt at the back.

A coverall which was nothing more than a trench-coat with shoulder flaps and a turn-down collar, fastened by five buttons and a cloth belt.

For vehicle maintenance, working dress was mechanics' "blue" with the képi fitted with a cloth cover of the same colour. Personal equipment in fawn leather was the same as the standard patter with *Lebel* type cartridge pouches. The men wore a bandolier, with on the left side the old style water bottle or the newer one with a neck and if necessary, a haversack. On the right side, the ANP 31 gas mask in its case. Personal armament was limited to the 1892 M 16 carbine or a MAS 36.

It should be pointed out that if the 11th and 12th REI were suitably kitted out as was the case with the GRDI 97 and the 13th DBLE , the volunteers from Barcarès only got the rejects from the services of supply

Those volunteers of Year 2, equipped with bric a brac, but at the same time highly motivated, showed an example of courage and self-sacrifice to various units and staffs vastly better equipped.

Foulant la boue sombre

Combien sont tombés au hasard d'un clair matin
De nos camarades qui souriaient au destin
Nous tomberons en route
Nous tomberons ou vaincrons au combat

« Képi Blanc »

Alors que pendant huit mois, le calme de la « drôle de guerre » a succédé aux tracas de la mobilisation, le 10 mai 1940, à 5 h 35, la *Wehrmacht* attaque à l'Ouest. Dix divisions – 2 700 chars soutenus par 2 500 avions – se ruent à travers les Ardennes sur les positions françaises. Face à cette armée d'une ère nouvelle, la ligne Maginot révèle bientôt sa coûteuse inutilité. Les troupes franco-britanniques pénètrent en Belgique ; mais les Allemands, maîtrisant parfaitement les nouvelles techniques de combat, lancent des assauts aéroportés sur l'ouvrage d'Eben-Emaël et les forts de Liège réputés imprenables, puis contre la ville de Rotterdam. Pendant ce temps, Guderian perce à Sedan et franchit la Meuse le 14 mai. Les armées alliées sont coupées en deux et la course à la mer s'engage selon une variante du vieux plan *Schlieffen* de 1914. Les Alliés refluent de Belgique et sont encerclés dans la poche de Dunkerque. Alors que la ville flambe et que les plages constituent des cibles privilégiées pour la *Luftwaffe*, la *Royal Navy* et la Marine nationale rassemblent tout ce qui flotte et procèdent au rembarquement de 338 226 hommes dont 199 201 Britanniques que l'on retrouvera, pour la plupart, dans les combats futurs.

Dès le début de la grande offensive allemande, les régiments de Légion sont à pied d'œuvre. Submergés par la supériorité mécanique de l'ennemi, ils se battront néanmoins avec « Honneur et Fidélité », ne cédant jamais à la débâcle et à la panique ambiante. Des cinq régiments engagés sur le front de France (il faut exclure le 23ᵉ RMVE, à l'existence éphémère et acheminé trop tardivement sur le théâtre d'opérations), trois seront cités à l'ordre de l'armée. Il faut ajouter la 13ᵉ DBLE pour ses exploits en Norvège, en se rappelant que ce fut la seule victoire française de cette triste campagne. Par ailleurs, les pertes des cinq régiments et du groupement de reconnaissance prouvent surabondamment de quel héroïsme les légionnaires témoi-

1. La « Drôle de Guerre » - Hiver 1939/1940. (Miroir de la guerre.)

2. Quelques jours avant l'offensive allemande du 10 mai 1940. (Miroir de la guerre.)

3. Le général Guderian à bord de son blindé de commandement lors de la campagne de France en juin 1940. (Bundesarchiv.)

1. The "Phoney War" - Winter 1939/40.

2. A few days before the German offensive on 10 May 1040.

3. General Guderian in his command tank during the campaign in France in June 1940.

gnèrent. Partout, plus de la moitié des effectifs disparut. En 1943, les survivants formeront, à l'image de la 13ᵉ DBLE, le fer de lance de l'armée d'Afrique lancée à la reconquête du territoire métropolitain.

Un drapeau incinéré

Le premier régiment à entrer dans la bataille est le 11e REI. Le 17 décembre 1939, le 11ᵉ Etranger arrive dans la zone des armées en Lorraine. Il est chargé de tenir les intervalles de la ligne Maginot dans la région de Sierck, au ravin d'Aspach. Comme le reste de l'armée française, les légionnaires partagent leur temps entre les travaux d'organisation du terrain, les patrouilles aux abords de la forêt sarroise et le théâtre aux armées.

« Seuls échappaient à cette monotonie ceux des groupes francs, nouvellement créés, qui avaient, eux, le loisir de dépasser les premières lignes pour faire la guerre à leur compte. Une guerre implacable et sournoise dont les rencontres, dans la double nuit des sapinières, étaient des jeux hasardeux où le courage devait compter avec la chance. »

C'est au cours de l'un de ces engagements dans le bois de Merle, en bordure du ravin du Diable, que tombent les premiers légionnaires du 11ᵉ REI. Parmi eux, deux jeunes officiers des plus prometteurs : les lieutenants Jurion et Hafenscher. D'autres allaient rapidement suivre... La relève du régiment intervient un mois plus tard dans un secteur parfaitement organisé où l'ennemi ne se hasarde que très rarement. Le 30 avril 1940, le 11ᵉ REI reçoit son drapeau à Boulay, à proximité des positions tenues par l'ennemi. Au cours d'une imposante prise d'armes présidée par le général Condé, le colonel

1939/1940. Les Légionnaires du 11ᵉ REI aménagent leurs positions dans les intervalles de la Ligne Maginot.

1939/40. Legionnaires of the 11th REI improving their positions in the intervals between the Maginot Line forts.

Tramping the dark mud

After the period of eight months of calm known as the "phoney war" had been succeeded by the worries of mobilisation, at 0535 hrs on 10 May 1940, the *Wehrmacht* started the offensive in the West. Ten divisions – 2,700 tanks supported by 2500 aircraft – charged through the Ardennes towards the French positions. Faced by an army of the new era, the costly futility of the Maginot Line soon became apparent. The French and British troops moved forward into Belgium, but the Germans who has mastered the new methods of waging war, dropped airborne assault units on the forts at Eben Emael and around Liege, reputedly impregnable, and then on Rotterdam. At the same time, Guderian and his divisional commander, Rommel, broke through at Sedan and crossed the Meuse on 14 May, at the start of a race to the sea to cut the Allied armies in two – a variation of the old Schlieffen Plan of 1914. The Allies withdrew from Belgium and were surrounded in the Dunkirk beachhead. As the town went up in flames and the evacuation beaches were a sitting target for the *Luftwaffe,* the British and French navies collected anything that would float and managed to re-embark 338,226 men of whom 199,210 were British, most of whom would live to fight another day.

Right from the outset of the German grand offensive, the regiments of the Legion were in the thick of it. Swamped by the mechanical superiority of the enemy, they nevertheless fought with "Honour and Loyalty" and never submitted to the general ambience of panic. Of the four regiments engaged in the front line in France, (it is necessary to exclude the 23ʳᵈ. RMVE which only had a brief existence and arrived too late in the theatre of operations to exert any influence), three were cited in Army Orders. One should include the 13th DBLE for its exploits in Norway, the only French victory in that sad campaign. On the other hand, the losses of the five regiments and the reconnaissance battalion abundantly proved with what heroism the legionaires fought and more than half their numbers disappeared. In 1943 the survivors were reformed in the image of the 13th DBLE as the spearhead of the Army in Africa which would lead the way in the re-conquest of metropolitan France .

The burning of the Colours

The first regiment to be involved in the battle was the 11th Legion Infantry (11th REI) which had arrived in Lorraine on 17 December 1939, charged with the defence of the intervals between the forts of the Maginot Line in the Sierk area and the Asbach ravine. Like the rest of the French army, the legionaires split their time between improving their positions, patrolling along the edges of the Saar forest and general army routine.

"The only ones to escape the monotony were the members of the newly created independent groups who were permitted to pass beyond the front line to take the war into the enemy's territory. A bitter war, fought with cunning, in which the clashes in the darkness of the pine woods, became games of chance in which courage had to be balanced by luck."

It was during one of these engagements in the Bois de Merle on the edge of the Devil's Ravine that the first legionaires of the 11th REI were killed in battle, among them two promising young officers, Lieutenants Jurion and Hafenscher. Others, alas, were soon to follow them. When the Germans decided to go over to the attack, the 11th REI which was attached to the 6th DINA (Second Army) occupied positions between the Meuse and the Chiers, an area that was both swampy and wooded, thus difficult to defend. On 21 May under a heavy artillery bombardment the legionaires busied themselves improving the positions inherited from their predecessors, but were soon in contact with the enemy. Two battalions were in the line, from the head of the Bois de Naudant to the rear of the Bois d'Inor, an area redolent of the fame of the RMLE in 1915–1918, while the 3rd battalion was in reserve in the Bois des Pélerins, south of the Bois du Lignant. For five days the sector remained calm, with the exception of artillery fire directed by a spotter plane that was seemingly invulnerable. The patrols passed without seeing each other, shooting at the wild boar, but there were several surprises : a leaflet inviting the legionaires "soldiers of Europe to join the greatest camp in Europe", as well as pirated telephone lines. Colonel Robert who had established his headquarters close to the front line, soon found himself deprived of communications, and the only solution was to use runners and dispatch riders, hardly a sinecure in view of the constant shelling. On 27 May, the assault units of the 52nd Division threw themselves into an attack on the positions in the Bois d'Inor, after a seven hour preliminary bombardment. The initial attack was repelled, as were

Robert s'adresse à ses légionnaires : « *Officiers, sous-officiers et légionnaires du 11e Etranger, J'ai aujourd'hui le très grand honneur de vous présenter notre drapeau. Maintenant, nous devenons les égaux de tous les régiments de Légion, mais n'oublions pas que notre régiment est le premier de la Légion envoyé sur le front. Noblesse oblige : sur le revers de notre drapeau figure la devise de la Légion* Honneur et Fidélité. *Tout à l'heure, quand vous défilerez devant lui, je veux lire dans vos yeux que, imitant vos anciens de Camerone, vous faites le serment de servir, jusqu'à la mort s'il le faut, avec honneur et fidélité.* »

Paroles ô combien prémonitoires car la *Wehrmacht* se décide enfin à passer à l'action. Le 11e REI qui appartient à la 6e DINA (2e armée) s'installe entre Meuse et Chiers, dans le secteur de Stenay, une région de bois et de marécages, dure à tenir et hantise des régiments de relève. Le 21 mai, sous un bombardement violent, les légionnaires occupent les emplacements de combat sommairement aménagés par leurs prédécesseurs. Ils sont rapidement au contact de l'ennemi. Deux bataillons sont en ligne, de la corne du bois de Neudant à la croupe du bois d'Inor ; un lieu chargé de la gloire du RMLE 1915-1918. En réserve au bois des Pèlerins, au sud du bois du Ligant, le 3e bataillon. Durant cinq jours, le secteur demeure calme si l'on excepte les tirs d'artillerie dirigés par un « mouchard » qui semble invulnérable ; des patrouilles se croisent sans se voir, tirent sur des sangliers... Parfois des surprises : ici un tract invitant les légionnaires « soldats de l'Europe à rejoindre le camp de la plus grande Europe », ailleurs des lignes téléphoniques piratées. Le colonel Robert qui a établi son PC au plus près de la ligne de feu se trouve bientôt dépourvu de moyens de communication. Seule solution : les agents de liaison et les estafettes, une fonction qui est loin d'être une sinécure sous les bombardements incessants. Le 27 mai, la *56. Infanterie-Division* renforcée des *Stosstruppen* de la 5e division se lance à l'assaut des positions du bois d'Inor. Sept heures de préparation d'artillerie, et l'infanterie démarre. Un premier assaut est stoppé net ; à 7 heures, à 9 heures, à 13 heures, les attaques allemandes sont repoussées. On en vient parfois au corps à corps.

« *Le terrain est particulièrement difficile, sournois, propice aux embuscades*, écrit le lieutenant d'Hau-tefeuille, chef de section à la 9e compagnie. A l'heure prévue, la *9e compagnie se met en marche, les sections échelonnent leurs petites colonnes sur un sol où il y a eu des coupes forestières récentes, ronceux, couvert de repousses de taillis, plein de tas de bois et d'arbres basculés. Par endroits, sans visibilité, le combat s'y passe au corps à corps, les baïonnettes sont sorties. Des fusillades éclatent partout, s'arrêtent, reprennent. On entend crépiter les mitrailleuses allemandes ; elles prennent en flanquement la progression de nos groupes. L'une d'elles, très près devant ma section, accroche les groupes voisins. Nous la situons très bien sans la voir. Couché sur le sol, casque contre casque, je donne mes instructions à un de mes anciens du groupe franc, le caporal Bloch, réserviste, pour nous glisser avec quelques hommes sur les arrières et démolir cette arme à la grenade ; en même temps, nous sauterons sur les versants. Bloch me parlait lorsqu'il baissa subitement la tête ; une balle tirée de haut et par derrière, perçant le métal du casque, l'avait foudroyé sur place. Presque tout de suite, un de nos légionnaires, Faber, avait la mâchoire brisée par une balle, et aussitôt, une troisième balle tirée de la même manière me traversait la figure. Le tireur du FM qui se trouvait près de là avait repéré d'où venaient les coups. La vue embuée par le sang, j'entrevis qu'il levait son arme, lâchait une rafale, et un tireur d'élite allemand, bien caché dans les feuilles d'un petit arbre à quelques mètres de là, dégringolait de son perchoir pour rejoindre ses victimes.* »

Toutes les positions du régiment sont maintenues dans leur intégralité. L'ennemi abandonne près de 2 500 des siens sur le terrain ; au lendemain de cette journée, le général de Verdilhac écrit au colonel Robert : « *Trois mots seulement pour vous remercier du magnifique succès d'hier et vous exprimer mon admiration : Bravo la Légion !* » Mais les pertes ont été lourdes : certaines compagnies sont diminuées de moitié ; plus de 300 légionnaires sont tombés. Parmi eux, le père Wattel, l'aumônier du régiment que tous appréciaient et respectaient. Bien que dégagé de toute obligation militaire, il avait néanmoins demandé à servir comme aumônier militaire et avait été affecté au 11e REI, à la Légion ! Très vite, il a su se faire aimer des légionnaires et dès lors, on ne vit plus que lui dans tous les secteurs dangereux. « *Au plus fort de la bataille, une grande silhouette noire allait d'un blessé*

Le drapeau du 11e REI

Au moment où les légionnaires du 11e Etranger continuent de défendre sans espoir un petit bout de la terre de France, déjà des rumeurs d'armistice circulent avec insistance. A son tour, le 11e REI doit se replier. Mais victime du devoir, le régiment est encerclé et vit ses dernières heures. Le chef de bataillon Clément qui le commande alors décide d'incinérer le drapeau, « *ce beau drapeau tout neuf où nous aurions mérité d'ajouter notre propre inscription sous celle de Camerone* ». Afin qu'il subsiste un souvenir du sacrifice de Saint-Germain-en-Meuse, la cravate est portée au colonel Robert, son ancien chef de corps. Alors que tout est consommé, le commandant Robitaille a consigné ses souvenirs dans le procès-verbal d'incinération du drapeau du 11e REI :

« *L'ennemi était là, nous n'avions pas le temps. Un motocycliste arrive. J'ouvre le réservoir de sa machine et j'enferme là le fanion du 1er bataillon et la cravate du drapeau. Les Allemands n'avançaient plus. Ils étaient en face, à quelques centaines de mètres et ne bougeaient pas. Je vois la scène : une flamme qui monte toute droite dans le ciel, entourée d'hommes graves, la tête baissée, en haillons. Des larmes coulent sur des joues ravagées, sans qu'un geste n'intervienne pour les arrêter. Il fait nuit, on ne voit que cette lueur, cette flamme qui est l'âme du drapeau glorieux. Et là-bas, de l'autre côté, l'ennemi regarde, attend, n'ose avancer.* »

Après l'incinération de l'emblème, la cravate du drapeau du 11e REI fut sauvegardée par le commandant Robitaille qui, après avoir rejoint le colonel Robert, l'enfouit avant de s'évader avec le fanion du 1er bataillon dans une boîte de fer blanc, au pied de l'église de Grézilles. Madame Méfrédy, légionnaire honoraire de 1re classe, se chargea de récupérer les reliques le 21 septembre 1941 : « *Une boîte de biscuits en fer blanc ! Elle est là, souillée, salie par la terre qui l'a recouverte pendant quinze mois. Je la regarde longuement, la gorge serrée. Je la touche sans oser l'ouvrir. La ficelle qui l'entoure est durcie. Je la fais sauter. Je soulève le couvercle, une carte de visite moisie : Colonel X... (certainement colonel Robert), les noms des hommes qui ont procédé à l'enfouissement. Dans un coin, une date à peine lisible. Un papier souillé, moisi. Ma main tremble en l'écartant pour mettre à jour des dorures ternies, un coin de tissu rouge. La cravate est là les plis raides des broderies : une couronne de lauriers entoure le chiffre 11. Les couleurs sont nettes, le bleu, le blanc et le rouge qui flamboie...* »

à l'autre, remettait en confiance les apeurés et les perdus, mais surtout, aidé du médecin-chef du régiment, galvanisait littéralement les équipes d'infirmiers et de brancardiers qui ne pouvaient rien refuser à cet homme de Dieu, aussi calme sous cette mitraille que sur les marches d'un autel.

A partir de cette nuit, sa réputation était faite au 11ᵉ et pas un blessé du régiment ne peut se vanter de ne pas avoir vu l'abbé Wattel à son chevet au poste de secours ou près de lui sur le terrain où il était tombé. Sa bonté inépuisable, sa saine gaieté, son cran extraordinaire avaient fait de lui, en quelques jours, l'homme le plus populaire du 11ᵉ REI. Hélas, au matin du 27 mai, alors que penché sur un moribond, il lui prodiguait les suprêmes consolations, un sauvage éclat d'obus lui arracha le bras et la moitié du tronc. On le retrouva quelques minutes plus tard couché près du brancard de l'homme qu'il venait d'administrer. Son visage était d'une sérénité absolue, tout empreint de cette paix promise sur la terre aux âmes de bonne volonté. »

Le 7 juin, le 11ᵉ REI remanie son dispositif pour occuper des positions abandonnées par d'autres unités. Le 10, alors que le front n'est plus qu'un souvenir, le régiment reçoit l'ordre de se replier sur la Woëvre, dans la région de Verdun, quinze kilomètres en arrière. Il couvre le décrochage des troupes françaises. Saint-Mihiel, Commercy, Vaucouleurs, autant de combats désespérés dans la vallée de la Meuse. Et toujours le *Fieseler-Storch* pour diriger l'artillerie. Il est enfin abattu le 18 juin par des mitrailleurs du 1ᵉʳ bataillon en bordure du bois de Void. Le 18 juin, c'est aussi le « Camerone » du 11ᵉ REI à Saint-Germain-sur-Meuse.

La division a donné l'ordre de tenir trois ponts sur la Meuse jusqu'au 19 à 4 heures du matin. Le commandant Clément qui a remplacé le colonel Robert nommé chef de l'infanterie divisionnaire, installe ce qui reste du régiment sur un front de six kilomètres où il est menacé d'encerclement. Les Allemands concentrent toutes leurs forces sur les bataillons de Légion. Une tornade de feu et d'acier s'abat sur les légionnaires : à plusieurs reprises, les chars et l'infanterie allemands se lancent à l'assaut. Ils sont systématiquement repoussés. Les canons de 25 font merveille. A la tombée de la nuit, du coquet

Scènes de la campagne de France en 1940.
Scenes from the campaign in France 1940.

others at 0700, 0900 and 1300 hrs at time with hand to hand combat, but all the regiment's positions remained intact. The enemy left behind almost 2,500 of their men dead on the battlefield, and on the following day, General Verdilhac wrote to Colonel Robert : "Three words will suffice to thank you for yesterday's magnificent success and express my admiration : Bravo the Legion!" But the price had been a high one : more than 300 Legionnaires had been killed, among them Father Wattel, the young regimental chaplain , appreciated and respected by all.

On 7 June the 11th REI moved its resources to occupy positions abandoned by other units and on the 10th, at a time when the notion of a front was a distant memory, the regiment received orders to retire to the Woevre, fifteen kilometres to the rear, to cover the disengagement of the French troops. Saint-Mihiel, Commercy, Vaucouleurs : so many desperate struggles along the Meuse valley, with the ever-present Fieseler Storch which directed the enemy artillery and which was finally shot down on 18 June by machine-gunners of the 1st Battalion on the edge of the Bois de Void. That same day was also the "Camerone" of the 11th REI at Saint-Germain-sur Meuse where at 0400 hrs they had been ordered to hold three bridges over the river until the following day. Major Clément who had replaced Colonel Robert, promoted to command the divisional infantry component, positioned the survivors of the regiment to hold a front of six kilometres, and immediately a hail of steel rained down on the legionaires. Repeatedly the German tanks and infantry launched attacks which were systematically repelled and the 25 mm. guns performed miracles. When night fell , all that remained of the pretty little village they had passed through that morning were smoking ruins surrounding the wrecked church tower, but the 1th REI were still holding the three bridges over which the 6th DINA was retreating. The positioned were strewn with bodies and 385 wounded men had been treated at the aid post.

"Our wounded who we could not evacuate died in the darkness of church crypts. Once, a stray shell, lobbed over as if by chance just to remind us that the enemy was vigilant, killed ten men sitting around a fountain in which they were bathing their bloody feet after having drank their fill. The water bloated their stomachs, deprived of food for more than fifty hours."

The 6th DINA, conducting a fighting withdrawal, delivered a last gesture of honour, although the enemy had already outflanked what remained of the French army. On 19 June, seeing that all was lost, Major Clément burned the regimental flag in a clearing at Ochey and drew up a formal report of the proceedings although the flag's tassel was later recovered. When the armistice was signed the 11th REI could only muster 578 riflemen out of the 3,009 men with which it had opened the campaign. The survivors were interned near Verdum, but many escaped and made their way to North Africa where they again took up the struggle.

The colours of the 11th REI

When everything had been consumed, Major Robitaille added his memories to the formal report of the burning of the colour of the 11th REI.

"I can see the scene. A flame rising straight up to the sky , surrounded by sombre men, heads lowered, their uniforms ragged. Tears running down their cheeks without any effort made to stem the flood. It is night and all that can be seen is the glow of the flame which is the soul of the glorious flag. And, down there on the other side, the enemy watching and waiting, not daring to advance."

After it had been burned, Major Robitaille saved the tassel and buried it in a biscuit tin together with the pennant of the 1st Battalion at the foot of the church in Grézilles. Madame Méfrédy, honorary Legionaire 1st.Class, took it upon herself to recover the relic on 21 September 1941 :

"A biscuit tin. It was there, dirty, covered by the earth in which it had been buried for fifteen months. I looked at it sadly and my throat tightened as I hardly dared to open it. The string around it had hardened but I broke it and lifted off the lid. A mildew stained visiting card : Colonel X ...... (probably that of Colonel Robert), and the signatures : the names of the men who had participated in the burial, and in a corner, a hardly legible date.

A dirty mildewed paper. My hands trembled as I unfolded the tarnished gilding and a corner of read cloth. The tassel was there, the folds stiff with the embroidery – a laurel wreath surrounding the number 11. The colours were bright and almost dazzling , the blue, the white and the red."

petit village traversé le matin, il ne reste que des ruines fumantes autour d'un clocher effondré ; mais le 11ᵉ REI tient toujours ses trois ponts sur lesquels reflue la 6ᵉ DINA. Les positions sont jonchées de cadavres et 385 blessés sont passés par les postes de secours.

« Nos blessés qu'on ne pouvait plus évacuer mouraient au crépuscule, dans la crypte des églises, exsangues. Parfois un obus de semonce, envoyé comme au hasard afin qu'on sut que l'adversaire restait vigilant, tuait dix hommes assis autour d'une fontaine où ils baignaient leurs pieds sanglants après avoir longuement bu, l'eau distrayant l'estomac sevré d'aliments depuis plus de cinquante heures. »

A l'aube du 19 juin, le 2ᵉ bataillon tente de desserrer l'étreinte. Sans illusion sur l'issue du combat, son chef, le commandant d'origine polonaise Rziecki, dit d'Algeron, se porte à la tête de ses hommes pour un ultime assaut. Il tombe au milieu de ses légionnaires, entraînant avec lui de nombreux ennemis. Comme lui, dans la grande tradition de l'armée d'Afrique, la 6ᵉ DINA se replie en combattant, livrant un ultime baroud d'honneur. L'ennemi a déjà débordé l'armée française, ou ce qu'il en reste, depuis longtemps. Le 19 juin, voyant que tout est perdu, le commandant Clément incinère le drapeau dans la clairière d'Ochey et en dresse le procès-verbal. La cravate sera récupérée par la suite. Le serment de servir ce drapeau jusqu'à la mort a été tenu. Le 11ᵉ REI a soutenu, seul, pendant quatorze heures, le choc d'une division renforcée. Il a infligé à l'ennemi des pertes sévères : 2 500 tués sans céder un pouce de terrain. A la signature de l'armistice, le 11ᵉ REI ne compte plus que 578 combattants sur les 3 009 hommes qui avaient entamé la campagne. Internés près de Verdun, beaucoup s'évaderont et on les retrouvera en Afrique du Nord prêts à reprendre le combat.

Tenir Soissons

A son tour, le 12ᵉ REI est jeté dans la fournaise. Après d'incroyables difficultés de transport, le régiment met plusieurs jours, en train, puis dans des autobus parisiens pour se rassembler dans la région de Meaux, puis à Château-Thierry, son train de combat ayant été dispersé dans différentes gares. Après avoir subi ses premières pertes dues à l'avia-

tion lors de ses pérégrinations, le 12ᵉ REI reçoit l'ordre, le 26 mai 1940, de tenir l'Aisne à Soissons. Sur l'Ailette, les 7ᵉ et 28ᵉ divisions d'infanterie sont engagées dans des combats d'une rare violence. Comme ailleurs, les troupes françaises sont décimées, écrasées par la puissance du feu ennemi. L'attaque des passages de l'Aisne, devient imminente : la 8ᵉ DI doit contenir l'ennemi à tout prix. Etalé sur 12 kilomètres de front, le 12ᵉ REI organise rapidement la défense des sept ponts sur l'Aisne dans Soissons et prend également dans son sous-secteur le pont et l'important dépôt d'essence de Vénizel. La ville, comme les autres communes de l'Aisne, est vide, ayant été évacuée de tous ses habitants. Tous les ouvrages d'art sont minés. Le colonel Besson dispose, en outre, d'une partie de la compagnie divisionnaire antichar, d'un groupe de 75 et d'un groupe d'artillerie lourde. Mais il doit mettre un bataillon à la disposition de la 28ᵉ DI. C'est le 3/12ᵉ REI (commandant André) qui est désigné.

Dans la nuit du 5 au 6 juin 1940, le commandant André reçoit l'ordre de contre-attaquer dans le secteur de La Malmaison. Précédé d'une compagnie de chars R 35, le 3/12 mène une action vigoureuse. Mais au lever du jour, les Allemands se ressaisissent et les légionnaires sont pris sous des tirs d'artillerie de tous calibres. Dès que les conditions le permettent, les *Stukas* se mêlent à la danse et pilonnent les positions sans relâche. Ecrasée, l'artillerie française ne peut intervenir. Appuyés par de nombreux blindés, les fantassins allemands s'emploient à tronçonner le bataillon par de nombreuses contre-attaques. Désormais, il n'est plus question de contre-offensive ; pendant dix heures, hérissés dans leurs points d'appui, les légionnaires résistent jusqu'à l'épuisement de leurs munitions. En fin de journée, le 3/12 a perdu les trois-quarts de son effectif, tués ou blessés, parmi lesquels la quasi-totalité de ses officiers. Seuls le lieutenant Ducret et une centaine d'hommes parviendront à rejoindre le régiment qui se trouve amputé d'un tiers de sa capacité opérationnelle.

Le 6 juin, le génie fait sauter les ponts, incomplètement pour certains, ce qui occasionnera des infiltrations de plus en plus importantes de l'infanterie allemande. Les 7ᵉ et 28ᵉ DI reçoivent l'autorisation de se replier au sud de l'Aisne où la 8ᵉ DI va devoir à son tour soutenir le choc. La directive du colonel Besson est simple : *« Tenir à tout prix sans esprit de recul ; l'ennemi ne doit pas franchir l'Aisne. »* A partir de là, tous les ponts sont constitués en points d'appui. Dès que l'écoulement des troupes amies se tarit, les commandants de têtes de pont s'emploient à détruire les ouvrages d'art. Les ponts de Pommiers, de Pasly, de Soissons, de Vénizel sautent le 7 juin entre 2 heures et 4 heures du matin. A Vénizel encore, le capitaine Thomas et sa 3ᵉ compagnie détruisent le dépôt de carburant. A l'heure dite, 5 000 tonnes d'essence partent en fumée.

« Durant près de 48 heures, les unités du 12ᵉ tiennent tête aux assauts et aux tentatives de débordement ; les tirs nourris et les bombardements de l'aviation allemande restent sans effet sur le moral et la décision des légionnaires. Mais, dans la soirée du 7, des infiltrations importantes se sont produites dans les sous-secteurs voisins. Malgré de magnifiques contre-attaques des régiments de la 27ᵉ division (alpine), elles n'ont pu être contenues. Aux trois-quarts encerclé, le régiment reçoit l'ordre, dans l'après-midi, de reporter sa défense plus au sud. »

Dès l'aube, Soissons, heureusement vide d'habitants, est violemment bombardée, mais l'ennemi ne peut franchir l'Aisne. La 7ᵉ compagnie du capi-

Le capitaine Primaux avec son épouse et son chien durant la « Drôle de Guerre ».

Captain Primaux with his wife and dog during the "Phoney War".

taine Primaux est au cœur du dispositif et s'est organisée défensivement dans le centre ville. Elle doit interdire tout franchissement entre la passerelle des Anglais et le pont de chemin de fer. Soumise à des bombardements aériens de plus en plus violents, à des tirs d'artillerie et au harcèlement des blindés et de l'infanterie allemande, la compagnie compte déjà plusieurs tués et de nombreux blessés. Déjà l'ennemi exhorte les légionnaires à se rendre et, pour les Allemands, à rejoindre leurs frères au sein de la *Wehrmacht*. Sans résultats. Dans l'après-midi, la pression ennemie s'accentue. Les Allemands ont déjà franchi l'Aisne à Villeneuve-Saint-Germain et dans la région de Pasly. Isolées, sans renseignements, les compagnies du 12ᵉ REI combattent sur place sans esprit de recul.

« Les tanks aux croix noires entraient dans Soissons. On croyait Soissons abandonnée, écrira plus tard le journaliste Jean Monfisse. C'est que nous étions cachés dans tous les coins, vous savez, me dit le petit Hongrois qui me raconte ce qu'il appelle la belle histoire, *pensant peut-être à la chanson d'Edith Piaf. Ils se battirent d'un salon à une salle à manger, d'un escalier de cave à la cave elle-même, d'une cheminée à l'issue d'une lucarne, du trottoir de gauche de la place de la République au trottoir de droite, et ainsi à travers toute la ville, dans les faubourgs, sur le boulevard Jeanne d'Arc, dans la rue de Château-Thierry, dans les usines, s'embusquant derrières les machines abandonnées, le revolver au poing. C'était le baroud en terre de France... Enfin les tanks aux croix noires se glissèrent dans la ville, lentement, les mitrailleuses braquées vers chaque porte, vers chaque fenêtre.*

Hold Soissons

In its turn the 12th REI was thrown into the cauldron. After incredible problems with transportation, the regiment took several days to assemble around Meaux and then Chateau-Thierry and its fighting elements were spread out over several stations. Having suffered the first casualties during its travels owing to air attack, the 12th REI received the orders on 26 May 1940 to hold the line of the Aisne at Soissons. Along the Ailette the 7th and 28th Infantry Divisions were engaged in combat of a rare intensity and like elsewhere, the French troops were decimated, crushed by the enemy firepower. The attack on the Aisne crossing was about to begin and the 8th Infantry Division had to hold off the enemy regardless of the cost. Stretched along 12 kilometers of the front the 12th REI quickly organised the defence of the seven bridges over the river in Soissons and at the same time included the important fuel depot at Vénizol in its area of responsibility. Colonel Busson had available a part of the divisional anti-tank company, a battery of 75 mm. field guns and a heavy artillery battery, but had to detach his 3rd battalion, commanded by Major André, to support the 28th Infantry Division.

During the night of 5/6 June, Major André received orders to mount a counter-attack in the area of La Malmaison, and preceded by a section of R 35 tanks, the 3/12th fought vigorously, but at daybreak the Germans pulled themselves together and the Legionaires were hit with artillery fire of every calibre. Whenever the conditions permitted, the *Stukas* joined in and incessantly bombed the positions, while the defeated French artillery could no longer intervene. Supported by numerous tanks, the German motorised infantry busily sliced up the battalion with constant attacks. There was no longer any question of a counter-attack and for ten hours, the Legionaires, pinned down in their strongpoints, resisted until their ammunition ran out. At the end of the day, the 3/12th had lost three-quarters of its strength, killed or wounded, including almost all the officers. Only Lieutenant Ducret with around a hundred men were able to get back to the regiment which had thus lost a third of its effective operational capacity.

On 6 June, the 7th and 28th Infantry Divisions were ordered to withdraw to the south of the Aisne and it would be the turn of the 8th Division to take the strain. Colonel Besson's order were simple : "Hold at all costs and without thought of withdrawal. The enemy must not cross the Aisne." All the bridges were turned into stongpoints and when the flow of friendly forces dried up, the commanders of the bridgeheads prepared to destroy those works of art. The bridges at Pommiers, Pasly, Soissons and Vénizel were blown on the 7 June between 0200 and 0400 hrs, and in addition, Captain Thomas and his 3rd Company destroyed the Vénizel fuel dump : 5,000 tons of petrol went up in flames.

At dawn, Soissons, luckily emptied of its population, was heavily bombed, but the enemy could not cross the river.

"For almost 48 hours the units of the 12th withstood frequent attacks and attempts to outflank them, while the heavy enemy fire and air bombardment failed to have any effect upon the morale and the determination of the Legionaires. However, during the evening of 7 June, serious incursions into the neighbouring sectors became apparent, and in spite of magnificent counter-attacks by the 27th Mountain Division, could not be contained. Three quarters surrounded, the regiment was ordered during the afternoon to continue the defence further south."

Attacked frontally, harassed on the flanks and dominated by enemy aircraft which bombed the artillery train and the heavy equipment of the infantry, the withdrawal turned into a nightmare.

"The motorised and horse-drawn columns were bombed and strafed without a pause by numerous swastika-marked squadrons, and thanks to their ability to take cover the infantry suffered little. On the other hand the horse-drawn vehicles were massacred and in a single evening, the 12th REI lost 130 horses, 13 field kitchens and almost all its light vehicles. Regrouping during the night of 8 June, the regiment which had lost more than half its effective strength received the order for the following day to defend the Ourcq."

Including that day and lasting until 24 June, the 12th REI constantly covered the retreat of the Sixth Army. On the Ourcq at Neuilly-Saint-Front on 9 and 10 June its units smashed two attacks and even took some prisoners. On the Marne at Nanteuil between 11 and 13 June it put up a costly resistance and withdrew suffering heavy casualties. At Balloy-sur-Seine and at Bazoches on 14 and 15 June the German offensive gained in intensity.

Ce n'était pas encore fini. Il y avait l'épilogue. On vit alors des hommes au képi blanc sauter à l'arrière des engins blindés, casser des bouteilles de benzine sur les coupoles et allumer... Avenue de la gare, c'était le dernier combat, la riposte ultime ; d'un sixième étage, des légionnaires lançaient des pavés sur les premiers camions de l'infanterie allemande qui traversaient Soissons, ville de France abandonnée après la mort de ses derniers défenseurs, les légionnaires. »

Vers 17 heures, le capitaine Fordes qui commande la 5ᵉ compagnies reçoit l'ordre de se replier. La 2ᵉ compagnie du capitaine Boudet est totalement encerclée et sera anéantie sur place. La 3ᵉ compagnie contre-attaque à plusieurs reprises pour dégager le flanc du 1/12ᵉ REI et connaît des pertes sévères. A 19 heures, la 7ᵉ compagnie manque de munitions et, sans liaison avec quiconque, le capitaine Primaux décide de se replier vers Berzy-le-Sec, ancien PC du régiment. Attaqué de face, harcelé de flanc, dominé par l'aviation, dès la sortie de la ville, le repli tourne au cauchemar. Les éléments d'artillerie, les échelons lourds d'infanterie sont facilement repérés par l'aviation. Toutefois, installé depuis plusieurs années à Soissons, le capitaine Primaux connaît bien la région, ce qui lui permet d'éviter les villages déjà occupés par l'ennemi. Dans la nuit, il prend contact avec les premiers éléments du régiment dans la région de Villers-Hélon. Un long chemin de croix commence pour les légionnaires du 12ᵉ REI.

« Les colonnes auto et hippo sont bombardées et mitraillées sans arrêt, sur chaque itinéraire de repli,

1

2

par de nombreuses escadrilles à croix gammée. Grâce à ses possibilités de dispersion, l'infanterie souffre peu. Les voitures hippo, par contre, et les attelages sont massacrés. En une seule soirée, le 12ᵉ REI laisse sur le terrain 130 chevaux, 13 cuisines roulantes, presque toutes ses voiturettes. Regroupé dans la nuit du 8 juin, le régiment qui a perdu plus de la moitié de ses effectifs, reçoit pour la journée du lendemain la mission de défendre l'Ourcq. »

A compter de ce jour et jusqu'au 24 juin, le 12ᵉ REI couvrira constamment le repli de la 6ᵉ armée. Sur l'Ourcq, à Neuilly-Saint-Front les 9 et 10 juin, ses unités brisent deux assauts et font même des prisonniers. Sur la Marne, à Nanteuil, du 11 au 13 juin, il résiste et se dégage au prix de sanglants affrontements. A Balloy-sur-Seine et à Bazoches, les 14 et 15 juin, la poussée allemande s'exerce avec une intensité accrue.

« Grâce à la bravoure du groupe du capitaine Primaux qui tient la barricade de Montereau, au nord de l'Yonne, les premiers éléments du régiment parviennent à passer la rivière au pont de Champigny, non sans mal, car le passage est déjà balayé par les feux des automitrailleuses et des motocyclistes allemands. A ce moment, le pont saute.

« Des éléments traversent la rivière à la nage, en barque ou à l'aide de moyens de fortune ; mais une fraction importante du 12ᵉ reste au nord de l'Yonne. Elle sera faite prisonnière après s'être battue toute la journée. A l'issue de ce combat, le 12ᵉ ne dispose plus que de 180 combattants qu'il renforcera à l'aide des effectifs de sa CHR, de son train de combat et d'éléments d'autres corps qui se sont ralliés à lui. »

Le 16 juin, ce détachement est encerclé par des blindés allemands sur le Loing. Il subit encore des pertes avant de se regrouper à Montargis. Dans la nuit, il franchit la Loire à Gien. Jusqu'au 22 juin, avec ses maigres moyens, le 12ᵉ REI combat sur le Cher, la Creuse, la Gartempe. L'armistice le trouve à Bessines-sur-Gartempe. Au mois d'août 1940, les 300 hommes valides qui constituent le reliquat du régiment séjournent à Saint-Amand-Montrond dans le Cher, avant d'être regroupés à Fuveau, un petit village proche d'Aubagne, actuelle implantation de la maison mère de la Légion étrangère ! Les étrangers sont démobilisés, tandis que les cadres et les légionnaires d'active et d'origine germanique sont dirigés sur l'Algérie.

Les chevaux oubliés

Le GRD 97 allait connaître un sort similaire à celui de ses frères d'armes de l'infanterie. La « drôle de guerre » le trouve stationné au Valdahon où le brassage des éléments des deux REC se poursuit, améliorant considérablement la cohésion de la nouvelle unité. Alors que la 13ᵉ DBLE part en Norvège et que le 11ᵉ REI monte en ligne, les légionnaires cavaliers attendent la grande offensive promise par Gamelin. Mais voilà que le 10 mai, l'orage éclate et les Allemands envahissent la Belgique, passent la Meuse à Sedan... et bombardent le Valdahon. Une semaine plus tard, c'est déjà le désastre.

En tête de la 7ᵉ DINA, le GRD 97 est acheminé à Montdidier dans la nuit du 18 au 19 mai 1940. A peine débarqué du train, ses premiers éléments reçoivent l'ordre de reconnaître et de retarder les forces allemandes signalées vers Péronne. Dès l'après-midi du 19 mai, les patrouilles du sous-lieutenant Sokolow se heurtent à des détachements blindés ennemis au sud de Péronne. Ce choc marque le début d'une série de durs combats

Campagne de France 1940. Automitrailleuse d'un GRD au combat.

The 1940 campaign in France. An armoured car from one of the reconnaissance units in action.

d'Epinancourt à Belloy-en-Santerre où le poète américain Alan Seeger, engagé au RMLE, était tombé le 4 juillet 1916 après avoir écrit de façon prémonitoire un poème intitulé : « J'ai rendez-vous avec la mort. » Et voici que l'histoire se répétait pour les légionnaires ! Le 20 mai, alors que l'escadron à cheval tient Gerbigny-sur-l'Avre, les deux escadrons motorisés se portent sur Barleux, un village qui représente une position clé sur l'axe Péronne - Montdidier. A Villers-Carbonnet, ils rencontrent des panzers soutenus par des groupes de 75 PAK. La bataille fait rage toute la journée, aucun des adversaires ne prenant réellement le dessus.

Le 21 mai, une reconnaissance fournie par l'escadron de motocyclistes et celui de mitrailleuses et d'engins antichars trouve le village de Belloy-en-Santerre occupé par un petit élément adverse arrivé dans la nuit. Assevillers est maintenant fortement tenu par l'ennemi. L'élément de Belloy est neutralisé et les légionnaires s'installent dans l'agglomération. Aussitôt, l'artillerie allemande déclenche un tir intense de 75, puis c'est l'attaque. Les éléments encerclés résistent pied à pied, résolus à faire Camerone. Une si faible reconnaissance n'est évidemment pas de taille à défendre longtemps le village.

« *Dans le courant de l'après-midi du 22, le lieutenant-colonel Lacombe de La Tour qui, entre temps, a reçu six canons de 25 de l'escadron antichar 34, deux canons de 75 motorisés et un groupe de motocyclistes de l'infanterie coloniale, monte une petite expédition pour assurer la liaison avec Belloy-en-Santerre. Le feu des canons de 25 fixe un groupe moto et une automitrailleuse, ce qui permet au capitaine Vatchnadze d'entrer à Belloy-en-Santerre et d'organiser le décrochage. A la tombée de la nuit les escadrons se replient sur Chaulnes, où ils s'installent en point d'appui fermé.* »

Le même jour, un de nos convois tombe dans une embuscade en arrière de la ligne que l'infanterie est sensée tenir. Le chef de corps échappe de peu à une semblable mésaventure grâce à la présence d'esprit des tireurs de son escorte. Le 22, voilà les

"Thanks to the courage of Captain Primaux and his men who held the road-block at Montereau to the north of the Yonne, the leading elements of the regiment were able to cross the river by the bridge at Champigny, although not unscathed as the crossing was interdicted by machine-gun fire from German armoured cars and motor cyclists."

At that moment the bridge was blown. *"Some elements managed to get across by swimming, in boats or by good luck, but an important element of the regiment remained behind north of the river and was taken prisoner after having fought all day. At the end of that skirmish, the 12th only had 180 fighting troops which it topped up with the help of the effectives of its Headquarters Company, the supply train and stragglers from other units."*

On 16 June that detachment was surrounded by German tanks on the Loing, again suffered casualties before regrouping at Montargis and during the night crossed the Loire at Gien. Up until 22 June, the 12th REI with its slender means, fought on the Cher, the Creuse, the Gartemps and at the signing of the armistice, it found itself at Bessines-sur-Gartemps. During the month of August, the surviving 300 men stayed at Saint-Amand-Montrod in the Cher before reassembling at Fuveau, a small village near Aubagne, which is now the site of the mother house of the Foreign Legion. There the foreigners were demobilised, while the permanent cadres and the Legionaires of German origin were shipped to Algeria.

The forgotten horses

The GRD 97 had to experience a fate similar to that of their comrades in the infantry. As the advance guard of the 7th DINA it arrived at Montdidier in the night of 18/19 May 1940. Hardly having disembarked from the train its leading elements were ordered to reconnoitre and slow down the enemy which had been reported at Péronne. During the afternoon of 19 May, Second Lieutenant Sokolow's patrol came up against German armoured detachments, and the following day, while the mounted squadron held Gerbigny-sur-l'Avre, the two motorised squadrons went to Barieux, a village with a key position on the Péronne to Montdidier route. At Villers-Carbonnet they met enemy tanks supported by 77 mm. anti-tank guns. The battle raged throughout the day with neither side being able to prevail. On 21 May the motorised units outflanked Belloy-en-Santerre, one of the important places for their veterans from the RMLE. Having captured a German prisoner, they were subjected to the full fury of the enemy and found themselves almost completely surrounded.

Pointage d'un canon de 25 mm antichar.

Aiming a 25 mm anti-tank gun.

(Miroir de la guerre.)

chars ennemis qui entrent en action. Un peloton à cheval tombe sur eux alors qu'il effectue une liaison à Chaulnes. Pas question de lancer les braves montures contre des engins chenillés ; mais le lendemain, c'est précisément le canon de 25 du même escadron qui met hors de combat le premier panzer. Partout les infiltrations se poursuivent. Aucun renseignement sur la position de l'ennemi n'est sûr. Les chars surgissent là où on ne les attendait pas. Bientôt, on apprend que l'ennemi s'est emparé d'Amiens.

Jusqu'au 25 mai, le GRD 97 est à peu près seul dans la région de Rozières à Nesles. La mobilité de ses escadrons, tant à cheval que motorisés, déroute l'ennemi qui croit avoir affaire à des éléments beaucoup plus importants, d'autant que l'infanterie française, qui a subi d'incessants bombardements est enfin arrivée sur la Somme. Une trompeuse quiétude s'instaure que l'ennemi rompt brutalement le 5 juin par une attaque massive de blindés que le

22e RMVE dans le secteur voisin réussit à contenir pendant deux jours avec les moyens dérisoires dont il dispose. Bientôt la 7e DINA est obligée de se replier à son tour. Le GRD tient Le Quesnel, en recueil des éléments d'arrière-garde de la division.

Les escadrons se replient en ordre vers les ponts que le génie s'empresse de faire sauter après leur passage. Des légionnaires isolés sur la rive droite traversent par leurs propres moyens. Pendant ce temps, l'escadron à cheval, divisé en trois détachements : capitaine Vachnadze, lieutenants Roumiantzeff et Spitzer, est pris à partie par des forces ennemies très supérieures en nombre et en matériel. Spitzer et Roumiantzeff, serrés de près par des automitrailleuses, passent le pont de Verberie quelques instants avant qu'il ne saute. Le détachement Vachnadze tombera sur des colonnes importantes durant son repli et disparaîtra. Le capitaine ne rejoindra la zone libre que le 14 juillet !

« Coincés sur la rive droite, laissés pour compte, les légionnaires n'abandonnent pas et traversent à la nage ou en barque. Mais le matériel est perdu. Qu'importe ! Les véhicules du train de combat sont saufs et suffisent au transport des éléments qui ne sont ni tués ni disparus. Les pelotons portés, hâtivement constitués, continueront leur mission de retardement pour permettre aux autres troupes de poursuivre leur exode, lamentable mais nécessaire, vers le sud. »

Le 9 juin 1940, le GRD 97 a subi ses pertes les plus importantes de la campagne. A cette date, son effectif chute de 650 à 250 hommes environ. Le 10, le capitaine de Guiraud prend le commandement du groupement et le rassemble à Aumont. Le 12, c'est la Marne ; mais, cette fois, il n'y aura pas de miracle. Les éléments subsistants de l'escadron à cheval se regroupent à Luzarches sous le commandement du lieutenant Roumiantzeff ; ils sont transformés en cavaliers portés. Alors que la Seine est déjà franchie par les avant-gardes allemandes ;

La mort du lieutenant-colonel Lacombe de La Tour

Paul Lacombe de La Tour est né le 19 novembre 1889 à Paris. Elevé dans un idéal patriotique auquel n'est pas étranger le centenaire de la grande Révolution, le jeune homme fait très rapidement état d'une véritable vocation pour le métier des armes. Impatient, il entame une courte carrière militaire en 1910 au 21e Chasseurs avant de rejoindre Saint-Cyr le 26 avril 1911. Durant deux ans, il est élève de la promotion « La Moskowa » avant de sortir sous-lieutenant le 12 juillet 1913. Il est aussitôt affecté au 3e Chasseurs, puis l'année suivante au 4e Chasseurs. C'est dans ce régiment que la guerre le rejoint le 2 août 1914. Moins de deux mois plus tard, il est nommé lieutenant et fera pratiquement toute la guerre dans ce grade et dans ce régiment où il tiendra rapidement des fonctions de commandant d'escadron qui seront reconnues par une nomination au grade de capitaine le 26 juillet 1918. Le capitaine Lacombe de la Tour fera une guerre superbe qui se traduit par deux blessures et 12 citations, dont 5 à l'ordre de l'armée. Décoré de la Croix de guerre 1914-18, il est fait chevalier de la Légion d'honneur au plus fort des combats.

La paix revenue, le capitaine Lacombe de La Tour rejoint le 1er régiment de cavalerie du Levant où il se distingue et obtient la croix de guerre des TOE avec une citation à l'ordre de l'armée. De retour en métropole, c'est alors la longue litanie des affectations et des garnisons où la victoire ne manque pas de suffisance : 4e Hussards en 1923, 1er bataillon de dragons portés en 1929... Enfin, en 1932, il est nommé chef d'escadrons et peut rejoindre l'armée d'Afrique au sein du 6e Spahis algériens, le futur régiment de Salan. Deux ans plus tard, en 1934, il rencontre la Légion au cours d'une brève affectation de sept mois avant de servir au 1er RCA. Il ne sait pas encore que son destin s'inscrira en lettre d'or sur les murs du Temple des Héros à Sidi Bel Abbès quelques années plus tard.

Après avoir servi au 3e RSM et au 2e RCA, il est nommé lieutenant-colonel en 1940 et prend le commandement du GRD 97 récemment créé. A cinquante ans, il lui revient de former une véritable unité Légion avec cet ensemble qui lui paraît hétéroclite. A Sousse d'abord, puis au au dépôt de cavalerie n° 16, dans la région de Carcassonne, il se montre exigeant et, sans cesse sur la brèche, payant de sa personne, il insuffle un moral de vainqueur à ses légionnaires et fait de son groupement une unité à la cohésion et à l'aptitude opérationnelle affirmées. Les faits se chargeront rapidement de corroborer cette opinion de l'état-major de la 7e DINA.

Le 9 juin au matin, après avoir combattu pendant 20 jours sur la Somme, le GRD 97 couvre le passage de l'Oise. L'escadron à cheval tient Ravenel et les deux escadrons motorisés, avec le PC du colonel Lacombe de La Tour, sont installés dans un bois, à l'ouest de Noroy, face à Erquanvilliers qui est pris par les Allemands. Le désordre qui est à son comble empêche les liaisons entre les deux détachements du GRD et avec la division.

« Vers midi, après un combat entre R 35 et blindés allemands, une importante vague de tanks ennemis appuyés par des 105 attaque le bois de Noroy. Un ultime effort est consenti par les légionnaires pour contenir l'adversaire, tandis que troupes et réfugiés se bousculent aux ponts de Verberie et de Sainte-Maxence, encore intacts par miracle. La défense est bientôt submergée, mais le passage des gros est terminé. Le colonel donne l'ordre de s'échapper coûte que coûte pour se replier de l'autre côté de l'Oise. C'est au cours de ce combat sans espoir que le lieutenant-colonel Lacombe de La Tour et le capitaine Djinncheradze tombent à l'ennemi. Le lieutenant Gauthier est fait prisonnier. »

le GRD se bat sur la Marne jusqu'au 13 juin. Renforcé de 150 hommes du 10ᵉ régiment de tirailleurs marocains, il tient le pont de Brolles sur la Seine et interdit le passage du fleuve jusqu'au 15 juin avant de faire sauter cet ouvrage d'art. Le 16, voici la Loire ; le repli s'effectue « en perroquet ». *« Le 18 juin seulement, le dernier peloton franchit la Sauldre après que de violentes escarmouches se soient produites au cœur de la Sologne. La coupure du Cher tiendra deux jours, de même que le point d'appui de Clion. Quand on songe à la masse de blindés et d'avions dont dispose l'ennemi, cela tient du miracle ! La Vienne ne sera franchie que le 23 juin et l'armistice trouvera les unités regroupées à Saint-Jory-de-Chalais, fatiguées, diminuées, mais toujours prêtes à se battre. »*

L'honneur des régiments « ficelles »

Les régiments de marche de volontaires étrangers vont connaître la même infortune à plus ou moins brève échéance. Hormis le bataillon de Syrie, la première unité à quitter le Barcarès, au début du mois d'avril fut le 21ᵉ RMVE dirigé sur Brumath en Alsace et incorporé à la 35ᵉ DI du général Decharme ; il y reçut un accueil assez frais, dû semble-t-il à la pauvreté de son armement et de ses équipements qui furent heureusement complétés avant l'assaut allemand. Lors de la percée allemande de Sedan, le 21ᵉ RMVE tiendra son secteur sans faiblir pendant trois semaines. Recevant l'ordre de se replier, le 21ᵉ RMVE livrera une série de combats très difficiles, l'un particulièrement dans les rues de Sainte-Menehould qui lui coûtera plus d'une centaine d'hommes. Ce n'est qu'après l'armistice que ses derniers éléments consentiront à rendre leurs armes dans l'honneur. Le 20 mai, le 21ᵉ RMVE est envoyé en Argonne ; le 25, ses unités sont en première ligne. Sous les ordres du lieutenant-colonel Debuissy, il est incorporé à la 35ᵉ DI. Le 2ᵉ bataillon se trouve sur le canal des Ardennes, en lisière du bois de Chêne, le 3ᵉ aux Petites-Armoises et le 1ᵉʳ, avec le PC, en réserve dans la forêt de Bouli. *« Aux premières lueurs du jour commence le tir de l'artillerie ennemie : c'est le choc brutal du baptême du feu pour les jeunes troupes à peine formées. Les blessés commencent à arriver au poste de secours qui est vite saturé. »*

Comme ailleurs, les engagés volontaires se trouvent rapidement débordés par la puissance ennemie. A la force mécanique, il n'ont à opposer que leur courage. Pourtant, aux Petites-Armoises, l'ennemi est stoppé, puis repoussé ; longtemps, les berges du canal des Ardennes lui sont interdites. Le 10 juin 1940, quand arrive l'ordre de repli, le 21ᵉ RMVE tient toujours son secteur. Le 11, le décrochage s'effectue au point du jour, par unité : *« Alors, le calvaire commence : La-Croix-au-Bois, Vaux-les-Mourons, Vienne-la-Ville, Sainte-Menehould et ses combats de rue, Verrières, La Grange-au-Bois, où l'on se bat à coude avec les camarades du 11ᵉ REI, Passavent, l'évacuation du colonel, remplacé par le lieutenant-colonel Martyn, Vaubecourt, Rupt, Commercy, Void, Vaucouleurs, Colombey-les-Belles. Autant de combats, autant de stations de ce chemin de croix. »*

Le repli s'effectue en bon ordre, retardant la progression de l'ennemi. Le 21 juin, à Colombey-les-Belles, le 1ᵉʳ bataillon, pris dans un mouvement d'encerclement, résiste toute la journée et contre-carre la manœuvre ennemie avant la nuit. Fidèle à sa devise : « servir », le régiment a plus que rempli sa mission, ainsi qu'en témoignent les 87 légionnaires tués dont les tombes jalonnent sa courte histoire. Pour commémorer l'héroïsme des volon-

---

"During the course of the afternoon of the 22nd, Lieutenant Colonel Lacombe de la Tour , who had in the meanwhile received six 25 mm. guns from the 34th Anti-Tank Squadron, two self-propelled 75 mm. guns and a company of motorcyclists from the colonial infantry, mounted a small expedition to keep open the communications with Balloy-en-Santerre. The fire of the 25's pinned down a group of motorcyclists and an armoured car which enabled Captain Vatchnadze to enter into Balloy and organise the withdrawal. When night fell the squadrons retired to Chaulnes where they set up a strongpoint."

Until 25 Mai the GRD 97 was more or less on its own in the area from Rozières to Nesles and the mobility of its units, whether motorised or mounted, confused the enemy to such an extent that they were convinced they were dealing with much stronger units, especially as French infantry which had been incessantly bombarded, had arrived on the Somme. A deceptive calm ensued which was brutally interrupted on 5 June by a massive armoured attack which the 22nd RMVE in the neighbouring sector managed to contain for two days with the derisory resources at its disposal. Soon the 7th DINA was obliged to retire and while the GRD held Le Quesnel, the rearguard of the division withdrew.

The death of Lt.Col. Lacombe de La Tour

On the morning of 9 June the GRD 97 was holding the crossing over the Oise. The mounted squadron was defending Ravenel and the two motorised squadrons together with Colonel Lacombe de la Tour's headquarters were positioned in a wood to the west of Noroy, facing Erquanvilliers which had been captured by the Germans. The general state of disorder hindered communications between the two detachments and the division.

"Towards midday after a scrap between R 35's and German armour, a significant wave of tanks supported by 105 mm guns attacked the wood at Noroy. A final effort to contain the enemy was made by the Legionaires, while other troops and refugees stampeded to reach the bridges at Verberie and Saint-Maxence, still miraculously intact. The defence was soon submerged but the bulk of the retreating troops got away, and the colonel gave orders that it was every man for himself in trying to escape to the other side of the Oise. It was during the course of this hopeless struggle that Lt.Col. Lacombe de la Tour and Capt. Djincheradze were killed in action and Lieut. Gauthier was taken prisoner." The squadrons retired on the bridges in good order, which the engineers had prepared for demolition as soon as they had crossed, while the Legionaires caught on the right bank got over by whatever means they could find. In the meanwhile the mounted squadron was divided into three detachments commanded respectively by Capt. Vatchnadtze, Lieutenant Roumiantzeff and Lieutenant Spitzer. They were engaged by enemy forces vastly superior both in terms of men and material. Spitzer and Roumiantzeff, closely pressed by enemy armoured cars got over the bridges at Verberie a few moments before it was blown while Vatchnadtze's detachment fell in with strong enemy forces during its withdrawal and disappeared : the captain did not reach the unoccupied zone until 14 July !

By 9 June 1940, the GRD 97 had suffered the most significant losses of the campaign and its strength had shrunk from 650 to roughly 250 men. The following day, Captain Guiraud took command of the remainder and assembled them at Aumont. On the 12th the survivors of the mounted squadron reformed at Luzarches under the command of Lieut.

Roumiantzeff and were transformed into a motorised cavalry unit. Thus while the Seine had already been crossed by the German advance elements, the GRD was still fighting on the Marne until the 13th reinforced by 150 men of the 10th Moroccan Tirailleur Regiment, they held the bridge at Brolles on the Seine, hindering the passage of the river until 15 June, when that work of art was blown up. The following day they were on the Loire, the retreat being effected ?

"It was only on 18 June that the last platoon crossed the Sauldre after violent skirmishes had taken place in the heart of the Sologne. Breaching the Cher took two days and it was the same with the bridgehead at Clion. If one considers the mass of tanks and aircraft at the disposal of the enemy, it was a miracle! The Vienne was not crossed until 23 June, and the armistice found the units regrouped at Jory-de-Chalais, exhausted and reduced in numbers, but still ready to fight."

Départ vers de nouvelles positions d'une unité de Légion étrangère.
A Foreign Legion unit leaving to take up new positions.

Mise en œuvre d'un canon de 75 antichar durant les premiers jours de l'offensive allemande.

taires du 21e RMVE, une stèle sera inaugurée à Noirval au mois de novembre 1946.

Le 10 mai 1940 trouve le 22e RMVE engagé en Alsace, dans la région de Mulhouse, au sein de la 19e DI. Le 19 mai, il est transféré sur la Somme où il reçoit la mission de protéger le secteur sud de Péronne. Les voies de communication de la rocade est-ouest étant continuellement bombardées, son acheminement vers le champs de bataille se fait dans les difficultés les plus extrêmes, si bien que les hommes du lieutenant-colonel Villiers-Moriamé mettront quatre jours pour rejoindre leur quartier de défense, à proximité du GRD 97. A cette occasion, le régiment compte ses premières pertes. Du 22 au 26 mai, avec leurs pauvres moyens, les volontaires étrangers couvrent la route Paris-Lille et conservent intactes leurs positions, malgré plusieurs attaques combinées des Allemands, contre-attaquant même, lorsque submergés, les défenseurs doivent abandonner un trou d'homme ou un réduit. Baïon-

nettes contre canons, la lutte est inégale. Décimé, le 22e RMVE s'installe sur une ligne de défense entre Fresnes-Mazancourt et Misery. Le 4 juin, il accueille un nouveau chef de corps, le commandant Hermann. A ce moment, la situation est relativement calme ; les Allemands se contentant de contenir les timides contre-attaques de la 19e DI. Le lendemain, tout est bouleversé. Une attaque massive de blindés et de troupes de choc, soutenue, comme toujours, au plus près par l'aviation et l'artillerie, déferle sur les positions françaises.

« A l'aube du 5 juin, écrit le général Brothier, *après une violente préparation d'artillerie et des bombar-*

Campagne de France 1940. Légionnaire du GRDI 97 à son poste de combat.

Campaign in France 1940. A legionnaire from the 97th GRDI at his post.

Making ready a 75 mm anti-tank gun during the early days of the German offensive.

---

diers en piqué, des centaines de chars des divisions blindées de Guderian et de Rommel déferlèrent sur les points d'appui tenus par le 22ᵉ pour s'ouvrir la route de Paris. Sans aucun soutien, ne pouvant compter que sur leurs seules forces avec leurs dérisoires pièces antichars tractées par des chevaux de labour, ne recevant aucun ravitaillement, ni en vivres , ni en munitions, les points d'appui étaient condamnés par l'avance et, malgré une résistance farouche, finirent par tomber les uns après les autres. »

Livré à lui-même, le 22ᵉ RMVE résiste jusqu'au bout. Accrochés à leurs points d'appui de Fresnes-Mazancourt, de Misery et de Marchélepot, les bataillons succombent les uns après les autres, se battent à l'arme blanche faute de munitions, et refusent les offres de reddition d'un ennemi qui ne s'attendait pas à une telle résistance : « *Vous vous êtes magnifiquement défendus,* dira le chef des troupes allemandes au commandant Hermann. *Vous nous avez causé beaucoup de pertes, vous avez retardé notre marche et vous nous avez forcé à utiliser des renforts que nous n'avions pas l'intention de mettre en ligne contre vous.* » Un monument à la gloire du 22ᵉ RMVE sera plus tard édifié à Marchélepot.

Le 23ᵉ RMVE aura juste le temps de se sacrifier ! Le 3 juin, son 1ᵉʳ bataillon quitte le Barcarès, même pas un mois après avoir été formé sous les ordres du lieutenant-colonel Aumoitte. Le 7 juin, il vient prendre part à la défense du secteur sud de Soissons, auprès du 12ᵉ REI. Installé en couverture des grandes unités qui devaient empêcher la ruée des *Panzer* vers Paris, il est anéanti dans la forêt de Villers-Cotterêts, le 9 juin 1940. Vient ensuite une série de combats désespérés, affrontements inégaux à Nangis, en Seine-et-Marne, à Pont-sur-Yonne, à Montargis dans le Loiret. Et, tous les jours de la retraite, des pertes de plus en plus lourdes. A la signature de l'armistice, ses rares éléments encore en état de combattre se trouvent dans les environs de Chartres d'où ils seront ramenés dans le Midi de la France pour être démobilisés.

The honor of the "regiments ficelles"

The foot regiments of foreign volunteers were to suffer the same misfortune during their lore of less short existence. On 10 May 1940 the 22 RMVE was engaged in Alsace in the Mulhouse area along with the 19th Infantry Division, but on the 19th it was transferred to the Somme where it was ordered to defend the area to the south of Péronne. The east-west communications were constantly being bombed and its arrival at the new front was carried out with extreme difficulty, in that Lieut. Col. Villiers-Moriamé's men took four day to reach their sector, alongside the GRD 97. From 22 to 26 May, the foreign volunteers with their meagre resources maintained their positions intact, in spite of many combined German attacks, but when overwhelmed the defenders were forced to cede a foxhole or a redoubt. With bayonets against artillery, the struggle was an unequal one, and decimated, the 22nd RMVE took up defensive positions on a line between Fresnes-Mazancourt and Misery. On 4 June, the unit welcomed a new commander, Major Hermann, and at that time the situation was relatively calm with the Germans content to simply rebuff the timid counter-attacks mounted by the 19th Infantry Division. Forty eight hours later everything was turned upside down when a massive attack by armour and shock troops, backed up as usual by close-support aircraft and artillery, descended upon the French positions. Left to their own devices, the 22nd RMVE resisted to the end. Pinned down in their defensive positions at Fresnes-Mazancourt, Misery and Marchélepot, the battalions succumbed one after the other, fighting with cold steel because of lack of ammunition, and refusing the summonses to surrender from an enemy who had not expected such a spirited resistance.

"You put up a magnificent defence, the German commander said to Major Hermann. You not only caused us a lot of casualties, but you held up our advance and forced us to commit reserves which we had not intended to deploy against you."

On 20 May the 22nd RMVE was sent to the Argonne and on the 25th its units were in the first line, having been incorporated into the 35th Infantry Division and then commanded by Lieut. Col. Debuissy. The 2nd Battalion was on the Ardennes Canal on the edge of the Bois de Chène, the 3rd at Petites-Armoises and the Ist, together with regimental headquarters was in reserve in the Forest of Bouli.

"At the first glimmerings of daylight the enemy artillery opened up in a brutal baptism of fire for the young hardly trained troops. The wounded started to arrive at the aid station which was soon inundated."

As usual the foreign volunteers soon found themselves overwhelmed by the power of the enemy which they could only oppose with their bravery. Nevertheless, at Petites-Armoises the enemy was stopped and then thrown back : for quite a time the banks of the Ardennes Canal were denied to them. On 10 June 1940, when the order to withdraw came, the 22nd RMVE was still holding its positions, but the following day at dawn the units pulled out one by one.

"Then our Odyssey started : La-Croix-au-Bois, Vaux-les-Mourons, Vienne-la-Ville, street fighting in Sainte-Menehould, Verrières, La Grange-au-Bois where we fought back to back with our comrades of the 11th REI, Passavent, where the colonel was evacuated to be replaced by Lieut. Col. Martyn, Vuabecourt, Rupt, Commercy, Void, Vaucouleurs, Colombey-les-Belles. Each a place of battle and each a station on our pilgrimage."

The 23rd RMVE was just in time to be sacrificed ! On 3 June its 1st Battalion left Barcarès, hardly a month after having been formed under the command of Lieut. Col. Aumoitte. On 7 June it arrived to participate in the defence of the area to the south of Soissons alongside the 12th REI. Positioned to cover the larger units which should have hindered the headlong rush of the panzers towards Paris, it was annihilated in the Forest of Villers-Cotterets on 9 June 1940. After that, came a series of desperate and unequal struggles : at Nangis in Seine et Marne, at Pont-sur-Yonne, and Montargis in the Loiret, throughout which the losses mounted. At the signature of the armistice the few survivors fit to fight found themselves in the Chartres region from where they were taken to the South to be demobilised.

Victoire à Narvik

La ligne du chemin de fer électrique par lequel était acheminé le minerai de fer de Lelua à Narvik via Kiruna.

The electric railway line used to transport iron ore from Lelua to Narvik via Kiruna.

Le corps allemand débarque à Narvik. Photo récupérée par les légionnaires à leur entrée dans la ville.

The German corps landing at Narvik. Photo found by legionnaires when they entered the town.

Larzac où elle s'entraîne sous un froid intense qui aguerrit les légionnaires d'Afrique. Le 9 avril, le maréchal Keitel lance le plan *Weserübung* et l'Allemagne envahit la Norvège qui devient dès lors un secteur de guerre prioritaire pour l'amirauté britannique. Pour les Français, il s'agit d'empêcher la mainmise du *Reich* sur le minerai de fer scandinave. Pour toutes ces raisons, l'état-major franco-britannique choisit d'intervenir dans la région de Narvik. Le port de Narvik, gros exportateur de minerai de fer, est relié à Lulea et à la région des mines par une voie ferrée électrique, via Kiruna. C'est « la route du fer », en fait seulement l'une des multiples voies d'acheminement du minerai nordique vers l'Allemagne. La suppression du courant électrique et les bombardements de la flotte britannique ont d'ailleurs suspendu le trafic sur cette voie, mais les Allemands occupent Narvik et l'opinion publique chauffée à blanc ne comprendrait pas que les démocraties ne fassent rien pour libérer la Norvège.

Le 23 avril 1940, la 13ᵉ demi-brigade de montagne de la Légion étrangère, qui fait désormais partie du Corps expéditionnaire français en Scandinavie, embarque à Brest pour la Norvège. Vers 16 heures, les légionnaires montent à bord au milieu d'un tohu-bohu indescriptible. L'état-major, la CHR, la CDT, la CRE, les 5ᵉ et 6ᵉ compagnies embar-

---

1940 - Embarquement de la 13ᵉ DBLE pour la Norvège.
Embarkation of the 13th DBLE for Norway.

« *Permettez à votre chef et à votre ancien de la Légion de vous dire que vous avez fait une entrée assez remarquable dans le monde et dans l'Histoire.* »

Lieutenant-colonel
de montagne
de la Légion étrangère

Parmi les désastres qui s'amoncellent, une lueur d'espoir vient de l'Arctique. Dans les fjords de Norvège, légionnaires et alpins remportent la seule victoire de cette triste campagne. Le 7 mars 1940, la courageuse armée finlandaise cesse le combat, mais évite l'annexion de son pays. La question de l'utilité de la 13ᵉ DBMLE se pose désormais. Toutefois, la mission de la brigade de haute montagne est maintenue et la 13ᵉ DBMLE rejoint le camp du

Légionnaires de la 13ᵉ DBLE à bord du navire britannique « Providence » mouillé dans l'estuaire de la Clyde.

Legionnaires of the 13th DBLE on board the British ship Providence, anchored in the Clyde estuary.

Les transports du corps expéditionnaire français en Norvège quittent Brest.

The troopships carrying the French Expeditionary Corps leaving Brest.

---

quent sur le *Général-Metzinger,* la 7ᵉ compagnie, la CAB 2 et le 1ᵉʳ bataillon à bord du *Providence.* En moins de deux heures, un mois de vivres et de maintenance de matériel sont stockés dans les cales. A 17 heures, les deux transports appareillent. Le 4 mai 1940, les légionnaires aperçoivent les côtes de Norvège ; il n'est pas encore question de débarquer. Sur les paquebots modifiés en transports de troupes, les légionnaires rongent leur frein. Depuis Sidi-Bel-Abbès, incidents et contretemps se sont succédés : déraillement à Oued-Chouly, déplacements inopinés à travers la France, abordage du transport *Général Metzinger* par un charbonnier anglais à hauteur de Liverpool, manque de combustible pour le *Providence,* l'autre transport, immobilisé à Greenhock, dans l'estuaire de la Clyde....

Les Fjords de Norvège

Finalement, après un nouveau transbordement, des torpilleurs britanniques amènent la demi-brigade à Ballangen, dans la presqu'île de Haafjeldet. A minuit, le 5 mai 1940, dans la clarté du jour polaire, les légionnaires débarquent sur la terre norvégienne. L'effet est saisissant... Plus prosaïquement, après la bataille, le général Béthouart dira : « *Imaginez les Alpes françaises envahies par les eaux jusqu'à 1 800 mètres d'altitude ; en somme, par transposition, on s'est battu dans des vallées jalonnées de moraines et de lacs glaciaires sur des sommets escarpés entre 1800 et 3600 mètres.* »

Le 7 mai, Béthouart force la main aux Britanniques. Un débarquement de vive force sera tenté à l'extrémité de l'Herjangsfjord, à Bjervik, où les Allemands se sont retranchés. Objectif, prendre à revers les

Among the disasters that were piling up, a ray of hope came from the Arctic, where in the Norwegian fjords, legionnaires and chasseurs alpins brough home the sole success of that sad campaign. On 7 March 1949, the courageous Finnish army laid down its arms but managed to avoid occupation by the enemy. That left the question as to what to do with the 13th DBMLE whose mission as a mountain brigade still remained. They returned to the camp at Larzac where they trained in intense cold which troubled the legionnaires from North Africa. On 9 April, Field Marshal Keitel launched Operation *Weserübung,* the German invasion of Norway, which became a priority theatre of war for the British, while the French were keen to interrupt their flow of iron ore from Scandinavia to Germany. For those reasons the Franco-British joint Staff decided to intervene at Narvik, the port which exported the ore and which was joined to the mining area around Lulea via an electric railway, the "iron road", although this was admittedly only one of the ways used to transport ore to Germany. Cutting off the electricity supply and bombardment by the British fleet had already suspended traffic on the railway, but the enemy had occupied Narvik and public opinion was inflamed by the fact that the democracies were apparently incapable of helping the Norwegians.

On 23 April 1940, the 13th DBMLE as a part of the French Expeditionary Corps, embarked at Brest for Norway in two troopships, loaded down with supplies enough for a month. They sailed that same afternoon and were off the coast of Norway on 4 May.

The Fjords of Norway

After transhipping once more, the demai brigade was transported by British destroyers to Ballingen on the Haafjeldet peninsular and at midnight on 5 May in the clear polar night, the legionnaires disembarked on Norwegian soil. Two days later, General Béthouart, the French force commander forced the hand of the British and it was decided to effect a landing in force at Bjervik, at the end of Herjangsfjord, where the Germans had established themselves. The object was to take the enemy in the rear who, 20 km further north, were blocking the advance of the demi-brigade of chas-

Légionnaires de la 13ᵉ DBLE en route pour la Norvège.

Legionnaires of the 13th DBLE en route for Norway.

Le général Bethouart, commandant le corps expéditionnaire français en Norvège.

General Bethouart, the commander of the French Expeditionary Corps, in Norway.

A bord du transport de troupe « Général Metzinger ».

On board the troopship General Matzinger.

et 3 chars Hotchkiss 39 ; deuxième échelon : plusieurs bateaux de pêche transportant le reste du bataillon. La protection de l'assaut est confiée à la flotte britannique qui comprend un cuirassé *(Resolution)*, deux croiseurs *(Aurora - Effingham)* et 7 destroyers. Simultanément, les 6ᵉ et 14ᵉ BCA attaqueront au nord. C'est la première opération amphibie de la Deuxième Guerre mondiale ; mais comme on le voit, on est encore loin de l'opération « Overlord » en Normandie ou même des débarquements en Afrique du Nord en 1942.

Respectant le timing, la flotte ouvre le feu à l'heure dite. Toutes les pièces crachent ensemble, jusqu'aux 380 du *Resolution*. Les officiers anglais ont même fait monter les mortiers du bataillon à l'avant des destroyers. Nettement plus dangereux pour les chalands de débarquement que pour l'ennemi ! La première barcasse réussit à mettre à terre le H 39 du lieutenant Coloby, mais les autres ne suivent pas. Durant vingt minutes, isolé, il attaque tout ce qui se dévoile. A 01 h 20, l'infanterie « beache » à 500 mètres du point prévu. Le feu est moins nourri et la 1ʳᵉ compagnie du capitaine Gelat enlève rapidement les défenses entre Hangan et Bjervik et se porte sur son axe de marche.

« A peine le premier échelon à terre, le chef de bataillon jugeant l'affaire bien partie, envoie à l'amiral anglais le télégramme : "Faire avancer le deuxième échelon", comme il avait été convenu avant l'opération. Quelques minutes plus tard, la flottille des bateaux de pêche transportant les deux tiers restants du bataillon sort de derrière le cuirassé et se lance sous le feu vers la plage de débarquement pendant que les canons des bâtiments allongent le tir. Le chef de bataillon avait, de son côté, sauté dans une baleinière de destroyer et débarqué derrière le premier échelon. »

forces ennemies qui, à 20 kilomètres au nord, bloquent l'avance de la demi-brigade de chasseurs alpins à Gretangen. Le débarquement aura lieu le 13 mai à 0 h 15. Le 1ᵉʳ bataillon, aux ordres du commandant Boyer-Resses abordera les plages et établira une tête de pont. En un deuxième temps, il sera renforcé par le bataillon Gueninchault qui devra exploiter la rupture. Moyens du premier échelon : 8 barcasses blindées transportant l'infanterie

A terre, les troupes se réorganisent, évacuent leurs blessés et laissent sur place les prisonniers et les ennemis tués ou blessés. A son tour, le 2ᵉ bataillon du commandant Gueninchault est mis à terre et entame aussitôt l'exploitation en direction d'Ellvegaard, appuyé par des chars H 35. Au cours de la progression, le lieutenant Maurin, de la CAB 2, tombe, frappé d'une balle en pleine tête. Il est le premier officier de la 13ᵉ DBLE tué au combat. L'attaque se développe et gagne du terrain vers le nord ; mais à l'est, la compagnie de Guittaut progresse difficilement sur les pentes escarpées du fjord. A Bjervik, on se bat dans les rues, dans les maisons qu'il faut enlever les unes après les autres. Au cours d'un bombardement, le PC du colonel est particulièrement visé ; le capitaine Blanc de la compagnie de commandement et le médecin-capitaine Blancardi sont grièvement blessés. Toutefois, le 14 mai, les légionnaires et les chasseurs alpins effectuent leur jonction sur la route de Gretangen.

« L'ennemi battu s'est retiré. Le 1ᵉʳ bataillon capture plus de 40 prisonniers et un très gros matériel. De nombreux cadavres ennemis restent entre nos mains. Ils appartiennent au bataillon de marche de marins débarqués des destroyers coulés par les Britanniques et au 139ᵉ régiment de chasseurs tyroliens. Le 2ᵉ bataillon, de son côté, enlève le camp d'Ellvegaard et pousse jusqu'au lac Hartvigan gelé, où il s'empare de 10 avions allemands en faisant de nombreux prisonniers. »

Le 28 mai, la Légion attaque Narvik. Là encore, la décision a été dure à prendre. L'offensive des panzers sur la Meuse a fortement ébranlé la confiance des Britanniques ; d'autant que leurs pertes en navires sont lourdes du fait de la supériorité de la *Luftwaffe* qui occupe tous les terrains d'atterrissage possibles, mais aussi des *U-Boote* qui gênent considérablement la logistique alliée. Selon eux, en détruisant la centrale qui alimente la voie électrifiée par laquelle le minerai transite vers Narvik, et en effectuant la destruction de plusieurs ouvrages d'art, la mission est remplie : « la route du fer est coupée ! » Mais Bethouart qui est sur le terrain sait qu'il n'en est rien. Il ne souhaite pas interrompre une offensive victorieuse ; d'autre part, rembarquer des milliers d'hommes sous le feu ennemi n'est pas chose aisée. Ce dernier argument emporte toutefois l'adhésion des Britanniques et le général français obtient un délai de quelques jours.

seurs alpins. The landing was to take place on 13 May at 00.15 hrs, under the command of Major Boyer-Resses, who was to take in the 1st Battalion to secure the beach and establish a bridgehead. They would be followed by the second wave of the 2nd battalion who would exploit the breakthrough. The first echelon were to be transported together with three Hotchkiss 39 tanks, in eight armour-plated landing craft, while the second wave would come ashore in a flotilla of requisitioned fishing boats. The landing would be protected by the British fleet, consisting of a battleship, the *Resolution,* two cruisers, *Aurora* and *Effingham*, plus destroyers, while at the same time the chasseurs alpins were to attack from the north. This was in fact the first amphibious operation of the Second Workd War, but was a far cry from the D-Day landings or the landing on the North African coast in 1942.

In agreement with the timetable, the fleet opened fire with every gun, and British officers had even mounted the battalion's mortars on the front of the destroyers, which were far more of a danger to the landing craft than the enemy! The first craft managed to put ashore Lieutenant Coloby's tank but the others failed to follow, so that completely isolated, he attacked anything that appeared. At 01.20 hrs the infantry beached, 500 metres from the planned site, but the 1st Company led by Captain Gelat swiftly cleaned out the defenders between Hangan and Bjervik thus placing themselves on their axis of advance.

"As soon as the first wave was ashore, the battalion commander reckoning that things were going well, signalled the British admiral to send in the second wave. A few minutes later the flotilla of fishing boats carrying

Les combats de Bjervik.
The fighting at Bjervik.

Les légionnaires progressent sur la route de Gretanger pour effectuer la jonction avec la demi-brigade de chasseurs alpins stoppés par une vive résistance allemande à 20 km de Bjervik.

Legionnaires on the road to Gretanger to join up with the demibrigade of Chasseurs Alpins blocked by spirited German resistance 20 km from Bjervik.

Narvik 1940. Prisonniers allemands capturés par les Franco-Norvégiens près de Bjervik.

Narvik 1940. German prisoners captured by the Franco-Norwegians near Bjervik.

Cadavres de soldats allemands du 139ᵉ régiment de montagne après les combats de Bjervik.

The bodies of German soldiers from the 139th Mountain Regiment after the fighting at Bjervik.

Une victoire au goût amer

Le 22 mai, à bord du torpilleur *Fame*, le lieutenant-colonel Magrin Vernerey qui sera chargé de l'effort principal, effectue une reconnaissance de la côte et des défenses allemandes. « *Au premier plan*, écrit-il, *le mouvement de terrain d'Orneset se détache du massif imposant du Faralvik par un palier très prononcé où passe la voie ferrée. Quelques maigres arbustes entre de gros blocs de pierre couvrent la montagne. Les pentes est du mamelon plongent doucement dans le fjord. Cette plage est choisie par le général Bethouart comme point de débarquement. La tête de pont sera organisée sur le mamelon d'Horneset. Plus au sud, on distingue, au deuxième plan, la cote 79 qui masque la ville de Narvik. Derrière, se profile la ville de Lillevik.* »

Une nouvelle fois, c'est le bataillon Boyer-Resses qui est chargé d'établir la tête de pont. Un bataillon de Norvégiens doit suivre et occuper le Faralvik. Le

2ᵉ bataillon nettoiera la ville qui a été évacuée de ses habitants. Des actions de diversion seront exécutées en direction d'Ankenes et de Beijfjord : au sud par la brigade de chasseurs polonais et le 14ᵉ BCA, au nord par les Norvégiens qui accentueront leur pression en direction des massifs du Rindfeldet et du Habgeldet. Les troupes à terre disposeront de l'appui de la flotte et du groupe autonome d'artillerie coloniale en batterie dans les bois de la presqu'île d'Oigfjord. En face, le corps expéditionnaire allemand est commandé par le général Dietl, un spécialiste du grand nord et du combat en haute montagne. Son PC est à Bjornfjell, sur la frontière suédoise. Il dispose à Narvik du 139ᵉ régiment de chasseurs tyroliens durement éprouvé à Bjervik, de trois bataillons de marins et de DCA dont une partie est transformée en appui-terre. Mais son aviation a la maîtrise du ciel. Au total, 5 000 hommes convenablement ravitaillés grâce aux dépôts qui ont été constitués et aux parachutages que ne peuvent empêcher les Alliés. La ville même est tenue par les marins habillés d'uniformes norvégiens et munis de brassards, la plupart ayant perdu leurs effets dans les différents naufrages. Le port, les réservoirs de carburant, la gare, les principaux édifices sont minés...

Le 26 mai, le commandant Boyer-Resses réorganise son bataillon dispersé entre les petits ports de Seiness et Oifjord en quatre groupements de fusiliers voltigeurs renforcés de détachements de la compagnie d'accompagnement et de sections de mitrailleuses. Tout est prêt pour l'assaut.

« *Le temps légèrement nuageux dans l'après-midi du 27 s'améliore dans la première partie de la nuit. Le premier échelon - 290 légionnaires du 1ᵉʳ bataillon - embarque à 23 h 00 sur cinq automoteurs devant Seiness. A 23 h 55, la petite flottille arrive à hauteur du cap d'Oifjord. Il fait grand jour. A 0 h 00, le 28 mai, les vaisseaux britanniques et l'artillerie coloniale ouvrent le feu sur les entrées du tunnel, les remblais et les organisations défensives susceptibles de cacher des résistances allemandes. Surpris, l'ennemi ne réagit pas. Les premières barcasses accostent...* »

La 3ᵉ compagnie du capitaine Gilbert s'empare de la position d'Orneset, tandis que la 2ᵉ compagnie

---

Narvik 1940. Officiers polonais étudiant la progression de leurs unités avec les chasseurs alpins. (Archives polonaises.)

Narvik 1940. Polish officers following the progress of their units with the Chasseurs Alpins.

(Polish archives.)

Le légionnaire de Narvik

A Liverpool, lors de l'escale en Angleterre, les sections d'éclaireurs skieurs et la section motocycliste de la 13e DBMLE sont présentées aux autorités britanniques. La silhouette traditionnelle du légionnaire disparaît sous les équipements spéciaux pour pays froid. Imposé par le lieutenant-colonel Magrin-Vernerey qui souhaite distinguer ses légionnaires des chasseurs alpins, le béret kaki des troupes de la ligne Maginot remplace le képi blanc. Ce béret comporte une grenade à sept flammes découpée dans du drap vert et cousue sur le côté. Il se porte incliné sur le côté gauche, mais au gré de son engagement au sein de l'armée britannique, l'inclinaison se fera souvent à droite. Jusqu'à la fin de la guerre, le béret kaki constituera la marque distinctive de la seule unité Légion des Forces françaises libres.

La tenue du légionnaire comprend une veste croisée modèle 1935 en toile kaki foncé et le pantalon du modèle « golf » 1938 en drap gabardine. La veste, ample et confortable, est munie de poches rentrées et présente dans le dos une fente horizontale au niveau des omoplates. Pour cette expédition arctique, le légionnaire dispose de chaussures de montagne ou de brodequins modèle 1940 que l'on recouvre de guêtres en forte toile montant jusqu'à mi-mollet. En principe, la vareuse en drap de l'ancien régiment est conservée, mais la capote est remplacée par une pèlerine à capuchon en drap kaki du modèle des formations motorisées. En dessous de ces vêtements, le légionnaire porte une chemise de fine toile kaki avec une cravate de jersey en laine marron et un chandail sans manches.

Un légionnaire de la 13e DBLE lors de l'expédition de Norvège. « La silhouette légionnaire traditionnelle disparaît alors sous les équipements spéciaux pour pays froid. Le béret kaki remplace le képi blanc, suivi de blousons à ceinture, pantalons type golf, chaussures de montagne. Le tout agrémenté de canadiennes, cagoules, lunettes, raquettes, chaussures et d'une profusion de lainages. » (Témoignage d'un sous-officier de la compagnie du capitaine Blanc.)

A legionnaire of the 13th DBLE during the Norway campaign. "The traditional silhouette of the legionnaire disappeared under the special cold climate clothing. A khaki beret replaced the white képi followed by belted blouses, golf-style trousers and mountain boots. That outfit was augmented by hodded quilted parkas, snow goggles, snow shoes and a profusion of wollen garments." (From an account by a sergeant in Capt. Blanc's unit.)

Les effets spécifiques de protection contre le froid comprennent principalement la canadienne en peau de mouton. Le vêtement se boutonne droit devant sur le devant et présente un col fourré montant sur les oreilles et la nuque. Un peu plus longue qu'une veste, cette canadienne se caractérise par des bandes de toile blanche correspondant aux raccords des peaux. On trouve également de grandes cagoules de camouflage à capuchon qui ne sont en fait que de longues pèlerines blanches descendant jusqu'aux chevilles. Les gants sont de trois sortes : une paire en laine à cinq doigts, un modèle à deux doigts pour le tir, et des moufles en peau de mouton comme la canadienne. Des chaussons et des bottes à neige, des lunettes, des chaussures de ski et une profusion de lainages complètent cette collection d'effets spéciaux contre le froid et de camouflage « neige ». Le port du chèche blanc par-dessus la veste, à la manière d'une écharpe, et la lourde pèlerine de drap relèvent de la coquetterie bien connue des légionnaires. Le casque en acier du modèle 1926 est recouvert d'un étui blanc avec, à l'arrière, une tresse de serrage. Certains sont dotés de passe-montagne et de lunettes anti-neige. Un tour de cou en laine marron s'ajoute au chèche ramené d'Afrique.

De son côté, le légionnaire de la section motocycliste dispose d'une veste de cuir marron modèle 1935 en usage dans les chars de combat et d'un pantalon de cuir de la même couleur. Cet ensemble est complété par un tour de cou, des gants et des lunettes de motocycliste. On note également sur le carnet d'habillement du légionnaire motocycliste un ensemble de toile bleu mécanicien spécifique aux troupes motorisées. Comme ses camarades, il est également pourvu de vareuses et de pantalons blancs de camouflage du type alpin.

Enfin, les éclaireurs-skieurs de la demi-brigade sont dotés des blousons des sections d'élite alpines. Confectionnés en toile épaisse kaki foncé, ces blousons s'enfilent par la tête. Un large capuchon pouvant envelopper le casque et deux grandes poches de poitrine caractérisent ces vêtements. Des brodequins de montagne et des guêtres-neige en coutil serré kaki complètent les effets spéciaux. Les skis, les raquettes, les piolets et les pelles à neige proviennent des meilleures marques françaises.

Le paquetage de chaque homme est contenu dans le sac tyrolien ou sac « bergam » qui remplace le havresac habituel et dans le sac marin baptisé « sac d'allègement ». Les équipements individuels se résument toujours aux traditionnelles cartouchières *Lebel* modifiées 1934, au ceinturon, aux bretelles de suspension, et le cas échéant au porte-mousqueton 1892. En bandoulière, le légionnaire porte sur le côté droit le bidon de deux litres ; à gauche, on trouve l'étui du masque à gaz ANP 31. Le paquetage, l'armement et les munitions représentent une charge de 60 kilos qu'il n'est évidemment pas question de porter, mais qui assurent une autonomie suffisante pour la première phase d'une expédition lointaine sous un tel climat. Les fusils de 8 mm ont été remplacés par des MAS 36 plus courts et plus légers, d'un calibre de 7,5 mm, tout comme le FM 24/29 qui constitue l'arme automatique d'appui des sections. Les mitrailleuses sont transportées par des voitures métalliques ; les transmissions sont de nouvelle génération et le service de santé est abondamment pourvu.

1. Le 27 mai 1940, la flottille de débarquement de Narvik double la pointe d'Oijfjord.

1. 27 May 1940. The flotilla tasked to carry out the landing at Narvik, rounding the point of Oijfjord.

2. Des soldats de la 2/13ᵉ DBLE hissent à bras un canon de 25 mm qui se révèlera fort utile contre le blockhaus du tunnel.

2. Soldiers of the 2/13th DBLE lifting up a 25 mm gun which proved very useful against the tunnel blockhouse.

3. Les destructions dans le port de Narvik. (DR.)

4. Avec l'amiral commandant la flotte britannique, le lieutenant-colonel Magrin-Vernerey (avec les lunettes) et les chefs de corps des 6ᵉ et 14ᵉ B.C.A.

3. Destructions in Narvik harbour.

4. Lt.Col. Magrin-Vernerey (with glasses) and the commanders of 6th and 14th BCA, together with the admiral commanding the British fleet.

(DR.)

s'installe pour dominer les deux entrées du tunnel. La garnison résiste plusieurs heures, jusqu'à ce qu'un canon de 25 tire dans l'axe du tunnel. Il lui faut maintenant progresser vers la cote 457. Mais pris sous le feu d'un canon de 75, le capitaine Guillemain et trois légionnaires sont tués. L'ennemi qui s'est repris ajuste un feu nourri sur les légionnaires, puis il contre-attaque sur l'axe cote 457 - plage d'Horneset. Le commandant Paris, chef d'état-major de Béthouart, le capitaine Guittaut, commandant la 2ᵉ compagnie et le lieutenant Garoux sont tués au cours de cette action. Le lieutenant Vadot est une nouvelle fois blessé. Ce n'est que dans la soirée que les légionnaires et les Norvégiens se rendront définitivement maîtres du piton 457. Poursuivi par le 1/13ᵉ DBLE, l'ennemi bat en retraite sur la voie ferrée Narvik - Lulea, en direction de la frontière suédoise. Pendant ce temps, le 2ᵉ bataillon s'est emparé de la cote 79 et pousse en direction de la ville que les Allemands évacuent précipitamment après avoir détruit les installations portuaires et coulé les navires présents.

Le 2 juin, après une série d'engagements meurtriers le long de la voie ferrée, les légionnaires de Magrin-Vernerey font leur jonction avec les Polonais partis d'Ankenes. Ils sont à 13 kilomètres de la frontière suédoise. Mais, le 3 juin, l'état-major allié impose le rembarquement du corps expéditionnaire ; tout doit être terminé le 7. A cette date, il ne reste plus en ligne que le 1/13, un bataillon polonais et deux compagnies du 14ᵉ BCA. Une à une, les unités décrochent, appuyées par les destroyers. Elles laissent en place de nombreux mannequins apparents dans les positions qu'elles abandonnent. Mais les Allemands ont d'autres soucis :

Entre 22 et 23 heures, les pionniers de la 13ᵉ DBLE qui ont préparé au prix d'un travail gigantesque d'importantes destructions, font sauter le remblai de la voie ferrée de Suède sur une longueur de 330 mètres, réussissant à rétablir la pente naturelle du terrain à l'endroit où elle était la plus forte. Cette fois, la « route du fer » est coupée au sens propre du terme... Ils détruisent également les dépôts de grenades et tout le matériel accumulé sur le pont de Vaasvil. Les derniers légionnaires qui traversent la ville de Narvik ne trouvent que des ruines qu'ils prennent encore la peine de piéger. Depuis le bombardement naval, les bombardiers ennemis se sont acharnés sur l'agglomération dont la population a fui dans la montagne. Embarqué sur le *Duchess of York* qui fait route vers Brest, le lieutenant-colonel Magrin-Vernerey dresse le bilan de l'action de la 13ᵉ DBMLE en Norvège :

« *Brigade de montagne, deux fois vous avez débarqué de vive force. Le 13 mai à Bjervik, vous avez conquis, sans désemparer, quatre objectifs, forcé l'ennemi menacé d'encerclement à fuir, vous abandonnant 80 prisonniers, des armes automatiques, un armement, des équipages impossibles à dénombrer et jusqu'à 10 avions. Du 28 mai au 2 juin, vous avez conquis Narvik et exploité le succès sur 13 kilomètres, pris 180 Allemands, 5 canons de campagne, 2 obusiers et 5 canons de DCA. Nous nous inclinons avec respect devant les deuils glorieux, rançon du succès : commandant Guéninchault, capitaines de Guittaut, Guillemain, de Lusançay, lieutenants Maurin, Peugeot, Herzog, 5 sous-officiers, 55 caporaux et légionnaires. Aujourd'hui, nos morts vous semblent irremplaçables. La Légion, engagée ailleurs ne peut plus donner de cadres. Vous les puiserez dans vos rangs.* »

A l'issue de la campagne de Norvège, la 13ᵉ DBMLE était citée à l'ordre de l'armée. Elle avait « gagné la première victoire terrestre de la guerre ».

The legionnaire at Narvik

At Liverpool, during their stop-over in England, the ski reconnaissance and dispatch rider sections of the 13th DBMLE were presented to the British authorities. The traditional silhouette of a legionnaire had disappeared under the weight of equipment needed for cold weather warfare. The regimental commander, Lt.Col. Magrin-Vernerey, keen to distinguish his men from chasseurs alpins, had introduced the khaki beret work by the troops in the Maginot Line forts. As cap badge there was a grenade with seven flames outlined on green cloth and sewn on it. It was worn inclined to the left, but under the influence of the British they served with, the inclination was often to the right. Right to the end of the war the khaki beret was the distinguishing mark of the only Foreign Legion unit serving with the Free French.

The uniform of the legionnaire consisted of a double breasted 1935 pattern tunic in pale khaki colour and the 1938 pattern golf-style trousers in gabardine. The tunic, amply cut and comfortable, had patch pockets and a pleat across the back level with the shoulder-blades. For this expedition to the Arctic, the legionnaires were issued with mountain boots or 1949 pattern laced boots covered by thick cloth gaiters that reached half way up the calf. In principle the great-coat of the old regiment was retained, but the hood was replaced by a khaki hooded cape of the type used by the motorised formations. Underneath, the legionnaire wore a shirt of fine khaki cloth, a dark brown jersey wool tie and a sleeveless jumper.

For protection against extreme cold the main garment as a sheepskin parka buttoned acroos the front on the right and with a fure collar that went over the ears and the nape of the neck. Slightly longer than the tunic, the parka was characterised by the strips of white cloth that covered the joints in the skins. Also issued were white camouflage coveralls which were nothing more than long hooded cloaks that reached down to the ankles. Gloves were of three kinds : a pair of woollen ones with five fingers, a pair of two fingered mittens for firing with and sheepskin mittens matching the parka. Galoshes, snow shoes, snow goggles, ski boots and a profusion of woollens completed the collection of special effects against extreme cold and snow camouflage. The wearing of a white cloth over the tunic in the form of a sash and the heavy cloth cape recalled the well-known vanity of the legionnaires. The 1926 pattern steel helmet covered with white cloth was issued, attached at the back with a braid. A dark brown scarf fitted in with the sash brought from Africa.

For their part, the legionnaires of the dispatch-rider section were issued with a 1935 pattern brown leather tunic as used by tank crews and matching leather trousers. This outfit was completed by a scarf, goggles and gauntlets of motorcycle pattern. One can also see on the clothing list of a Legion dispatch-rider, a blue mechanic's overall as issued to motorised formations, and like his comrades he was also issued with a great-coat and white snow camouflage trousers of Alpine pattern.

Finally, the ski reconnaissance men of the demi-brigade were issued with the same blouses as the elite Alpine units. Made in a thick dark khaki material they were pulled on over the head. A lagre hood which fitted over the steel helmet and two large chest pockets characterised these garments. Lace-up mountain boots and tight khaki-drill gaiters completed the special outfit. The skis, snow-shoes, sticks and snow shovels were of the best French manufacture.

The personal effects of each man were contained in a Tyrolean or "Bergan" rucksack which had replaced the traditional haversack or naval type kitbag. Belt erquipment remained the traditional *Lebel* cartridge pouches modified 34 pattern worn on the belt, the harness straps, or should the occasion have risen, on the 1892 pattern rifle sling. On his bandolier, the legionnaire carried on the right, the two-litre water-bottle and on the left, the ANP 31 gas mask holder. The complete outfit, ammunition and weapons amounted to a load of 60 kg, which could obviously not all be worn but did ensure sufficient autonomy for the first phase of a distant expedition in an unfavourable climate. The 8 mm rifles were replaced by the shorter and lighter 7.6 mm MAS 36, like the FM 24/29 which constituted the section support automatic weapon. The machine guns were carried in metal carts, radios were the most modern and the medical facilities were abundantly provided.

the rest of the men emerged from behind the battleship and ran towards the beach under fire, while the sips' guns lengthened their range. The battalion commander had jumped into a whaler from one of the destroyers and stepped ashore just behind the first wave."

On land the troops reorganised themselves, evacuated their wounded and left where they were, their prisoners and the enemy killed and wounded. In their turn the 2nd Battalion came ashore and set out to exploit in the direction of Ellvegaard supported by H35 tanks, but as they advanced, a lieutenant was killed by a bullet in the head, the first man from the 13th demi-brigade to be killed in action. The attack progressed and made gains towards the north,but to the east, Captain Guittaut's company found it difficult to progress the steep slopes of the sides of the fjord. At Bjervik there was fighting in the streets and the houses had to be cleared one by one. During one bombardment the demi-brigade headquarters found itself the target and two staff officers, one of whom was the senior M.O., were killed, but nevertheless, on 14 May, the legionnaires and the chasseurs alpins joined up on the road to Gretangen.

1. Officiers allemands prisonniers à Narvik.

2. Bombardée par les Alliés, abandonnée par les Allemands, la ville de Narvik brûle.

3. Cimetière de Narvik. Sépultures des soldats français tombés en Norvège en mai 1940.

1. A German officers taken prisoner at Narvik.

2. Bombarded by the Allies and abandoned by the Germans, the town of Narvik burning.

3. Narvik cemetery. The graves of French soldiers killed in Norway in May 1940.

"The defeated enemy retreated. The 1st Battalion took more than 40 prisoners as well as a considerable amount of stores and the enemy left many dead behind belonging to a naval battalion which had landed from the destroyers sunk by the British and the 139th Tyrolean Mountain Regiment. For its part, the 2nd Battalion took the camp at Ellvegaard and pushed on to the frozen Lake Hartvigan where they captured 10 enemy aircraft and took numerous prisoners."

On 28 May the Legion attacked Narvik. There again it had been a hard decision to take and British confidence had been eroded by the speed of the German advance over the Meuse. In addition they had suffered the loss of several ships on account of the air superiority enjoyed by the *Luftwaffe* operating from land airfields as well as the U-boats which hindered the Allies' supply lifeline. They would have been satisfied to destroy the power station which fed the railway line transporting the iron ore to the port, but Gen. Béthouart knew that was insufficient and did not wish to break off a successful offensive. He thought that re-embarking thousands of men under enemy fire would be risky, and with the agreement of the British, the departure was delayed for several days.

Victory with a bitter aftertaste

On 22 May, Lt.Col. Magrin-Vernerey, who was entrusted with the main task, made a reconnaissance of the coastline and the enemy defences on board the detroyer *Fame*. He wrote : "In the fireground the terrain of orneset was separated from the Faralvik mountain by a level terrace along which ran the railway line. Spindly trees between the lumps of rock covered the mountain which sloped gently down to the fjord where General Béthouart had chosen the landing place. Further south in the background one could make out Hill 79 behind which was concealed the town of Narvik, behind which lay Lillevik".

Once again it was the 1st Battalion which was chosen to establish the beachhead and a battalion of Norwegians was to follow them and occupy the Faralvik mountain. The task of II/13th DBMLE was to clear the town which had been abandoned by its inhabitants. There were to be two diversionary operations towards Ankenes and Beijfjord : in the south by a Polish battalion and the 14th Chasseurs Alpins, and in the north by the Norwegians who would increase their pressure towards the Rindfeldet and Habgeldet mountains. The troops on the ground would have the support of the fleet and the independent colonial artillery group which was in battery in the woods on the Oigfjord peninsular. In opposition was the German Expeditionary Corps commanded by the experienced General Dietl, whose headquarters was at Bjornfell on the Swedish border. At Narvik he had the 139th Tyrolean Mountain Regiment, three battalions of sailors and anti-aircraft artillery, partly adapted to fire at land targets, as well as complete command of the air. A total of 5.000 men, well supplied thanks to established depots and parachute drops which the Allies were unable to hinder. The town itself was defended by the sailors and all the principal buildings had been readied for demolition.

On 26 May the battalion commander reorganised his unit, spread out over various small ports, into four assault groups strengthened by machine-gun sections. Everything was ready for the attack.

"The weather during the afternoon of the 27th was slightly cloudy but cleared during the early part of the night. The first wave : 250 legionnaires from the 1st Battalion, embarked at 23.00 hrs in five landing craft at Seiness and at just before midnight the small flotilla reached Cape Oifjord in daylight. Exactly at midnight the British fleet and the colonial artillery opened fire on the entrance to a tunnel and suspected enemy defences, without evoking any response. The first craft touched shore…"

The 3rd Company took the position of Orneset while the 2nd took up positions to control the two entrances to the tunnel, the garrison of which held out for several hours until a 25 mm gun was brought into action, after which the advance to Hill 457 got underway. Subjected to fire from a 75 mm gun, several officers were killed including Béthouart's chief-of-staff and it was only during the evening that the legionnaires and the Norwegians were masters of Hill 457. Pursued by the men of the 1st Battalion, the Germans retreated back along the railway line towards the Swedish frontier. At the same time the 2nd Battalion took Hill 79 and advanced towards the town which was evecuated by the Germans after they had demolished the port installations and scuttled their remaining ships.

On 2 June, after some bitter fighting along the railway line, the legionnaires met up with the Ooles advancing from Ankenes, only 13 km. from the Swedish frontier, but the following day the staff decided to evacuate the expeditionary corps. Everything had to be settled by 7 June and at that time all that remained in the line was the 1st Battalion of the Legion, a Polish battalion and two companies of chasseurs alpines. One by one the units disengaged, supported by fire from the destroyers, leaving behind tailors' dummies in their trenches to fool the Germans.

Late in the evening, the engineers of the 13th DBMLE who had been working terribly hard to prepare it for demolition, blew a 330 m length of the railway line, collapsing the terrace on which it was built and re-establishing the natural slope of the hillside where it was steepest. They also destroyed the grenades and other stores accumulated on the bridge at Vaasvil. The last legionnaires picked their way with difficulty through the ruins of Narvik, abandoned by its population who had fled to the mountains, and destroyed equally by Allied naval gunfire and German bombers. They were embarked on the *Duchess of York* which set a course for Brest. The regimental commander congratulated them on their success and remembered their dead : seven officers, five sergeants and fifty five other ranks. At the end of the campaign in Norway, the 13th DBMLE was cited in Army Orders for "having won the first land victory of the war".

Les heures sombres

Adieu vieille Europe
Que le diable t'emporte
Adieu vieux pays
Pour le ciel si brûlant de l'Algérie...

14 juillet 1940 : voici une bien triste prise de la Bastille ! Une chape de plomb s'est abattue sur le pays. Les vainqueurs savourent le prix de notre défaite. Même les Italiens battus dans les Alpes réclament une part du gâteau ! Ce qui reste de l'armée française passe sous le contrôle des commissions d'armistice. La Légion étrangère n'échappe pas à ce triste sort. En Algérie, si les conditions d'armistice sont aussi draconiennes qu'en métropole, la situation est quelque peu différente. L'armée d'Afrique est intacte ; certes, notre technologie a montré ses limites, mais l'ennemi craint un soulèvement de l'Empire, ce qui immobiliserait de précieuses troupes.

Après l'armistice, la Légion a récupéré ses cadres et ses légionnaires rassemblés à Fuveau dans les Bouches-du-Rhône. Une bonne partie de ceux-ci ont rejoint leurs régiments d'origine. Les EVDG qui étaient restés en Afrique du Nord sont démobilisés sur place. Alors que le 3e REI et des éléments du 2e Etranger veillent à la sécurité du Maroc : rondes

1. 1941 : le général Weygand visitant l'infirmerie d'un cantonnement légionnaire.
2. Des légionnaires du 3e REI au Maroc en 1941.

1. General Weygand visiting the sick quarters of a Legion camp.
2. Legionnaires of the 3rd REI in Morocco 1941.

3. Poste de surveillance des tribus frondeuses dans les djebels. Légionnaires servant une mitrailleuse *Reibel*.

3. Position for observing disaffected tribesmen in the mountains. Legionnaires using a Reibel machine-gun.

des compagnies montées, patrouilles et présence dans les postes, les soi-disants sureffectifs entraînent la dissolution du 4ᵉ REI. Le 15 novembre 1940, au cours d'une cérémonie très émouvante, le régiment rend un dernier hommage à son drapeau sur la place d'armes du camp Mangin à Marrakech. Le lendemain, l'emblème du 2ᵉ REI prend la relève. Tous les légionnaires du « 4 » ont été mutés au 2ᵉ Etranger. Premier signe d'indépendance par lequel la Légion engage sa responsabilité face à tous ceux qu'elle a accueillis.

Il le fallait, car à la même époque, la commission italo-allemande étend ses investigations dans les quartiers de la Légion. A Saïda où l'instruction crée habituellement une agitation fébrile : escrime à la baïonnette, ordre serré, départ en bivouac, marche au champ de tir, retour de colonne, la caserne est désertée par ses occupants. Pour accueillir les Italiens et les Allemands, il ne reste que le plus jeune des officiers : le sous-lieutenant Hallo. Même dans les circonstances les plus tragiques, il est bien connu que la jeunesse possède toujours une bonne dose d'humour. Moyennant un « bidon de pinard », il s'est entendu avec le caporal-chef ancien de l'armurerie pour ridiculiser les vainqueurs. A peine le commandant allemand a-t-il franchi la porte du magasin d'armes qu'il s'étale de tout son long sur le sol brillant ! Dans la nuit, le caporal-chef a consciencieusement enduit le carrelage de graisse d'armes. Mais ce que n'avait pas prévu le lieutenant, c'est la ire du caporal-chef à la vue de l'uniforme allemand. Et entre deux insultes dans cette langue, il fallut toute la diplomatie de l'officier italien pour calmer les protagonistes de cette scène qui faillit bien tourner au drame. Plus tard, la résistance prendra un tour plus actif : escamotage de matériel et d'armement, constitution de dépôts clandestins (carburant et munitions), action de renseignement...

Toutefois, malgré la défaite, les missions continuent. Ainsi, le 1ᵉʳ REC arpente le djebel tunisien comme aux plus beaux jours. Mais les clauses d'armistice restreignant considérablement le matériel roulant et les dotations d'armistice, le cheval effectue un retour en force au sein du régiment.

Dans nos possessions les plus lointaines, l'onde de choc de la défaite est moins vivement ressentie. Cadres et légionnaires, s'ils sont mortifiés par le désastre qui frappe nos armes, n'ont pas subi dans leur chair la mortelle surprise d'une guerre impitoyable ; ils n'ont pas ressenti cette terrible impuissance devant la ruée d'une force mécanique inhumaine et tellement supérieure en moyens. Pour eux, la guerre s'est définitivement arrêtée en 1918. Le 6ᵉ REI est plus que jamais confronté à la rébellion endémique des tribus druzes. A partir de Baalbeck, ses colonnes rayonnent sur l'ensemble du territoire du mandat. Ici aussi, il faut assurer la présence française que les ennemis de « l'Axe » et les « alliés » britanniques souhaiteraient annihiler. En Indochine, le 5ᵉ REI doit maintenir la souveraineté française face aux pressions siamoises encouragées par les Japonais qui n'hésitent pas eux-mêmes à procéder à des incursions au Tonkin.

Dans tous les cas, malgré un armement désuet, souvent insuffisant, avec des matériels obsolètes, la Légion fait face. Partout les légionnaires se montrent dignes de leurs anciens. Poitrine contre acier, parfois lors de conflits fratricides où seul compte l'honneur, ces légionnaires demeurent fidèles à la

Bivouac de colonne.

A column in camp.

The sombre hours

It was a sad Bastille Day on 14 July 1940 and a leaden cloud had descended on the country as the victors enjoyed the spoils of conquest. Even the Italians were fighting in the Alps to get themselves a slice of the French cake. What remained of the French army had to submit to the demands of the armistice commissions and the Legion was no exception. In Algeria, even though the armistice conditions were less draconian, the situation was somewhat different. The Army of Africa was intact although French technology had been found to be wanting, but the Germans feared an uprising in the Empire which would tie down precious troops.

After the armistice, the legion collected together its officers and men at Fuveau in the Rhone delta and a goodly proportion were able to rejoin their original regiments. Those foreign volunteers who had signed on for the duration of the war and who had stayed behind in Africa were demobilised. While the 3rd REI and elements of the 2nd Regiment looked after security in Morocco, mounting patrols and visiting their outposts, so-called excessive numbers led to the disbandment of the 4th REI. On 15 November 1940, during the course of a moving ceremony, the regiment took leave of its flag on the parade ground of Camp Mangin at Marrakech, to be replaced the following day by that of the 2nd REI, to which all the men of the disbanded regiment were transferred. This was a first sign of independance whereby the Legion demonstrated its commitment to all those who had joined it.

At the same time it was necessary for the Italo-German Commission to extend its investigations into the barracks of the Legion. At Saida, where the normal routine of training created an atmosphere of hectic activity : bayonet practice, close order drill, departure to camp, marching out onto the range, returning to barracks, the place was deserted by its occupants, the place was deserted by its occupants. To receive the Italians and the germans, only the most junior officer, Second-Lieutenant Hallo, was left behind, but even in such difficult circumstances, youth always retains its sense of humour. Armed with a jug of wine, he, together with the elderly corporal in charge of the armoury, intended to ridicule the victors. The latter carefully greased the floor of the armoury and took a lot of diplomacy on the part of the Italian officer to calm the protagonists. Later, resistance became more active, hiding away arms, establishing fuel and ammunition dumps and gathering intelligence.

At the same time, in spite of the defeat, operations continued and the 1st REI patrolled the Tunisian djebel just as they always had. The armistice clauses, however, severely restricted the amount of motorised transport permitted and thus the horse returned in force to the regiment.

In the more farflung French possessions, the shock of defeat was less felt. Officers and legionnaires, even if mortified by the ignominy of the collapse, had not been subjected to the impact of the *blitzkrieg*; and for them, the war had ended in 1918. The 6th REI found itself more and more confronted by the revolts of the Druse tribes and its patrols spread out from Baalbeck throughout Syria. The regiment also had to establish the French presence in the country which both the Germans and the British "allies" wished to remove. In Indo-China, the 5th REI had to maintain French sovereignty against pressure from the Thais, encouraged by the Japanese, who themselves did not hesitate to undertake incursions into the colony.

In all cases, in spite of obsolete and insufficient weaponry as well as ageing equipment, the Legion stood firm. Everywhere the men retained their dignity and remained faithful to their oaths.

1. Exercice de l'armée d'armistice.

2. La vie quotidienne des unités dans les postes du bled.

3. Dans une armée dépourvue de moyens motorisés, le cheval demeure le seul moyen de locomotion des cadres des unités de Légion.

4. Le général Catroux.

5. Syrie 1941. Le souk de Damas.

1. The Armistice Army on exercise

2. The daily life of outposts in the desert.

3. In an army deprived of mechanised vehicles, the horse remained the sole means of transport for the officers of the Legion.

4. General Catroux.

5. Syria 1941. The Souk in Damascus.

4

5

6 et **7.** Bivouac lors des sorties d'entraînement. C'est au cours de ces longues marches que les légionnaires acquièreront l'endurance qui fera merveille en Tunisie.

6 et 7. Bivouac on a training march. It was because of these long marches that the legionnaires acquired the endurance that was so admired in Tunisia.

7

Sous le soleil brûlant d'Afrique

« *Nous, étrangers, n'avons qu'une seule façon de prouver à la France notre gratitude pour l'accueil qu'elle nous a fait : c'est de nous faire tuer pour elle.* »

Lieutenant-colonel Prince Dimitri Amilakvari

Le choix du cœur

Sur le théâtre d'opérations principal, la 13ᵉ DBMLE arrive alors que la situation est désespérée. Après avoir fait relâche en Angleterre, la demi-brigade accoste à Brest le 14 juin. Elle est prévue pour assurer la défense de Rennes. Le lieutenant-colonel Magrin-Vernerey et ses officiers devancent les unités pour reconnaître le secteur et déterminer les meilleurs emplacements de points d'appui. Mais les Allemands sont déjà à Fougères et ne laissent pas le temps à la demi-brigade, embarquée sur chemin de fer sous le commandement du chef de

---

Le général Monclar

Placé sous le commandement du lieutenant-colonel Magrin-Vernerey, le groupement de haute montagne de la Légion étrangère avait besoin d'un tel chef pour créer la cohésion et donner un esprit de corps à ces éléments provenant de plusieurs formations et attachés à leurs traditions régimentaires. Malgré la précipitation et les incertitudes qui caractérisent la création de la demi-brigade, ce chef déjà célèbre à la Légion étrangère saura lui donner confiance et, sans préjuger de l'avenir glorieux qui l'attend, la hisser au niveau des chasseurs alpins qui participent également à l'expédition.

Pétri de vertus républicaines et fervent patriote comme on pouvait l'être au début du siècle, Raoul Charles Magrin-Vernerey est né le 7 février 1892 à Budapest où son père était diplomate. Il fit ses études à Besançon et au petit séminaire d'Ornans. A quinze ans et demi, épris d'épopée guerrière, il fugue de la maison familiale pour s'engager à la Légion étrangère. Expérience de courte durée du fait de son âge. Mais l'aventure conforte son goût pour le métier des armes. Plus raisonnablement, il entre à Saint-Cyr en 1912 et en sort en 1914, quelques semaines avant le début de la Grande Guerre. Le 5 août, il est affecté au 60ᵉ régiment d'infanterie. Présent sur les points les plus exposés du front, il termine la guerre comme capitaine. Six fois blessé et réformé à 90 %, Magrin-Vernerey est alors chevalier de la Légion d'honneur, titulaire de 11 citations dont sept à l'ordre de l'armée.

La guerre en Europe terminée, le capitaine Magrin-Vernerey est alors affecté à l'armée d'Orient qui se bat durement pour imposer le mandat français au Levant décidé par les accords Sykes-Picot. Deux nouvelles citations récompensent sa brillante conduite au feu lors de ces combats. Enfin, le 1ᵉʳ mars 1924, il rejoint cette Légion étrangère qui le fascine depuis sa jeunesse. Dans ses rangs, il entrera dans la galerie des grands légionnaires aux côtés de Rollet et de Aage de Danemark, et ouvrira cette magnifique lignée des chefs de guerre de la 13ᵉ DBLE : Amilakvari, Brunet de Sairigné, Gaucher, tous tués à la tête de leurs légionnaires.

Au sein du 3ᵉ REI, il participe à la guerre du Rif et à la pacification du Maroc jusqu'en 1927, date de son affectation hors Légion au Levant. Promu chef de bataillon en 1928, il œuvre à la réduction des Druzes pillards et combat les ferments de dissidence qui prennent régulièrement corps dans cette région difficile. En octobre 1931, le chef de bataillon Magrin-Vernerey retrouve la Légion. Affecté au 2ᵉ REI, il séjourne à nouveau au Maroc avant de s'embarquer pour le 5ᵉ REI au Tonkin. Rentrant d'Extrême-Orient, en 1938, il prend le commandement du bataillon d'instruction de Saïda où il est nommé lieutenant-colonel le 25 juin 1938. Muté au 4ᵉ Etranger à Marrakech, c'est dans cette garnison marocaine que l'Histoire vient le chercher pour prendre la tête de cette demi-brigade de montagne de la Légion étrangère. L'ordre du jour de sa prise de commandement annonce d'ores et déjà les grands principes qui mèneront la jeune unité sur les chemins périlleux de l'honneur :

« *Officiers, sous-officiers, caporaux et légionnaires du groupement de montagne appelés à représenter la Légion hors d'Afrique, sous les yeux de troupes d'élite et à combattre pour la plus belle des causes, nous élèverons nos cœurs à la hauteur de cet immense honneur. Devant des chefs, des soldats et des peuples qui ne vous connaissent pas ou peu et jugeront, d'après vous l'armée d'Afrique et la Légion, vous prouverez l'esprit de corps, l'exacte discipline et l'union étroite qui cimentent la solidité légionnaire.*

En votre nom, j'adresse l'hommage du régiment cadet de la Légion à tous les chefs illustres et aux glorieux régiments qui ont conquis la célébrité de l'arme. Dépositaires de leur gloire par tous les détachements qui vous ont constitués, confiants dans la supériorité éprouvée de notre tradition, vous obéirez, vous attaquerez, vous tiendrez selon la devise du groupement : More Majorum - A la manière de nos anciens. »

En Norvège, le lieutenant-colonel Magrin-Vernerey mène sa demi-brigade à la gloire en obtenant la seule victoire française de cette triste année 1940. Victoire à Bjervik, victoire à Narvik, partout Magrin Vernerey s'efforce d'être au plus près de ses hommes. Il est également présent lorsque le 30 juin 1940, le général de Gaulle visite la demi-brigade au camp de Trentham Park. Son choix entre la légalité républicaine et le refus de la défaite personnalisé par le général de Gaulle est capital pour 900 de ses hommes. Après avoir formé cette première unité des Forces Françaises Libres, il revient au colonel Magrin-Vernerey de la mener dans les premiers combats.

A la fin du mois d'octobre 1940, en même temps qu'il transmet le commandement de la 13ᵉ DBLE au lieutenant-colonel Cazaud, il prend le commandement de la Brigade d'Orient, première grande unité terrestre des Forces françaises libres à être créée. Le général Monclar assurera encore de nombreuses responsabilités au sein des forces françaises libres, notamment en tant que commandant supérieur des troupes du Levant, puis après la Libération, en 1948, comme « chargé de mission permanente d'inspection des unités de Légion ». En 1950, général de corps d'armée, couvert de gloire, à la veille de la retraite, il abandonne ses étoiles pour les galons panachés de lieutenant-colonel afin de pouvoir encore combattre volontairement à la tête du Bataillon français de Corée. Atteint par la limite d'âge, il rentre en France en 1951 et, en 1962, il succède au général Kientz comme gouverneur des Invalides.

Grand-croix de la Légion d'honneur, médaillé militaire, Compagnon de la Libération, le général Monclar était également titulaire des croix de guerre 1914-1918, 1939-1945 et des TOE. Il était également également décoré de nombreuses distinctions étrangères. Sept fois blessé, il avait été 22 fois cité.

bataillon Cazaud, de rejoindre le front. Le convoi fait demi-tour et regagne Brest. « *Dans ce moment dramatique, deux impératifs dominent : ne pas se laisser désarmer, embarquer pour l'Angleterre. En unités constituées ou individuellement, tout est bon pourvu que ça flotte... »*

Alors que les *Panzer-Divisionen* arrivent à Dinan, le lieutenant-colonel et son état-major peuvent encore traverser les lignes imprécises et s'embarquer eux aussi pour l'Angleterre. Ils retrouvent la 13ᵉ DBMLE le 21 juin à Trentham Park où est cantonnée la majeure partie des troupes évacuées de Norvège : près de 14 000 soldats. Peu d'entre eux ont entendu l'appel du 18 juin ; mais la presse porte à la connaissance des légionnaires les rumeurs d'armistice et la réaction du général de Gaulle et nombreux sont ceux qui pensent qu'il faut « tirer les dernières cartouches ». « *Ce sont des jours de doute*, dira plus tard le général Monclar. *Chacun doit choisir selon sa conscience : retour vers le pays légal mais vaincu ; rester sur place, ignorés de tous, pour constituer l'embryon de l'armée française renaissante ou retourner en Afrique du Nord dont on ne connaît pas très bien la situation ? »*

Sur les 2 400 légionnaires de la demi-brigade, 900 choisissent l'aventure gaulliste sous les ordres du lieutenant-colonel Magrin-Vernerey qui prend le nom de Monclar dans la clandestinité. Après son entrevue avec de Gaulle, Magrin-Vernerey dit à Kœnig qui l'avait accompagné : « *Ce général est probablement un visionnaire, mais il faut absolument le suivre »*. Le 1ᵉʳ juillet 1940, ces éléments constituent officiellement la 14ᵉ demi-brigade de marche de Légion étrangère. Ceux qui retournent au Maroc sous le commandement du chef de bataillon Boyer-Resses conservent l'appellation de 13ᵉ DBLE. Bien que chef de corps, Monclar, afin d'éviter d'inutiles tensions, ne dispute pas ce privilège à son ancien subordonné. La 14ᵉ DBMLE devient ainsi le noyau dur des Forces françaises libres. Le lieutenant-colonel Monclar décide alors de remanier son unité de la manière suivante : un élément de commandement, une compagnie d'engins et un bataillon à trois compagnies de fusiliers voltigeurs et une compagnie d'accompagnement de bataillon. « *Une période d'instruction s'ouvre ensuite au camp d'Aldershot, où tour à tour, les généraux anglais viennent inspecter les rapides progrès des légionnaires dans le maniement des nouveaux engins mis à leur disposition, car si les armes restent françaises, pour lesquelles il existe de gros dépôts de munitions, le matériel automobile et le matériel radio sont anglais. Le 27 août, le Roi d'Angleterre, accompagné du général de Gaulle, vient passer les troupes françaises en revue. Le général leur promet alors de grands voyages... »*

Dakar

La période d'entraînement est close. C'est avec un plaisir évident que les hommes perçoivent des effets tropicaux. Ce sont des signes évidents : le départ est proche. Mais en embarquant sur le *Westerland* et le *Penland* à Liverpool, les légionnaires ne savent pas encore que leur formidable périple s'inscrira en lettres d'or dans l'histoire de cette guerre. Le 31 août 1940, le petit convoi prend la mer avec une forte escorte de navires de guerre.

Avant de quitter l'Angleterre, la future 13ᵉ DBLE défile devant son chef, le lieutenant-colonel Magrin-Vernerey, dit Monclar.
Before leaving England the 13th DBLE marched past their commander, Lt.Col. Magrin-Vernerey, known as "Monclar".

Under the burning African sun

The difficult choice

The 13th DBMLE arrived back in the principle theatre of operations when the situation was already desperate. Having made a brief stop-over in England, the demi-brigade landed at Brest on 14 June where it was intended to undertake the defence of Rennes. Lt.Col. Magrin-Vernerey and his officers went on ahead of the units to reconnoitre the area and select the best positions to serve as strongpoints. The Germans, however, had already reached Fougères and did not leave enough time for the demi-brigade, already loaded onto trains, to reach the front. So, they did an about turn and returned to Brest. At that dramatic moment, two considerations were dominant : not to let themselves be disarmed and to re-embark for England. Either individually or in formed units, they managed to get away.

While the enemy armour arrive at Dinan, the demi-brigade commander and his staff were able to make their way through the indistinct lines and take ship for England, where they found the 13th DBMLE on 21 June at Trentham Park where most of the troops evacuated from Norway had been assembled : almost 14.000 soldiers. Few among them heard General de Gaulle broadcast appeal on 18 June, but the newspapers made the legionnaires aware of the rumours of an armistice and the reaction of de Gaulle. Many thought it was time to fire off their last cartridges. Their commander, General Monclar said later : "Those were days of doubt and everyone had to make a choice in keeping with his conscience : return home legally but defeated, stay where they were, ignored by everyone but able to constitute the embryo of a reborn French army, or go back to North Africa were we did not know what the situation was."

General Monclar

Raoul Magrin-Vernerey was born in Budapest in 1892 where his father was in the diplomatic service and went to school in Besancon. When only fifteen he ran away from home to join the legion, but that initial engagement was a short one when they discovered his age although it gave him a taste for soldiering. Instead he entered St. Cyr in 1912 and passed out two years later just before war was declared. He served at the front with the infantry, ended the war as a captain, six times wounded and awarded numerous decorations.

After the war he was transferred to Syria and then in March 1924 he finally reached his goal of joining the Legion where he spent three years with the 3rd REI in the pacification of the Moroccan Rif tribesmen . After that, promoted Major he was back in Syria, before rejoining the Legion in Morocco and then transferring to the 5th REI in Indo China where he stayed until 1938. His next assignment was to command a training battalion in North Africa as a lt.colonel. Once again in Marocco he was selected to command the Mountain Demi-Brigade being set up by the legion.

In Norway, Magrin-Vernerey led his unit to success at Narvik, and back in England, took the decision to fight on under de Gaulle, taking the name Monclar. He handed over command of the demi-brigade in October 1940, taking on the command of the Orient Brigade, the first large Free French formation. Spending the rest of the war in various senior posts with the Free French, after the Liberation he became inspector-general of the Foreign Legion. In 1950 as a lieutenant-general covered with glory and approaching retiring age, he discarded his stars for the insignia of a lieutenant-colonel and went to serve as a volunteer with the French battalion in Korea. He retired a year later to France and subsequently became Governor of the Invalides.

La 13ᵉ DBLE amorce son périple au large des côtes d'Afrique.

The 13th DBLE commencing their long journey off the shores of Africa.

Organigramme de la 14ᵉ DBMLE

Chef de corps : Lieutenant-colonel Magrin-Vernerey (Monclar)

Etat-major

Chef d'état-major : Chef de bataillon Cazaud
Officiers adjoints : Capitaine Perrin - Lieutenant de Corta

Compagnie de commandement

Commandant d'unité : Capitaine Audiere
Capitaine Rault
Lieutenants Renard et de Sairigne
Sous-lieutenant Camerini
Médecin-chef : Médecin-lieutenant Dumond
Dentiste : Sous-lieutenant Beraud
Médecins auxiliaire Forestier et Haggquist

Compagnie régimentaire d'engins

Commandant d'unité : Lieutenant Magrin

1ᵉʳ bataillon

Commandant le bataillon : Chef de bataillon Cazaud
Capitaine adjudant-major : Capitaine Kovaloff
Chef des transmissions : Lieutenant de Lamaze
Commandant la 1ʳᵉ compagnie : Capitaine de Bollardière
Commandant la 2ᵉ compagnie : Capitaine Puchois
Commandant la 3ᵉ compagnie : Capitaine de Knorre
Commandant la CAB 1 : Capitaine Amilakvari

24 décembre 1940. Embarquement de la 13ᵉ DBLE sur deux cargos en rade de Douala.

24 December 1949. The 13th DBLE embarking on two cargo ships in the roadstead at Douala.

Au Cameroun qui vient de se rallier à la France Libre, défilé des légionnaires de la 13ᵉ DBLE.

Legionnaires from the 13th DBLE marching past in Cameroon which had rallied to the Free French.

Le général de Gaulle au Cameroun.
General de Gaulle in Cameroon.

« Les navires transportent le général de Gaulle, son état-major, la 13ᵉ DBLE, deux sections de canons de 75 mm, un détachement d'aviation, le personnel d'une compagnie du train (la 101ᵉ, formée en Angleterre avec des jeunes Français évadés de France et encadrés par des officiers de la compagnie du corps expéditionnaire de Norvège), une compagnie de chars (embryon du futur 501ᵉ RCC de la 2ᵉ DB) et une section du génie, toutes deux d'origine identique à la 101ᵉ auto, et le noyau d'une ACL. La plupart de ces éléments sont appelés à grossir au cours des années qui suivront et finiront par composer la 1ʳᵉ division française libre, commandée d'abord par le général de Larminat, puis par le général Diego Brosset. »

Le 25 septembre, le convoi se présente devant Dakar où le gouverneur général Boisson refuse de se rallier au mouvement ; mieux, il donne l'ordre au *Richelieu* d'ouvrir le feu avec son artillerie principale. De Gaulle n'insiste pas et dirige ses troupes sur le Cameroun qui s'est rallié le 28 août. Après des combats fratricides, heureusement sans grande envergure, le Gabon se range sous la croix de Lorraine. Le groupement de Légion engagé dans cette mission de ralliement était commandé par le chef de bataillon Mutin, nom de guerre du futur général Kœnig, officier de Légion. A la veille de Noël, la demi-brigade embarque sur deux cargos en rade de Douala et appareille pour le tour de l'Afrique. A chaque escale de nombreux volontaires et des renforts venus d'Angleterre grossissent les rangs de la demi-brigade. Parmi eux, le capitaine de Knorre et le sous-lieutenant Svatowski qui retrouvent leur unité, ainsi que le lieutenant Hasey, volontaire américain venant d'un groupe d'ambulances.

La campagne d'Erythrée

Le 20 janvier 1941, les navires doublent le cap de Bonne-Espérance et, après un transbordement à Freetown et une escale de cinq jours à Durban, la demi-brigade débarque à Port-Soudan le 15 février. Le 25, la Brigade française d'Orient dont fait partie la 13ᵉ DBLE rejoint devant Cheren le bataillon de marche n° 3 qui a traversé l'Afrique

Of the 2.400 legionnaires of the demi-brigade, 900 opted for the Gaulist adventure under the orders of Lt.Col Magrin-Vernerey, who took the nom de guerre Monclar. After his meeting with de Gaulle, Monclar said to Koenig (later a Free French general) who accompanied him : "this general is probably a visionary but it is absolutely necessary to follow him". On 1 July 1940 they became the 14th Demi-Brigade of the Foreign Legion. Those who returned to Marocco under the command of the CO of the 1st Battalion retained the name of the old 13th DBMLE, which Monclar, in order to avoid disputes, was content to leave to his previous subordinate. The 14th thus became the core of the Free French forces and Lt. Col Monclar decided to organise his unit as follows : A staff and headquarters company, an engineer company and two battalions each of three rifle companies, plus a support company.

"A period of training got underway at Aldershot, where day after day, English generals came to inpect the rapid progress made by the legionnaires in mastering unfamiliar equipment which was issued to them. Even if the weapons remained French, for which large quantities of ammunition were available, the vehicles and radios were British. On 27 August, the King of England accompanies by de Gaulle, inspected the French troops and the general promised them some lengthy voyages."

Dakar

When their training was finished, the men were happy to be issued with tropical kit, sensing that it would be soon time to leave. But as they embarked at Liverpool on the Penland, little did they know that their long journey would become part of the Legion legend. On 31 August 1940 the small convoy set sail with a strong escort of warships.

The ships were loaded with de Gaulle, his staff; the 14th DBMLE, two artillery sections with 75's, some aircraft, a company of tanks and an engineer detachment, all of which ended up forming the core of the future 1st Free French Division. On 25 December the convoy arrived off Dakar where the governor-general refused to throw in his lot with de Gaulle, threatening to open fire on them. The General backed down and took his troops off to Cameroun which proved more compliant. They then went on to Gabon, where after some fighting without serious loss, the country accepted the authority of the Cross of Lorraine. On Christmas Eve the demi-brigade embarked on two cargo ships and set off to sail right around Africa where at each stop, their numbers were swelled by fresh volunteers sent out from England.

1. Le convoi transportant les Français libres escortés par les unités de la *Royal Navy*.

2. Les légionnaires de la 13ᵉ DBLE devant la montagne de la Table à Capetown en 1940.

3. Les unités de la *Royal Navy* lors de l'escale de Durban.

1. The convoy transporting the Free French escorted by the Royal Navy.

2. Legionnaires from the 13th DBLE at Table Mountain in Cape Town in 1940.

3. Units of the Royal Navy called at Durban on 15 February 1941.

d'ouest en est. La campagne d'Erythrée commence. Les Italiens de l'amiral Bonetti ont remarquablement organisé le terrain et résistent fanatiquement. La 2ᵉ compagnie du capitaine Morel est clouée au sol par l'artillerie. Une première attaque échoue le 13 mars. L'état-major de la demi-brigade décide alors de contourner la position en passant par le massif de l'Enghiahat qui culmine à 2 000 mètres. La déclivité est très importante et le matériel lourd est porté par les dromadaires et à dos d'homme. La chaleur transforme ce secteur pelé en véritable « marmite du diable ». Après six heures de marche en montagne, la Légion arrive au contact. L'ennemi veille, et la 1ʳᵉ compagnie, prise sous un feu nourri, effectue un mouvement tournant, prend pied sur le « grand Willy », un sommet proche, et en chasse l'ennemi. La position est aussitôt prise sous le feu des mortiers italiens. Une résistance, demeurée à flanc de coteau, est brillamment enlevée par la section du lieutenant Messmer. Le chemin de Cheren est ouvert. Le 28, en liaison avec des troupes hindoues, la 13ᵉ DBLE s'empare de Cheren sans coup férir. Après quelques jours en arrière de la ligne d'opérations, la demi-brigade se trouve devant Massaouah. Puissamment armée, la forteresse constitue également le siège du PC de l'amiral Bonetti.

L'attaque est menée par la 13ᵉ DBLE du lieutenant-colonel Cazaud couverte au sud par une compagnie du BM 3 et appuyée par une section de canons de 75 mm aux ordres du capitaine Champrosay.

Le 8 avril, la Légion mène l'attaque. La 1ʳᵉ compagnie du capitaine de Bollardière progresse rapidement, mais est brutalement stoppée par une forte résistance. Une audacieuse manœuvre de débordement permet de réduire le point d'appui. Au sud, la 2ᵉ compagnie du capitaine Saint-Hillier se heurte à des ouvrages solidement tenus. Grâce à l'intervention de la compagnie du capitaine de Lamaze et d'une compagnie du BM 3, la résistance s'effondre et les Italiens sont refoulés au bord de la mer Rouge. A midi, malgré les ordres formels du Duce, les garnisons du fort Montegullo et du fort Vittorio-Emmanuele hissent le drapeau blanc. L'investissement du fort Umberto marque la fin de toute résistance ennemie.

« Hormis l'amiral Bonetti et le général Bergonzi, la demi-brigade s'empare de nombreux prisonniers, bien vivants ceux-là ! Deux généraux, plus de 100 officiers et 14 000 soldats. Dans cette ville, les légionnaires retrouvent la civilisation : lits, ventilateurs, douches et... de l'excellent chianti pour oublier la soif passée. »

Le 30 avril, la 13ᵉ DBLE qui a officiellement repris son numéro initial par suite de la dissolution des éléments du Maroc, embarque sur le paquebot *Paul Doumer* réarmé avec son personnel par la Compagnie du canal de Suez. Débarquée à Ismaïlia, la demi-brigade est acheminée par voie ferrée à Qastina en Palestine où se forme la division Legentilhomme.

1. Dans l'une des contrées les plus arides du globe, la 13ᵉ DBLE progresse vers Cheren en Erythrée.

2. et 3. Scènes de la campagne d'Erythrée qui se caractérise par l'aridité des paysages et l'extrême chaleur atteignant par endroit 72 degrés au soleil.

4. Le lieutenant de Lamaze, chef de section à la 13ᵉ DBLE, lors de la marche vers Cheren.

1. In one of the most arid countries in the world, the 13th DBLE advancing on Cheren in Eritrea.

2. and 3. Scenes from the campaign in Eritrea which was characterised by the aridity of the countryside and the extreme heat which could reach 72 deg. in the sun.

4. Lieutenant de Lamaze, a platoon commander in the 13th BDLE during the march to Cheren.

Le capitaine Messmer

Le 30 avril 1994, Monsieur Messmer, ancien ministre des Armées, Premier ministre du Président Georges Pompidou, mais aussi et surtout capitaine de la 13ᵉ DBLE au plus fort de son épopée, portait la main articulée du capitaine Danjou sur la voie sacrée du quartier Viénot lors de la commémoration de Camerone à la maison mère d'Aubagne. Toute l'émotion et la fierté d'un passé qui a fait l'Histoire, plus que ses hautes responsabilités se lisaient dans ses yeux. Le légionnaire Messmer communiait au sein de la grande famille des képis blancs.

Tout avait commencé 54 ans plus tôt quand deux jeunes officiers décident de continuer la guerre. L'un d'eux est le lieutenant Jean Simon qui entame une grande carrière de soldat, l'autre est le lieutenant de réserve Pierre Messmer. Issu d'une famille alsacienne qui avait fait le choix de la France en 1871, Pierre Messmer est né le 20 mars 1916 à Vincennes. Dès sa prime jeunesse, son goût de l'aventure se confond avec l'appel des grands espaces : le désert, la mer... Seul l'empire colonial semble convenir à ses aspirations. En 1934, il entre à la prestigieuse école nationale de la France d'Outre-mer où sont formés tous les grands administrateurs de l'Empire. Trois ans plus tard il en sort docteur en droit et diplômé des langues orientales. C'est aussi le premier contact, en tant qu'aspirant de réserve, au 12ᵉ Tirailleurs sénégalais avec le monde militaire et colonial. Lorsque la France déclare la guerre à l'Allemagne, le jeune homme est rappelé sous les drapeaux et suit le cours de l'aviation de renseignement à Tours. Pierre Messmer n'aura jamais l'occasion d'exercer ses talents à bord d'un avion. La défaite brutale de l'armée française est sans appel. Malgré tout, au fond du Massif Central, où l'école a été repliée, le jeune officier entend poursuivre la lutte. Avec le lieutenant Simon, il se rend à Marseille, espérant embarquer pour l'Afrique du Nord ou l'Angleterre, la presse locale ayant fait mention de l'appel lancé depuis Londres par un certain général de Gaule (sic). Le 23 juin, les deux hommes montent à bord du *Capo Olmo*, un cargo commandé par le commandant Vuillemin qui veut lui aussi se rendre en Angleterre et qui déroute son bâtiment sur Gibraltar. Quelques jours plus tard, Simon et Messmer sont reçus à Londres par le général de Gaulle qui a entendu parler de leur exploit et les affecte, à leur demande, à la 13ᵉ DBLE alors cantonnée à *Morval Camp*. Le sous-lieutenant Messmer est désigné comme chef de section à la 3ᵉ compagnie commandée par le capitaine de Lamaze.

Désormais, et jusqu'au mois de juillet 1943, le nom de Pierre Messmer est indissociable de l'épopée de la 13ᵉ DBLE. Il est de toutes les expéditions, de tous les combats. Le 10 novembre 1940, il entre avec sa section dans Libreville, puis c'est la campagne d'Erythrée en 1941 où la section Messmer enlève à la grenade une forte résistance italienne sur le « grand Willy » avant de participer à la prise de Cheren et Massaouah. Autant d'exploits qui lui valent ses deux premières citations à l'ordre de l'armée. A l'issue de la triste campagne de Syrie, Pierre Messmer est promu capitaine à un an de grade de lieutenant ! Au début de la campagne de Libye, en janvier 1942, le capitaine Messmer commande la 7ᵉ compagnie du 3ᵉ BLE. Halfaya, et voici Bir Hakeim. Cent jours d'attente et le déferlement des forces de l'Axe. Pendant 15 jours, Messmer et ses légionnaires soutiennent les combats les plus durs ; le 9 juin, la compagnie Messmer supporte tout le poids de l'attaque d'un ennemi décidé à en finir. Une contre-attaque du BM 2 la sauvera de l'anéantissement. Puis c'est la légendaire sortie dans la nuit du 10 au 11 juin. Le capitaine Messmer est cité une troisième fois à l'ordre de l'armée. Quelques mois plus tard, lors de l'attaque de l'Himeimat, il se distingue encore en s'emparant avec les capitaines Morel et Lalande du Nag Rala, une position qu'ils devront néanmoins évacuer sous la trop forte pression de l'ennemi. C'est une quatrième citation à l'ordre de l'armée pour le capitaine Messmer. La poursuite de l'*Afrika Korps* en Tunisie marquent les adieux du capitaine Messmer à la demi-brigade. Le service de la France l'appelle à d'autres tâches .

Au mois de juillet 1943, Pierre Messmer se voit confier une mission d'étude aux Antilles-Guyane et aux Etats-Unis. Au retour, malgré son souhait ardent, il ne retrouve pas ses compagnons de la « 13 », mais il est affecté à Londres comme chef d'état-major du général Kœnig qui prend le commandement des forces françaises de l'Intérieur. Un travail de bureau qui ne convient guère à ce baroudeur. Mais, en novembre 1944, le commissariat aux colonies se rappelle au bon souvenir de son brillant sujet et René Pleven envoie le capitaine Messmer à Calcutta pour créer une mission militaire chargée de préparer le retour de l'administration en Indochine. C'est dans ce contexte qu'il est appelé, le 25 août 1945, à sauter en parachute sur l'Indochine. Avec le recul du temps, la mission paraît rocambolesque. A peine arrivé au sol, il est capturé par le Viet Minh qui est le véritable maître du Tonkin. Après l'échec d'une tentative d'évasion, il ne devra son salut quelques jours plus tard qu'à la présence fortuite d'une unité chinoise. Cette opération, quelque peu chimérique vaut néanmoins au capitaine Messmer sa sixième citation, la cinquième à l'ordre de l'armée.

Avec la paix retrouvée, pendant 13 ans, de 1946 à 1959, Pierre Messmer se consacre entièrement à sa vocation d'administrateur colonial. En Indochine d'abord auprès du haut-commissaire Emile Bollaërt de 1946 à 1948, puis en Mauritanie dont il devient le gouverneur en 1952. Il prend ensuite les fonctions de gouverneur de la Côte d'Ivoire. De 1956 à 1958, il est haut-commissaire de la République au Cameroun, puis de l'AEF, et enfin de 1958 à 1959, haut-commissaire pour l'AOF. Le 22 décembre 1959, Pierre Messmer quitte Dakar. Il aura été le dernier gouverneur général de l'AOF. Avec le retour au pouvoir du général de Gaulle, Pierre Messmer devient une personnalité de la Vᵉ République. Député, sénateur, il est ministre des Armées de 1960 à 1969 et Premier ministre de 1972 à 1974. En toutes circonstances, Il reste proche de la Légion et lui apporte un soutien indéfectible. Après les heures douloureuses de 1961, elle lui doit très certainement, ainsi qu'au général Ollié, d'être encore présente au sein de l'armée française aujourd'hui.

L'eau constitue un élément vital pour une troupe en campagne dans cette région désertique.

Water was a vital element for soldiers campaigning in that desert region.

1. L'entrée de Cheren.

2. Sur les positions italiennes de Cheren.

3. En attendant l'ordre d'attaquer Cheren sous « le soleil brûlant d'Afrique ».

4. Positions italiennes aux abords de Cheren conquises par les légionnaires de la 13ᵉ DBLE.

1. *The entry into Cheren.*

2. *In the Italian positions at Cheren.*

3. *Awaiting the order to attack Cheren "under the burning African sun".*

4. *Italian positions around Cheren, conquered by the legionnaires of the 13th DBLE.*

1. Les modestes appuis dont disposait la 13ᵉ DBLE sous les ordres du capitaine Champrosay participèrent efficacement à la prise de Cheren et de Massaouah.

2. L'un des forts de la ceinture fortifiée qui protège Massaouah, fort Vittorio-Emmanuele.

1. The modest supports which the 13th DBLE had available, under Captain Champrosay, proved invaluable in the capture of Cheren and Massouah.

2. One of the forts of the girdle that protected Massouah - Fort Vittorio Emmanuele.

3. A Massouah qu'ils ont conquise, les légionnaires retrouvent le confort de la civilisation.

4. Le fanion de la 13ᵉ DBLE à Massaouah.

5. A Massaouah, les délices de la victoire.

3. At Massouah which they had conquered, the legionnaires rediscovered the delights of civilisation.

4. The pennant of the 13th DBLE at Massaouah.

5. The pleasures of victory at Massouah.

The campaign in Eritrea

Having rounded the Cape of Good Hope and stopped over in Durban, the ships arrived at Port sudan on 15 February 1941, and ten days later the French Orient Brigade of which the 13th DBMLE (it had reassumed its original number after those who had chosen to return to Morocco had been disbanded), was a part , met up with the 3rd Foot Battalion which had crossed Africa from West to East, at Cheren. This marked the start of the Eritrean campaign where the Italians under Admiral Bonetti resisted with fanaticism. An initial assault on Cheren failed on 13 March and the staff decided on a flank attack whereby the legionnaires had move through the mountains in savage heat. After six hours marching they achieved a toehold on a neighbouring mountain, chased the enemy off and thus to road to Cheren was open. On 28 March, supported by Indian troops, the legionnaires took the town without firing a shot, and after a few days out of the line, they found themselves before Massaouah, a well armed fortress which was also the headquarters of the Italian admiral.

The assault, on 8 April, was mounted by the 13th DBMLE, by then commanded by Lt.Col. Cazaud, supported by a company of the 3rd Foot and a battery of 75's. The Italians initially put up a strong resistance based on a number of forts, but by midday, the enemy had been driven back to the Red Sea coast. Two generals, 100 officers and 14,000 men were taken prisoner, and the legionnaires enjoyed the fruits of victory in the town - beds, showers and excellent Chianti to help them forget the thirst of the previous days.

On 30 April, the demi-brigade embarked for Ismailia on the Suez Canal from where they were taken by rail to Qastina in Palestine to form part of the Legentilhomme Division.

Captain Messmer

His story started when two young French officers decided to carry on fighting. One was Lieutenant Jean Simon, destined to have an illustrious career as a soldier and other was the Lieutenant of the Reserve, Pierre Messmer, born at Vincennes in 1916 into a family of Alsatian origin. An adventurous lad, it seemed that the colonial empire was to be his destiny and in 1934 he entered the famous National School for training colonial administrators, graduating three years later with a doctorate in law and a diploma in oriental languages. He served for a short while as an officer cadet with a North African regiment and when war broke out he was recalled and joined a course for pilots. He never, however, had occasion to use his knowledge of aircraft owing to the defeat in 1940. Together with Lieutenant Simon he made his way to Marseilles intending to get to North Africa or England, having read in the local press about a certain General de Gaulle. The two young men managed to get on a ship and eventually arrived in London where they were received by de Gaulle, who instigated their attachment to the 13th DBLE in which Messmer became a section commander.

From then until July 1943 he was in the thick of all their campaigns and by the end of the fighting in Syria he was already a captain, commanding a company and mentioned in dispatches. One of the heroes of Bir Hacheim, in July 1943 he was sent on a study mission to the USA and French Guyana, and when he returned he was attached to the staff of General Koenig, a desk job which did not suit him at all. In November 1944 he was sent to Calcutta on a military mission to prepare the way for the return of Indo-China to French rule. In August 1945 he parachuted into that territory but the expedition ended farcically when he was captured by the Viet Minh which was really in charge.

He then spent the years from 1946 to 1959 as a devoted colonial administrator ending as the governor of Mauretania and later of the Ivory Coast. With the return to power of de Gaulle, he became a leading personality in the Fifth Republic - deputy, senator, Army Minister from 1960 to 1969 and finally Prime Minister between 1972 and 1974. Through his life he remained close to the Legion to which he was able to render considerable support.

Syrie : le 6ᵉ R.E.I. avant-guerre

1. 1938. Manœuvre du 6ᵉ REI dans le djebel Druze.

2. La forteresse d'Alep.

3. Visite de Baalbeck par les cadres du 6ᵉ REI.

4. Les colonnes de Baalbeck qui figuraient sur l'insigne du 6ᵉ REI et furent reprises en 1984 par le 6ᵉ REG avant sa transformation en 1999 en 1ᵉʳ REG.

5. Ruines romaines au Levant.

6. Réfection d'un pont sur une route de Syrie.

1. *The 6th REI on manœuvres in the Druse Mountains.*

2. *The fortress of Aleppo.*

3. *Officers of the 6th REI visiting Baalbeck.*

4. *The columns of Baalbeck which were featured on the flag of the 6th REI and which were taken over by the 6th REG before its transformation in 1999 into the 1st REG.*

5. *Roman remains in the Levant.*

6. *Bridge repairing on a road in Syria.*

1

2

1. Vue de Damas.

2. Le drapeau du 6ᵉ régiment étranger d'infanterie au Levant.

3. A Homs, PC du 6ᵉ REI, la reproduction réduite du monument aux morts de Sidi-Bel-Abbès.

4. La grande mosquée de Damas.

5. En 1939, nomadisation d'une unité de Légion en Syrie.

6. Scène de la vie quotidienne à Damas.

3

1. *View of Damascus.*

2. *The flag of the 6th REI in the Levant.*

3. *At Homs, the headquarters of the 6th REI, a reduced scale model of the monument to the fallen at Sidi-bel-Abbes.*

4. *The grand mosque of Damascus.*

5. *In 1939, the nomadisation of a unit of the Legion in Syria.*

6. *Daily life at Damas.*

Défilé de la Légion à Damas.
The Legion on parade in Damascus.

L'honneur des armes

Dans la nuit du 7 au 8 juin 1941, la division franchit la frontière pour ce qui sera la tragédie franco-française de Syrie. La 13ᵉ DBLE est engagée devant Damas qu'elle contribue à prendre le 21 juin. Evitant au maximum l'effusion de sang avec les troupes de Vichy, les légionnaires de la « 13 » se trouvent opposés à leurs frères d'armes du 6ᵉ REI. Plusieurs face à face débouchent sur des situations tendues comme sur la route de Damas. Ce jour-là, le commandant Amilakvari et le capitaine Saint-Hillier sont en tête d'une colonne de la « 13 ». Soudain une rafale de fusil-mitrailleur couche un légionnaire sur la route. Aussitôt les légionnaires FFL ripostent. Puis un silence profond. Le commandant Amilakvari fait sonner le refrain de la demi-brigade. L'écho lui renvoie celui du 6ᵉ REI. Peu après, Amilakvari s'avance sur la route à la rencontre d'une silhouette indistincte. Un sous-officier du « 6 » se présente réglementairement au commandant qu'il connaît et l'informe que sa mission d'interdiction prend fin à 1 h 00 du matin. Le commandant Amilakvari le rassure en lui indiquant qu'il ne déclenchera aucune action avant deux heures du matin. L'affrontement est ainsi évité. Mais, il est important de le répéter, aucun coup de feu ne sera tiré entre des légionnaires engagés malgré eux dans un conflit regrettable entre Français persuadés chacun d'agir pour l'honneur de la France. A cet effet, le général Simon, ancien chancelier de l'ordre de la Libération, précisera en 1990 que les cadres et légionnaires de la 13ᵉ DBLE demandèrent qu'aucune citation ou décoration ne fussent accordées pour les nombreuses actions d'éclat accomplies pendant cette douloureuse mission.

En revanche, le 6ᵉ REI affronte à plusieurs reprises les Britanniques et les Australiens qui, eux, sont des envahisseurs. Le 8 juin 1941, les troupes britanniques, accompagnées des Français libres, envahissent le Liban et la Syrie. De ce jour à l'armistice de Saint-Jean d'Acre, le 6ᵉ REI va combattre de jour comme de nuit, notamment sur le front de Djezzine où se distinguent la compagnie régimentaire du capitaine Andolenko et le 1ᵉʳ bataillon du capitaine Berthoux. Dans la soirée du 16 juin, le capitaine Berthoux reçoit l'ordre de s'emparer du village de Djezzine.

Comrades in arms

During the night of 7/8 June 1941, the division crossed the Syrian border to take part in the sad campaign of French against French and the 13th DBMLE was directed towards Damascus which it helped to take on 21 June. Doing their best to avoid bloodshed among the Vichy troops, the legionnaires found themselves confronted by their comrades from the 6th REI on the road to Damascus. Major Amilakvari was leading a column when suddenly there was a burst of fire and one of his men fell. The major ordered the bugle call of the 13th to be sounded which was answered by the call of the 6th. The major then set off down the road and was met by a sergeant who informed him that the detachment from the 6th REI was to be withdrawn at 01.00 hrs, to which Amilakvari replied that he would not undertake any action until 02.00 hrs. Thus a confrontation was avoided between two sets of legionnaires caught up in the regrettable conflict for the soul of France. For their part, the officers of the 13th refused any honours or decorations for their part in the Syrian campaign.

On the other hand, the 6th REI was several times in conflict with British and Australian troops, who they regarded as "invaders". The regiment was spread out all over the country and fought bravely against an overwhelming "enemy" force in numerous minor skirmishes over a six week period, suffering commensurate losses. The end came on 21 July 1941 with the signature of the convention of Saint-Jean d'Acre that terminated hostilities in Syria. The 13th DBLE profited from the lull to restructure and make up the numbers, while the men of the 6th REI were faced with the inevitable choice of either returning to North Africa or join the Free French. Two officers, a few nco's and a thousand legionnaires opted for the latter and were integrated into the 13th, which underwent a massive reorganisation at the time. Lt.Col. Cazaud left to take up a staff position with de Gaulle and the command of the demi-brigade was passed to Amilakvari, promoted to Lt.Col. Amilakvari.

On 16 September 1941 the demi-brigade which retained that title although it was in fact a regiment, was restructured on the basis of a headquarters and three battalions, the first of which was left in Syria while the other two left for Egypt with General Koenig's brigade. The Ist and 3rd received training with tanks, while the 2nd was transformed into a motorised infantry battalion by British instructors.

On 19 October, the 13th finally received its flag at Homs, which had a somewhat strange history. The newly formed 13th DBMLE as it then was, left for Norway minus a flag. After their capture of Massaouah, de Gaulle had one made for them in London and on 2 May it was handed to Colonel Monclar. The manufacturers, unfamiliar with Legion custom, omitted to add the word "Camerone", a battle honour that features on all Legion flags.

In the meanwhile, unsure as to whether the "London" flag would arrive in time for the ceremony, Col. Amilakvari had another one made by the la-

Légionnaires de la 13ᵉ DBLE en Syrie 1941.

Legionnaires of the 13ᵉ DBLE in Syria 1941.

« *Le 17, ayant la 2ᵉ compagnie à gauche et la 3ᵉ à droite, le bataillon atteint à 5 h 30 la cote 1284. Les sections Brajon (3ᵉ Cie) et Siri (2ᵉ Cie) sont poussées sur la cote 1199. Lorsqu'elles se retrouvent dans un ravin à 400 mètres de leur objectif, des tirs anglais très violents s'abattent sur elles, puis l'ennemi les attaque de toutes parts. Les deux sections sont détruites.*

Les unités du 1ᵉʳ bataillon sont en même temps soumises à un tir de barrage des plus violents, de nombreuses armes automatiques se dévoilent et clouent sur place les compagnies. Les capitaines Gane et Orsini sont blessés à la tête de leurs unités. L'observateur d'artillerie est tué, et son corps ramené par le légionnaire Unterfurtner. Le capitaine Berthoux, légèrement blessé, conserve son commandement. Les deux compagnies, sous les ordres des lieutenants Jacobs et Pépin-Lehalleur s'organisent défensivement. A 12 heures, après une courte mais violente préparation d'artillerie, l'infanterie australienne se porte à l'attaque. Cette attaque est bloquée et l'ennemi, après avoir renouvelé ses tentatives se replie. Il est 18 heures. L'ordre est de tenir sans esprit de recul. Le 1ᵉʳ bataillon l'exécutera intégralement jusqu'au 10 juillet malgré toutes les épreuves qu'il aura à supporter. »

Le 9 juin, le 3ᵉ bataillon du commandant Robitaille est transporté à Deit Khabyé, après que l'un de ses détachements ait été violemment attaqué par des éléments qui crient : « *Ne tirez pas, nous sommes Français* » et subit les premières pertes de la Légion dans cette campagne. Après être passé à Kissoué, le 3/6ᵉ REI s'installe en points d'appui fermés à Kafer-Mechki, Quaraoum et Aïn-Jose dans le secteur de Merdjayoun, une position clé qui verrouille la vallée du Litani. Du 15 au 17 juin, les compagnies sont engagées tour à tour dans des missions défensives ou de dégagement des positions. Solidement installées dans la citadelle et dans le bourg même, les 9ᵉ et 10ᵉ compagnies du 3/6ᵉ Etranger sont attaquées le 17 par des forces britanniques trois fois supérieures et quoique encerclées, résistent farouchement en infligeant de lourdes pertes à l'ennemi. Après trois jours de combat au corps à corps, les Australiens renoncent à s'emparer de la ville. A l'issue de l'engagement, le bataillon compte 82 hommes hors de combat, mais les Britanniques déplorent près de 200 tués et blessés, et 80 autres sont faits prisonniers. Le lieutenant Schuter tombe au feu, et la section de l'adjudant-chef Leontieff de la 10ᵉ compagnie est anéantie sur ses positions après une lutte héroïque.

« *Les PC du 3/6ᵉ REI et de la 9ᵉ compagnie sont encerclés. Pendant deux heures une lutte épique se déroule autour du PC. L'ennemi pénètre dans la maison, mais en est rejeté. Toutes ses tentatives pour briser la résistance des légionnaires échouent. A 8 heures, une contre-attaque de nos chars refoule l'ennemi et laisse entre nos mains 80 prisonniers, dont un capitaine, et 54 cadavres australiens sont dénombrés autour du PC et des positions. Le 20 juin, le bataillon nettoie les maisons et les jardins des isolés qui s'y cachent encore. L'artillerie anglaise continue ses tirs de harcèlement. Du 21 au 23, le bataillon occupe toujours les mêmes positions, ses mitrailleuses et ses mortiers aident les chasseurs libanais à enrayer une attaque.* » Fluctuante, la bataille continue jusqu'au 9 juillet, quand le bataillon décroche sur ordre et s'établit à Kafer Mechki. Le 12 juillet, il se replie sur Dahrel-Birak-Baanoul où le surprend, invaincu, la nouvelle de l'armistice.

Partout en Syrie, les combats contre les Britanniques et, il faut bien le dire, dans certains cas entre Français continuent, farouches comme à Damour, quand le 2ᵉ bataillon du 6ᵉ REI commandé par le chef de bataillon Brisset se distingue particulièrement. Le 19 juin, après avoir supporté durant toute la nuit un bombardement intense, la 7ᵉ compagnie est attaquée par un bataillon australien soutenu par 7 chars. Grâce à sa supériorité numérique, l'ennemi parvient à s'infiltrer et menace les arrières. Les tirs précis des armes automatiques bloquent l'attaque et un char est détruit par un canon antichar de 25. L'ordre de repli est exécuté sous un feu accru. Néanmoins, la 7ᵉ compagnie parvient à rejoindre le bataillon après avoir perdu 33 tués au combat.

« Dans la nuit du 5 au 6 juillet commence un pilonnage d'une intensité inouïe. Les positions du bataillon sont battues par 12 batteries terrestres et 12 navires de guerre. La cadence de tir est de 100 coups/minutes environ. Entre 23 h 50 et 4 h 30, plus de 30 000 obus s'abattent sur la position, bouleversant les tranchées et les défenses. Ce bombardement présage une attaque imminente.

A 4 h 50, l'alerte est donnée par les rafales de FM tirées par le sergent Rehm et les légionnaires Gardise et Fayer qui sont aussitôt tués sur leur pièce. Quatre bataillons d'infanterie australiens, faisant preuve d'un cran admirable, se ruent à l'assaut, collant au barrage et faisant irruption dans nos positions.

L'effort de l'ennemi se porte sur le point d'appui du centre tenu par la 6ᵉ compagnie. Un corps à corps sauvage et sans merci s'engage dans les ténèbres. On se bat à la baïonnette, à la grenade, à la mitraillette. Mais si les Australiens ont une mitraillette pour trois hommes, la compagnie est totalement dépourvue de cette arme précieuse. La compagnie fait preuve d'un courage farouche : de nombreux cadavres ennemis jonchent le sol, mais submergée, elle succombe. Aucun rescapé n'est revenu. 60 % de son effectif sont morts ou blessés, les autres, après avoir tiré toutes leurs munitions et chargé à l'arme blanche ont été capturés. »

Le bataillon compte 80 morts dont le lieutenant Lesueur et 140 blessés parmi lesquels on recense les capitaines Pate et Deluy, les lieutenants de Nanteuil, Clément et Petit. Deux jours plus tard, alors que l'ennemi vient de s'emparer de Damour, les 1ʳᵉ et 3ᵉ compagnies du 1/6ᵉ REI contre-attaquent vigoureusement et disloquent le dispositif au prix de pertes importantes. Les actes d'héroïsme ne se comptent pas. Fidèle à « l'amour du chef », l'adjudant Atlas se fait tuer devant Kafer-Mata en protégeant son officier de son corps.

De son côté, le 4/6ᵉ REI du commandant Hourtané reçoit le 9 juin une mission de sacrifice : résister sans esprit de recul pour permettre aux troupes gouvernementales de s'organiser à Saïda. Le 10, le bataillon Hourtané se porte à Hassanié, à 10 kilomètres de Saïda, et s'installe solidement. En outre, il détache une compagnie à Adloun, à 12 kilomètres plus au sud. Pendant 48 heures, l'artillerie britannique pilonne les positions des légionnaires pendant que des patrouilles d'infanterie tâtent les défenses.

Lt.Col. Prince Amilakvari

Prince Dimitri Amilakvari was born in 1906 at Gori in Georgia, the son of an ancient noble family, but those members of the family that survived where forced into exile at the time of the Bolshevik revolution in 1917. Initially they found refuge in Istanbul where the young Dimitri attended an English school, before moving to France in 1922. When he was 18, he was admitted as a foreigner to Saint-Cyr and on passing out as a second lieutenant in 1926 he was posted to the 1st REI in North Africa, later serving in the 4th REI in Morocco. The daily life of patrols in the heat of the desert formed his character as an officer in the best traditions of the Legion. Promotion was slow for a foreign officer and it was not until 1937 that he reached the rank of captain, commanding a company in the 1st REI. When war broke out he was commanding a battalion support company in that regiment, before being transferred in February 1940 to the embryo mountain unit.

Still a foreigner, he applied for French nationality shortly before the Norwegian campaign where he led his company with great distinction. Awarded the Legion of Honour, he was promoted major in time for the Eritrean campaign as a battalion commander and after the difficult campaign in Syria, he took over as C.O. of the 13th DBLE, as a Lieutenant Colonel, the youngest regimental commander in the Legion at that time. His luck, however, ran out on 24 October 1942 on the slopes of Himeimat where he was killed outright. His citizenship having been granted, this Georgian nobleman died as a Frenchman.

---

dies of Cairo, which proved to be equally non standard for a French emblem, with strange colours and embroidery as well as an odd pole. It was this second one that was eventually presented to the unit and followed the 13th during all its wanderings right through to the end of the war

At the end of December 1942, the 13th DBLE was ready to get back into action and as the expected issue of tanks had not materialised, the three battalions were formed as infantry. As of 22 December, the 1st Battalion was attached to the Cazaud brigade which left Syria later. The other two, under the direct command of Col. Amilakvari left for Egypt where they were given leave in Cairo for New Year. They then left for a camp near Alexandria where they formed part of the Koenig Brigade which had greatly increased its power. The 13th received a lot of new equipment and vehicles - Chevrolet trucks, artillery tractors, pick-ups and 12 bren carriers per battalion. The latter modified in French style by the addition of a light machine-gun and either an 81mm mortar or a 25 mm gun. In fact, anything that came their way as booty weapons were added to the carriers to make them more suitable for fighting with the Italian armoured cars or even the tanks of the Afrika Korps, and they could even tow 25mm or 47mm anti-tank guns.

Col. Amilakvari also increased the firepower of his rifle companies and by mounting 75mm guns, which were plentiful in the Levant, onto trucks, he could use them as a form of primitive self-propelled artillery. Each battalion's heavy weapons company was issued with these 75's, four 25 mm guns brought back from Norway and four 81mm mortars.

La 6ᵉ Cie du 2/6ᵉ REI devant Damour. Poste observatoire de la section du lieutenant Clément, aux binoculaires, le capitaine Delvy.

The 6th Company of the 2/6th REI facing Damour. Lt. Clement's section observation post. Capt. Delvy with binoculars.

« Le 12 juin, dès 5 h 00, la marine et l'artillerie anglaise s'acharnent sur la Légion. A 6 h 10, l'ennemi attaque. Cet assaut est repoussé par les feux de la 14ᵉ compagnie. Une contre-attaque des chars repousse l'ennemi à 1 200 mètres. A 8 h 00, cette section reçoit l'ordre de se diriger à son tour sur Saïda. La Légion, sacrifiée, doit résister sur place, seule, sans appui d'artillerie ni de chars.

A partir de 9 h 00, le pilonnage d'artillerie devient d'une violence inouïe. Vers 10 h 00, l'ennemi se lance de nouveau à l'attaque. Un bataillon australien attaque de front pendant que d'autres éléments précédés de chars débordent largement et tournent la position. L'ennemi est contenu de front, mais prend à revers les braves légionnaires du 4/6ᵉ REI. Un combat acharné se déroule sur la position. Comme la 13ᵉ, la 14ᵉ et la SCB ont succombé après avoir combattu jusqu'à la limite de leurs forces. Les pertes sont lourdes. Seuls quelques isolés ont pu rejoindre nos lignes à la faveur de la nuit. Après ces deux combats, les rescapés du bataillon - la valeur de deux sections – sont regroupés par le capitaine Hourtané et dirigés sur Damas où ils arrivent le 16 juin. La 15ᵉ compagnie, intacte, est toujours à Palmyre. »

A Merdjayoum, Djezzine, Kissoué, Damas, Palmyre, Saïda, Damour, les légionnaires du 6ᵉ Etrangers vont jusqu'au bout du devoir, repoussant bien souvent l'adversaire tout en respectant les lois de la guerre. Ce qui ne semble pas être le cas des Australiens et des Britanniques si l'on en croit le témoignage du père Noche, aumônier du régiment et peu suspect de mensonge :

« Un mois après les combats, le 3 août 1941, après l'armistice, j'ai eu la douloureuse mission de revenir, le premier de mon bataillon, parcourir ce qui avait été notre champ de bataille. J'ai vu dispersées de côté et d'autre, les tombes de ceux des Australiens qui avaient été enterrés sur place : toutes impeccables, munies de leur écriteau ripoliné avec les inscriptions. J'ai eu aussi le spectacle inattendu, atroce, des enfouissements hâtifs que les vainqueurs avaient infligés à mes pauvres légionnaires. Tantôt on les avait jetés dans un trou, pêle-mêle, et seule l'odeur révélait leur présence ; tantôt on avait laissé dépasser du sol la tête ou une jambe pour indiquer l'emplacement. D'autres corps n'ayant pas reçu de sépulture avaient été la proie des chacals. »

Les canons de 75 mm sont encore au cœur de la bataille en Syrie.

75 mm guns were still the mainstay of the battle in Syria.

1. Légionnaires du 6ᵉ REI au combat en Syrie : Saïda, Djezzine, Damour, Mardjaioun, Palmyre.

2. Après les événements de Syrie, le drapeau du 6ᵉ REI débarque à Alger.

3. Prise d'armes sur le port d'Alger au retour du 6ᵉ REI de Syrie.

4. Ramenée en Egypte, la 13ᵉ DBLE profite d'une période de remise en condition avant d'affronter l'*Afrika Korps* de Rommel.

1. Legionnaires from the 6th REI and the 13th DBLE in combat in Syria : Saida, Djezzine, Damour, Mardjaioun, Palmyra.

2. After the events in Syria, the flag of the 6th REI are brought ashore in Algiers.

3. Parade in the harbour of Algiers when the 6th REI returned from Syria.

4. Sent back to Egypt, the 13th DBLE enjoyed the respite to get into condition to confront Rommel's Afrika Korps.

Le 21 juillet 1941, la convention de Saint-Jean d'Acre met fin aux hostilités en Syrie. La 13ᵉ DBLE en profite pour se restructurer et surtout recompléter ses effectifs qui ont bien fondu depuis le départ de Trentham Park. Sur les 900 hommes partis d'Angleterre, les tués, les blessés et les malades représentent la moitié de l'effectif du 31 août 1940. Comme toutes les autres unités de l'armée du Levant, le 6ᵉ REI a le choix entre le retour en Afrique du Nord ou le ralliement aux Forces françaises libres. Deux officiers, quelques sous-officiers et un millier de légionnaires rejoignent la 13ᵉ DBLE. C'est le temps d'une remise en condition indispensable et d'une réorganisation massive de la demi-brigade. Le lieutenant-colonel Cazaud appelé à un poste de niveau divisionnaire par le général de Gaulle laisse le commandement de la 13ᵉ DBLE au lieutenant-colonel Amilakvari.

Le lieutenant-colonel Prince Amilakvari

Dans la grande tradition des étrangers au service de la France, après Selchauhansen, Aage de Danemark ou encore Pechkoff, le lieutenant-colonel Prince Dimitri Amilakvari représente l'officier de Légion type, tel que le concevait l'opinion publique de l'époque. L'aura mystérieuse des confins peu connus de l'Europe de l'Est, la dure école du désert, l'expérience du vieux soldat alliée à la fougue de la jeunesse, une foi sans partage au service de la France, des idéaux et des certitudes morales bien établis en firent l'archange guerrier des Forces Françaises Libres et de la Légion où pourtant les fortes personnalités ne manquaient pas.

Le Prince Amilakvari, grand écuyer de la Couronne, naît le 31 octobre 1906 à Gori en Géorgie ; il descend de la très noble maison de Zedguinidze. En 1917, la révolution bolchévique contraint les survivants de sa famille à l'exil. A l'âge de 11 ans, Dimitri arrive avec sa mère à Istambul où il va demeurer six ans et faire ses études dans une institution britannique. En 1922, la famille s'installe en France. Dès l'âge de 18 ans, il est admis à Saint-Cyr - Promotion du Rif (1924-1926) – à titre étranger. Dans cette période particulière qui suit la Première Guerre mondiale et les bouleversements qu'elle a entraînés, déjà cinq de ses compatriotes ont accédé à l'épaulette au sein de l'armée française. Sous-lieutenant à titre étranger, il sert naturellement à La Légion étrangère à partir de 1926 et est affecté au 1er Etranger. Ayant tiré les enseignements de la guerre à Saint-Cyr, il s'intéresse tout particulièrement aux appuis d'infanterie et en particulier au champ d'action des mitrailleuses. En 1929, il est muté au 4e REI à Marrakech. Pendant huit ans, il sert essentiellement au 1er bataillon. La vie du bled, les travaux de postes, la construction de routes, les patrouilles monotones au soleil du désert, les combats de la pacification font de lui un officier de Légion digne des grands anciens. Personnalité attachante, il donne toute sa mesure lors des colonnes du Haut-Atlas et devient l'une des figures marquantes du 4e Etranger. Le 30 mai 1932, il obtient sa première citation au combat d'Aït Atto. Au mois d'août 1933, au cours des opérations du djebel Baddou, il gagne une deuxième citation à l'ordre du corps d'armée. La pacification achevée, le lieutenant Amilakvari reste en poste au Maroc pendant encore quatre ans et commande la 3e compagnie du 1er bataillon. Plus tard, le général Catroux parlant de lui écrira : « *Ces campagnes du Maroc furent, pour Amilakvari, la pierre de touche de sa valeur et l'occasion de manifester ce qui était en lui de vertus morales et de qualité qui font les chefs.* » Nommé capitaine en janvier 1937, il est aussitôt muté au 1er Etranger où il commande jusqu'au 31 août 1939 la compagnie d'instruction des mitrailleuses. A la tête de cette unité, il participe à la fameuse revue du 14 juillet 1939 qui révèle au grand public les légionnaires coiffés du désormais légendaire képi blanc. Au retour, alors que les orages de la guerre se déchaînent, il prend le commandement de la compagnie d'appui du 7e bataillon du 1er REI. Le 20 février 1940, il est affecté au 2e bataillon du groupement de haute montagne en qualité de commandant de la compagnie d'accompagnement. Désormais, son destin se confond avec l'épopée de la 13e DBLE.

A cette date, le capitaine Amilakvari sert toujours à titre étranger. Postulant peu avant la campagne de Norvège à la nationalité française, il ne saura peut-être jamais que deux ans plus tard, il est devenu citoyen français avant d'être par le sang versé. Alors que l'avancement des officiers à titre étranger est limité en temps de paix, les circonstances de la guerre et ses qualités rares en feront, à 35 ans, le plus jeune chef de corps de cette époque, et toujours à titre étranger.

A la tête de sa compagnie, il participe aux débarquement de Bjervik et de Narvik où il est blessé. Après un bref passage en France, il retourne en Angleterre avec la 13e DBLE. C'est le temps d'un choix délicat qui l'amène, comme 900 autres légionnaires à relever le défi de la France combattante. Fait chevalier de la Légion d'honneur, il est promu commandant en 1941, grade avec lequel il participe à la campagne d'Erythrée puis à l'expédition de Syrie avec les Britanniques. Nommé lieutenant-colonel, il se voit confier le commandement de la 13e DBLE qu'il conduit à la victoire à Bir-Hakeim. Le 10 août 1942, le général de Gaulle venu rendre hommage à la garnison, le fait Compagnon de la Libération, ultime titre de gloire avant son « rendez-vous avec la mort » sur les pentes de l'Himeimat le 24 octobre 1942. La promotion de Saint-Cyr 1954 - 1956 choisira le nom de « Lieutenant-colonel Amilakvari ».

Un instant de détente pour le lieutenant-colonel Amilakvari.

A brief respite for Lt.Col. Amilakvari.

Le 16 septembre, le régiment est reformé sur la base d'un élément de commandement et de trois bataillons formant corps commandés par le capitaine Paris de Bollardière (1er BLE), le capitaine Babonneau, ancien du 6e Etranger (2e BLE) et le chef de bataillon Puchois (3e BLE). Le 1er bataillon, rattaché à la 2e division légère, reste en Syrie, les 2e et 3e BLE partiront en Egypte avec la brigade Kœnig. Mais auparavant, les 1er et 3e bataillons suivent une

instruction sur blindés. Le 2e est formé sur le type d'un bataillon d'infanterie portée. Il est immédiatement mis à contribution par le général Catroux, délégué général du général de Gaulle pour la Syrie. Le 1er octobre 1941, ce bataillon quitte Homs pour Deir Es Zor et effectue une tournée de police le long de l'Euphrate pour désarmer les populations indigènes qui bien évidemment n'avaient pas laissé échapper l'occasion d'une éventuelle révolte. Les deux autres bataillons en terminent pendant ce temps avec l'instruction dispensée par les Anglais.

Le 19 octobre, la 13e DBLE reçoit enfin son emblème à Homs. Il faut ici ouvrir une parenthèse pour évoquer brièvement l'histoire de ce drapeau, ou plutôt de ces deux drapeaux ! Tout juste constituée, la 13e DBLE était partie en Norvège sans drapeau. Les événements ultérieurs occulteront cette péripétie. Après la prise de Massaouah, de Gaulle en fait confectionner un en Angleterre et, le 2 mai, il le remet au colonel Monclar, en prévision d'une cérémonie sur un territoire français. Mais les manufacturiers anglais, peu familiers de nos gloires, ont commis quelques erreurs, dont la plus notable est l'oubli de l'inscription « Camerone » qui figure sur tous les emblèmes des unités de Légion étrangère.

En prévision de la cérémonie du 19 octobre, et de la remise de la fourragère aux couleurs de la croix de guerre, le chef de corps, le lieutenant-colonel Amilakvari, en fait confectionner un autre par les dames françaises du Caire. « *Ce drapeau des dames du Caire n'était pas plus réglementaire que*

1

3

4

2

1. La 13ᵉ DBLE a participé à toute la campagne d'Afrique du Nord au sein de l'armée britannique.

2. Remise de décorations par le Général de Gaulle à des cadres et des légionnaires de la 13ᵉ DBLE lors de son séjour au Caire.

3 et **4.** Fraternité d'armes. Gardés par un légionnaire, les drapeaux britanniques et français.

1. The 13th DBLE took part in the whole North Africa Campaign within the British Army.

2. Presentation of medals to officers and legionaires of the 13th DBLE during their stay in Cairo.3. Comrades in arms. A legionnaire guarding the British and French flags.

3 and 4. Comrades in arms. A legionnaire guarding the British and French flags.

celui confectionné à Londres. Sur l'un, il manquait Camerone, sans parler de la forme de la pique... et celui-ci était de pur fantaisie, à en juger par les broderies et les couleurs peu courantes pour un emblème français. Fut-ce dans la crainte de ne pas recevoir à temps celui de Londres, ou plutôt parce que ce dernier ne comportait pas l'inscription Camerone ? Nous penchons pour la seconde hypothèse, car, bien que le premier drapeau fut arrivé à temps, ce fut tout de même le second qui fut remis officiellement à la demi-brigade et qui la suivit dans toutes ses pérégrinations jusqu'à la fin de la guerre avant de venir rejoindre dans la salle d'honneur de Sidi Bel Abbès les autres emblèmes. »

Le drapeau de la 13ᵉ DBLE confectionné par les Dames françaises du Caire et sur lequel ont été rajoutées plus tard les inscriptions « Bir-Hakeim 1942 », « Tunisie 1943 » et « Italie 1944 »..

The flag of the 13th DBLE made by the ladies of Cairo. After were added later the inscriptions "Bir-Hacheim 1942", "Tunisia 1943" and "Italia 1944".

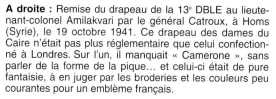

A droite : Remise du drapeau de la 13ᵉ DBLE au lieutenant-colonel Amilakvari par le général Catroux, à Homs (Syrie), le 19 octobre 1941. Ce drapeau des dames du Caire n'était pas plus réglementaire que celui confectionné à Londres. Sur l'un, il manquait « Camerone », sans parler de la forme de la pique... et celui-ci était de pure fantaisie, à en juger par les broderies et les couleurs peu courantes pour un emblème français.

Above : *Presentation of the flag of the 13th DBLE to Lt. Col. Amilakvari by General Catroux at Homs in Syria on 19 October 1941. This one, made by the ladies of Cairo, was no more standard pattern than the one made in London. The latter was missing the word "Camerone" and was mounted on a non-regulation pole, while the former was a work of fantasy, to judge by the bordering and colours not normally in use for a French emblem.*

Organigramme de la 13ᵉ DBLE en 1942

Chef de corps : Lieutenant-colonel Amilakvari
Officier adjoint : Capitaine Saint-Hillier (de Vienne)
Atelier de dépannage : Capitaine Rault
Aumônier : Lieutenant Valec

**1ᵉʳ bataillon formant corps
(Syrie)**
Commandant le bataillon : Capitaine Paris de Bollardière
Commandant la 1ʳᵉ compagnie : Lieutenant Rob
Commandant la 2ᵉ compagnie : Capitaine de Luzancay (de La Hautière)
Commandant la 3ᵉ compagnie : Lieutenant Langlois (Lamoureux)
Commandant la compagnie lourde : Lieutenant de Corta

**2ᵉ bataillon formant corps
(Bir Hakeim)**
Commandant le bataillon : Capitaine Babonneau
Commandant la 5ᵉ compagnie : Capitaine Morel
Commandant la 6e compagnie : Capitaine Wagner
Commandant la 7ᵉ compagnie : Capitaine Arnault
Commandant la compagnie lourde : Capitaine de Sairigné

**3ᵉ bataillon formant corps
(Bir Hakeim)**
Commandant le bataillon : Chef de bataillon Puchois
Commandant la 9ᵉ compagnie : Capitaine Messmer
Commandant la 10ᵉ compagnie : Capitaine de Lamaze
Commandant la 11ᵉ compagnie : Capitaine Le Roch
Compagnie lourde : Capitaine Simon

Fin décembre 1941, la « 13 » est prête à reprendre le combat. La dotation en chars n'ayant pu être maintenue, tous les bataillons sont alignés sur le TED de l'infanterie. Depuis le 22 décembre, le 1ᵉʳ bataillon fait partie de la brigade Cazaud qui partira de Syrie ultérieurement. Les 2ᵉ et 3ᵉ bataillons sont affectés à la brigade Kœnig, sous le commandement direct du lieutenant-colonel Amilakvari. Le 25 au matin, ces deux bataillons partent pour l'Egypte. Une permission au Caire pour le Jour de l'An, puis un séjour au camp d'El Daba, à proximité d'Alexan-

drie, gonfle le moral des troupes. La brigade Kœnig achève sa montée en puissance. Pour accroître sa puissance de feu et sa mobilité, la « 13 » révise son potentiel auto et perçoit un complément de matériel et d'équipement. Ce sont en particulier des camions *Chevrolet* à deux ponts, des tracteurs d'artillerie tout terrain pratiques et très discrets et nombre de véhicules de liaison dit *pick up* qui remplacent les camions français à un pont. Ces derniers sont cependant conservés par les légionnaires et se révéleront très utiles pour le transport des armes lourdes. Les 2ᵉ et 3ᵉ bataillons perçoivent en particulier des chenillettes *bren carrier* à raison de 12 engins par bataillon. Ce sont des véhicules à utilisation variée, rapides et très maniables en tout terrain bien que relativement lents sur route (50 km/h). Faciles à camoufler du fait de leurs dimensions réduites, ces chenillettes sont équipées à la française d'une mitrailleuse légère, d'un mortier de 81 ou même d'un canon de 25 mm ou tout autre matériel récupéré sur l'ennemi et dont le calibre est intéressant pour lutter à force égale contre les automitrailleuses italiennes ou même les chars du *Panzerkorps Afrika*. Les *bren carrier* peuvent également transporter du ravitaillement ou des munitions, ou remorquer un canon antichar de 25 ou de 47. Son blindage est à l'épreuve de la ferraille du champ de bataille.

Fidèle à ses conceptions tactiques, le lieutenant-colonel Amilakvari s'emploie à renforcer la puissance de feu de ses bataillons. C'est ainsi que le groupe de combat est doté de deux FM et d'une mitraillette. Le mortier de 60 de la compagnie est remplacé par un mortier et l'unité élémentaire de voltige est dotée de 4 mitrailleuses *Hotchkiss*. Par ailleurs, si les canons de 25 et 47 mm restent en dotation, la demi-brigade est pourvue de canons de 75 mm antichars dont les établissements du Levant abondent. Transportés sur des camions de trois tonnes, transformés en « autocanons *Conus* » ou tractés dans la zone des combats, ils constitueront à Bir-Hakeim une mortelle surprise pour les blindés de Rommel. De ce fait, les compagnies lourdes des bataillons sont organisées autour de 3 sections équipées de 75 antichars et comprennent également 4 pièces de 25 ramenées de Norvège et 4 mortiers de 81.

Victoire à Bir Hakeim

Le 15 janvier 1942, la demi-brigade monte en ligne dans le secteur de la passe d'Halfaya et se prépare à donner l'assaut à cette position réputée inviolable. Et pourtant... Comme à Cheren, l'ennemi se rend sans combattre le 17 janvier. Plus de 5 000 prisonniers sont dirigés vers les camps du canal de Suez. Le 26 janvier, départ sur Derna sous une violente tempête de sable : « *Le frottement du sable violemment projeté sur les carrosseries, s'infiltrant partout, est générateur d'électricité. Au début, ne saisissant pas le phénomène, on s'acharne à la recherche du court-circuit. Puis on comprend et pour prévenir les incendies, on adapte aux véhicules des chaînes traînant sur le sol.* »

La 13ᵉ DBLE, déroutée en cours de trajet, est dirigée sur El Mechili où elle doit s'organiser avec les autres éléments de la brigade Kœnig et une unité polonaise ; l'ensemble étant placé sous les ordres du général de Larminat. Mais il faut se replier, car Rommel a repris l'avantage dans le duel qui l'oppose aux Britanniques. Ayant recomplété ses unités en matériel et armement, constitué des stocks de carburant et de munitions, profitant de lignes de communication considérablement raccourcies, il est en mesure d'inquiéter Le Caire et le Canal. Autant dire, frapper les Britanniques au cœur de leur empire. Progressant le long de la Via Balba, il refoule les troupes de Ritchie sur une ligne El Agheila - Tobrouk. Une piste que les Italiens ont appelé *Trigh Capuzzo* relie entre elles les oasis de Msus, El Michili et Sidi Muftah. Autant de positions sur lesquelles la 8ᵉ armée tente d'enrayer l'offensive du « Renard du désert ». Encore un bond en arrière. Cette fois, les Australiens sont assiégés dans Tobrouk. La ville est complètement investie. Une nouvelle ligne de défense de 80 kilomètres truffée de

1. 1942. Les *jocks columns* de la 13ᵉ DBLE dans le désert avant Bir Hakeim avec en tête un *Bren Carrier*.
2. Le matériel et l'armement britanniques en service à la 13ᵉ DBLE.
3. 1942 : bricolage légionnaire « la force mécanique » de la 13ᵉ DBLE en Égypte. (Coll. Susan Travers.)

1. 1942. "Jock Columns" from the 13th DBLE in the desert near Bir Hacheim.
2. British equipment and weapons issued to the 13th DBLE.
3. 1942. Legionnaire odel jobs "engineering force" of the 13th DBLE in Egypt.

champ de mines est hâtivement organisée entre Ghazala et Bir Hakeim. Il faut à tout prix arrêter l'*Afrika Korps*. Le 5 février, les Français libres arrivent dans le secteur de Ghazala, à Bir-El-Nafgaïa où, durant une quinzaine de jours, ils sont employés à des travaux de fortification.

La brigade Kœnig est enlevée en entier le 14 février 1942 et se porte à Bir Hakeim où elle relève une unité britannique. Cinq bataillons constituent la garnison du camp retranché forte de 3 900 hommes. Parmi ceux-ci figurent deux bataillons de Légion. « *Dans ce triangle de trois kilomètres de côté va se jouer une scène majeure : ce ne sera sans doute pas le plus grand combat de la campagne d'Afrique, mais certainement l'un des plus glorieux ; une poignée d'hommes va se mesurer aux troupes de l'Axe conduites par Rommel en personne. Bir Hakeim : le défaut de pliage d'une carte ; rien de concret, si ce n'est les vestiges d'un marabout senoussi oublié et deux citernes romaines transformées en dunes par l'âge et le khamsin. Au loin d'une étendue désespérément plate, un horizon miroitant. C'est là que les Français libres établissent leur citadelle des sables. Aucune muraille, mais des cicatrices dans le sable et un formidable bidonville. Le fortin est aménagé en cabane, l'oasis rapidement asséché, les tranchées forment une ligne de trous individuels couverts de toits de tous genres : débris d'avions, planches, toiles de tente... En avant du dispositif, des champs de mines, des marais de mines qui, 50 ans plus tard, constituent toujours des zones dangereuses.* »

3 826 hommes, dont presque la moitié sont des légionnaires, vont attendre pendant 100 jours l'assaut de l'*Afrika Korps*. Pendant 100 jours, la garnison formée en hérisson autour de l'ancien poste méhariste italien lance des patrouilles de reconnaissance : des *jock columns* à 100 kilomètres de là, jusqu'à Méchili, au cœur des lignes ennemies. Modernes corsaires, les capitaines de la Légion et de la Coloniale paient d'audace, sèment le doute chez l'ennemi, se sortant de situations inextricables, razziant et pillant les dépôts, l'amenant au bord des marais de mines où sautent ses véhi-

1. Colonne britannique en Libye, 1942. (IWM.)
2. Convoi dans le désert - campagne de Libye.

1. *A British column in Libya, 1942. (IWM.)*
2. *A convoy during the desert campaign in Libya.*

3. Exercice de topographie dans le désert en attendant le choc à Bir-Hakeim.

3. *A map exercise in the desert, while waiting to receive the attack at Bir Hacheim.*

cules. Mars, avril... Rien. La brigade est installée dans la routine : travaux, corvées, permissions à « Kœnig-Plage », au bord de la Méditerranée ; hommage au « Patron » ou au dénuement de l'endroit ? Nul ne le sait. Les légionnaires se sont enterrés. Tout est enterré ; les batteries lourdes, les 75, mais aussi les roulottes d'état-major et même des carcasses d'autobus italiens qui servent de dortoirs. Une poussière uniforme ocre recouvre

1. Un abri précaire contre le soleil de Bir Hakeim, une position créée de toutes pièces.

1. A precarious shelter against the sun at Bir Hacheim, made from all sorts of oddments.

Le légionnaire de la 13ᵉ DBLE

Au lendemain de la journée du 27 août 1940 et de la visite du général de Gaulle accompagné du roi d'Angleterre, les légionnaires de ce qui est pour l'instant la 14ᵉ DBLE abandonnent leurs uniformes français et leurs équipements « grand froid » pour une masse d'habillement et d'équipement britannique. Sur le dessin de Burda, illustrateur du journal *Képi-Blanc*, les légionnaires portent le *battle dress* modèle 1937 et le *tropical dress*. Le premier se compose du blouson *pattern 40* et du pantalon en drap kaki assortis par grand froid d'une capote (*greatcoat*) de gros drap de même couleur. Confectionné en drap kaki, le blouson se ferme droit par cinq boutons en plastique cachés par un rabat en drap de fond. Le blouson s'arrête à la taille par une ceinture du même drap qui, cousue à l'effet se boucle sur le côté gauche. Le pantalon, en drap kaki assorti au blouson, est de coupe droite et comporte deux poches extérieures, l'une sous la ceinture, l'autre plaquée sur la cuisse gauche du pantalon. Une patte de serrage en drap permettant la fixation des guêtrons est cousue au bas de chaque jambe.

Sous cette tenue, le légionnaire porte une chemise de fin lainage kaki et un *sweater* plus épais. Sur la tête, le célèbre casque « plat à barbe » et, par dessus les chaussures, les guêtrons (*anklet*) que l'on retrouve également avec l'uniforme tropical. Celui-ci comprend la chemise de toile kaki sable aux manches coupées à hauteur du coude et le pantalon de même forme que le modèle en drap ou le short dans la même toile. Il présente la même ligne que le pantalon de toile mais les jambes sont coupées en dessous du genou et les poches des cuisses sur le devant ont disparu. Vu la longueur du short et ne pouvant détériorer les effets de l'intendance de sa Gracieuse Majesté, les légionnaires prirent l'habitude de le replier au-dessus des genoux. Au côté, le casque colonial français et, roulé sur les guêtrons, les bas de laine blanche des éclaireurs-skieurs de Narvik ou des chaussettes de laine kaki montantes.

Adaptation au désert : les lunettes de sable sur le képi blanc et le chèche de l'armée d'Afrique. Les équipements sont le *pattern 1937 web equipment* : bretelles de toile croisés dans le dos, ceinturon réglable, deux poches de base adaptables (sorte de grandes cartouchières), un porte-baïonnette et un bidon en bandoulière en constituent l'essentiel. Suivant l'armement, ces poches de base peuvent être remplacées par des cartouchières à deux poches. Le sac *bergam* des éclaireurs-skieurs est remplacé par le modèle anglais de 1908.

Au début du périple de la 13ᵉ DBLE, l'armement et les munitions sont français (mousqueton 1892/1916 et le MAS 36) plus des armes de récupération italiennes ou de préférence allemandes, principalement automatiques (PM *Schmeisser* ou mitrailleuses MG 34 et plus tard MG 42). Au fur et à mesure que les stocks s'épuisent, l'armement et les matériels seront entièrement britanniques avant la grande restructuration de 1943. On trouve en particulier le fusil *Lee-Enfield* et le FM *Bren*.

2. Jock Columns de la 13ᵉ DBLE en 1942.

3. Le lieutenant-colonel Amilakvari à Bir-Hakeim.

2. 13th DBLE "Jock Columns" in 1942.

3. Lt.Col. Amilakvari at Bir Hacheim.

1. Les canons de 75 mm de la place de Bir Hakeim. Ils furent à la base de la défense victorieuse de la position.

1. 75 mm gun at Bir Hacheim. Their use in the battle contributed to the successful defence of the place.

2. Bir Hakeim. Dans la tranchée de sable, en attendant un nouvel assaut. (Coll. Susan Travers.)

2. Bir Hacheim. Waiting for a new attack in a sand trench.

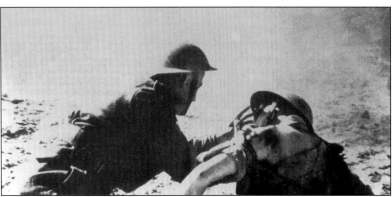

3. Bir-Hakeim. Soins à un blessé.

3. A wounded man at Bir Hacheim.

(Coll. Susan Travers.)

Mai, et toujours rien. Soudain, le 26 mai, la *jock columns* du Bataillon du Pacifique donne l'alerte et précède de peu l'aviation ennemie. D'importantes colonnes de blindés sont signalées se dirigeant vers le camp retranché. Le 27 au matin, grosse canonnade dans le sud. A 9 h 00, 75 chars, des M.13 italiens armés d'un canon de 47, de la division *Ariete*, se présentent devant les positions du 2/13e DBLE et tentent de les réduire. La compagnie Morel appuyée de deux canons de 75 mm de la CL 2 brise l'élan des chars du colonel Prestissimone. Trente-six sont détruits après un combat sans merci, les autres fuient. Les légionnaires en ont cassé 23 et la seule section de l'adjudant Ottl en compte 19 à son tableau de chasse. Puis le siège s'organise. Les attaques aériennes, à raison de quatre par jour, menées par 150 *Stukas* vrillent les nerfs des défenseurs. Bien souvent, les gros calibres de l'artillerie italienne mêlent leur voix au tumulte ambiant. Rendus prudents par leur déconvenue du 27 mai, les Italiens ne procèdent plus que par harcèlement, obligeant le 3/13, en réserve de secteur à l'intérieur de la position, à d'incessantes et épuisantes contre-attaques. L'étau se resserre. Rommel, qui s'est emparé des dépôts de Ritchie au nord et a liquidé les Hindous et une brigade d'infanterie britannique à Gott-El-Oual, décide d'en finir avec les Français libres. Le 2 juin, il adresse un ultimatum au général Kœnig qui ne daigne y répondre :

« *Aux troupes de Bir-Hakeim,*

Toute nouvelle résistance n'aménerait qu'à verser du sang inutilement. Vous auriez le même sort que les deux brigades qui se trouvaient à Got Ualeb et qui ont été exterminées avant hier. Nous cesserons le combat dès que vous hisserez le drapeau blanc et viendrez vers nous sans armes.

Rommel, Generaloberst »

En plus de la division *Ariete*, on trouve également autour de Bir-Hakeim la division *Trieste* et la 90e Légère de *l'Afrika Korps* équipée de chars *Panzer IV*. Maintenant, la bataille fait rage quotidiennement. Le 6 juin, ce sont les blindés du *Panzer-Regiment 104*, le 7, l'infanterie couverte par les chars allemands. Le 8, c'est au tour des Italiens de la *Trieste*. Le tout sous un déluge de 105, de 155 longs, de 210, et au plus près, de 88 qui livrent un duel sans merci aux 75 français. Epuisés, blessés, fous de soif (l'eau commence à manquer), les légionnaires tiennent toujours. Assauts et contre-attaques se succèdent, bien souvent à l'arme blanche. Le 9 juin, les troupes de l'Axe attaquent en force. Rommel est décidé d'en finir avec ces orgueilleux Français qui ont repoussé dédaigneusement son ultimatum. Appuyés par les chars des *15.* et *21. Panzer-Divisionen*, les fantassins italiens, les grenadiers allemands et les Arabes germanophiles du *Sonderverband 288* attaquent une fois encore les positions françaises. La progression allemande s'effectue à l'abri de tranchées creusées par leurs sapeurs. Des chars sautent, mais les réseaux défensifs de mines et de barbelés sont franchis en plusieurs points. Partout les légionnaires et les coloniaux contre-attaquent. On en arrive au corps à corps, au combat à l'arme blanche et à la grenade. La compagnie Messmer est clouée sur place par l'aviation ennemie : la section Morvan est anéantie. Le sang froid de l'adjudant Ungermann, qui terminera sa carrière en 1967 comme lieutenant-colonel commandant en second le 1ᵉʳ Etranger, rétablit de justesse une situation bien compromise. L'intervention des *bren carrier* est déterminante. Dans une telle circonstance, les légionnaires de la 13ᵉ DBLE envisagent de faire Camerone. Sans exaltation, mais avec une calme résolution.

Le 10 juin, les Britanniques autorisent la sortie de la garnison, estimant que la mission a été remplie au-delà de tous les espoirs ; de surcroît, dans la tornade qui a emporté l'armée britannique, Bir Hakeim n'a plus de raison d'être. Partant de ce point de vue, Ritchie, en parfait Britannique, aurait bien volontiers livré la garnison à elle-même. Auchinleck, en parfait gentleman, met en place un dispositif de recueil. Deux cents camions attendent la garnison à 15 kilomètres de là. Le 2ᵉ bataillon doit quitter le dispositif en tête à 23 heures. Mais sous la terrible pression allemande, les pionniers n'ont pu ouvrir que de maigres layons dans les marais de mines. Prises sous le feu ennemi, les unités - compagnie Wagner en tête - se bousculent. La première surprise passée, les légionnaires foncent sur les mitrailleuses et en détruisent plusieurs malgré des pertes sévères. Susan Travers, conductrice de Koenig, se souvient de cette nuit terrible :

« *Le 10 juin 1942, à la tombée de la nuit, le commandant était en conférence. Nous étions encerclés par les divisions ennemies. Le général venait de recevoir ses ordres du général anglais par radio. Bientôt un officier est sorti et il m'a dit :* « *Préparez-vous, nous allons percer l'ennemi.* » *J'ai mis le moteur en marche et quand la réunion fut termi-*

Susans Travers et le capitaine Morel à Bir-Hakeim.
Susan Travers and Capt. Morel at Bir-Hacheim.

Les 75 Français durant la bataille de Bir-Hakeim.
French 75 mm guns during the Bir-Hacheim battle.(ECPA.)

Victory at Bir Hacheim

On 15 January 1942 the demi-brigade went into the front line at the Halfaya Pass region, prepared for an assault on the position. The enemy, however, decided to retire and more than 5,000 prisoners were sent back to the camps on the Suez canal. On 26 January the demi-brigade left for Derna in a violent sandstorm.

En route they were redirected to El Mechili where they were to be integrated with the rest of the Koenig Brigade and a Polish unit, all under the command of General Larminat. Rommel had by then regained the upper hand in the see-saw desert battle, however, and they were forced to retreat. Enjoying shortened lines of communication and well resupplied with petrol, he was in a position to threaten Cairo and the Canal and threw Ritchie's Eighth Army back to the El Agheila-Tobruk line. Again there was a retreat and this time the Australians were besieged in Tobruk. A new line of defence was hastily organised between Ghazala and Bir Hacheim, well protected by minefields. On 5 February the Free French arrived in the Ghazala area where they were employed digging field fortifications, before the entire brigade was transferred to Bir Hakheim on 14 February to relieve a British unit. 5 battalions, including two from the Legion formed the garrison with 3,900 men of this small patch of sand without any permanent buildings. The defences consisted of trenches and individual foxholes in the sand, which covered everything.

They had to wait for 100 days in anticipation of being attacked but occupied their time patrolling offensively and sending out "jock columns" to raid enemy supply dumps and spread alarm and confusion. Otherwise everything was dug in, even old Italian buses for use as dormitories.

née, le général prit sa place dans la voiture et je démarrai. Les éclats d'obus tombaient comme de la pluie autour de nous. Soudain, la nuit fut déchirée par des explosions violentes. Je réalisai alors que nous étions au milieu d'un champ de mines. Les trois voitures les plus proches sautèrent, les canons allemands étaient pointés sur nous. Je pensai : C'est la fin et je fonçai en avant. Je n'avais pas eu le temps de réfléchir, ni d'avoir eu peur. Ce fut une chance de pouvoir traverser le champ de mines sains et saufs. La route que j'ai prise après était la bonne. Mais les Allemands continuaient toujours à nous tirer dessus ; il y avait une confusion indescriptible autour de nous, quand brusquement notre voiture se trouva sur la trajectoire d'une mitrailleuse qui tirait des balles traçantes. Les projectiles, bien jolis à voir, tombaient sur nous. Je sentis à plusieurs reprises des secousses. Notre voiture était touchée. Je ne sais pas par quel miracle les balles ne nous atteignirent pas, ni le moteur, ni le réservoir. Enfin, nous étions passés derrière les lignes allemandes. On m'a dit plus tard que j'avais baissé la tête, que j'avais appuyé à fond sur l'accélérateur, rien de plus. C'est tout ce qu'il y avait à faire ! »

1

1. A Bir-Hakeim, la camionnette PC du général Koenig conduite par Susan Travers. Assis sur l'aile, le capitaine Babonneau.

1. At Bir Hacheim, General Koenig's headquarters van driven by Susan Travers. Capt. Babonneau is seated on the

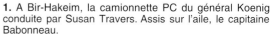

A l'occasion de la sortie de la garnison de Bir Hakeim, le sergent-chef Susan Travers est cité et gagne la croix de guerre 1939-45. En Tunisie, en Italie et en France, l'adjudant Travers suit la demi-brigade dans ses entreprises guerrières. Elle partage sa peine à El Himeimat, sa joie et sa fierté à Nice en 1945. Sa plus grande joie sera d'être officiellement intégrée dans la Légion. Grâce à des « complicités » qui plaident sa cause avec ferveur, Miss Susan Travers, adjudant-chef de l'armée française, est autorisée à s'engager dans la Légion, avec un numéro

2

PC du général Koenig à Bir-Hakeim.

General Koenig's headquarters at Bir-Hacheim.

La sortie victorieuse de la garnison de Bir-Hakeim.

The victorious garrison of Bir-Hacheim marching out. 3

matricule et suivant le processus réservé aux seuls légionnaires. Elle sera la seule femme de toute l'histoire de la Légion a être véritablement légionnaire.

Dans la nuit, la bataille redouble d'intensité. Les Allemands ont compris que leur proie leur échappait. Messmer, Lamaze, les sous-officiers Eckstein, Ober, cassent du char de toute la puissance de leurs canons. Plus loin, de Sairigné, Arnault et l'infanterie sont prêts à bondir, à demi-courbés, l'arme à la main que l'image a figée pour l'éternité.

« Sur le terrain, des deux côtés, le combat s'est émietté tout de suite en une multitude d'actions individuelles, se souvient M. Pierre Messmer. *Dans le mouvement général, ceux qui peuvent avancer dépassent ceux que les tirs ennemis ont bloqués. On court, on s'arrête, on repart sans souci de l'axe de marche, sans liaisons avec ses voisins, sans s'occuper de ses chefs. Au passage on lance deux grenades sur une mitrailleuse, on trébuche et on tombe dans un emplacement de combat, sur un Allemand qui ne sait pas si vous êtes prisonnier ou s'il est le vôtre. Les Allemands n'ont pas été surpris ; ils ne pouvaient pas l'être après tout notre tintamarre, mais ils ne comprennent rien à ce qui leur arrive. Ils tirent, chacun pour soi, pour se protéger de cette marée d'hommes et bientôt de véhicules qui déferlent de tous côtés sur eux et autour d'eux. »*

Le lieutenant Dewey, commandant les chenillettes du 3/13 charge lui-même à trois reprises des mitrailleuses *Breda* qui empêchent le passage du convoi des blessés. Il en détruit deux, mais est tué par la troisième, ainsi que tout son équipage, sauf le conducteur, le légionnaire De Brick, qui réussit

The legionnaire of the 13th DBLE

The day after the 27 August 1940 when they were inspected by General de Gaulle and the King of England, the legionnaires of what was still the 14th DBMLE discarded their French uniforms and arctic equipment in favour of British kit. The legionnaires were issued with the 1937 pattern battledress and tropical uniform. The former comprised the pattern 40 blouse and the rough khaki serge trousers, supplemented by the standard khaki greatcoat. The blouse was closed by five plastic buttons concealed under a cloth flap and ended at the waist where it could be tightened by a buckle. The trousers of the same material as the blouse where of a straight cut with two outside pockets, one under the belt and other on the left leg. On the bottom of each leg was a flap which could be tightened to fit under the gaiters.

Under that uniform the legionnaire wore a khaki linen short as well as a thick sweater, and on his head, the flat steel helmet. Over the boots, gaiters were worn, which were also issued with the tropical uniform which consisted of a sand-coloured shirt with the sleeves cut off at elbow level and shorts of the same pattern as the winter issue trousers except that they were cut off below the knee and the pockets in the front on the thighs were removed. Because of the length of the shorts and not wishing to damage his Gracious Majesty's property, the legionnaires tended to fold them up over their knees. To the side the French colonial helmet and rolled over the gaiters, the white linen socks of the ski troops in Norway or long khaki socks.

Adapted for the desert : sand goggles over the white kepi and the neckerchief of the Army of Africa. The equipment consisted of the 1937 pattern web equipment : webbing braces crossed over on the back, an adjustable belt, two ammunition pouches, a bayonet frog and a water-bottle on a sling. According to the weapon carried, the ammunition pouches could be replaced by ones with two pockets. The bergen rucksac used by the ski troops was replaced by the standard 1908 back pack.

At the start of journey of the 13th DBLE, the weapons and ammunition were French (the 1892/1916 carbine or the MAS 36) as well as captured Italian or German arms, preferably the latter in the form of the Schmeisser machine pistol and the MG34 or the later MG42. When stocks became exhausted, in the great re-equipment of 1943 the Lee Enfield rifle and the Bren LMG became standard issue.

L'exploit du sergent Eckstein

Quand le général Catroux écrit : *« Soldats de Bir-Hakeim ! Par ces actions mémorables vous avez réouvert avec éclat le livre des fiertés nationales »,* il englobe dans une même fierté rescapés de la sortie, morts de la bataille et ceux que la fortune des armes livra à l'ennemi. Parmi eux, le sergent Eckstein, un vétéran de la Légion. Alors que les canons se sont tus, après avoir erré de longues heures dans le désert, taraudé par la soif, perdant son sang, le sergent Eckstein de la compagnie lourde du 2e bataillon (canons de 75 mm) est recueilli par une patrouille allemande, soigné et emmené en captivité.

Depuis vingt ans, Eckstein a connu la vie rude du légionnaire au Maroc, participé à la guerre du Rif, aux combats de la poche de Taza avec le 3e REI et à la pacification. Après un séjour sous forme de récompense au Tonkin, il revient au Maroc pour les dernières colonnes, les tâches obscures et les travaux sans gloire à peine éclairés des derniers barouds. La 1re compagnie du 4e REI où il sert alors est commandée par le capitaine Boyer-Resses qui sera son chef de bataillon à Narvik. A la compagnie voisine, il connaît un jeune lieutenant géorgien, le prince Amilakvari, dont tout laisse à penser qu'il fera un grand légionnaire. En 1934, il part pour un deuxième séjour au 5e REI où il rencontre le commandant Magrin-Vernerey, son futur chef de corps en Norvège ; car en 1940, il se porte volontaire pour le bataillon de type montagne qui se constitue à Fez. Pour Eckstein, c'est le début d'une grande aventure. Affecté à la compagnie de mitrailleuses, il se distingue lors des violents combats de Bjervik et de Narvik face à ses compatriotes. Au mois de juillet 1940, vient l'heure du choix. Il peut être démobilisé, la Légion n'ayant jamais obligé un ressortissant d'une nationalité en guerre à se battre contre son pays, rejoindre Sidi Bel Abbès avec son ancien commandant de compagnie, le chef de bataillon Boyer-Resses, où rester en Angleterre et s'engager dans la voie périlleuse de la dissidence. Malgré sa nationalité, fidèle à la parole donnée, il choisit le combat de l'espoir et met sa confiance dans les officiers de la demi-brigade qui ont choisi de rester en Angleterre. En premier lieu le lieutenant-colonel Magrin-Vernerey, puis le capitaine Amilakvari, le capitaine Kovaloff, les lieutenants de Lamaze et Arnault, et bien d'autres officiers, sous-officiers et légionnaires comme le caporal Jean Proszek qui entreront dans la légende. Il connaît également bien le lieutenant de Sairigné qui sera son commandant d'unité et avec qui il sera de toutes les campagnes, de tous les combats : Cheren, Massaouah, Elfaya et Bir Hakeim. Le vieux légionnaire est séduit par son jeune chef dont il dira : *« Un chef indiscuté. Un très chic type que l'on suivait partout. »*

En mai 1942, à Bir-Hakeim, le sergent Eckstein est chef d'une pièce antichar de 75 mm. Il l'a bien réglée et dispose d'une excellente équipe de pièce. Durant la période précédant le siège, il participe à de nombreuses *jock columns* avec sa pièce antichar. Soudain, le 27 mai, au retour d'une patrouille motorisée, son détachement est surpris par l'avant-garde italienne qui vient tâter les défenses de Bir-Hakeim. Le canon de 75 du sergent Eckstein est détruit avant même d'avoir pu être déchargé de son véhicule en flammes. Son équipe se reporte alors sur un canon de 47 qui est en réserve. Avec ses hommes, il détruit 5 chars à moins de 50 mètres. Retrouvant une pièce de 75, durant les quinze jours de la bataille, il réalise exploit sur exploit, cassant du char à tout va. Le 9 juin, au début de l'après-midi, un éclat d'obus lui arrache la main. Il faut un ordre ferme du capitaine de Sairigné pour qu'il consente à se rendre à l'antenne chirurgicale qu'il quitte aussitôt soigné pour rejoindre son poste de combat où il reste toute la journée du 10 malgré la douleur et la fièvre. Le soir, à l'heure de la sortie, le capitaine l'oblige à monter dans une ambulance. Touché par un obus, le véhicule sanitaire prend feu. Eckstein suit à pied les jalons indiquant le chemin déminé. Quelques centaines de mètres plus loin, un camion le récupère. Pas pour longtemps, car il est touché à son tour. Sans se décourager, le sergent se remet courageusement en marche tant que ses forces le portent. Epuisé, assoiffé, il est fait prisonnier un peu plus tard par une patrouille ennemie. Transféré en Tunisie, il sera envoyé un peu plus tard en Allemagne et survivra à une dure captivité.

tout de même à l'annihiler. Les convois se disloquent, les points de repère manquent, les mines font leur œuvre de mort. Les pertes sont lourdes ; le capitaine de Lamaze, un vétéran de Norvège, est tué au cours de la sortie.

Au petit jour, on compte 800 manquants sur les 3 400 assiégés de Bir-Hakeim, blessés compris. Des centaines d'hommes errent dans le désert en proie à la fièvre, titubant d'épuisement, taraudés par la soif. Certains sont faits prisonniers par les Allemands ; d'autres, dans le meilleur des cas, sont récupérés par les patrouilles du *Long Range Desert Group* qui harcèlent les Allemands pour soulager les Français. Le colonel Amilakvari est introuvable. La radio le situera au PC du général de Larminat à Gambut, sur la frontière égyptienne !

Les deux bataillons fortement éprouvés sont regroupés dans la région d'Alexandrie et à proximité du Caire. L'arrivée de la brigade Cazaud en Libye permet de récupérer le 1er bataillon, tandis que les

Emplacements de combat à Bir-Hakeim après la bataille.
The positions at Bir-Hacheim after the battles.

Positions de combat du camp retranché à Bir-Hakeim après la bataille.
Front line positions in the entrenched camp at Bir Hacheim.

Le cimetière de Bir-Hakeim après l'offensive victorieuse de Montgomery à El-Alamein.
The cemetery at Bir Hacheim after Montgomery's victorious offensive at El-Alamein.

deux autres fusionnent pour créer, faute d'effectifs, une unité à deux bataillons. A Héliopolis, la brigade reçoit de l'armement anglais, les pertes en armement français et les dépenses en munitions ne pouvant plus être compensées. Quand elle monte en ligne le 13 octobre 1942, la demi-brigade, forte de 1 270 hommes, comporte un état-major, une compagnie antichar et deux bataillons d'infanterie portée. Le colonel commandant la 13e DBLE est en outre adjoint du général Kœnig commandant la brigade et chef du groupement « A » récemment constitué.

La mort d'un Prince

Sur sa lancée victorieuse, fonçant à travers les troupes britanniques en déroute, Rommel s'est emparé de Tobrouk, des points d'appui de Bardia, Solloum et Marsa-Matrouh. Il a pénétré de 200 kilomètres à l'intérieur de l'Egypte et arrive en juillet devant un petit village de pêcheurs nommé El-Alamein. Chez les Anglais, Montgomery, un vétéran de Dunkerque, a remplacé Ritchie. Pour lui, un impératif : arrêter l'*Afrika Korps* sur place, puis contre-attaquer. Profitant du répit que lui laisse son adversaire dont la logistique s'est dangereusement étirée, il fortifie une ligne allant d'El-Alamein à la dépression de Qattara réputée infranchissable. Francophobe à ses heures, « Monty » se heurte à Larminat qui n'est pas non plus d'un caractère facile. Il tient les Français pour quantité négligeable et ne prévoit pas leur emploi dans son plan d'opération. Coïncidence malheureuse, de Gaulle est engagé dans une de ses nombreuses brouilles avec Churchill ; aussi faut-il toute la diplomatie et le prestige du vainqueur de Bir-Hakeim pour adoucir les angles. Finalement, le 23 octobre 1942, la 1re DFL est prête à participer à l'opération. La 2e brigade, sans artillerie, entre dans le cadre de la 50e division britannique qui, au centre du dispositif, opère en flanquement de l'attaque principale du nord. La 1re brigade, dont la 13e DBLE, est affectée à la 7e division blindée britannique et engagée sur l'aile gauche, en bordure de la dépression de Qattara. En face, Stumme, le successeur de Rommel qui a quitté l'Afrique le 15 octobre, dispose du groupement parachutiste Ruebner, de la *21. Panzer-Division* et d'éléments éprouvés de l'*Afrika Korps*. Montgomery a massé ses chars dans le sud. Pour masquer leur retour vers le théâtre principal du nord, il charge les Français d'opérer une diversion sur le plateau d'El-Himeimat, à proximité de Qatta-

Le général de Gaulle décore les rescapés de Bir-Hakeim. De gauche à droite : Général Koenig, lieutenant-colonel Amilakvari, capitaine de Sairigné.
General de Gaulle awards the survivors of Bir-Hacheim. From left to right : General de Gaulle, Lieutenant-colonel Amilakvari, captain de Sairigné.

The routine garrison life was broken on 26 May, however, when one of the wide ranging jock columns gave the alarm that considerable numbers of tanks were approaching the position, and the following morning a heavy bombardment opened up followed by the arrival of 75 Italian M13 tanks from the Ariete Division. Their intention had been to overrun the Free French, but after 36 of their number had been destroyed, the rest fled. The enemy then resorted to siege warfare and air attack four times a day by Stukas as well as bombardment by heavy Italian artillery. The enemy ground troops restricted themselves to harassment but gradually tightened the noose, and on 2 June, Rommel summoned Koenig to surrender - an invitation that was ignored. As well as the Ariete, there was also the Trieste Division and the German 90th Light placed around Bir Hacheim and the battle raged every day under a formidable enemy barrage from calibres of up to 210mm. On 6 June, German tanks were beaten off and the following day, infantry supported by armour, the fighting often conducted hand to hand and with cold steel. On the 9th, Axis troops attacked in force as Rommel had decided to finish off those cocky French who dared to defy him. Supported by the tanks of the 15th and 21st Panzer Divisions, German, Italians and Arab auxiliary infantry managed to break in at several points, but were counter attacked by grenade and bayonet charges. The battle degenerated into section strength and often individual struggles, and the bren carriers were decisive in repelling the enemy. The legionnaires of the 13th DBLE felt that this was going to be their "Camerone" and waited calmly for the inevitable.

On 10 June, however, the British decided that the garrison should attempt to break out as they had done what was required of them and Bir Hacheim had lost its strategic importance. 200 trucks were brought up to a position 15 kilometres away and it was decided that the 2nd Battalion would lead the withdrawal from the positions. But, as a result of the enemy pressure, the engineers were only able to clear narrow corridors through the minefields. As the units slipped away, many fell under the German fire although the legionnaires attacked and at terrible cost, silenced several machine guns.

General Koenig's driver, Susan Travers had vivid memories of that night, after the general received the orders to retire by radio. As she drove the staff car, there were explosions all around as mines went up, but by luck she took the right route. Shells were bursting everywhere and she said that she had no time to be frightened. The car was hit by a stream of machine-gun rounds, but again by a miracle, neither the petrol tank nor the engine was touched and they managed to break through the German cordon. Staff Sergeant Travers was awarded the Croix de Guerre and

A droite le capitaine de Sairigné.
On the right, major de Sairigné.

1 et 2. La tombe du lieutenant-colonel Amilakvari à El-Hi-meimat.

3. 1942. Egypte-Lybie. Véhicule sanitaire de la 13ᵉ DBLE. (Coll. Susan Travers.)

1 and 2. The grave of Col. Amilakvari at El Hineimat, 1942.

3. 1942 Egypt - Libya. A 13th DBLE ambulance.

(Coll. Susan Travers.)

ra. Le 23 octobre, à 19 heures, la 13ᵉ DBLE reçoit la mission de contourner par le sud, puis d'attaquer l'escarpement de l'Himeimat qui domine de 400 mètres le champ de bataille.

« Le ciel s'embrase sous l'effet d'une formidable préparation d'artillerie. Maintenant, on distingue les colonnes d'infanterie encadrées de chars, de bren carriers, de canons de tous calibres, portés, tractés, d'obusiers automoteurs. Toute cette redoutable force mécanisée rassemblée par Montgomery converge vers les lignes ennemies, distantes d'une dizaine de kilomètres. Les légionnaires marchent dans le sable mou étonnés du silence de l'ennemi. Peu de commentaires, les sacs sont lourds, le sable pénible. Quelques à-coups, de courtes haltes. On laisse passer les engins. Et toujours ce satané clair de lune... Par un curieux retour des choses, il est donné aux légionnaires d'attaquer le Bir-Hakeim allemand. »

A 23 heures, un premier champ de mines est franchi et, à 1 h 00 du matin, le 1/13 de Bollardière se heurte à des falaises à pic balayées par des tirs de MG 42. Plus tard, on apprendra que ce sont des camions ayant sauté sur des mines non repérées qui ont donné l'éveil aux Allemands. D'autre part, la base de départ prévue pour son assaut est fortement occupée par l'ennemi. Accroché sérieusement, le bataillon ne peut accéder au plateau, mais s'accroche au terrain jusqu'à 4 h 00. A 5 h 00, le lieutenant-colonel Amilakvari lance le 2/13 :

« Aussitôt les 5ᵉ, 6ᵉ et 7ᵉ compagnies s'ébranlent et parviennent à prendre pied sur l'objectif. Lorsque le jour naît, des blindés du groupement Kiehl et les parachutistes de la division Folgore contre-attaquent sur le plateau. Or, les canons antichars n'ont pu être hissés sur l'escarpement. Il n'y a pour toute riposte que des fusils et quelques fusils-mitrailleurs ; impossible de tenir face à des chars. Il faut se replier sous le feu des mortiers, de l'artillerie et des chars ennemis qui ne laissent aucun répit aux unités dispersées sur la plaine de sable en contrebas. En une heure, une compagnie perd tous ses chefs de section et 30 légionnaires. Le lieutenant-colonel Amilakvari se résout à donner l'ordre de se reporter en arrière pour occuper des positions intermédiaires plus solides. »

Le Prince qui était resté sur l'objectif se replie avec l'arrière-garde du 1/13. L'artillerie allemande allonge le tir et les obus éclatent parmi les légionnaires. Coiffé de son éternel képi défraîchi, debout pour hâter le mouvement de ses hommes, le colonel reste indifférent à la mitraille qui l'entoure. Au moment où le capitaine de La Hautière (Luzançay) lui suggère de mettre un casque, une nouvelle salve arrive sur les positions. Le médecin-aspirant Lepoivre tombe grièvement blessé ; le colonel s'affaisse. Son regard bleu, d'habitude si pénétrant se voile ; un éclat lui a enfoncé la boîte crânienne. Le lieutenant-colonel Prince Amilakvari ne rentrera jamais dans Tunis à la tête de sa demi-brigade. Néanmoins, il laisse à ses hommes un formidable exemple à suivre dans les combats futurs. Quelques jours plus tard, la « 13 » s'empare des positions ennemies, soulageant ainsi la pression subie par les Australiens et la 51st Highlanders.

Stationnée dans la région de Tobrouk, la 13ᵉ DBLE passe sous le commandement du commandant Bablon et panse ses blessures. Elle en profite également pour recompléter, ses unités et instruire ses renforts et réparer son matériel. Dans le cadre de la réorganisation des Forces Françaises Libres et de la création, le 1ᵉʳ février 1943, de la 1ʳᵉ division française libre, la demi-brigade est administrativement dissoute et ses bataillons constituent à partir du 21 février des unités formant corps.

mentioned in dispatches for that episode. She went on to serve with the demi-brigade in Tunisia, Italy and in France. Later promoted to WOI, Susan Travers was permitted to enlist in the Legion, the only woman ever to have been properly accredited as a legionnaire.

Throughout the night the battle became more intense as the Germans realised that their prey was escaping and the withdrawal became a matter of every man for himself as the units split up into small groups of escapers, weapons in hand, advancing by leaps from one piece of cover to another.

Lieutenant Dewey, the commander of the carrier section of the 3rd Battalion, charged German machine guns three times that were holding up a column of wounded, destroying two, but being killed himself by the third one, which his driver then silenced.

At daybreak, out of the 3.400 beseiged in Bir Hacheim, there were 800 men missing, many of whom were wandering around lost in the desert. Many were captured by the Germans but others were picked up by Long Range Desert Group patrols. The two severely tested battalions were sent back to the Alexandria area where they were amalgamated, but the arrival of the Cazaud Brigade from Syria, enabled the 13th DBLE to reclaim its 1st Battalion. At Heliopolis the brigade was re-equipped with British weapons and when it went back into the line on 13 October 1942, the DB was 1.270 strong, formed into a staff, an anti-tank company and two battalions of motorised infantry. The commanding officer was also deputy to General Koenig, the brigade commander.

The death of a prince

In the process of his victorious advance against the disorganised British, Rommel had taken Tobruk, Bardia, Mersa Matruh and Sollum, penetrating more than 200 km inside Egypt, reaching in July a small fishing village known as El Alamein. In the meantime, Ritchie had been dismissed and replaced by General Montgomery whose job was to stop the Afrika Korps. Profiting from the respite gained when Rommel had outrun his supplies, he fortified a line from El Alemain to the Quattara depression. « Monty » tended to regard the French contingent as having little value and did not plan to use them in his coming offensive, but the victor of Bir Hacheim managed to convince him otherwise. At last on 23 October, the 1st Free French Division was ready to go into action. The 1st Brigade, including the 13th DBLE, was attached to the British 7th Armoured Div. and engaged on the left flank bordering the Quattara Depression. « Monty » whose tanks were massed in the south, intended to transfer them back to the main axis of attack in the north and ordered the French to carry out a diversion on the Plateau of El Himmeimat which rose 400 metres over the battlefield, outflanking the position from the south and then attacking up the escarpment during the night of 23 October.

Led by the 1st Battalion, a minefield was crossed and the legionnaires hurled themselves at the cliff but were pinned down by machine-gun fire from an enemy which had been alerted by the sound of trucks that had hit mines. At 05.00 hrs. Lt.Col. Amilakvari decided to launch the 2nd Battalion into the attack, but at dawn the enemy counter-attacked on the plateau, supported by armour. The men of the 13th had been unable to drag anti-tank guns up the cliffs, so were limited to defending themselves with rifles plus a few automatic weapons and were unable to hold on when faced by tanks. In an hour, one company lost all its section commanders and 30 men, pinned down as they were on the sandy plain by mortars, tanks and artillery, and their colonel had no alternative but to order them to retreat to more easily defensible positions.

The prince himself who had remained behind retired with the rearguard of the 1st Battalion, and wearing his habitual kepi, he appeared indifferent to the streams of bullets, until finally felled by a shot in the head, setting a great example of personal gallantry to his men. A few days later the 13th overran the enemy positions, supported by Australians and the 51st Highland Division..

Moved up to Tobruk, the 13th DBLE licked its wounds and passed under the command of Major Bablon, spending the time to absorb new recruits and equipment. Within the scope of the general reorganisation of the Free French forces and the creating on 1 February 1943 of the 1st Free French Division, the demi-brigade was administratively disbanded and its battalions became part of the new corps.

POUR LA VICTOIRE DE LA LÉGION

Devant le ministre de la guerre M. Diethelm, devant le général de Lattre qui sera notre grand chef, devant une pléiade de généraux français et étrangers, réunis en ce jour pour nous faire honneur, nous avons défilé dans le soleil du matin, précédés de notre frère cadet, le 1er régiment étranger de cavalerie, appelé à partager nos peines et nos gloires de France.

FOR THE VICTORY OF THE LEGION

In front of the War Minister, Mr Diethelm, General de Lattre who will be our great leader and a multitude of Generals, both French and foreign who have come together to honour us today, we have marched past in the morning sun, preceded by our younger brother, the 1st Foreign Legion Cavalry Regiment, which has been called upon to share our pains and our glories for France.

La Légion dans l'armée d'Armistice

Nous les damnés de la terre entière
Nous les blessés de toutes les guerres
Nous ne pouvons pas oublier
Un malheur, une honte, une femme qu'on adorait.

Le droit d'asile

Le 22 juin 1940, l'armistice avec l'Allemagne est signée à Rethondes. Il laisse la France humiliée, coupée en deux physiquement et moralement, 12 millions de réfugiés et un million et demi de prisonniers transférés en Allemagne. Le 14 novembre 1940, le *Reich* annexe l'Alsace et une partie de la Lorraine. Entre les destructions et les spoliations, les pertes économiques se chiffrent à 1 500 milliards de francs. Au plan militaire, outre la désagrégation de l'armée française, on compte 123 000 tués au combat. Les clauses de l'armistice sont humiliantes. L'armée est réduite à 95 000 hommes, uniquement des soldats professionnels chargés plus particulièrement de la sécurité de l'Empire. Les vainqueurs n'admettent aucune motorisation à l'exception de 8 automitrailleuses par régiment de cavalerie, quelques batteries de 75 attelées, puis ultérieurement des batteries de DCA contre les raids britanniques. Pas d'aviation jusqu'en juillet 1941, quand Hitler accorde 600 appareils en zone libre à condition que le Nord en fabrique 3 000. Quant à la marine, elle est internée *de facto* et ses approvisionnements en carburant sont limités. Un officier entré dans la Résistance jugera parfaitement la situation : « *Juste de quoi offrir nos G... aux Anglais et notre C... aux Allemands.* » Paroles rapportées peu de temps après l'agression de Mers-El-Kébir. Toutefois, en zone libre, nombreux sont les engagés volontaires démobilisés sur place ou à Fuveau qui n'ont pas accepté la défaite de juin 1940. Avec d'autres légionnaires évadés des *Stalag* ou recherchés pour leurs origines ethniques et les idéologies qu'ils professent, ils s'enrôlent dans la Résistance et gagnent les maquis où leur science du combat et leurs qualités de meneurs d'hommes feront merveille.

Dépôt de l'armée d'armistice.
Depot of the Armistice army.

En Afrique du Nord, outre la constitution de réseaux clandestins facilités par le maillage qu'elle entretient dans les pays du Maghreb, la Légion participe à la dissimulation d'une quantité considérable d'armement et de matériel destinés à équiper le cas échéant, selon le plan de mobilisation clandestin établi par le général Weygand, cinq divisions de marche et deux divisions « mécanisées ». Nombreux sont les officiers ou sous-officiers qui tentent de « déserter » pour rejoindre la France Combattante. Parmi eux, le lieutenant Hallo qui fera plusieurs tentatives avant d'être muté à la 4e DBLE. La première, visant à gagner Gibraltar, implique le lieutenant Burin des Rosiers et un autre aviateur évadés de France à bord de deux « Morane-Saulnier L » de reconnaissance. Le projet échouera toutefois, le réservoir d'huile ayant été mystérieusement vidangé dans la nuit. La seconde fois, les candidats tentèrent de profiter d'un convoi de légionnaires ressortissants du IIIe Reich qui avaient choisi de rentrer au *Vaterland*. Hallo et ses camarades devaient s'emparer du navire ; une fois encore, le projet avortera, cette fois-ci par la présence d'un torpilleur de Vichy chargé d'escorter le courrier d'Alger vers Marseille. L'ambiance était lourde : Mers-El-Kébir était trop proche.

« *Les navires qui se trouvaient dans les ports anglais avaient été abordés sans préavis par des commandos de Sa Gracieuse Majesté et les équipages internés. A ce geste élégant allait s'ajouter, le 3 juillet, le massacre de Mers-El-Kébir, baptisé par Churchill du nom d'opération « Catapult ». Elle coûta à notre marine 1 380 tués ou disparus et de nombreux bâtiments de fort tonnage. Pour nous officiers, nous éprouvions un sentiment de révolte contre une action de guerre et, en même temps, une profonde déception de voir que ce geste avait été perpétré par nos anciens alliés d'hier, ceux-là même que nous voulions rejoindre pour reprendre la lutte contre l'Allemagne. Cette faute de Churchill dissuada un bon nombre d'officiers décidés de rejoindre les Forces françaises libres, notamment en 1941 en Syrie. Elle eut aussi une influence sensible sur la population d'Afrique du Nord qui, dans son immense majorité, opta pour le Maréchal, assimilant - à tort d'ailleurs - le comportement gaulliste à la félonie anglaise.* »

Mais, le gros problème de la Légion n'est pas là : il réside dans la protection des sujets de l'Axe ou recherchés par les nazis qu'elle a accueillis dans ses rangs.

Au début de 1941, la Légion est amenée à trancher dans le vif. Il faut faire vite, car nombreux sont ceux qui ont tout à craindre de la victoire de l'Axe. Le malaise s'amplifie entre ceux que les succès du *Reich* exaltent, ceux qui ont peur d'être livrés, et tous ceux réunis qui veulent déserter au Maroc espagnol pour rejoindre Londres. Les migraines des commandants d'unité ne sont pas de vains mots ! L'immensité de l'Empire va pour une fois venir au secours de la Légion. Tout simplement, les légionnaires menacés vont être affectés au 5e REI. Un demi-tour du monde entre eux et la vindicte ennemie !

Le détail des opérations est confié au capitaine Thomas, chef de la sécurité militaire à Sidi-Bel-Abbès. Certains groupes vécurent de véritables odyssées : le capitaine de Winter et le sergent Rest accueillaient dans un hangar de Marrakech des légionnaires vêtus en civil et munis d'un pécule qui arrivaient individuellement, gauches et inquiets, d'où ils partirent pour Dakar en camion. Le 1er juin 1941, un autre détachement quitte Sidi-Bel-Abbès. A sa tête, un jeune officier, le sous-lieutenant Chenel, qui ne se doute pas qu'il s'engage dans une aventure de six ans, ponctuée de vaudevilles et de tragédies. Ce sera le dernier détachement qui atteindra le Tonkin. Un autre groupe parti de Saint-Louis du Sénégal sera intercepté de façon maligne par les Britanniques en vue du rocher de Sainte-Hélène et forcé à faire demi-tour.

The Legion in the Armistice army

We are the damned of the entire world
We are the wounded from all the wars
We cannot forget,
A misfortune, a disgrace, a woman one loves.

Right of asylum

On 22 June 1940 the armistice was signed with Germany at Rethondes near Compiegne, which left France humiliated and cut in two, both in physical terms and insofar as morale was concerned. There were 12 million refugees and one and a half million prisoners of war had been shipped off to Germany. In November of that year the Reich simply annexed Alsace and part of Lorraine. France had suffered 123.000 men killed in action and the losses in economic terms were horrendous. Under the humiliating clauses of the armistice, the army was reduced to a cadre of 95.000 men, all regulars, whose job was mainly to secure the Empire. No motorisation was permitted with the exception of a few armoured cars for cavalry units, a few towed artillery batteries and initially, no aircraft. As far as the Navy was concerned, its ships were interned and fuel was strictly

Le commandant Charles Hora

La vie de Charles Hora ressemble à un véritable roman de prince de la flibuste. En effet, ce Tchèque de mère japonaise est né à Yokohama, le 2 décembre 1908 ! Quittant l'Empire du Soleil-Levant, l'enfant passe une grande partie de sa prime jeunesse à Shangaï, en Chine, au temps des concessions internationales. De retour en Tchécoslovaquie, le jeune homme vit l'adolescence d'un fils de la bonne bourgeoisie tchèque, rêvant d'aventures et d'exploits. Une silhouette d'aventurier ou de condotierre se profile sur fond d'insécurité internationale. Après ses études, en 1928, Charles Hora accomplit son service militaire comme officier dans l'armée tchèque. Mais l'appel de l'aventure est le plus fort et il gagne Marseille pour s'embarquer, en 1932, dans la quête d'un improbable Eldorado. On le retrouve quelques mois plus tard à Guayaquil, une des principales villes de l'Equateur, où il ouvre un commerce prospère.

Mais, en Europe, la situation se dégrade rapidement. Aussi, en 1938, au plus fort de la crise des Sudètes, Charles Hora qui est un fervent patriote revient pour se mettre, au service de son pays menacé. Quand il arrive à Prague, il est trop tard. Son pays est occupé et les accords de Münich ont entériné l'annexion d'une grande partie de la Tchécoslovaquie. Le 4 avril 1939, pour mieux défendre son pays, Charles Hora souscrit à Marseille un engagement de cinq ans à la Légion étrangère. Comme de nombreux volontaires étrangers, après son instruction de base à Saïda, il est affecté à la 2e compagnie du 1/11e REI. Quand le feu se déchaîne en mai 1940, le légionnaire de 1re classe Charles Hora donne toute la mesure de son courage. A Saint-Germain-en-Meuse, le 18 juin, il vole au secours d'un sous-officier en danger. Il est grièvement blessé, ce qui lui vaut sa première citation à l'ordre de l'armée. Evacué sur l'hôpital d'Epinal, il se retrouve prisonnier des Allemands, une situation délicate pour le légionnaire tchèque qui est néanmoins réformé le 6 novembre 1940. Celui-ci en profite pour gagner la zone libre et s'embarquer clandestinement à Marseille pour rejoindre la Légion et poursuivre le combat. Mais, le 31 janvier 1941, la commission d'Oran confirme la décision allemande, Charles Hora étant amputé de deux doigts.

L'ancien légionnaire retrouve le territoire métropolitain et décide alors de rejoindre le général de Gaulle à Londres. Pour ce faire, il emprunte la traditionnelle filière espagnole, mais les autorités l'incarcèrent de novembre 1942 à août 1943, quand le vent tourne en faveur des Alliés, dans le sinistre camp de Miranda où séjournent des milliers de Français. En septembre 1943, il arrive à Londres où il s'engage dans les Forces Françaises Libres et obtient le grade de lieutenant. Etranger, il est affecté à la 13e DBLE. Détaché à l'état-major d'Alger, il est parachuté en août 1944 dans la région de Saint-Flour, en Auvergne, où il est chargé de coordonner et de diriger l'action des maquis. Aucune action, si audacieuse soit-elle, ne le rebute ; il est de tous les combats. Durant cette période qui court jusqu'à la Libération, le lieutenant Hora gagne cinq citations, dont deux à l'ordre de l'armée. Ces titres de gloire lui valent une promotion au grade de capitaine et la croix de chevalier de la Légion d'honneur.

En 1945, fort d'une réputation militaire bien établie, le capitaine Hora demande à regagner son pays libéré, mais pour peu de temps. Il est aussitôt nommé major (commandant) dans la nouvelle armée tchèque. Malheureusement, au totalitarisme nazi succède la dictature communiste. Charles Hora parvient à s'enfuir et revient en France où il se présente une troisième fois à la Légion. L'âge et sa situation militaire aidant, de longues tractations et l'appui d'anciens compagnons d'armes sont nécessaires pour le réintégrer dans la Légion comme capitaine à titre étranger le 22 novembre 1948. En 1949, il est affecté au 2e REI alors déployé en Indochine. Il fera deux séjours en Extrême-Orient ; le premier comme capitaine adjudant-major du 3/2e REI et commandant de la 9e compagnie au Sud-Annam. Au cours du deuxième, il occupera différents postes au sein du 5e REI, dont celle de commandant du bataillon du Tonkin. Entre ces deux séjours, refusant son congé de fin de campagne, il rejoint Monclar au Bataillon de Corée où il sert pendant un an, de 1952 à 1953. Dans toutes ses affectations, Charles Hora fait preuve des plus belles qualités de soldat et gagne 4 nouvelles citations dont une à l'ordre de l'armée. Le 13 juillet 1955, il est promu officier de la Légion d'honneur.

Le capitaine Hora poursuit naturellement sa carrière en Tunisie où il sert aux 6e et 2e REI, puis en Algérie aux 2e et 3e REI. Depuis la Toussaint de 1954, une nouvelle guerre qui ne dit pas son nom a commencé. Une fois de plus, le capitaine Hora se montre efficace dans la traque des *moudjahidines* de l'ALN. En 1956, il est à nouveau cité à l'ordre du corps d'armée, puis, en 1959, il rejoint la maison mère à Sidi-Bel-Abbès où il se distingue encore dans le démantèlement des réseaux terroristes et obtient une citation à l'ordre de la brigade. Les galons de commandant viennent couronner une carrière aussi aventureuse qu'exceptionnelle.

Le 1er juin 1961, le commandant Charles Hora quittait le service actif pour s'établir en France. Blessé, 13 fois cité, officier de la Légion d'honneur, croix de guerre 1939-1945 et des TOE, croix du Combattant, titulaire de la médaille des blessés et de la médaille des évadés, médaillé de la Résistance et des Services volontaires de la France libre, le commandant Charles Hora porte également de nombreuses décorations étrangères, dont la *Silver Star* des Etats-Unis, la *Military Cross* de Grande-Bretagne, la croix de guerre et la croix d'héroïsme de la Tchécoslovaquie, l'étoile d'argent *Chou-Mou* de Corée et la médaille des Nations Unies.

La 4e DBLE à Dakar.
The 4th DBLE at Dakar.

La 4e demi-brigade de Légion étrangère

Au mois d'août 1941, les généraux Juin, Kœltz et de Lattre de Tassigny sont nommés respectivement commandants supérieurs au Maroc, en Algérie et en Tunisie. Cela fait également un an que le 4e Etranger s'est effacé devant son glorieux aîné dont les effectifs s'étiolent. Indirectement, les événements de Syrie vont permettre au drapeau du Régiment du Maroc de sortir de sa retraite. Venant après ceux de Dakar en septembre 1940, ils poussent le gouvernement de Vichy à renforcer la défense des territoires de l'Empire qui lui sont encore fidèles. La formation d'une demi-brigade de Légion est prescrite au Sénégal. Constituée avec les rescapés de l'aventure syrienne et des éléments du 1er régiment étranger, elle prend l'appellation de 4e demi-brigade de Légion étrangère. Quelques véhicules, son engagement dans la campagne de Tunisie, lui vaudront épisodiquement le « M » de motorisé ou de marche. Le 21 août 1941, la demi-brigade reçoit des mains même du colonel Gentis l'emblème du 4e Etranger. Un mois plus tard, il prend le commandement de la nouvelle formation. Cel-

---

Organigramme et état d'encadrement de la 4e DBLE

Chef de corps : Colonel Gentis

Etat-major

Chef d'état-major : Chef de bataillon Fuzeau
Etat-major 1re brigade : Chef de bataillon de Marion
Etat-major 1re brigade : Capitaine de Boissieu
Officier adjoint : Capitaine Goujon

Compagnie de commandement

Commandant d'unité : Capitaine Daigny
Adjoint : Lieutenant Marty
Dépôt de guerre : Capitaine Thilmany
Officier de liaison : Capitaine Katkoff
Médecin-chef : Médecin-capitaine Gabas
Officier IM et S : Capitaine Boulanger
Officier transmissions : Capitaine Lefebvre
Peloton automobile : Lieutenant Liorzou
Contrôle postal : Lieutenant Bertelin

Compagnie des sapeurs pionniers

Commandant d'unité : Capitaine Périn

1er bataillon

Commandant le bataillon : Chef de bataillon Borgat
Capitaine adjudant-major : Capitaine Sohier
Officier à disposition du chef de bataillon : Lieutenant Collonnier
Médecin du bataillon : Médecin-lieutenant Dameron
Commandant la compagnie de commandement et d'éclairage n° 1 : Lieutenant Masselot
Commandant la 1re compagnie : Capitaine Pfirrmann
Commandant la 2e compagnie : Capitaine Farret
Commandant la 3e compagnie : Capitaine Forde
Commandant la 4e compagnie : Capitaine Zanchetta

2e bataillon

Commandant le bataillon : Chef de bataillon Clement
Capitaine adjudant-major : Capitaine Kintzourichvili
Officiers à disposition du chef de bataillon : Capitaine Brochet - Lieutenant de Torquat
Médecin du bataillon : Médecin-lieutenant Morel
Commandant la compagnie de commandement et d'éclairage n° 2 : Capitaine Burtin
Commandant la 5e compagnie : Capitaine d'Escribes
Commandant la 6e compagnie : Capitaine Borreil
Commandant la 7e compagnie : Capitaine Sagon
Commandant la 8e compagnie : Capitaine de Chambost

A la fin de 1941, la 4e DBLE présente les structures suivantes : un état-major, une compagnie régimentaire, une compagnie de sapeurs-pionniers et deux bataillons de fusiliers voltigeurs comportant chacun une compagnie de commandement et d'éclairage au sein de laquelle on trouve une section franche, une section de mortiers de 81 et une section de canons de 25. L'état-major est regroupé au sein de la compagnie de commandement régimentaire. Enfin, le régiment dispose d'une compagnie de sapeurs-pionniers chargée des travaux d'infrastructure militaire et civile. Au total, la 4e DBLE compte 1 912 hommes, dont 69 officiers et 265 sous-officiers. Le PC de la demi-brigade, la compagnie régimentaire et la plus grande partie du 2e bataillon sont implantés à N'Dou Tonte ; la 5e compagnie étant cantonnée au Lazaret. Le 2e bataillon est installé à Dakar - Bango et la CSP occupe le bordj de Nouakchott, détachant deux sections à Kellé.

le-ci s'est renforcée d'un deuxième bataillon qui, au moment de l'arrêt des hostilités au Levant vivait une bien curieuse aventure en Europe centrale. Deux de ses compagnies avaient atteint Belgrade et Zagreb. Morne voyage au cœur de pays bouleversés au terme duquel les légionnaires avaient retrouvé la maison mère avec soulagement. La 4ᵉ DBLE accueillait également les « pèlerins de Sainte-Hélène ».

Tandis que les bataillons poursuivent leur entraînement autour de Saint-Louis et au Cap-Vert, aménagent les cantonnements et montent le service routinier, la compagnie des sapeurs pionniers, dans la grande tradition des légionnaires bâtisseurs, construit le poste de Nouakchott, une petite bourgade qui n'est pas encore la capitale de la Mauritanie. Elle détache également des sections sur la piste impériale n° 1, à Rosso, puis à Kellé, providence des Sahariens égarés. Par ailleurs, pour rompre la monotonie de l'existence, le sport est pratiqué de façon intensive. Une distinction fort convoitée est créée pour récompenser les meilleurs sportifs : l'insigne des vélites dont les premiers seront remis le 5 septembre 1942.

Mais, en cette année 1942, la Légion vit à l'heure des restructurations. Les 4ᵉ et 6ᵉ REI ont été dissous, le 5ᵉ REI et la 13ᵉ DBLE sont coupés de Sidi Bel Abbès et une 4ᵉ DBLE a recueilli les légionnaires de ces unités. Depuis le 1ᵉʳ avril, la maison mère est réorganisée ; désormais, le dépôt commun des régiments étrangers placé sous les ordres du colonel Barré, le plus ancien des chefs de corps Légion, forme une entité distincte du 1ᵉʳ REI commandé par le colonel Vias. Le DCRE regroupe tous les organes administratifs et d'instruction de la Légion. Le 1ᵉʳ REI constitue une formation combattante répartie entre Sidi-Bel Abbès, le Kreider et Aïn Sefra.

Major Charles Hora

The life story of this Czech, whose mother was Japanese, reads like a novel. Born in Yokohama in December 1908, as a child he was raised in Shanghai and spent his teenage years in Czechoslovakia in comfortable middle class surrounding. After his studies he did his military service as an officer in the Czech army, but dreaming of adventure, he left his homeland in 1932 and embarked at Marseille to end up in Guyaquil where he started a successful business.

The situation, however, in Europe was disintegrating rapidly, and as a patriot, he decided to return to serve his country at the time of the Sudeten crisis in 1938, but when he got to Prague, it was too late. The following year, the better to defend his country, he signed on for a five year engagement in the legion, and after basic training at Saida, was posted to the 1st REI, and when the fighting broke out in May 1940, the Legionnaire First Class, Charles Hora, amply demonstrated his courage, but was severely wounded. Evacuated to hospital he was made prisoner by the arrival of the Germans, a delicate situation for a Czech to find himself in. In November 1940, having recovered, he took the opportunity to escape to the Unoccupied Zone of France and embarked in secret from Marseilles to rejoin the Legion.

Eventually deciding to join de Gaulle, he got back to mainland France and took the common route via Spain, where he was interned in the infamous camp at Miranda for almost a year, until August 1943. Finally liberated he arrived in London the following month and was commissioned as a Lieutenant Foreigner in the Free French forces, posted to the 13th DBLE. He was then detached to the staff in Algiers and in August 1944 he was parachuted into the Auvergne to organise the maquis. He remained with them until the Liberation, during which period he was several times mentioned in dispatches, promotion to captain and the award of the Legion d'Honneur.

As if that was not enough, in 1945 he decided to return to his liberated native land and was commissioned as a major in the reformed Czech army, but for only a short while. When the Communist take-over occurred, once again Hora escaped, got back to France and rejoined the Legion for the third time. His age and the military situation led to a long process of enlistment, but old comrades supported his application, and in 1948 was accepted with the rank of captain. He served two tours in Indo China and in between, he spent a year in Korea fighting with Monclar's battalion, amassing more decorations in the process.

After his last tour in the east, he continued his career in Tunisia and Algeria, before being transferred to Sidi bel Abbes in 1959 and receiving his promotion to major. In June 1961, Charles Hora finally left the Legion and retired to France, covered with decorations won during a most distinguished military career.

Le légionnaire de la 4ᵉ DBLE

Comme son frère d'armes d'Afrique du Nord ou du Tonkin, face aux soldats des armées modernes, le légionnaire du Sénégal présente une silhouette désuète. Son paquetage comprend une collection « hiver » et des effets tropicaux. La tenue d'hiver est en drap kaki foncé, mais à la place de la vareuse de drap jugée trop chaude, le légionnaire porte le chandail en laine marron foncé à petit collet rabattu du modèle *jersey* 1936. Par dessus s'ajoute l'équipement normal. Le galon de grade se porte en barrette sur le devant, légèrement à droite. Pantalon-culotte en drap kaki du modèle 1935 et bandes molletières également en drap kaki foncé complètent cette tenue. Pour les prises d'armes, le légionnaire porte la même tenue sans épaulettes de tradition qui ne sont pas en dotation à la 4ᵉ DBLE, mais agrémentée de la ceinture bleue.

La collection d'été comporte principalement la petite tenue de service composée d'un uniforme de toile kaki clair comme en Afrique du Nord : vareuse, pantalon-culotte et bandes molletières kaki foncé. A l'exercice, le légionnaire porte l'ensemble en toile kaki clair de type « colonial » qui comprend la chemisette à manche courte, le short en coton léger et les chaussettes hautes en laine marron clair sur des brodequins. La tenue de parade est la même que celle des unités d'AFN, mais avec le casque colonial modèle 1931. Ce casque en liège et toile kaki clair comporte sur le devant une grenade à sept flammes en cuivre découpé, à bombe creuse marquée du chiffre « 4 ». Lors des alertes, il est remplacé par le casque en acier kaki. Au repos, le bonnet de police en drap reste la coiffure en usage. Le képi d'Algérie se porte en tenue de sortie, le soir après la soupe. Les insignes, marques et attributs distinctifs sont ceux de la Légion de l'époque. Il faut toutefois noter que selon une décision ministérielle du 7 juillet 1942 - appliquée antérieurement depuis 1941 - le nombre des soutaches des pattes de collet des vêtements de l'armée d'Afrique passe à trois, ce qui entretiendra durablement une réputation de formations disciplinaires pour toutes ces unités. Par ailleurs, les pointeurs d'élite de la section de canons de 25 du 2ᵉ bataillon se distinguent par un insigne en drap cousu en haut du bras gauche. Sur un fond de drap kaki foncé, cet écusson présente présente une lunette de visée dont le « V » est centrée sur un char en drap vert vu de face. Enfin, instauré en 1942, un symbole en losange de couleur argent frappé de la grenade Légion frappée du chiffre « 4 » et marqué « vélite » récompense les légionnaires qui ont satisfait à des épreuves d'éducation physique de type décathlon.

L'équipement du légionnaire de Dakar est ancien : soit les trois cartouchières *Lebel* ou celles modifiées 34. Comme en Afrique du Nord, ceinturon, brelage, porte-baïonnette, bidon, musette et havresac constituent l'équipement du légionnaire. L'armement de base se compose du fusil *Lebel 1916* ou du mousqueton 1892/16. C'est dans ces différentes configurations vestimentaires que la 4ᵉ DBLE rejoint le Maroc en février 1943.

En Afrique du Nord, dans cette période de restrictions, les légionnaires continuent à user les effets français de drap ou de toile des réglements de 1935 et 1938. En 1942, l'armée d'Afrique qui rentre en guerre aux côtés des Alliés combat dans son uniforme du moment. Néanmoins, les vêtements sont plus ou moins panachés selon les circonstances du moment. Le casque en acier du modèle 1926 avec attributs 1915 ou 1937 est de rigueur. En été, la tenue kaki clair s'impose. Lorsque les unités de Légion s'installent sur les Dorsales tunisiennes, la tenue d'hiver est en vigueur. Par temps doux, le pantalon de drap peut se porter avec la seule chemise de toile. C'est dans cette tenue que l'aquarelliste Van Dooren a représenté le sergent Kahlen sur le djebel Mansour.

Alors que la 4ᵉ DBLE est installée à Dakar, le 2ᵉ REI aux effectifs et aux structures gonflés par les dissolutions d'unités est implanté à Agadir et des détachements sont cantonnés dans diverses villes du Maroc, comme la 12ᵉ compagnie mixte portée à Foum-El-Hassan. Le Maroc accueille également le 1ᵉʳ REC installé à Fez, à Oujda et à Guercif. C'est également à Fez qu'est stationné le 3ᵉ Etranger qui déploie des bataillons à Meknès et Khenifra. Enfin, on trouve également deux batteries sahariennes portées de la Légion à Ouargla et à Fort-Flatters et la compagnie saharienne portée installée à Tindourf depuis août 1941.

Jusqu'à l'automne, toutes ces unités partagent leur temps entre l'instruction, l'entraînement, les manœuvres, les travaux et le sport tout en étant, pour la plupart, engagées dans diverses formes de résistance. Mais, le 8 novembre 1942, les Alliés débarquent en AFN. Le ralliement de la Légion est immédiat, et déjà les formations du Maroc et d'Algérie sont sur pied de guerre. Trois mois plus tard, sûre de participer à la campagne qui s'annonce, la 4ᵉ DBLE quitte sans regret le Sénégal et rejoint le Maroc. Le 7 mars, elle retrouve à Fez le 3ᵉ REI et le 1ᵉʳ REC avant de rejoindre le 1/1ᵉʳ REI du commandant Pénette en Tunisie. Au total, ce sont 6 bataillons d'infanterie et 2 escadrons du 1ᵉʳ REC, soit près de 6 500 légionnaires qui seront engagés dans la campagne de Tunisie, sans compter la 13ᵉ DBLE venant de Tripolitaine.

limited. Quite a number of the foreign volunteers who had been demobilised joined the Resistance where they were joined by other legionnaires who had escaped from prison camps or were wanted by the Germans because of their racial origin or political views.

In North Africa the Legion began to build up clandestine networks facilitated by the large stocks of weapons and equipment held in the French colonies there, the aim being to be able to mobilise five infantry and two mechanised divisions at some future date. Many officers and nco's attempted to "desert" to join the Free French but many others were dissuaded by the British attack on the French fleet at Mers el Kebir on 3 July in which 1.390 men were killed or missing.

One pressing problem faced by the Legion was to protect the subjects of the Axis who it had welcomed in its ranks as well as those sought by the Nazis, some of whom exalted at the success of the German forces while others were afraid of being handed over. Others deserted to Spanish Morocco in the hope of being able to reach London. This caused a lot of headaches for regimental commanders, yet the immensity of the Empire came to their aid in that all those who might be threatened by a total German victory were to be transferred to the 5th REI in Indo-China.

Some of those concerned had veritable odysseys to reach their destinations. One group had to make their way to Morocco, dressed in civilian clothes, from where they were driven in lorries down to Dakar to join a ship, while another departed from Sidi bel Abbes. They were the last to reach Indo China, because a third group which had left from Senegal was intercepted by the Royal Navy off St. Helena and forced to turn back.

The 4th Demi-Brigade of the Foreign Legion

The 4th REI had been disbanded in 1940, but the events in Syria enabled its flag and traditions to be taken over by a new formation. After the British/ Free French attempt to take Dakar in September 1940, the Vichy government decided to reinforce the defences of those colonies still faithful to Marshal Pétain, and a demi-brigade of the Legion was envisaged for Senegal. It was formed from those who had returned from Syria and partly from detachments from the 1st REI, it took on the title of the 4th DBLE and was given the flag of the old 4th REI. It acquired a second battalion with the arrival in North Africa of diverse units which had escaped from Syria and had strayed northwards into Central Europe, two companies even having reached Belgrade and Zagreb.

While the battalions got on with their training, organising their quarters and the normal daily routine at Saint-Louis and Cap-Vert, the pioneer company built outposts. To liven up the dull routine of garrison life, the demi-brigade indulged in intensive sport.

In 1942 the legion was subjected to largescale restructuring. The 4th REI and 6th REI had been disbanded, while the 5th REI and the 12th DBLE were cut off from contact with the depot at Sidi bel Abbes and the 4th DBLE had absorbed the legionnaires from the disbanded units. As from 1 April the "mother house" was reorganised into an entity distinct from the 1st REI, taking charge of all the administrative and training elements of the Legion, while the former became a purely fighting unit.

While the 4th DBLE installed itself in Senegal, the 2nd REI whose numbers were inflated by men from the disbanded units was stationed at Agadir with detachments scattered all over Morocco. The Ist REI was also in Morocco based in Fez with outlying detachments, and there were two Saharan artillery batteries belonging to the legion and a Saharan motorised company based at Tindourf after August 1941.

Until the autumn all these units spent their time in training, exercises, construction work and sport, and all were to some extent involved in resistance activities. On 8 November 1942, however, the Allies landed in French North Africa and the Legion immediately rallied to their cause. Three months later and without any regrets, the 4th DBLE left Senegal, keen to participate in the coming campaign. All in all 6 infantry battalions and two squadrons of the 1st REC, a total of 6,500 legionnaires took part in the Tunisian campaign, not including the 13th DBLE which was moving westwards to join them.

The Legionnaire of the 4th DBLE

Like their brothers in arms of the North African Army and those in Indo-China, the legionnaires in Senegal, compared with modern armies, presented an antiquated appearance. Their winter uniform consisted of the normal pale khaki cloth, but in place of the tunic which was considered too warm they were issued with a dark brown wool pullover with a small turned-over collar of the 1936 pattern. On top they wore the usual equipment. Badges of rank were mounted on a brooch on the right side. The 1935 pattern baggy trousers with puttees completed the outfit. For parades, the legionnaires wore the same uniform, without the traditional epaulettes which were not issued to the 4th DBLE but they were given the blue belt.

The summer uniform consisted of normal working dress for North Africa in pale khaki : tunic, baggy trousers and puttees. In the field on exercise, the legionnaire wore the "colonial" type pale khaki outfit which consisted of a short sleeved shirt, light cotton shorts and long woolen light brown socks with brown laced boots. Parade dress was the same as for other North Africa units but with the colonial pattern 1931 cork helmet with a pale khaki cover, having on the front a copper grenade emblem with seven flames bearing the number "4". During alerts the khaki coloured steel helmet was worn. The normal headgear when not on duty was the cloth police-style cap, and in the evenings after dinner, the Algerian kepi was worn. All insignia and badges were of the normal Legion pattern of the period. It should be noted that according to a ministerial decision dated 7 July 1942, but which had been applied since the previous year, the number of braids on the shoulder flaps was increased to three in the North African Army, which gave the units concerned the enduring reputation of bening penal formations. On the other hand the elite gun-layers of the 25 mm section of the 2nd Battalion wore a special cloth insignia sewn on the top of the left sleeve, consisting of a gun site with the "V" superimposed on a frontal view of a tank in green cloth. Finally, initiated in 1942, those legionnaires who had satisfied the PE tests for the decathlon were awarded a losenge-shaped silver badge on which was the legion grenade and the number "4" and the word "vélite" (skirmisher).

The equipment of the Dakar legionnaires was ancient : even the three cartridge pouches Lebel, or those modified in 1934. As in North Africa generally, the rest of the marching order consisted of the belt, webbing braces, bayonet frog, water bottle and haversack. Basic armament consisted of the 1916 Lebel rifle or the 1892/16 carbine. It was in these diverse uniforms that the 4th DBLE returned to Morocco in February 1943

During that period of shortages in North Africa the legionnaires continued to use French kit made from cotton or linen as laid down in the 1935 and 1948 regulations. In 1942, the Africa army which entered the war on the Allies's side, wore what they had, but nevertheless, their uniforms tended to be more or less variegated according to the circumstances at the time. The 1926 pattern steel helmet was customary with 1915 or 1937 attributes and in summer, the pale khaki uniform was in force. When the legion units were in the Tunisian mountain ranges, the winter uniform was authorised and in mild weather the trousers were work with the standard linen short. It was in such an outfit that the artist Van Dooren, painted Sergeant Kahlen on the Djebel Mansour.

Order of battle of the 4th DBLE

At the end of 1941 the demi-brigade was constituted as follows : A staff, a headquarters company, a pioneer company and two rifle battalions each of which included a reconnaissance company, a sniper section, an 81 mm mortar section and a 25 mm anti-tank section. The pioneer company was engaged in construction duties both civilian and military. In total the demi-brigade could field 1.912 men of whom 69 were officers and 265 were nco's. The headquarters was at N'Dou Tonte, where the bulk of the 2nd Battalion was also stationed.

Drapeau du 4ᵉ régiment étranger d'infanterie confié à la 4ᵉ DBLE qui s'illustra dans la campagne de Tunisie en 1942/43, comme en témoignent les inscriptions.

Flag of th 4th REI entrusted with the 4th DBLE who became famous in the TUnisian Campaign in 1942/43 as show the inscriptions.

Capitaine Danjou, héros de Camerone.
Captain Danjou, hero of Camerone.

Le tableau du combat de Camerone.
The picture of the battle at Camerone.

La main articulée du
capitaine Danjou.
Capt. Danjou's artifi-
cial hand.

Le légionnaire d'avant-guerre dans
le bled marocain (1933-1939).

*A pre-war legionnaire in the Moroccan
desert (1933-1939).*

Légion étrangère
(En colonne)
1937

1

Légion étrangère
1er Régt de cavalerie
1937

2

1. Le légionnaire du 5ᵉ REI au Tonkin.

2. Le légionnaire cavalier du 1ᵉʳ REC.

3. Le légionnaire du 4ᵉ REI (1935-1941).

1. The Legionnaire of the 5th REI in Tonkin.

2. The cavalry legionnaire of the 1st REC.

3. The legionnaire of the 4th REI (1936-1941).

3

Le légionnaire du GRDI 97. (Dessin de Burda.)
The legionnaire of the GRDI 97. (Picture of Burda.)

Le légionnaire des régiments étrangers d'infanterie avant la Deuxième Guerre mondiale. Leur équipement sera celui des régiments de marche de volontaires étrangers, les fameux « régiments ficelle » de 1940.

The legionnaire of foreign infantry regiments before WWII. They will have the same equipment than the one of the marching regiments of the foreign volunteers, the famours "regiments ficelle" of 1940.

Eclaireurs-skieurs de la 13ᵉ DBLE.

Reconnaissance Skiers of the 13th DBLE.

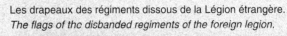

Les drapeaux des régiments dissous de la Légion étrangère.
The flags of thc disbanded regiments of the foreign legion.

Le fanion de la 13ᵉ demi-brigade à Narvik.
The fanion of the 13th demi-brigade at Narvik.

Le légionnaire de la 4e demi-brigade de Légion Etrangère à
Dakar (1941-1943).

*The Legionnaire of the 4th
DBLE at Dakar (1941-1943).*

Légionnaire de la 13e DBLE à Bir-Hakeim.
Legionnaire of the 13th DBLE at Bir Hacheim.

andré marcy

Au premier plan, le sergent Eckstein durant la bataille de Bir-Hakeim.

Foreground, the Sergeant Eckstein during the Bir Hacheim battle.

La bataille de Bir-Hakeim (mai-juin 1942) dans l'imagerie populaire.

The Bir Hakeim battle (May-June 1942) - Imagery Folk.

L'armée d'Afrique dans la campagne de Tunisie (1942-1943).

The Africa Army during Tunisia Campaign.

La victoire oubliée

On ne peut oublier que la campagne de Tunisie fut une guerre de soldats qui ne se ménagèrent pas mais qui s'estimèrent. Ce fut également une guerre d'hommes qui combattaient à poitrine découverte au mépris de leur vie. Ce fut peut-être la dernière campagne de type ancien des armées modernes. C'est l'honneur de la Légion de s'y être montrée fidèle à ses plus pures traditions.

Colonel (er) Henri Dutailly

Après une résistance plus ou moins sporadique des troupes françaises, les forces anglo-américaines prennent pied sur le sol africain, pour la première fois de leur histoire en ce qui concerne les Américains. Les débarquements ont lieu à Casablanca (35 000 hommes), à Oran (25 000 hommes) et autant à Alger. On en connaît les conséquences : invasion de la zone libre, mais une France réunifiée moralement qui rentre dans la guerre grâce à son empire préservé ; sabordage de la flotte à Toulon, 61 navires coulés, dont l'*Indomptable*, filleul de la Légion. A Alger, la guerre des chefs fait rage : de Gaulle, Giraud et Darlan. Chacun des deux premiers étant soutenu par l'un des Alliés, Darlan jouant son propre jeu qui se terminera par son assassinat.

Loin de ces sordides règlements de compte politiques, l'armée d'Afrique se prépare à revenir dans la guerre car, pendant ce temps là, les forces de l'Axe ne sont pas restées inactives. Le 12 novembre, les Allemands débarquent en Tunisie où l'amiral Esteva les laisse entrer sur ordre de Laval. Ils internent aussitôt la garnison de Bizerte et capturent l'escadre mouillée dans la rade. L'Axe dispose maintenant d'une escale à portée immédiate de ses bases de Sicile et d'Italie et de ses forces de Tripolitaine. A pied d'œuvre bien avant les contingents alliés, les forces germano-italiennes ne trouvent en face d'elles que les 11 000 hommes du général Barré, dispersés, mal armés et surtout dépourvus de tout soutien aérien.

La campagne des dorsales tunisiennes

A Sidi-Bel-Abbès, la machine s'est remise à tourner à plein régime. La Légion met ses unités du Maroc et d'Algérie sur pied de guerre. Le 5 décembre 1942, la 4ᵉ DBLE est modifiée en unité de marche ; le même jour, le groupement autonome du 1ᵉʳ REC est créé à Guercif. Le 12 décembre, le 1/1ᵉʳ REI arrive dans la région de Bou-Arada, face au Pont-du-Fhas ; il fera toute la campagne dans ce secteur. Avec les deux bataillons de la 4ᵉ DBM-LE, il formera, le 16 avril 1943, le 1ᵉʳ régiment étranger d'infanterie de marche (REIM) aux ordres du colonel Gentis. Ce régiment conservera, durant la campagne, le drapeau du 4ᵉ Etranger dissous. Le 3ᵉ REIM est constitué le 14 décembre au Maroc, à Fez et à Meknès, à partir d'éléments des 2ᵉ et 3ᵉ REI. Le colonel Lambert, chef de corps du 3ᵉ Etranger, en prend le commandement et fait mouvement vers la Tunisie avec son régiment à la fin du mois

de décembre. Malgré la pénurie de carburant et de munitions, toutes les unités de Légion engagées en Tunisie sont d'excellente valeur. Nombre de cadres et de légionnaires ont pris part aux combats de la campagne de 1940, en France, en Norvège, ou plus tard en Syrie. Pour les autres, l'instruction a été menée pendant deux ans avec toute la rigueur qui caractérise la Légion.

Le théâtre d'opérations tunisien s'avère particulièrement difficile. Un relief tourmenté où domine une grande chaîne montagneuse orientée nord-est - sud-sud-ouest : la Grande Dorsale ou Dorsale occidentale. D'une altitude moyenne de 1 200 mètres, elle domine le plateau du Kef qui se répand en pentes douces vers le nord-ouest et la frontière algérienne. A environ 60 kilomètres de Tunis, en suivant l'oued Miliana, la Petite Dorsale orientale se détache de la chaîne principale pour surplomber d'environ 700 mètres toute la paline côtière du Sahel, débouché naturel et roulant pour l'*Afrika Korps* et les Italiens qui refluent de Tripolitaine vers Tunis. Au point de convergence des Dorsales, des massifs élevés et escarpés dont le djebel Zaghouan qui jouera un grand rôle dans les combats de la Légion, de même que le djebel Mansour, les djebels Fkirine, ou Chirich que l'on retrouvera dans les communiqués. De ces promontoires rocheux, aussi loin que porte la vue vers le sud, on embrasse tout le bassin d'Ousseltia-Gafsa. Sur le versant ouest de la Grande Dorsale, Kasserine, la dure leçon des Américains de Bradley, et au nord, tout au début de la chaîne montagneuse, des noms qui entreront dans l'histoire : Medjez-El-Bab, Pont-du-Fahs. Au cœur du massif, le barrage de l'oued El-Kébir, le Karachoum et le col de Foum-El-Gouafel retentiront des affrontements acharnés qui opposeront les troupes françaises aux Allemands encore pugnaces. A cette topographie ardue vont s'ajouter des conditions météorologiques rigoureuses : pluies glacées, bourrasques de neige fondue au delà de 1 000 mètres, brouillards empêchant les sorties de l'aviation, et toujours ce froid intense que seuls les montagnards de l'Atlas ou des Aurès supportent sans difficultés.

Le coup d'envoi de la campagne est donné le 19 novembre 1942, à Medjez-El-Bab où les Français et les Britanniques donnent un coup d'arrêt aux Allemands sans cesse renforcés par bateaux et pont aérien. Les troupes du général Barré ont pour mission de réaliser une couverture visant à protéger l'Algérie et permettant aux Alliés une reprise offensive vers Bizerte et Tunis avant de réaliser plus tard la jonction avec la 8ᵉ armée en Tripolitaine. A partir de ce schéma, cinq phases vont se succéder :

– Une première poussée britannique vers Tunis après le coup d'arrêt de Medjez-El-Bab.

– La bataille de la Dorsale proprement dite et l'offensive française sur la Petite Dorsale qui se heurte à la résistance acharnée des troupes de Nehring et de la 5ᵉ armée de von Arnim. Les conditions météorologiques désastreuses pourrissent la situation, mais les Allemands tiennent toujours les sommets.

– Les deux offensives allemandes du 18 au 25 janvier 1943 et du 31 janvier au 25 février. Le 3ᵉ REI

et le 1/1er REIM se distingueront au Pont-du-Fahs et au djebel Mansour.

– L'offensive générale des Alliés. Aux mois de mars et avril, la 8e armée de Montgomery attaque la ligne Mareth, puis pousse en direction de Sfax. Le 2e corps US fait de même en direction de Gafsa, puis de Kairouan. Mais ils ne réussissent pas à empêcher la jonction de Rommel et de von Arnim.

– La bataille de Tunis. Au mois de mai, les Alliés acculent les troupes de von Arnim dans la presqu'île du Cap-Bon. Le 13 mai 1943, ce dernier est contraint à la reddition.

Dans toutes ces phases, les unités de Légion vont jouer un rôle important. Constamment à la pointe du combat, elles seront, avec les tirailleurs nord-africains, le fer de lance du 19e corps d'armée français.

Parti de Sidi Bel Abbès, le 30 novembre 1942, le 1/1er REI du commandant Rouger appartient à un groupement interarmes placé sous le commandement du lieutenant-colonel Boucher du 1er REI. Par le Kef, Gafour, Bou Arada, il arrive au réservoir de l'oued Kébir. Le 17 décembre, il prend position sur la route Rebaa - Pont-du-Fahs. Sous les bombardements incessants de l'aviation ennemie, dans un terrain détrempé où seuls les chenillés ont une chance de ne pas s'embourber, le bataillon a mis 18 jours pour rejoindre son secteur de combat. Pendant un mois, l'unité qui a récupéré sa 3e compagnie laissée au djebel Mansour effectue des travaux de piste, maintient une activité opérationnelle constante dans le no man's land, subissant, dès que le plafond s'élève, l'assaut d'une aviation déchaînée. La *Luftwaffe* et la *Regia Aeronautica* ont la maîtrise du ciel. Les moyens français en DCA sont faibles et la plupart du temps, les fantassins souhaitent un temps exécrable qui empêchera les sorties aériennes. Néanmoins, il arrive parfois que la DCA obtienne des succès. Ce fut le cas les 27 décembre 1942 et 13 janvier 1943, lorsque les mitrailleuses jumelées antiaériennes *Reibel* du 1/1er REI abattirent deux avions qui seront homologués.

Le groupe autonome du 1er REC aux ordres du lieutenant-colonel Royer quitte le Maroc par voie ferrée le 21 décembre et débarque à Ouled-Rahmoun le 24 au soir. Escadron d'automitrailleuses en tête, il gagne par la route le carrefour du Mausolée où, le 29 décembre, l'escadron porté s'installe en point d'appui. Là aussi, une zone mal définie est le théâtre d'affrontements brefs et violents entre les automitrailleuses de l'escadron et les patrouilles ennemies qui montent des embuscades dans les ruines byzantines de Henchir et Abrich. Dans la deuxième semaine de janvier, le groupement Lagarde dont fait partie le GA/1er REC reçoit l'ordre de prendre pied sur la Petite Dorsale afin de disposer d'observatoires sur le Sahel-et-Kairouan. Soigneusement préparée par des renseignements précis et

---

1. En Tunisie, hiver 1942-1943.

2. Canon antiaériens *Bofors* de 40 mm équipant les unités de Légion en Tunisie en 1942/1943.

3. Tunisie 1942/1943. Avion d'observation allemand abattu par la DCA du 3e REI.

1. In Tunisia, winter 1942-43.

2. Units of the Legion were equipped with Bofors anti-aircraft guns in Tunisia in 1942-43.

3. Tunisia 1942-43. A German air observation aircraft shot down by the anti-aircraft gunners of the 3rd REI.

Char Tigre. Son épais blindage et son canon de 88 mm en faisaient un redoutable adversaire. (DR.)

A Tiger tank. With its thick armour and 88 mm gun, it was a redoubtable opponent.

recoupés, l'opération est un succès. Appuyée par un tir de 155, elle se déroule selon un timing exemplaire. Le 11 janvier, les légionnaires montent à l'assaut du Karachoum et du col de Foum-El-Gouafel. L'escadron porté du capitaine Ville débouche sur le col même et s'en empare sans coup férir. Le 1/3ᵉ REI déborde largement par le sud et occupe les crêtes du djebel Ouar. Au prix de 2 tués et 3 blessés à l'escadron Ville, les Italiens perdent 40 tués et 200 blessés, les Allemands 35 tués. En outre, les légionnaires récupèrent un armement nombreux, dont 4 canons de 47 et 4 mortiers de 81 qui s'avéreront précieux les jours suivants.

Car les forces de l'Axe se sont considérablement renforcées depuis le début de la campagne. Elles sont maintenant en mesure de porter de rudes coups aux Alliés. En plus de l'*Afrika Korps*, de la 5ᵉ armée, des restes du corps de bataille italien, on trouve la 334ᵉ division de montagne et la *10. Panzer-Division* venue de Normandie, la division italienne *Superga* et surtout, un bataillon des tout nouveaux chars *Tiger* : 20 de ces mastodontes de 55 tonnes, alors les plus puissants du monde, sont engagés dans la bataille. Inutile de répéter que les moyens français sont dérisoires face à cette armada.

Dans la nuit du 17 au 18 janvier 1943, le 1/1ᵉʳ REI est relevé de ses positions sur la route de Rebaa - Pont-du-Fahs par le 2/3ᵉ REI arrivant du Maroc. Désormais, le 3ᵉ REI du colonel Lambert est entièrement engagé dans le secteur opérationnel de Tunisie et fait partie de la division de marche marocaine du général Mathenet. Il prend en charge le secteur de l'oued Kébir, dont dépend précisément cette fameuse route Rebaa – Pont-du-Fahs. Le colonel Lambert a installé son PC au carrefour d'El-Hamra. Jusqu'au 13 janvier, hormis l'opération sur le Karachoum, rien de particulier à signaler, si ce n'est une embuscade montée par le 3/3ᵉ REI sur le Ragoubet-El-Biad (cote 593) où il surprend une compagnie allemande, lui occasionnant de nombreuses pertes et lui prenant deux MG 42.

Au moment où se déclenche l'offensive de l'Axe, la situation des unités de Légion est donc la suivante :

– groupement Lambert avec le 2ᵉ bataillon en point d'appui, le 3/3ᵉ REI avec le 1/1ᵉʳ REI en réserve générale d'intervention,

The forgotten victory

One must not forget that the campaign in Tunisia was fought by soldiers who did not think of saving themselves. It was also a war of men who fought bare-chested, risking their lives. It was perhaps the last type of ancient campaign fought by modern armies. It is to the honour of the legion who showed that they were faithful to their purest traditions.

Col. Henri Dutailly

After a more of less token resistance on the part of the French, the Anglo-American forces were able to establish themselves on African soil. The actual landings took place at Casablanca, Oran and Algiers. The consequences were the immediate take-over by the Germans of the unoccupied part of France and the scutting of the French fleet at Toulon. In Algiers there was a bitter war in progress between the French leaders : de Gaulle supported by the British and General Giraud by the Americans. The involvement of Admiral Darlan, the senior Vichy politician present, was ended by an assassin's bullet.

Far from this sordid settling of political scores, the Army of Africa prepared to re-enter the war on the side of the Allies, whereas the Germans landed in Tunisia on 12 November. They did so without any opposition on the part of the French, acting under orders from Paria. The local garrison was interned and any French ships present were seized. The Germans were thus within easy range of their bases in Italy and Sicily, faced only by General Barrés poorly equipped and scattered force of 11,000 men.

The Campaign in the mountains of Tunisia

At the depot in Sidi bel Abbes, the administration worked at top speed to get its units onto a war footing. On 5 December the 4th DBLE became a motorised infantry unit and on the same day the independant group of the Ist REC was created. The 1/1st REI together with the two battalions of the 4th DBLE were fused to form the 4th REIM (M for motorised). The 3rd REIM was formed at Fez in Morocco on 14 December from elements of the 2nd and 3rd infantry regiments, and at the end of the month, moved off for Tunisia. Many of the officers and legionnaires had already had combat experience in France and Norway in 1940 and later on in Syria, while for the others, the two years of hard training typical of the Legion, had produced a high standard throughout the units.

The terrain in Tunisia was particularly difficult, dominated by mountain ranges rising up to 1,200 metres including the range known as the Grand Dorsal, to which had to be added atrocious weather conditions : icy rainfall, snow flurries, fog which hindered air activity and intense cold.

Action de combat durant la campagne de Tunisie.

Combat during the Tunisia campaign.

– groupement Lagarde avec le GA/1er REC et le 1/3e REI.

Le 18 janvier à l'aube, une puissante attaque blindée conduite par les *Tiger* débouche du Pont-du-Fahs. Pilonnés par l'artillerie, assommés par les batteries de mortiers, les légionnaires du commandant Boissier et du commandant Rouger, qui était resté sur place pour passer les consignes à son successeur, résistent toute la matinée avec acharnement. Soumis à une puissance de feu écrasante, les points d'appui n'ont plus de liaison entre eux, ni avec le PC régimentaire. En début d'après-midi, le colonel Lambert tente une contre-attaque avec la 8e compagnie du capitaine Nadal, le 1/1er REI et une compagnie de chars britanniques *Valentine*. Mais celle-ci ne peut briser l'encerclement. Boissier est grièvement blessé ; les *Valentine* sont surclassés par les *Tiger* que rien n'arrête, ni les mines, ni les trois 75 à la disposition du bataillon et encore moins les petits 37. Vers 17 h 00, un nouvel assaut submerge le 2/3e REI. Le capitaine Schmizt est tué, le commandant Rouger, les capitaines Panchuquet et Hel sont faits prisonniers. Au soir, seuls quelques légionnaires rejoindront le carrefour d'El Hamrah. C'est tout ce qui reste du 2/3e REI. Au commandant Boissier fait prisonnier, un officier allemand dira : « *Si vous aviez eu un sabre, je vous l'aurais laissé, votre résistance a été magnifique.* » Partout la situation est grave, voire désespérée. Le PC du 3e REI est menacé d'être tourné ; le 3/3e REI du commandant Langlet se place en hérisson sur la route dans l'espoir de contre-attaquer avec l'appui de chars britanniques. Mais, dans le secteur voisin, les tirailleurs du 7e RTM ont été hachés par les panzers, et le 19 janvier, les deux branches de la tenaille allemande se rejoignent. A 22 heures, les Allemands s'emparent du carrefour des routes de Siliana et d'Ousseltia à El-Hamsa. Le général Mathenet lui-même est menacé et prescrit de se regrouper sur le djebel Bargou qui domine la zone et doit être conservé à tout prix. Commence alors pour les rescapés du 3e REI et du 1/1er REI un véritable calvaire. Plusieurs jours après le combat, des isolés rejoindront encore le Bargou et la région de Siliana que le colonel Lambert atteindra le 21 janvier.

Toutefois, si les pertes sont considérables, l'assaut allemand a été endigué et la poussée vers Rebaa arrêtée. Pour cet exploit, le 3e REIM obtient sa dixième citation à l'ordre de l'armée. Il n'en est pas de

même au sud où le groupement blindé Weber de la *10. Panzer-Division* et le 501e bataillon de *Tiger* s'engagent sur la piste qui conduit en direction du sud d'Om El-Abouab au Mausolée et menace directement le groupement Lagarde sur le Karachoum. Au carrefour du Mausolée, le lieutenant de Nedde avec l'escadron d'automitrailleuses renforcé de deux sections de la 2e compagnie mène une action retardatrice à la limite du sacrifice. Le 2e escadron du lieutenant Nedde comporte trois pelotons d'automitrailleuses et de motos side-car. Les automitrailleuses sont des *White 1921* américaines, remontées en 1941 dans la clandestinité sur des châssis d'autobus *Chevrolet* qui se trouvaient en stock à la compagnie de transport du Maroc. Mal armées, peu blindées, elles se heurtent à une colonne de 17 chars allemands contre lesquels elles n'ont aucune chance. Néanmoins, les jeunes officiers de l'escadron, Bouhier et Compagnon, l'adjudant Mares placent des coups d'arrêt efficaces qui permettent, le 21 janvier dans l'après-midi, la contre-attaque du *Combat Command* blindé américain Robibett, au nord d'Ousseltia. Mais entretemps, la situation du 1/3e REI et du GA/1er REC (réduit au PC et à l'escadron porté) est devenue délicate sur le Karachoum. Le groupement Lagarde est en passe d'être encerclé par des éléments de la *Superga* et de la 334e de Montagne. Le repli commence en direction des crêtes tenues par la division d'Alger. Le 21, le 1/3e REI perd le contact avec le colonel Lagarde. En accord avec le chef d'escadrons Royer, le commandant Lappara décide de rompre l'encerclement droit au sud. L'assaut est fulgurant : quatre kilomètres sont rapidement parcourus ; deux compagnies allemandes sont bousculées. Mais l'ennemi se reprend et, aux ailes, la progression est de plus en plus difficile et les combats violents. L'escadron porté et les compagnies cherchent la rupture qui n'intervient qu'à 16 h 00 et pour peu de temps. Le piège se refermera sur les attardés. Parmi ceux-ci, le capitaine Lemeunier dont la compagnie, tantôt à l'avant, tantôt à l'arrière, se sa-

Légionnaires servant un canon de 75.

Legionnaires serving a 75 mm gun.

Les automitrailleuses de l'escadron du lieutenant Nedde se distingueront tout particulièrement lors des combats du carrefour du Mausolée.

The armoured cars of Lt. Nedde's squadron distinguished themselves particularly during the fighting at the Mausoleum crossroads

crifie pour assurer la sortie du groupement. A court de munitions, le capitaine et le groupe de légionnaires qui l'entoure subit l'assaut de deux sections qui le contraignent à la reddition. Un officier allemand s'approche alors du capitaine et lui dit : « *Je vous félicite, la Légion est toujours une belle troupe.* » Lorsque les légionnaires parviennent aux lignes françaises, le 1/3 est réduit à 220 hommes alors qu'il en comptait 700 quatre jours plus tôt et l'escadron porté ne compte plus guère qu'une cinquantaine d'hommes à son effectif.

Le 25 janvier, le GA/1er REC est regroupé dans la région de Siliana. Puis il continue ses activités de patrouille dans la région de Rebaa. Ses matériels étant obsolètes, il est renvoyé en mars au Maroc pour être rééquipé en vue des campagnes futures. Quant au 3e REI, réduit à la valeur de six compagnies, il est également regroupé à Siliana où il effectue une nécessaire remise en condition.

Mais le répit ne dure pas ; le 31 janvier, les Allemands attaquent en direction de Tébessa avec pour objectif les arrières alliés sur le Kef et dans le Constantinois. Au cours de l'offensive du 18 janvier, les Allemands se sont emparés du djebel Mansour. Le 3 février, un bataillon parachutiste britannique réussit à reprendre par surprise ce magnifique observatoire. Très éprouvé, il est relevé par le 1/1er Etranger. Mais là où il faudrait un bataillon, le capitaine Laimay qui a succédé au commandant Rouger ne peut mettre que la 2e compagnie du capitaine Favreau. Toutefois, les légionnaires récupèrent un nombre considérable d'armes automatiques et de munitions qu'ils retournent contre leurs anciens servants. Le 5 février à 2 h 00 du matin, l'artillerie allemande se déchaîne contre le djebel Mansour. Jusqu'à la fin de la matinée, les points d'appui tiennent bon malgré les assauts répétés des troupes de montagne.

L'offensive générale

L'attaque allemande ayant été arrêtée devant Tebessa, le haut-commandement allié décide d'en finir avec von Arnim. Trois régiments de Légion vont ainsi participer à l'offensive générale dans trois di-

The opening stage of the campaign was on 19 November 1942 when French and British forces positioned to protect the Algerian border managed to block a German advance, enabling the Allies to concentrate for their own move into Tunisia to join up with the Eighth Army moving westwards. The actual campaign evolved in five distinct phases.

An initial British push towards Tunis

The battle for the Dorsal. Carried out in atrocious weather conditions, left the Germans still in control of the summits.

The two German offensives on 18-25 January 1943 and 31 January to 25 February.

The general Allied offensive. In March and April, Montgomery attacked the Mareth Line and then advanced on Sfax, while at the same time the US II Corps moved on Gafsa and then Kairouan. They were, however, unable to hinder the junction of Rommel and von Arnim.

The Battle of Tunis. In May the Allies bottled up the forces of von Arnim in the Cape Bon peninsular, leading to the German surrender on 13 May.

In all those phases the Legion played a prominent part and constantly in action, they formed the spearhead of the XIX French Corps.

The 1st Battalion of the 1st REI formed part of an all arms tactical group which moved up to the front during December 1942. Incessantly bombarded by the enemy which still had command of the air, they lacked anti-aircraft protection.

The Independant Group of the 1st REC commanded by Lt. Col. Royer, left Morocco by rail on 21 December and arrived at the front three days later. Led by the armoured car squadron they then took to the road and arrived in an badly defined area where the armoured cars skirmished with enemy patrols who mounted ambushes in the Byzantine ruins at Henchir and Abrich. Then, in the middle of January they were orderd to eliminate enemy observation posts on the range known as the Small Dorsal, and well supplied with accurate intelligence, they were successful.

Since the start of the campaign the Axis forces had been considerably reinforced and were able to give the Allies some unpleasant shocks, includiong the first Tiger tanks seen in the area, which the lightly armed French troops were unable to withstand. During the night of 17/18 January the 1/1st REI were relieved on the road from Rebaa to Pont-du-Fahs by the 2/3rd REI newly arrived from Morocco, to take charge of the Oued Kebir. When the german assault was launched, the units of the legion were disposed as follows :

The 2/3rd battle group forming a strongpoint and the 3/3rd and 1/1st in general reserve.

The Lagarde battle group consisting of the Independant group of the 1st REC and the 1/3rd REI.

Le sergent Kahlen au djebel Mansour

Le 4 février 1943, la 2ᵉ compagnie du 1/1ᵉʳ REI est engagée dans le djebel Mansour, au pied de la cote 648 qui a changé quatre fois de mains depuis le début de la campagne. Dans la nuit du 2 au 3 février, un bataillon anglais, par un coup de main audacieux, a réussi à s'emparer d'une large plate-forme qui domine toute la plaine et constitue un splendide observatoire. Mais il ne reste du bataillon qu'à peine 150 hommes en état de défendre le terrain conquis. Les légionnaires de la compagnie Favreau doivent se porter sur le djebel Mansour pour renforcer les Britanniques. Dans le plus grand silence, la 2ᵉ compagnie occupe trois points d'appui qui épousent la forme triangulaire du sommet et organisent la défense. Dans les emplacements de combat abandonnés par les Allemands, les légionnaires découvrent un armement précieux : mitrailleuses MG 34 et 42, mortiers, grenades et des munitions à profusion. Immédiatement, tout ce matériel est distribué dans les sections et mis en œuvre selon les plans de feux du système défensif.

Le lendemain, l'artillerie allemande qui s'est rendue compte de l'occupation du piton ouvre le feu, mais la nuit tombe sans même que l'ennemi ait tâté les défenses des légionnaires. Toutes les dispositions sont prises pour parer une attaque qui s'annonce imminente. A minuit, l'artillerie allemande reprend ses tirs dont l'intensité va crescendo. Le 5, à 6 h 30, L'encagement du piton est de plus en plus serré. Bientôt, un déluge de fer et de feu s'abat sur les légionnaires qui espèrent vainement entendre la riposte des canons français. A 5 h 00, les Allemands de la division Hermann Göring se lancent dans un assaut furieux contre les positions françaises. Dans leurs emplacements de combat tout juste consolidés, ils utilisent avec une redoutable efficacité leurs nouvelles armes allemandes. De plus en plus nombreux, lançant leurs grenades à manche d'un geste régulier de métronome, les fantassins allemands gravissent la contre-pente et prennent pied sur la position. Après avoir brûlé toutes ses munitions, la compagnie contre-attaque deux fois à la baïonnette et à la grenade et les repousse. Alors que les légionnaires tombent les uns après les autres, l'ennemi ne cesse de se renforcer et la possession du sommet du djebel Mansour devient une question d'honneur ! Lorsque les Allemands investissent la position, presque tous les défenseurs sont tués ou blessés. Pourtant une pièce tire encore. Sur l'un des points de résistance, le 5 février 1943, alors que sa section est sur le point d'être submergée, le sergent Kahlen occasionne de lourdes pertes à l'ennemi avec sa mitrailleuse allemande. Grièvement blessé, il arrose l'ennemi qui se tient en demi-cercle à moins de 30 mètres de lui. Un sniper mettra fin au combat en lui tirant une balle dans la tête. Toutefois, les Allemands ne dépasseront jamais le djebel Mansour. Quand on relèvera son corps, on constatera qu'il a changé trois fois le canon de son arme et tiré plus de 8 000 cartouches, occasionnant de lourdes pertes à l'ennemi avant d'être mortellement blessé. Le sergent Kahlen était le fils d'un grand ancien qui, apprenant sa mort, demanda à être réintégré dans la Légion pour la durée de la guerre.

De ce combat, il ne reviendra qu'une poignée d'hommes : 11 indemnes, 16 blessés dont le capitaine Favreau et le lieutenant Vieules qui doivent être évacués. La 2ᵉ compagnie est citée à l'ordre de l'armée et décorée de la Military Cross britannique.

1

2

visions différentes : le 1ᵉʳ REIM au sein de la division d'Oran, le 3ᵉ REIM avec la division marocaine et la 13ᵉ DBLE comme fer de lance de la 1ʳᵉ DFL. Ils vont encercler entre le djebel Zaghouan et la mer ce qui reste de l'*Afrika Korps*, la division *Hermann Göring*, la *21. Panzer-Division* et ce qui subsiste de la 1ʳᵉ armée italienne.

Réorganisé en deux bataillons à quatre compagnies, le 3ᵉ REIM participe à l'offensive. Dès le 30 mars, il évolue sur le flanc sud du 2ᵉ CA US de Patton qui pousse sur El Guettar et Maknassy. Par ailleurs, le 1ᵉʳ REIM nouvellement formé est engagé dans la bataille. Le 12 avril, le régiment est à Ouenza, à une vingtaine de kilomètres en arrière des lignes. Le 18, il relève le 1/15ᵉ RTA sur le djebel Alliliga.

« Nous voilà sur les contreforts du Djebel Mansour que les Allemands tiennent solidement avec un dispositif souple et mobile dont nos patrouilles ont bien du mal à cerner les contours. Quelques bombardements et de rares accrochages rompent, seuls, le calme du secteur. Les rares prisonniers que nous arrivons à capturer sont équipés à nous faire envie. Ils sont en outre nets, propres, rasés de frais. Rien à voir avec notre armement et notre accoutrement où les grandes capotes masquent les inévitables molletières qui surmontent les godillots à clous parfaitement inadaptés à la marche silencieuse dans le djebel et, pour parfaire le tout, le

---

1. 2ᵉ Cie du 1/1ᵉʳ REI avant le djebel Mansour. De gauche à droite : capitaine Favreau, lieutenant Bloch, sous-lieutenant Vieules, adjudant-chef Robin, adjudant Gauthier, sergent-chef Portigliatti.

2. Messe de Pâques 1943 pour le 1ᵉʳ REIM.

1. 2nd Company of the 1/1 REIM before the djebel Mansour. From left to right : Capt. Favreau, Lt. Bloch, 2nd Lt. Vieules, Sgt. Maj. Robin and Colour Sergeant Portigliatti.

2. The Easter Mass for the 1st REIM, 1943.

Offensive générale en Tunisie. Le 18 avril, les légionnaires du 3ᵉ REIM reprennent le djebel Mansour.

General offensive in Tunisia. On 18 April the legionnaires of the 3rd REIM retook the djebel Mansour.

casque en fer comme disent les légionnaires - Général Hallo. »

L'offensive finale comporte deux phases : réduction du centre de résistance installé par les Allemands sur les djebels à la jonction des dorsales et à l'issue, encerclement des forces de l'Axe entre le Zaghouan et la mer. Le 3ᵉ REI marche en direction de Bir-Halima, le 1ᵉʳ REIM vers Pont-du-Fahs. Le 25 avril, jour de Pâques, le 1ᵉʳ REIM attaque en direction de l'est. La section antichar du lieutenant Hallo doit emprunter un chemin carrossable à l'écart de l'axe de marche du bataillon Clément. La piste est minée et deux jeeps sont détruites avant d'arriver sur l'objectif, un carrefour lui aussi miné et piégé. Vers midi, le bataillon atteint enfin l'oued Kébir. Le colonel Dutailly écrit à ce propos :

« Les Allemands mènent une action retardatrice qui se fonde sur des combats d'infanterie, sur l'emploi de mines et de pièges et sur des tirs d'artillerie. Ces derniers sont particulièrement meurtriers car les Allemands tiennent les hauteurs et disposent de ce fait d'excellents observatoires.

Du 26 avril au 7 mai, les deux régiments repassent sur les lieux de leurs exploits : djebel Mansour, Pont-du-Fahs. Chargé de l'effort principal, le 3ᵉ REI lance un assaut décisif sur le djebel Zaghouan. Après un accrochage autour de la maison forestière de Loukanda le 3 mai, qui cause de lourdes pertes, il atteint Bir-Halima le 8 mai et le 9, s'empare de la ville de Zaghouan. Le 11 mai, alors que le mouvement de débordement du 1ᵉʳ REIM se développe et que le régiment atteint Sainte-Marie du Zit, le colonel Lambert reçoit la reddition de la division parachutiste Hermann Göring. Les légionnaires s'emparent de 10 000 Allemands et Italiens. En même temps, le 1ᵉʳ REIM a achevé sa manœuvre et attaque le djebel Kourrima, où il fait près de 3 000 prisonniers, dont 132 officiers. C'est le der-

At dawn on 18 January a powerful armoured thrust reinforced by Tigers, hit Pont-du-Fahs. The legionnaires, pinned down by massive artillery and mortar fire, the individual positions lost contact with each other and an attempted counter-attack with Valentine tanks, failed to break the encirclement. At ther end of the afternoon, a new attack submerged the 2/3rd and several officers were either killed or taken prisoner and in the evening only a few legionnaires managed to struggle back to the crossroads at Hamrah, all that was left of the battalion. A German officer said to Major Boissier who had been taken prisoner : "if you had a sword I would leave it with you. Your resistance was magnificent".

By then the situation was grave, even desperate, and the headquarters of the 3rd REI was threatened with being outflanked. Hoped-for support for a counter-attack by British armour failed to materialise and the neighbouring Moroccan regiment was hacked up by the panzers as they closed the jaws of their pincer movement on 19 January. It was only several days later that those who had become isolated were able to make their way back to the Siliana area.

Even though the losses were considerable, the German assault had run out of steam, and for its part in the action the 3rd REIM was cited in army orders for the tenth time. Further south, however, it was a different story where a German armoured battle group attacked and at the crossroads known as the Mausoleum where they encountered the armoured car squadron commanded by Lieutenant Nedde. His vehicles in fact were 1921 vintage White scout cars which in 1941 had been secretly mounted on old Chevrolet bus chassis. Poorly armed and with little in the way of

Officiers de la 4ᵉ DBLE intégrés au 1ᵉʳ REIM avant l'offensive générale sur le djebel Zaghouan le 26 avril 1943.

Officers of the 4th DBLE, integrated in the 1st REIM before the general offensive on the djebel Zaghouan on 26 April 1943.

(Coll. General Hallo.)

Tunisie, printemps 1943. Véhicule chenillé allemand utilisé par les légionnaires du 1/1ᵉʳ REI.

Tunis, spring 1943. A German tracked vehicle in use by legionnaires of the 1/1 REI.

1

2

nier combat avant la reddition, le 13 mai 1943, du général von Arnim et du général italien Messe. Plus de 250 000 hommes des forces de l'Axe sont faits prisonniers ; un désastre comparable en importance à la bataille de Stalingrad. »

De son côté, la 13ᵉ DBLE entre en Tunisie avec la 8ᵉ armée britannique après avoir traversé la Libye. Le 19 avril 1943, la demi-brigade reçoit son ordre de marche. En 11 jours, plus de 2 000 kilomètres vont être avalés par les unités qui font la course en tête vers la Tunisie. Dans la nuit du 6 au 7 mai, sous des trombes d'eau, la « 13 » monte en ligne sur la dorsale tunisienne. Les 11 et 12 mai, elle s'empare du djebel Garçi, l'un des derniers points de résistance de l'Axe en Tunisie. Cependant, 7 légionnaires trouvent la mort dans cette ultime bataille de la demi-brigade sur la terre africaine. Le 20 mai, les trois régiments de Légion engagés dans la phase finale de la campagne participent au défilé de la victoire à Tunis en compagnie des alliés anglo-saxons.

1. Prisonniers italiens et allemands après la défaite en Tunisie, mai 1943.
2. Eléments de la 13ᵉ DBLE à la fin de la campagne de Tunisie.

1. Italian and German prisoners after their defeat in Tunisia in May 1943.
2. Elements of the 13th DBLE at the end of the Tunisian campaign.

(Coll. Susan Travers.)

La Légion en Tunisie
1942 - 1943

Le 1/1er REI et les trois bataillons du 3e REIM engagés en Tunisie sont du type « armée d'armistice ». Riches en hommes et pauvres en matériel malgré les dissimulations qui pemettent de les rééquiper avec du matériel et de l'armement obsolètes, ils ne supportent pas la comparaison avec l'Afrika Korps, même diminué. Ce préalable vaut également pour le GA/1er REC.

Les bataillons comptent trois (1/1er REI) ou quatres compagnies de fusiliers-voltigeurs, mais ne disposent pas de compagnie d'accompagnement et par conséquence d'armes lourdes. Celles-ci sont placées aux ordres du régiment (3e REIM) ou du groupement dans le cas du 1/1er REI. La situation de ce dernier paraît néanmoins plus avantageuse car il constitue l'infanterie d'un groupement interarmes motorisé comprenant un groupe d'artillerie à trois batteries de canons de 75 mm, une batterie d'autocanons et une batterie de canons de 37 mm. En fait, le lieutenant-colonel Boucher du 1er Etranger qui commande ce groupement (dissous le 25 janvier 1943) ne disposera réellement que des canons de 37 mm inefficaces contre les Tiger ou les Panther.

Le groupe autonome du 1er REC commandé par le chef d'escadrons Royer comprend un escadron porté et un groupe d'automitrailleuses. Au total, il met en ligne 9 AM d'un modèle ancien armées d'un canon de 37. L'armement collectif du GA se compose de 2 mitrailleuses, 12 FM 24/29, 4 mortiers de 60 et un mortier de 81.

Formé à la fin de la campagne, le 1er REIM comprend principalement les 2 bataillons de la 4e DBLE plus le 1/1er REIM. La demi-brigade du Sénégal amène également une compagnie régimentaire et une compagnie de sapeurs pionniers. Réorganisé le 29 mars, le 3e Etranger reçoit le renfort d'un bataillon de type « armée d'armistice » du 1er Etranger et, du fait des pertes, ses trois bataillons n'en forment plus qu'un seul à 4 compagnies FV et une compagnie de commandement de bataillon. On trouve en outre une compagnie régimentaire.

Adaptée aux moyens dont dispose la Légion et à la réalité d'une campagne difficile, cette organisation est appelée à disparaître lors de la réorganisation et du réarmement avec des matériels américains en 1943.

Le général Giraud assiste au défilé de la victoire à Tunis le 20 mai 1943.

General Giraud at the victory parade in Tunis on 20 May 1943.

Mitrailleuses de défense antiaérienne.

Machine-guns for anti-aircraft protection.

armour, they hurled themselves at a column of 17 German attacks without a hope of success, but gained a breathing space sufficient to allow a counter-attack on 21 January by an American armoured combat command. But in the meanwhile the situation of the 1/3rd REI and the independant group if the 1st REC on the Karachoum had become desperate, threatened with being surrounded by an enemy mountain division, and a withdrawal began towards the hilltops controlled by the Algerian Division. The legionnaires attempted to break out of the trap towards the south and managed for a while, but the jaws of the trap closed again on the stragglers as one of the companies, short of ammunition, sacrificed itself to save the rest. When the survivors reached the French lines the 1/3rd was reduced to 220 men out of a total of 700 four days earlier.

The units engaged in these desperate skirmishes were sent to the rear for rest and recuperation to prepare them for the fighting to come and as an example, the 3rd REI had been reduced to six companies. The respite however, was of short duration, and on 31 January the Germans attacked in the direction of Tebessa with the objective of breaking into the Allies' rear areas. During their earlier attack they had captured the Djebel Mansour but a British airborne battalion succeeded in recapturing this magnificent observation point before being relieved by the 1/1st REI but only a single company could be spared to hold the summit.

The general offensive

The German attack having been stopped in front of Tebessa, the Allied high command decided that it was time to finish off von Armin. Three regiments of the Legion were to take part in the offensive attached to three different divisions. The aim was to press the remaining Italo-German forces between the mountains and the sea . Reorganised into two battalions of four companies each, the 3rd REIM set off on 30 March on the southern flank of Patton's II US Corps which was advancing on Maknassy and the reformed 1st REIM was also engaged in the foothills of the Djebel Mansour range.

The attack was planned in two phases : the reduction of the enemy strongpoints on the mountain tops and then the surrounding of the enemy forces between Zaghouan and the sea. The enemy resisted strongly with delaying actions employing infantry, minefields and artillery bombardments direct from the commanding heights which they held. Between the end of March and early April the two regiments regained the scenes of their earlier exploits and the 3rd REIM launched the decisive attack on the Djebel Zaghouan, leading to the regiment receiving the surrender of the Hermann Goering parachute division on 11 May, a total of 10.000 German and Italian prisoners. The 1st REIM took several thousand more prisoners on the Djebel Kourrima, the last battle before the general surrender of all Axis forces in Tunis which took place on 13 May, a disaster comparable with Stalingrad.

For their part the 13th DBLE entered Tunisia with the British Eighth Army having crossed through Libya. They has set off on their epic march on 19 April and covered more than 2.000 kms in eleven days. During the night of 6/7 May they joined the line and climbed into the Tunisian mountains, capturing one of the last German strongpoints still resisting. On 20 May the three regiments of the Legion took part in the victory parade in Tunis together with their allies.

The Legion in Tunisia 1942-1943

The 1/1st REI and the three battalions of the 3rd REI engaged in Tunisia were all of the Army of the Armistice type, rich in manpower but poor in terms of equipment in spite of tricks employed to circumvent the restrictions imposed by the enemy. Certainly no match for the Afrike Korps, even though diminished in strength. The same factors also would apply to the independant group of the 1st REC.

The battalions amounted to either three or four rifle companies but did not have a heavy weapons company owing to the lack of said weapons, and those that were available were at the disposal of the regimental staffs.

The independant group of the 1st REC consisted of a motorised infantry squadron and one of armoured cars. It could put into the line Nine of the latter, ancient models armed with 37 mm guns. The collective armament of the unit amounted to two machine-guns, four 24/29 automatic rifles, four 60mm mortars and one of 81 mm.

Formed at the end of the campaign, the 1st REIM consisted of two battalions of the 4th DBLE plus the 1/1st REIM. The Senegal demi-brigade also brought with it a headquarters company and a company of sapper-pioneers. Reorganised on 29 March, the 3rd REI received an Army of the Armistice type battalion from the 1st Regiment, but because of losses its three battalions could only be formed into one of four rifle companies, a headquarters company and a supply company.

Adapted to fit the means at the disposal of the Legion and the realities of a difficult campaign, this organisational scheme was to disappear during the re-equipping with American material during 1943.

FRANCE D'ABORD

Depuis plus d'un an, dans la préparation au combat, comme au combat lui-même, votre régiment – véritable unité d'élite – a su donner la mesure de ses qualités et de sa valeur. L'expérience de la guerre n'a pas déçu les espoirs que je mettais en lui lorsque j'assistais à ses manœuvres dans les plaines de Lalla-Marnia et d'Oudja.

Général de Lattre de Tassigny
(extrait d'une lettre au colonel Miquel, commandant le 1er REC)

Tout au long de la campagne, les combattants français de Tunisie ont donné l'exemple d'une troupe remarquable et parfaitement commandée. Pourtant, si les Britanniques font maintenant confiance aux légionnaires de la 13e DBLE, oubliant un peu vite le désastre de Kasserine, les Américains hésitent encore à équiper cette merveilleuse armée d'Afrique dont ils n'ont cependant pas l'équivalent dans leur maigre tradition militaire. Les dissensions entre de Gaulle et Giraud ne sont pas faites pour arranger les choses. Finalement, le pragmatisme de Churchill prévaut sur le sectarisme d'un Roosevelt déclinant : les divisions seront équipées à l'américaine, mais soumises à de nombreux contrôles.

Nous sommes de la Légion

Trois régiments de Légion vont être les bénéficiaires des accords d'Anfa : la 13e DBLE qui abandonne son habit anglais pour le *field jacket* du GI, le 1er REC qui se sépare définitivement de ses chevaux au profit des blindés, et le dernier-né des régiments, à vrai dire une renaissance, puisque le 3e REI redevient, le 1er juillet 1943 à Sidi Bel Abbès, le Régiment de marche de la Légion étrangère.

La première, la 13e DBLE est rééquipée à l'américaine. Les Français libres sont regroupés en Tripolitaine, puis répartis dans les camps d'AFN pour se familiariser et s'entraîner avec le nouveau matériel américain qui désormais va les équiper. Intégrant des éléments des 1er et 3e Etrangers, la 13e DBLE reçoit également son premier renfort de Sidi Bel Abbès depuis le début de la guerre et retrouve le giron traditionnel de la Légion. Elle présente alors la structure suivante : un bataillon de commandement et d'appui et deux bataillons de fusiliers voltigeurs. Pendant quelques semaines, sous les ordres du chef de bataillon Bablon, les légionnaires s'adaptent à cette situation d'abondance totalement inconnue par le passé, mais suprême coquetterie britannique, ils conservent leur béret kaki. Organisée sur la base de trois bataillons commandés par de jeunes « anciens » de la première heure : Arnault, de Sairigné, Morel, la « 13 » débarque en Italie à la fin du mois d'avril 1944. Le 12 mai, le régiment monte en ligne. La bataille du Garigliano vient de commencer ; les légionnaires sont placés en appui-feux de l'offensive du général Juin. Malgré de grandes difficultés et des pertes sévères, la percée est un succès. Sous les ordres du général Diego Brosset, la Division d'infanterie motorisée qui regroupe les unités FFL, dont la 13e DBLE, pousse vers le nord, le long du Liri. Le 18, la demi-brigade subit un terrible bombardement qui lui occasionne des pertes importantes : plus de 100 tués et blessés en

Rééquipement de la 13e DBLE (1943).

Re-equipment of the 13th DBLE, 1943.

Le lieutenant-colonel Brunet de Sairigné, futur chef de corps de la 13e DBLE, compagnon de la Libération, tué en 1948 à la tête de son unité en Indochine.

Lt.Col. Brunet de Sairigné, future commanding officer of the 13th DBLE, Companion of the Liberation (a high French honour). Killed at the head of his unit in Indo-China in 1948.

Italie 1944 - Légionnaires de la 13ᵉ DBLE prennent un instant de repos.

Italy 1944. Legionnaires of the 13th DBLE taking a break.

La 13ᵉ DBLE sera la seule unité de Légion engagée dans la campagne d'Italie. A Rome, le général de Gaulle passe en revue un détachement de la demi-brigade.

Le drapeau de la 13ᵉ DBLE à Sienne, 1944.

The 13th DBLE was the sole unit of the Legion engaged in the Italian campaign. Gen. de Gaulle inspecting a detachment of the demi-brigade in Rome.

The flag of the 13th DBLE at Sienna.

quelques heures. Malgré cela, le nettoyage de la vallée du Liri se poursuit. Le 21 mai, les légionnaires attaquent les positions allemandes du Monte Leucio à hauteur de Ponte Corvo et repoussent une violente contre-attaque allemande qui éclaircit encore un peu plus les rangs de la 13ᵉ DBLE. Après les combats de Monte-Avelino, les Allemands se replient sur la ligne « Hitler » qui est enfoncée à son tour le 22 mai. La résistance allemande faiblit progressivement sans toutefois s'effondrer et, après trois semaines de combats qui ont coûté plus de 200 tués et blessés à la demi-brigade, le 25, la 13ᵉ DBLE demeure à Rome le temps d'un défilé de la victoire et de monter, lors d'un demi-repos, quelques services d'apparat. Le 15 juin, elle est en ligne au contact des troupes de Kesselring qui a réorganisé son dispositif. La déception de ne pas avoir participé au débarquement de Normandie est tempérée par la victoire de Radicofani et la prise de Sienne le 3 juillet 1944. Mais pour les légionnaires de la 13ᵉ DBLE, il va bientôt être l'heure de boucler le périple entamé voici bientôt cinq ans. Peu après le fait d'armes de Radicofani, la 13ᵉ DBLE est regroupée à Naples en vue d'opérations ultérieures. La campagne d'Italie lui a coûté 3 officiers, 103 sous-officiers et légionnaires tués, et 14 officiers et 346 sous-officiers et légionnaires blessés. Ces pertes sont compensées par l'arrivée de renforts en provenance de Sidi-Bel-Abbès. La 13ᵉ DBLE bénéficie d'une période de deux mois de remise en condition et d'entraînement avant d'embarquer le 13 août à Tarente pour une destination qui ne sera dévoilée qu'en haute mer. La France revient cependant dans toutes les discussions qui enflamment les hommes.

Après sa glorieuse campagne de Tunisie, le GA/1ᵉʳ REC est revenu au Maroc étreint d'une sourde angoisse : escadrons éprouvés, matériel périmé, que va devenir le 1ᵉʳ REC ? Le chef d'escadrons Royer et ses hommes ont bien œuvré pour la pérennité du régiment. Il devient l'unité de reconnaissance de la 5ᵉ division blindée, alors en formation en Afrique du Nord. Il revient au colonel Levavasseur de transformer le régiment et de le faire entrer de plein pied dans cette guerre du xxᵉ siècle. Et, tandis qu'une dure période de recyclage débute, le matériel américain commence à affluer au quartier Bournazel de Fez. Pour ce qui est des véhicules et des blindés, il faut aller en chercher une partie à Alger, et le reste à Casablanca. Cela constitue une première expérience de conduite. Le 1ᵉʳ REC est reconstitué à six escadrons, dont quatre d'automitrailleuses *Ford M 20* et un de chars légers. Le colonel Miquel en prend le commandement le 15 septembre 1943. Très vite les légionnaires se familiarisent avec leurs engins. Puis vient une longue période d'instruction et d'entraînement ; fastidieuse certes, mais que tous acceptent dans l'espoir d'une reprise prochaine du combat. Quand en décembre 1943, la division gagne la côte oranaise pour effectuer une série d'exercices d'embarquement et d'assauts amphibies, le 1ᵉʳ REC donne déjà la mesure de sa fougue. Rude époque, un mois de pluie sans discontinuer, des conditions épouvantables qui ne sapent en aucun cas le moral des légionnaires, *« puisque ce sont celles qu'ils comptent trouver à Berlin ! »* Pendant des mois et des mois, patrouilles, pelotons, détachements, escadrons, sillonnent du lever au coucher du soleil routes et pistes d'Oranie, s'adaptant aux nouveaux concepts tactiques de la reconnaissance et de l'éclairage dans le combat moderne, résolvant les difficultés techniques les plus inattendues et favorisant la cohésion et l'aptitude opérationnelle par la formation individuelle, l'instruction aux échelons subalternes et la manœuvre de niveau régimentaire ou divisionnaire. *« Ce faisant,* se souvient un ancien de cette époque, *on retrouve souvent le RMLE, on manœuvre avec lui, on prend contact avec les chasseurs, les cuirassiers, les artilleurs ou les sapeurs de la division. Ces sapeurs qui seront si utiles pour déblayer les routes, franchir les coupures ou relever les mines qui nous immobiliseraient à la merci de l'adversaire. »*

C'est aussi le temps d'une rencontre et d'un destin : ceux du 1ᵉʳ REC et de la Comtesse du Luart lors d'une présentation nocturne du régiment dans la forêt de la Mamora. Une indéfectible fidélité les

Throughout the campaign, the French fighting in Tunis set an example of an excellent and well led force. The British had learned that they could trust the 13th DBLE, but the Americans still hesitated to equip the Army of Africa, a situation that was hardly helped by the dissention between de Gaulle and Giraud. Finally Churchill's pragmatism prevailed and the units were kitted out in American style although they had to submit to numerous restrictions.

We are the Legion

Three regiments were due to benefit from the Anfa agreements : the 13th DBLE which was to abandon its battledress in favour of the olive drab of the GI, the 1st REC which was to exchange its horses for tanks, and the newest of the regiments, the 3rd REI which on 1 July 1943 at Sidi bel Abbes became the Legion's motorised infantry regiment.

The Free French (the 13th) were regrouped in Tripolitania and then sent to camps in French North Africa to be refitted and retrained with their new kit, receiving in the process their first replacements from the Legion depot since the outbreak of war, and being welcomed back into the bosom of the "family". The 13th emerged with the following structure : a headquarters and support battalion plus two motorised rifle battalions and for several weeks they had to get used to the superabundance totally unknown in the past. They did, however, retain their British style khaki berets. The three battalions were all commanded by young "veterans" of 1940, landed in Italy at the end of April 1944 and on 12 May went into the line where the battle of Garigliano was about to start. The offensive proved to be successful in spite of heavy losses and then the Free French pushed northwards along the valley of the Liri where they again took casualties during a heavy bombardment. After further fighting the Germans retreated into the "Hitler" Line and at the end of May the road to Rome was open, falling to the Allies on 5 June. The 13th enjoyed a victory parade and some time for rest, before being back in action again on 15 June. The disappointment of not having participated in the Normandy landings was tempered somewhat by the victory of Radiconfani and the capture of Sienna. Shortly after that, however, the 13th DBLE was pulled back to Naples to be refitted for operations elsewhere. Their losses in Italy were made good by drafts from the depot, and after two months of rest they embarked at Taranto on 13 August for an undisclosed destination.

Le colonel Miquel commandant le 1ᵉʳ REC.
Colonel Miquel, commander of the 1st REC.

La 13ᵉ DBLE à Radicofani

Le 16 juin, la 13ᵉ DBLE reçoit l'ordre de forcer le passage de Podere del Rigo et de pousser en direction de Radicofani. Dès le lendemain, 1ᵉʳ bataillon en tête, les légionnaires livrent de durs combats à Madonna dalle Vigne, à Poggio Leano et à Torre Colle, autant de villages transformés en points d'appui qui ralentissent d'autant la progression des unités en leur infligeant des pertes disproportionnées à l'objectif. Les bases d'attaque étant enfin nettoyées, la 13ᵉ DBLE se prépare à investir les défenses de Radicofani, éloignée de deux kilomètres.

La petite ville constitue le verrou de la Toscane. Le bourg et le château-fort sont bâtis sur un piton de 1 200 mètres qui domine l'ensemble d'une ligne de défense fortement tenue par des unités expérimentées en provenance du front russe. Le terrain est escarpé, entrecoupé de ravins profonds, parfois même infranchissables par les fantassins. Les pionniers allemands ont complété ces défenses naturelles par des abattis, des champs de mines, des réseaux barbelés piégés, des fosses. Ils ont également organisé des points d'appui autour du centre de résistance principal constitué par la « Maison aux Arcades », une splendide demeure historique ayant appartenu aux Médicis. Construit sous la Renaissance, ce pavillon de chasse possède des murs et des caves voûtées aussi épais et aussi solides que les casemates de la *ligne Hitler*. La « Maison aux Arcades » est défendue par un effectif important disposant de canons de 75 mm PAK, de 4 mitrailleuses de 20 mm et de 8 mitrailleuses MG 42. En outre, trois chars *Panther* interdisent l'accès à la villa par la route.

Le 18 juin, à l'heure de l'attaque, les *tank destroyers* du peloton d'accompagnement s'emploient à détruire les chars allemands. L'un d'eux saute sous les coups de 76 bien ajustés, l'autre est neutralisé et le dernier s'enfuit, laissant le champ libre au 1ᵉʳ bataillon du commandant de Sairigné. Profitant de la préparation qui s'abat sur le bourg et aveugle le donjon de la « Maison des Arcades », le sous-lieutenant Poirel de la 3e compagnie s'introduit avec un légionnaire dans la bâtisse sans être décelé par l'ennemi. Cinq légionnaires les rejoignent et le groupe entreprend de nettoyer la maison pièce par pièce. Mais les Allemands se sont ressaisis et tentent de reprendre le contrôle des lieux. Le commando refoule la garnison à coup de grenades. A la fin de ce bref combat, les 7 légionnaires dénombrent 70 prisonniers dont 3 officiers.

Aux alentours, toutes les compagnies du 1ᵉʳ bataillon sont engagées et livrent de durs combats pour réduire les résistances ennemies. Le donjon est escaladé et nettoyé, le bourg entièrement conquis ; les snipers dissimulés dans les maisons sont neutralisés. Le bataillon allemand bat en retraite en laissant sur place tout son matériel et l'armement lourd. A 18 heures cependant, l'ennemi lance une furieuse contre-attaque pour reconquérir les positions perdues. Mais les légionnaires veillent et brisent cette ultime tentative allemande. L'action d'éclat du 1ᵉʳ bataillon, la dernière des légionnaires en Italie, est récompensée par une citation à l'ordre le l'armée signée du général Juin :

« Bataillon qui incarne les traditions de la Légion étrangère.

Après s'être illustré en Norvège, en Libye, en Tunisie, vient à nouveau, sous le commandement du chef de bataillon de Sairigné, de montrer son audace, son mordant, son habileté manœuvrière en enlevant la très forte position de Radicofani le 18 juin 1944. Tandis que son premier échelon, entraîné par le capitaine de La Hautière en un violent corps à corps dans les pièces et caves, s'emparait du château de Radicofani, réduit de la défense d'un bataillon ennemi, les autres éléments du bataillon, sous un feu violent, nettoyaient les retranchements du bourg et de ses abords, et repoussaient une vigoureuse contre-attaque appuyée de chars, faisant deux officiers et quatre-vingt-dix Allemands prisonniers. »

1. L'étendard du 1ᵉʳ REC en 1943.

2. Après la restructuration des régiments de Légion et leur rééquipement avec du matériel américain, exercice amphibie en Algérie.

1. The flad of the 1st REC in 1943.

2. An amphibious exercise in Algeria, after the restructuring of the Legion regiments and their re-equipment with American material.

1

2

unira, au-delà même du décès de la Comtesse survenu au mois de février 1985.

Sous le commandement du colonel Miquel, l'entraînement se poursuit, rigoureux... et sans espoir, car les nouvelles des opérations parviennent chaque

La marraine du 1ᵉʳ REC

La vie de la Comtesse du Luart commence comme un roman de Pasternak. En 1917, alors que la Révolution d'Octobre fait rage, une jeune Circassienne de 19 ans soigne des grands blessés dans un hôpital russe blanc du Caucase ; parmi eux, un jeune officier de la garde impériale qu'elle épouse. Puis la fuite éperdue à travers l'immensité des steppes sibériennes jusqu'en Chine où meurt son mari et naît son fils Nicolas. En 1934, en France où elle s'est réfugiée, elle épouse le Comte du Luart, de vieille noblesse sarthoise. 1940 la retrouve au front animée d'une ardeur comparable à celle qui était la sienne dans le Caucase. Cette fois encore elle joue un rôle primordial au sein d'une formation chirurgicale mobile. Après la fin des combats et le repli sur la zone libre, on la retrouve aux confins sahariens sur les chantiers de la voie ferrée Méditerranée - Niger où une épidémie s'est déclarée. Elle se dévoue sans compter, n'hésitant pas à payer de sa personne au risque d'être elle-même contaminée. Ce dévouement, cette abnégation, sera l'un des traits dominants de son caractère au demeurant rigoureux et sans faiblesse.

Enfin vient ce jour de 1943 qui lui fait découvrir le 1ᵉʳ REC :

« Cela commence par un coup de foudre dans la nuit de Noël 1943, écrit le général de Galbert, gouverneur des Invalides, dans son homélie funèbre. *Vous êtes invitée au Maroc, en forêt de la Mamora. Soudain les projecteurs s'allument, le Royal Etranger sort de l'ombre, rassemblé devant ses blindés, prêt au combat. Vous êtes conquise, vous acceptez d'être sa marraine. Ce sera pour toujours. »*

jour meilleures ! A l'excitation que suscite la découverte des nouveaux matériels succède la routine des exercices, puis la lassitude gagne les caractères les mieux trempés : le débarquement de Normandie, l'Italie où la « 13 » se distingue...

« On est au point et cependant personne ne parle encore de départ... Arriverons-nous à temps ? Tel est le leitmotiv, l'idée fixe de tous les esprits. Les chefs de tous les échelons sont aussi inquiets que la troupe. Sur les rivages, les légionnaires guettent l'apparition du convoi qui les transportera au baroud de l'autre côté. » L'heure tant attendue arrive enfin en septembre, sur les côtes de Provence.

La démarche du RMLE formé par le 1ᵉʳ REIM et des éléments des 2ᵉ et 3ᵉ REI est sensiblement identique. Le colonel Tritschler en prend le commandement au mois d'octobre 1945. Il connaît la Légion où il a servi par deux fois, au 4ᵉ Etranger, au Levant en 1921 et au 1ᵉʳ Etranger en 1938. Il lui reviendra de former le régiment, l'entraîner et le conduire à ses premières armes. Héritier du légendaire régiment du colonel Rollet, le RMLE de 1943 est composé d'éléments provenant de tous les autres régiments, vétérans de la campagne de France et de Syrie, de Narvik et du Pont-du-Fahs, du Sénégal et du djebel Zaghouan, et leur doit une

The 13th DBLE at Radicofani

On 16 June, the demi-brigade forced a crossing of the Podere del Rigo and advanced towards Radicofani, clearing a number of strongly defended villages on their way to establish the base for their attack. The small town barred the way into Tuscany consisted of a castle and mediaeval town built on a hill 1,200 metres high which dominated the surrounding country, forming a strongpoint held by Germans from the eastern front. The approaches were steep, separated by deep ravines impossible for the infantry to cross. The Germans had improved these natural defences by piling up brushwood, laying mines, stringing booby-trapped barbed wire and digging ditches. They had also installed strongpoints around their central defensive position in the so-called "House of Arcades", which had once belonged to the Medicis. Built during the renaissance as a hunting lodge, it was constructed on vaulted cellars and thick walls as strong as a bunker. The place was defended by 75mm anti-tank guns and several machine-guns, and in addition, three Panther tanks interdicted the road approach to the township.

On the day of the attack, 18 June, tank destroyers were brought up to eliminate the enemy tanks, destroying one, disabling another while the third fled the scene, leaving the 1st Battalion free to advance. Profiting by a preliminary bombardment on the town, a junior officer and a legionnaire managed to infiltrate the House of Arcades, followed by five soldiers, and they proceeded to clear the building room by room. The Germans attempted to regain control, but the legionnaires threw them back with a hail of grenades. At the end of the brief scrap, the seven legionnaires counted 70 prisoners including three officers.

Elsewhere the rest of the battalion were engaged in serious fighting to reduce the defences. The keep of the castle was scaled and cleared of enemy, the township entirely conquered and the snipers hidden in the houses neutralised. The german battalion beat a retreat leaving behind their equipment and heavy weapons. During the evening, however, the Germans launched a heavy counter-attack to recoup their losses, but the legionnaires managed to hang on to their prize, for which they were cited in Army orders.

"A battalion incarnating the traditions of the Foreign Legion.

Having already distinguished themselves in Norway, Libya and Tunisia, they have once again, under the command of Major Sairigné, given signal proof of their daring and their ability to move during their capture of the strong position of Radicofani on 18 June 1944. While the first wave commanded by Captain La Hautière took the castle after violent hand to hand combat with an enemy batallion, the remaining elements of the unit cleared the trenches in the town and repelled an enemy counter-attack backed up by tanks, taking in the process two officers and 90 other ranks prisoner."

Chaînes de montage du matériel américain destiné aux unités de Légion.

Chains for assembling American equipment destined for units of the Legion.

Sidi-Bel-Abbès, 30 avril 1944. Après la commémoration de Camerone, le 1ᵉʳ REC et le RMLE défilent dans les rues de la ville en liesse.

Sidi bel Abbes 30 April 1944. After the commemoration of "Camerone" day, the 1st REC and the RMLE march merrily through the streets of the town.

120

gloire toute fraîche : deux palmes gagnées en Tunisie. Résultat d'une sélection sévère, celui que l'on ne tardera pas à appeler « la grande équipe » témoigne d'une qualité guerrière certaine. Mais pour les légionnaires, tout est à apprendre ; jamais ils n'ont vu une telle profusion de matériel dont chaque catégorie répond à des critères d'emploi bien précis. Les *liberty ships* ne cessent de déverser leurs cargaisons à Casablanca ou à Alger. Sur des chaînes de montage installées à proximité des ports, les unités doivent monter elles-mêmes les blindés ou les véhicules qui leur sont destinés. Dans cet exercice, les légionnaires feront merveille... et parfois plus !

« Affecté à une division blindée (5ᵉ DB), le Régiment de marche doit apprendre une technique toute nouvelle. Du jour au lendemain, il faut qu'il s'adapte aux nécessités modernes de l'infanterie blindée. Après des séjours de quelques semaines en montagne destinés à développer la résistance physique et à créer la cohésion des unités, les bataillons, progressivement équipés de matériel neuf, entreprennent leur instruction technique. Il faut des conducteurs, des mécaniciens, des radios, des artilleurs. Ils sont désignés d'office ! De l'orge à l'essence, les muletiers deviennent conducteurs, abandonnent leurs brèles pour des engins amphibies ; des officiers effectuent à Port-aux-Poules un stage de débarquement. Seuls quelques légionnaires des compagnies automobiles de Tabelbala et de Foum-El-Hassan peuvent se prévaloir de connaissances techniques ; pourtant, lorsque les équipes de montage s'installent aux chaînes de Casablanca, les légionnaires surprennent leurs moniteurs américains par leur rapidité d'adaptation, leur goût du travail bien fait, leur intelligence d'un matériel nouveau dont la possibilité les exalte. »

Au début du mois de mars 1944, les deux régiments sont examinés par la commission de contrôle américaine présidée par le général Kingman qui leur délivre sans coup férir leur brevet d'aptitude opérationnelle selon les critères américains. Fantassins et cavaliers de la Légion confirment cette opinion au cours de manœuvres à Lalla-Marnia et Bedeau en présence de leur futur commandant en chef, le général de Lattre de Tassigny, encore plus exigeant sur la qualité de ses soldats et de ses unités.

Le 30 avril 1944 est marqué à Sidi-Bel-Abbès par une somptueuse prise d'armes. Entièrement restructurés, le 1ᵉʳ REC et le RMLE défilent devant monsieur Diethelm, ministre de la Guerre, et le général de Lattre de Tassigny. L'armée de la revanche est en marche.

Enfin, comment oublier une autre victoire de légionnaires, plus anonyme, plus discrète, fondue dans la gloire du Bataillon de Choc, l'élite de l'élite : la neutralisation de la batterie d'Enfola, prélude au débarquement sur l'île d'Elbe ? Le 17 juin 1944, trois vedettes américaines mettent à terre sous les falaises d'Enfola le détachement n° 7 du lieutenant Jacobsen qui comprend notamment la section Saunier composée de tous les légionnaires du Bataillon de Choc. Surpris dans leur approche, les légionnaires du sous-lieutenant Saunier et les « chocs » du sous-lieutenant Libersa réussissent néanmoins, au prix d'un assaut violent, à tenir la presqu'île pendant que les équipes de destruction enclouent les canons. Trois pièces de 152, deux de 88 et deux de 20 sont détruites ; un quatrième tube de 152 est neutralisé. Des officiers et de nombreux servants sont tués ou hors de combat. Le prix payé est élevé : 2 tués, un blessé, 20 disparus, mais la 9e DIC peut débarquer sans crainte d'une concentration d'artillerie qui transformerait la plage en enfer.

After the campaign in Tunisia the independant group of the 1st REC was returned to Morocco, anxious about its future considering the tiredness of the men and the state of their equipment. There they were informed that the unit was to become the reconnaissance arm of the 5th Armoured Division, in process of being formed, and thus had to be made ready for 20th century warfare as American equipment began to pour into their headquarters at Fez. Some of the vehicles had to be fetched from afar, so the men had to be taught to drive first! The 1st REC was reorganised on the basis of six squadrons, four of which were equipped with Ford M20 armoured personnel carriers and one with light tanks. There then followed a lengthy period of training followed by amphibious landing exercises on the coast near Oran, all designed to teach the men to understand modern techniques of reconnaissance in mechanised warfare as well as learning to work with other units of the armoured division.

Under the command of Colonel Miquel there was rigorous training for the new REIM which was formed from detachments from various regiments. The excitement caused by the new equipment soon gave way to a feeling of staleness. The news from Normandy and of the successes of the 13th In Italy provoke the worry they were not going to get there on time, but then the legionnaires saw the convoy of ships at anchor off the coast and their arrived at last in September when they set sail for Provence.

The new regiment included many veterans of earlier campaigns and they were all sent off into the mountains for a few weeks to toughen them up. They then had to train radio operators, driver and mechanics to cope with their new role. Muletiers became drivers and teams had to learn how to assemble the vehicles pouring from the Liberty ships at Casablanca.

At the beginning of March 1944 the unit passed its combat fitness test after an examination by American officers, and conducted final manœuvres watched by General de Lattre de Tassigny, their future C-in-C. On 30 April there was a magnificent parade at Sidi bel Abbes where the 1st REC and the RMLE marched past the Minister of War and numerous generals. The army of revenge was ready for action.

One must not forget another Legion victory, won by the Commando Battalion in a discrete and anonymous way - the neutralisation of the enemy battery at Enfola as a prelude to a landing on Elba. On 17 June 1944, three American vessels landed the commandos at the base of the cliffe at Enfola. Although the garrison was alerted during their approach, the legionnaires succeeded in holding the peninsular after a vicious struggle, while the engineer detachments destroyed the guns, clearing the way for the main landings on the island.

The "Godmother" of the 1st REC

The life of the Countess du Luart reads like that of a character in a novel by Pasternak. In 1917 while the October Revolution was raging, a young Circassian aged 19, was tending the wounded in a White Russian hospital in the Caucasus, one of whom was a young officer in the Imperial Guard who she married. Then came a desperate flight across the immensity of the Russian steppes as far as China, where her husband died and her son Nicolas was born. In France where she had taken refuge, she married in 1934, the Count du Luart from an ancient noble family of the Sarthe region. In 1940 she was back at the front with the same ardour as when in the Caucasus, but this time she was serving in a mobile surgical unit. When the fighting ended she retired to the Unoccupied Zone and later made her way to the edges of the Sahara on the construction sites for the railway from the Mediterranean to the Niger, where an epidemic was raging. There she devoted herself to the sick without hesitation, ignoring the risk of infection . That sense of deviotion and humility dominated her character always rigorous and without weakness.

Finally there came the day when she discovered the 1st REC :

General de Galbery, Governor of the Invalides, in his funeral oration, said, "It was love at first sight on Christmas Eve 1943, when you had been invited to the Forest of Mamora in Morocco. Suddenly the floodlights came on and the regiment emerged from the darkness, assembled in front of their tanks, battle ready. You were bowled over and agreed to be their Godmother. That was to be for always."

1943-1944.- Les half-tracks du RMLE frappés de l'écusson de la 5ᵉ DB : « France d'abord ».

1943-44. 13th DMLE half-tracks bearing the insignia of the 5th Armoured Division "France First".

1943-1944. Des *Sherman* de la 5ᵉ DB.

1943-44 - Sherman tanks of the 5th Armoured Div.

Septembre 1944. Le colonel Miquel (au centre, cravate noire) avec son état-major du 1ᵉʳ REC.

September 1944. Colonel Miquel in the centre with the black tie, together with his staff (1st REC).

Le légionnaire de la victoire

Comme les légionnaires de la 13ᵉ DBLE en Tripolitaine, le RMLE nouvellement constitué et le 1ᵉʳ REC réorganisé découvrent à Casablanca et dans la forêt de la Mamona le somptueux paquetage américain. Mais ce n'est pas sans une certaine nostalgie qu'ils abandonnent leur vieille tenue d'Afrique pour les tenues américaines plus seyantes et plus modernes, les tenues de combat et les équipements adaptés à la guerre moderne. En 1943, la silhouette du légionnaire d'Afrique change radicalement ; une époque est révolue.

Uniforme, la tenue de sortie des légionnaires, cavaliers ou fantassins, comporte en hiver la vareuse et le pantalon de drap kaki, la chemise de lainage, une cravate kaki-brunet, des chaussures basses marron. Par temps froid, cette tenue est complétée d'un manteau de drap kaki dont la coupe ressemble beaucoup au modèle anglais. La vareuse, de coupe moderne, présente un col ouvert, des pattes d'épaule, des poches de poitrine et des basques fermées chacune par une patte à bouton. La chemise en lainage kaki présente une grande nouveauté aux yeux des légionnaires et bien sûr de la population d'Afrique du Nord qui trouve naturellement le moyen de s'en procurer : on peut la porter comme une veste. Boutonnée par 6 boutons cousus sur une bande de renforcement, elle offre deux poches de poitrine, mais ne comporte pas de pattes d'épaule. En été, la tenue se compose du pantalon de drap, de la chemise serrée par une cravate. Par la suite, un ensemble de toile kaki clair du modèle tropical américain comprenant une chemise et un pantalon long sera également distribué aux légionnaires. Ces tenues de sortie, selon la saison, constituent également la tenue de parade des légionnaires en y ajoutant la ceinture bleue, les brodequins et les guêtres, mais sans les épaulettes de tradition qui ne seront réintroduites qu'après la guerre à Sidi-Bel-Abbès. En tenue de parade d'hiver, les basques de la vareuse sont rentrées dans le pantalon et recouvertes à la taille par la ceinture bleue.

Cette tenue qui sera celle de toute la nouvelle armée française jusqu'à la reprise de la production nationale après la guerre, comporte néanmoins des signes distinctifs et des attributs qui désignent sans ambiguïtés le légionnaire. En premier lieu bien sûr, le képi blanc, les épaulettes, la ceinture bleue, les boutons de la Légion et les fourragères des régiments. Les galons, jusqu'au grade de sous-officier subalterne, se portent désormais en haut de la manche gauche, au-dessus de l'écusson d'arme qui prend la forme d'un losange. Sur la même manche, coiffant l'écusson d'arme, celui de la 5ᵉ DB avec la devise « France d'abord ». En 1945, on ajoutera l'inscription « Rhin et Danube ». Le RMLE porte sur la poche droite de sa tenue de sortie l'insigne régimentaire en aluminium. Frappé dès 1944 par la maison Augis, l'insigne de forme rectangulaire présente au centre un deuxième petit rectangle aux couleurs vert et rouge et à grenade couleur de fond gris surmonté de la devise « France d'abord » et en dessous « RMLE » souligné de deux traits. Le 1ᵉʳ REC possédait, déjà bien avant la guerre, l'insigne qu'on lui connaît actuellement, mais légèrement plus rond. Enfin, au repos, et pratiquement jusqu'à la guerre d'Algérie et l'introduction du béret vert en tenue de campagne, le légionnaire coiffe un bonnet de police dont la coupe rappelle le calot américain. Le calot de la Légion est vert, à fond rouge pour le RMLE, à fond bleu foncé pour le 1ᵉʳ REC. La cravate verte qui apparaît en France provient des magasins des chantiers de jeunesse, mais il faudra attendre 1947 pour voir cet effet d'habillement réglementé en vert pour toute la Légion.

Au combat, la tenue, fonctionnelle et confortable, se compose du pantalon de drap, de la chemise de lainage, col ouvert et du blouson *field jacket* modèle 1941. Confectionné en popeline imperméabilisée de couleur kaki vert-beige, ce blouson descend en dessous de la taille et se ferme droit par une fermeture éclair métallique recouverte d'un rabat se boutonnant par cinq gros boutons plats. Il présente un col ouvert rabattu pouvant se relever autour du cou, des pattes d'épaule et, de chaque côté de la taille, une poche taillée en oblique. Par temps de pluie, le légionnaire se protège avec l'imperméable, ou *raincoat*, fabriqué en tissu caoutchouté kaki. Le manteau de drap est porté en période de grand froid, mais en Alsace, bien souvent, les légionnaires lui préféreront l'ample capote française beaucoup plus chaude. Enfin, lors du terrible hiver 1945, fantassins et cavaliers seront pourvus d'un grand survêtement blanc comportant une cagoule et descendant jusqu'aux pieds. Dans la plus part des cas, le casque US M1 remplace le casque français de 1939. De forme ronde très étudiée, il est formé de deux parties séparables : le casque lourd en acier et le casque léger en fibres agglomérées s'emboîtant à l'intérieur. Peint en kaki vert olive avec une peinture granitée anti-reflets, le casque de la 5ᵉ DB s'orne sur le côté droit de l'écusson « France d'abord ». Les chaussures sont les brodequins traditionnels surmontés de guêtres en toile forte kaki vert-beige montant à mi-mollet. Dans les Vosges, des *snow boots* seront distribués pour recouvrir les chaussures. En pratique, beaucoup d'hommes les chaussèrent directement en les garnissant de paille ou de foin, les cerclant de corde pour ne pas glisser. Grâce à cette méthode, il y eut peu d'évacuations pour pieds gelés.

Les équipements américains sont confectionnés dans de la toile très solide de couleur kaki vert-beige. L'équipement de base comprend principalement un ceinturon cartouchière modèle 1923 pour fusil *Garand*, un brelage croisé dans le dos et une gourde en aluminium dans un étui de toile. Selon le cas, un outil individuel et une baïonnette complètent l'ensemble. Un sac à dos en toile du modèle 1910 est également attribué à chaque légionnaire. L'armement est varié et adapté aux fonctions du combattant. Il comprend la carabine US ou le fusil semi-automatique *Garand*, la mitraillette *Thompson* ou le *Colt 45*.

La tenue de combat des tankistes du 1ᵉʳ REC diffère quelque peu de celle du fantassin. Si certains portent le *field jacket*, la plupart préfèrent la combinaison US en toile kaki modèle 1941. Formée d'une seule pièce avec un cordon de serrage à la taille, elle présente un col ouvert, deux petites poches de poitrine et deux grandes poches plaquées sur les cuisses. Le modèle en treillis vert de 1943, différent par certains détails, sera en dotation durant les derniers mois de la guerre. Bien que les cavaliers possèdent le casque US M1, le modèle en vigueur à l'intérieur de l'engin est le casque de char US M2 du modèle 1942. Fabriqué en fibres agglomérées et en cuir, il se décrit sous une forme arrondie avec couvre-nuque et deux rabats en cuir souple munis d'un dispositif permettant de loger les écouteurs radio. Sur la bombe s'ajustent des lunettes, le plus souvent du modèle motocycliste français de 1935. L'équipement de bord se limite au ceinturon de toile US muni de la pochette contenant deux chargeurs PA et de l'étui en cuir du *Colt 1911*.

Organigrammes du RMLE, du 1er REC et de la 13e DBLE

RÉGIMENT DE MARCHE DE LA LÉGION ÉTRANGERE
(14 novembre 1944)

Chef de corps : Colonel Tritschler
Commandant en second : Lieutenant-colonel Gaultier
Officiers adjoints : Chef de bataillon Laimay, Capitaine Kintzourichvili, Lieutenant Dumollard
Médecin-chef : Médecin-capitaine Gabas
Dentiste : Sous-lieutenant Peuch Lestrade
Pharmacien : Pharmacien auxiliaire Chabert
Aumônier : Abbé Bernard
Chef de musique : Lieutenant Candillier

Compagnie de commandement régimentaire

Commandant d'unité : Capitaine Liorzou

1er bataillon

Commandant le bataillon : Chef de bataillon Daigny
Capitaine adjudant-major : Capitaine Perin
Officier adjoint : Capitaine Georgeon
Officier transmissions : Sous-lieutenant Birraux
Médecin du bataillon : Médecin-lieutenant Betrom
Commandant la compagnie hors rang : Capitaine Zanchetta
Commandant la 1re compagnie : Capitaine Bertelin
Commandant la 2e compagnie : Capitaine Aguiard
Commandant la 3e compagnie : Capitaine Quelet
Commandant la CAB 1 : Capitaine Faure

2e bataillon

Commandant le bataillon : Chef de bataillon Charton
Capitaine adjudant-major : Capitaine de Chambost
Officier adjoint : Capitaine d'Hautefeuille
Officier transmissions : Lieutenant Ether
Médecin du bataillon : Médecin-capitaine Morel
Commandant la compagnie hors rang : Capitaine Carayon
Commandant la 5e compagnie : Capitaine Ducret
Commandant la 6e compagnie : Capitaine Simonnet
Commandant la 7e compagnie : Capitaine Grange
Commandant la CAB 2 : Capitaine Heliot

3e bataillon

Commandant le bataillon : Chef de bataillon Gombeaud
Capitaine adjudant-major : Capitaine Dubois
Officier adjoint : Capitaine de Chassey
Officier transmissions : Capitaine Wattiez
Médecin du bataillon : Médecin-lieutenant Loinger
Commandant la compagnie hors rang : Capitaine Goujon
Commandant la 9e compagnie : Capitaine de Raymond
Commandant la 10e compagnie : Capitaine Le Vert
Commandant la 11e compagnie : Lieutenant Lalo
Commandant la CAB 3 : Capitaine Demichon

1er RÉGIMENT ÉTRANGER DE CAVALERIE
(1er janvier 1945)

Chef de corps : Colonel Miquel
Commandant en second : Chef d'escadrons Lennuyeux

Etat-major

Chef des trains : Chef d'escadrons Royer
Commandant un sous-groupement : Chef d'escadrons Ribes
Officier de renseignement : Capitaine Portevin
Adjoint officier de renseignement : Lieutenant Dizo de Montagua
Officier transmissions : Capitaine Denardou
Adjoint officier transmissions : Sous-lieutenant Ansoborlo
Chef du service auto : Capitaine Lebret
Officier de liaison division : Lieutenant Collas
Interprète : Aspirant Veysière
A la disposition du colonel : Chef d'escadrons de Battisti - Capitaine Vatchadye - Lieutenant Barbey - Sous-lieutenant Hencotte

Escadron hors rang

Commandant d'unité : Lieutenant Dietsche
Officier des détails : Lieutenant Sueron
Officier approvisionnements : Lieutenant Frasse
Chef d'atelier régimentaire : Lieutenant Galland

Médecin-chef : Médecin-lieutenant Darbon

1er escadron

Commandant d'unité : Capitaine d'Agos
Officier en premier : Lieutenant Delannoy

2e escadron

Commandant d'unité : Capitaine Colonna-Renucci
Oficier en premier : Lieutenant de Monplanet

3ᵉ escadron

Commandant d'unité : Capitaine Boileau
Sans attribution : Capitaine de Saint-Sernin
Officier en premier : Lieutenant Olaciregui

4ᵉ escadron

Commandant d'unité : Capitaine Astoul
Sans attribution : Capitaine de La Chapelle

5ᵉ escadron

Commandant d'unité : Capitaine Vignon
Officier en premier : Lieutenant de Richemont

Régiment de reconnaissance de la 5ᵉ DB, le 1ᵉʳ REC est reconstitué à 6 escadrons, dont 4 équipés d'automi-trailleuses AM M8 et un de chars légers, le dernier constituant l'escadron régimentaire.

Reconnaisance regiment of the 5th Armoured Division, the 1st RCE was reorganised into six squadrons, four of which were equipped with M8 armoured cars and one with light tanks, the last one being the headquarters squadron.

13ᵉ DEMI-BRIGADE DE LÉGION ETRANGERE
(11 avril 1944)

Chef de corps : Chef de bataillon Bablon

Bataillon de commandement n° 13

Commandant le bataillon : Chef de bataillon Arnault
Chef d'état-major : Chef de bataillon des Robert
Adjoint au chef d'état-major : Sous-lieutenant Muracciole
Officier adjoint à la 13ᵉ DBLE : Capitaine Cambier
Commandant d'unité : Capitaine Vineracq
Médecin-chef de brigade : Médecin-capitaine Guillon
Officier adjoint au bataillon : Capitaine Nicolas
2ᵉ Bureau : Lieutenant Vauthier
3ᵉ Bureau : Lieutenant Darmuzai
4ᵉ Bureau ; Lieutenant Bertholaz
Commandant le LAD : Lieutenant Blanc
Dentiste : Lieutenant Celerier
Officier de liaison : Lieutenant Fournier
Officier d'approvisionnement : Lieutenant Foussat
Officier des détails : Lieutenant Kermeur
Médecin du bataillon : Médecin-lieutenant Mahe
A la disposition du commandant de bataillon : Lieutenant Knourek

C A C 13

Commandant d'unité : Capitaine Miville

C C I 13

Commandant d'unité : Chef de bataillon Lalande
Adjoint : Capitaine Lacourt

1ᵉʳ bataillon (BLE)

Commandant le bataillon : Chef de bataillon de Sairigné
Capitaine adjudant-major : Capitaine Lallemant
Médecin du bataillon : Médecin-lieutenant Daire
Commandant la CL 1 : Capitaine de Corta
Commandant la CM 1 : Capitaine Vazac
Commandant la 1ʳᵉ compagnie : Capitaine Langlois
Commandant la 2ᵉ compagnie : Capitaine Le Roch
Commandant la 3ᵉ compagnie : Capitaine de Luzancay (de La Hautière)

2ᵉ bataillon (BLE)

Commandant le bataillon : Chef de bataillon Morel
Officier adjoint : Capitaine de Montgraham
Médecin du bataillon : Médecin-capitaine Genet
Aumônier : Lieutenant Malec
Commandant la CL 2 : Capitaine Simon
Commandant la CM 2 : Capitaine Martinelli
Commandant la 5ᵉ compagnie : Capitaine Pernet
Commandant la 6ᵉ compagnie : Capitaine Labaume
Commandant la 7ᵉ compagnie : Capitaine Sartin

Bien que rééquipée dans le cadre des dotations américaines, la 13ᵉ DBLE conservera pratiquement jusqu'à la fin de la guerre sa structure de deux bataillons formant corps. Ce n'est qu'au moment du transfert sur le front des Alpes que la 13ᵉ DBLE redeviendra un corps homogène sous le commandement du lieutenant-colonel Saint-Hillier.

Even though re-equipped within the American scale of issue, the 13th DBLE retained almost to the end of the war, its two battalion structure. It was only at the moment when it was transferred to the Alpine front that the demi-brigade regained its status as a homogenous regiment.

The legionnaire of the victory

Like the legionnaires of the 13th DBLE in Tripolitania, the newly formed RMLE and the reorganised Ist REC, discovered at Casablanca and in the Marmora Forest a sumptuous American outfit, although it was not without a certain nostalgia that they gave up their old Africa-style uniform for the more becoming American design and the combat dress and equipment better suited to modern warfare. In 1943 the silhouette of the legionnaire of Africa has changed radically in an age of change.

The walking out uniform of the legionnaires, whether cavalry or infantry, consisted in winter of a tunic and trousers in knaki cloth, a woolen shirt, a dark brown tie and chestnut-coloured shoes. During cold weather this outfit was supplemented by a khaki greatcoat which resembled the British pattern. The tunic with its modern cut, had an open collar, shoulder flaps and breast pockets with flaps closed by buttons. The khaki woolen shirt was a great novelty in the eyes of the legionnaires and equally well among the local population who found means to acquire them : it could be worn like a jacket. Closed by six buttons sewn on a reinforcing strip, it had two chest pokets but no shoulder flaps. In summer the uniform consisted of the khaki trousers and the shirt fastened with a tie. In addition, an outfit in light khaki, American tropical pattern was also issued to the legionnaires. These walking out uniforms, according to the season were also the parade dress of the Legion, to which were added the blue belt, boots and gaiters, but without the traditional epaulettes which were not reintroduced until after the war at Sidi bel Abbes. In the winter parade uniform, the tails of the tunic were tucked into the trousers and covered by the blue belt.

This uniform remained the standard in the French army until local manufacture restarted after the war, but nevertheless incorporated distinctive signs that identified a legionnaire, most importantly the white képi, the blue belt, the legion buttons and the regimental badges. Badges of rank up to sergeant were worn on the top of the left sleeve below the shoulder patch of the branch of service, in the shape of an oval. On the same sleeve, crowning the shoulder patch on the branch of service, that of the 5th Armoured Division with "France d'abord to which was added in 1945, "Rhin et Danube". The RMLE wore on the right pocket of the walking out uniform, the regimental emblem cast in aluminium, a rectangle with in the centre a second smaller rectangle in the colours red and green and a grey coloured grenade surmounted by the words "France d'abord" and below "RMLE" underlined with two stripes. The 1st REC possessed well before the war, the same insignia which we know today although more round. Finally, when off duty, more or less up to the time of the war in Algeria and the introduction of the green beret in field dress, the legionnaire wore a police style cap, similar in cut to the American forage cap. The Legion version was green.

In fighting order, the dress which was both practical and comfortable, consisted of the olive drill trouners, the woolen shirt with open collar and the 1941 pattern field jacket. Made of waterproof poplin in a beige-khaki colour the blouse reached down below the waist was secured on the right by a zip fastener which was covered by a protective flap, itself secured by five large flat buttons. It was open at the collar but could be buttoned around the neck. In addition there were shoulder flaps and two slant pockets at waist level. In rainy conditions, the legionnaire was protected by a raincoat made of rubberised khaki cloth. The greatcoat in khaki cloth was worn in cold weather, but often in Alsace, the legionnaires preferred the ample French cape which was much warmer. Finally during the terrible conditions of the 1944/5 winter, both infantry and cavalry were provided with a large white overgarment in the form of a cowl which reached down to the ankles. In most cases the American MI helmet replaced the French 1939 model. This had a round shape in olive khaki anti-reflective paint and was in two parts : the heavy steel outer shell and a light inner part made of compressed fibre. As worn by the 5th Armoured Division, it featured on the right side, the words "France d'abord". Footwear consisted of the traditional lace-up boots over which were worn olive-green canvas gaiters half way up the calf. In the Vosges, snow boots were issued to cover the shoes, but in practice the men covered them with hay or straw and wrapped cords round them to avoid slipping. Thanks to that method there were few casualties caused by frostbite.

The American belt equipment was made of very stong olive khaki webbing material and basically consisted of the 1923 pattern belt with ammunition pouches for the Garand rifle, braces crossed over on the back and an aluminium water bottle in a canvas case. Accordingly, an entrenching tool or a bayonet completed the outfit together with a 1910 pattern canvas backpack. The armament varied and was adapted to the fighting activities of the individual, including the US carbine, the Garand semi-automatic rifle, the Thompson sub-machine-gun or the Colt 45 automatic.

The fighting order of the armoured troops of the 1st REC differed slightly from that of the infantry. While some wore the field jacket, most preferred the US 1941 pattern khaki overall with a drawstring round the waist, worn with the collar open and with tao small pockets on the chest and two large ones on the thighs. The 1943 pattern overall in sailcloth differed slightly and was only issued during the last months of the war. Even though the cavalry had the standard US M1 Helmet, inside the vehicles the men tended to prefer the tank crew 1942 pattern M2 helmet, made of compressed fibres and leather. This was of a round shape with a neck protector and two flaps in soft leather that helped to fix the headphones in position. Over the helmet were generally worn the 1935 pattern French motorcycle goggles On board, equipment was limited to the US webbing belt with pouches for two magazines and a leather holster for the 1911 Colt.

Juin 1944. Commandos débarquant à l'île d'Elbe.

June 1944. Commandos landing on Elba.

L'éclatante revanche

Les plages de Provence

Première à reprendre le combat en 1940, la 13ᵉ DBLE est aussi la première des unités de Légion à débarquer sur les côtes de Provence le 16 août 1944. A 18 heures, les premiers éléments sont à terre. Pour beaucoup qui n'ont pas revu le pays depuis cinq ans, c'est un moment d'émotion intense. Plus tard, un monument sera érigé à Cavalaire, rappelant l'épopée des Français libres : « *Dans cette baie de Cavalaire, le 16 août 1944, prit pied la 1ʳᵉ division française libre. Ces hommes s'étaient réunis au cœur de l'Afrique et dans l'océan Pacifique en septembre 1940 pour reconquérir leur pays envahi et avaient ouvert leur chemin par les armes à travers l'Erythrée, la Syrie, la Libye, la Tunisie et l'Italie avant d'aborder ici pour de nouveaux combats victorieux.* » Mais déjà, le général de Lattre a lancé ses maréchaux sur Toulon et Marseille. Le temps de nettoyer la région de Toulon, d'Hyères à Carqueiranne, puis la presqu'île de Giens où le 1ᵉʳ bataillon fait 311 prisonniers, voici la 13ᵉ DBLE, comme le reste de la 1ʳᵉ armée française, lancée dans une fantastique cavalcade sur la rive droite du Rhône. La Division d'infanterie motorisée file sur Avignon, égratigne les Cévennes et atteint Lyon, la capitale de la Résistance qu'elle libère. Mais au fur et à mesure que l'on remonte vers le nord, la résistance allemande se durcit. Prises dans une gigantesque tenaille, les troupes allemandes savent que leur seule chance réside dans la course au Rhin. De Lyon, la « 13 » bondit à Autun. Le temps de surprendre une colonne ennemie, de faire 3 200 prisonniers, et la ville de Talleyrand fête sa libération. Dijon, Baume-les-Dames, autant d'étapes chaleureuses sur la route du triomphe. Le chef de bataillon Arnault qui a remplacé Bablon à la tête de la demi-brigade, aura même la surprise de voir un bataillon d'Ukrainiens servant sous l'uniforme allemand demander à s'engager dans la Légion ! Profitant d'un automne pluvieux et de l'étirement de la logistique alliée, l'ennemi s'est rétabli devant la citadelle de Belfort. Pendant deux mois, les unités de la 1ʳᵉ armée française marquent le pas dans la boucle du Doubs. C'est là que les rejoignent le RMLE et le 1ᵉʳ REC qui ont débarqué à partir du 21 septembre dans la région de Saint-Raphaël et les ports de Méditerranée avec la 5ᵉ DB du général de Vernejoul.

---

1. 16 août 1944. La 13ᵉ DBLE en vue des côtes de Provence.

2. Débarquement de la 13ᵉ DBLE à Cavalaire.

3. Débarquement d'une unité blindée équipée en *Sherman*. (US Army.)

1. 16 August 1944. The 13th DBLE approaching the coast of Provence.

2. Landing by the 13th DBLE at Cavalaire.

3. Disembarkation of an armoured unit equipped with Shermans.

1. Septembre 1944. Débarquement du second échelon français en Provence.

1. Disembarkation of the French second wave in Provence.

Pour les légionnaires, c'est le moment tant attendu de l'action. La remontée de la vallée du Rhône s'effectue au milieu des ruines laissées par l'ennemi ; les populations manquent de tout et les légionnaires distribuent leurs rations à des gosses émerveillés. Les deux régiments font ensuite une halte de quelques semaines en Haute-Saône avant de rejoindre les unités de pointe devant Belfort. Selon le concept tactique américain, le 1er REC et le RMLE vont être engagés de façon décentralisée, au sein de groupements et sous-groupements selon les circonstances du moment. L'ensemble de la campagne peut se diviser en trois phases caractérisées chacune par un terrain, des conditions climatiques et un comportement de l'ennemi sensiblement différents :

– 1re phase : percée de la Trouée de Belfort et exploitation dans les Vosges, du 15 novembre au 3 décembre 1944 ;

– 2e phase : bataille d'Alsace et réduction de la poche de Colmar, du 5 décembre 1944 au 7 février 1945 ;

– 3e phase : campagne d'Allemagne et chevauchée victorieuse du 15 mars au 8 mai 1945.

Sous la conduite du colonel Tritschler, le RMLE est engagé dans la bataille des Vosges et subit son baptême du feu le 3 novembre 1944 à Cens-la-Ville. Une particularité : infanterie portée de la division, les bataillons sont répartis dans les différents *combat commands* de la 5e DB. Le 1er bataillon (commandant Daigney blessé, puis Laimay) est affecté au CC 5 (colonel des Hazars de Montgaillard, puis colonel Mozart) ; le 2e bataillon (commandant Charton blessé, Forde tué, puis de Chambost) marche avec le CC 4 (colonel Schlesser, puis Lecoq) ; le 3e bataillon (commandant Gombeaud blessé, puis Boulanger) appartient au CC 6 (colonel Tritschler, décédé dans son commandement, puis de Lavilleon).

De Lattre de Tassigny qui a reconstitué ses approvisionnements peut maintenant engager le combat. Il lance la 1re DB vers le Rhin par le sud, le long de la frontière suisse. Le 19 novembre, les *Sherman* atteignent le fleuve. Le 20, continuant leur mouvement tournant, ils se rabattent sur Mulhouse. Au nord, la 5e DB a pour mission de couvrir la manœuvre après avoir fait sauter le verrou de Belfort, puis d'élargir la brèche. Les Allemands qui se sont considérablement renforcés ont organisés quatre lignes successives de résistance qui courent des ballons vosgiens à la frontière suisse en s'appuyant sur le camp retranché de Belfort. Le dispositif allemand s'articule autour de la brigade von Oppen et de la 159e division d'infanterie. Ces unités sont appuyées par 16 groupes d'artillerie dont trois de 88 PAK-FLAK, un groupe d'automoteurs du type *Hornisse* à canon de 88 et une soixantaine de *Tiger* et de *Panther* de la *Panzer-Division*

---

2. Après le débarquement de Provence, la progression vers le nord des troupes alliées va dans une large mesure être facilitée par l'action de la Résistance. Des légionnaires figuraient également dans les maquis, comme ici ce groupe photographié en 1944 dans la région Rhône-Alpes.

3. L'armée de Lattre remonte la vallée du Rhône.

2. After the landing in Provence, the northerly advance of the Allied forces was helped to a large extent by the action of the Resistance, in which were a number of legionaries, as in this group photographed in 1944 in the Rhone-Alpes region.

3. The army of general de Lattre goes up the Rhône Valley.

Automne-hiver 1944. Sous la poussée des Alliés, les troupes allemandes se replient dans la boucle du Doubs.

Autumn-winter 1944. Hard-pressed by the Allies, the German withdrew into a loop of the Doubs.

« *Feldherrnhalle* ». En réserve, des débris d'unités de la 19ᵉ armée constitués en *Kampfgruppen* et des éléments plus ou moins opérationnels de l'*Ost Legion*. Conscient de sa faiblesse numérique mais, grâce à l'expérience de Russie, passé maître dans l'art de jouer du terrain et des conditions météorologiques, l'ennemi a adopté une défense mobile où la supériorité technique de ses chars lourds et de ses canons automoteurs est à même de s'exprimer pleinement.

Face à ce réseau défensif, l'action de la 5ᵉ DB va s'exercer sur trois axes. Dès le 15 novembre, de Vernejoul lâche ses groupements. Au nord, le CC 6 de Tritschler prend Buc, où le commandant Gombeaud est blessé, puis il stoppe une violente contre-attaque avant de pénétrer le 20 novembre, le premier, dans la cité du colonel Denfert-Rochereau. A cette occasion, le général de Vernejoul lance la célèbre apostrophe : « *Les chars n'avancent plus, faites donner la Légion !* » Remontant ensuite vers le nord, le 3/RMLE prend Rougemont et Lauw ; il pénètre ensuite dans Vieux-Thann, mais sa progression vers Cernay est stoppée par un ennemi fanatisé qui ne veut en aucun cas rendre les armes. Les légionnaires du RMLE sont à la peine ; oubliées les grandes manœuvres en Algérie. Il fait froid, les conditions météorologiques sont éprouvantes et l'ennemi pugnace. Le capitaine Ysquierdo, alors caporal au 1/RMLE, décrit au jeune légionnaire d'aujourd'hui le quotidien du fantassin d'accompagnement de chars :

« *Toi couché derrière une tourelle de* Sherman, *le ventre et les fesses brûlant au-dessus du moteur... Le char qui fonce le plus vite possible pendant qu'on lui tire dessus, et que lui même riposte. Et toi, avec deux copains, sur ces monstres d'acier, sans voir où ils te portent, pas tellemet tranquille ! En fait, tu ne risques qu'un coup de 75 ou de 88 extra-long d'un* Jagdpanther, *auquel cas tu n'as pas le temps de voir ton porteur transformé en boî-*

Les premiers éléments français sur le Rhin (1944).

The first French forces on the Rhine (1944).

The brilliant revenge

The beaches of Provence

Having been the first to go into action in 1949, it fell to the 13th DBLE to land back in France on 16 August 1944 and at 18.00 hrs the lead elements touched ground. For many who had not seen their homeland for five years it was an emotional moment, and later a monument was erected at Cavalaire recalling the epic of the Free French. Already de Lattre had sent columns off towards Toulon and Marseille, and after clearing the beachhead area the 13th demi-brigade engaged in a fantastic cavalcade up the right bank of the Rhone. The motorised infantry division passed through Avignon and liberated Lyons, but the further north they progressed the more the enemy resistance stiffened. Profiting from the temporary exhaustion of the Allied supplies and the rainy autumn, the enemy had dug in around the citadel of Belfort, and for two months the First French Army had to mark time in a loop of the Doubs river. It was there that RMLE and 1st REC caught up with them, who had landed on 21 September with the 5th Armoured Division.

For the legionnaires, who were keen to get into action, the march up the Rhone valley through the ruined villages abandoned by the enemy, their

1

2

3

te d'allumettes, explosant de tous bords, et sa tourelle décalottée gisant d'un côté et la caisse de l'autre ! Une chance, tu n'étais pas sur celui-là... Le tien n'a fait que sauter sur une Tellermine et reste immobilisé dans la boue, après une explosion de fumée noire qui t'expédie au sol sans trop de mal, peut-être. Dans ce cas, éloigne-toi de ton Sherman qu'un coup d'antichar va achever ! Si tu es en plaine et bien visible, les Allemands ne t'oublient pas, qui arrosent à la MG les pantins qui s'agitent autour des porteurs immobilisés. Si tu es dans une rue de ville, méfie-toi de ces vicieux tireurs de Panzerfaust qui te regardent par les soupiraux des caves ! Tu vois, tu as de quoi t'occuper, et du mieux possible sur tes propres quilles de voltigeur, c'est plus sûr... Tu en auras besoin. Car si tu passes au travers de tant de gâteries classiques, il ne te restera plus, cher légionnaire porté, qu'à voltiger de l'avant et montrer tes qualités de grenadier et de mousquetaire, pour débusquer dans leurs trous ceux qui t'attendent et que tu aurais oubliés. De maison en maison, de taillis en buisson, la routine du nettoyage ! Art simple, mais dur d'exécution mon frère ! »

Au centre, le CC 5 du colonel des Hazars avec le 1er bataillon libère Montbéliard, passe le col de Sainte-Marie-aux-Mines, puis plonge sur Montreux-le-Château, Chavanne-le-Grand, puis Altkirch, à 20 kilomètres de Mulhouse avant de remonter vers le nord pour rejoindre les autres groupements. Les combats sont acharnés. Dans les bois, dans les villages, aux carrefours des axes de communication, dans les fermes isolées, partout l'ennemi a organisé la résistance de main de maître :

« C'était tout de suite après Sainte-Marie-aux-Mines que, Saint-Julien dépassé, une section avait abordé Issans. Deux chars étaient en tête avec un groupe d'assaut légionnaire. A peine s'étaient-ils engagés dans le village qu'une détonation ébranla l'air : le char de tête venait de sauter sur une mine et, dans la confusion, le second fut bazooké à une seconde d'intervalle. Le groupe d'assaut demeura près des chars en flammes et une poignée d'hommes resta à la garde de leurs camarades des chars blessés. Les Allemands fouettés par leurs succès redoublèrent d'efforts et une grêle de projectiles s'abattit sur les légionnaires. Le chef de peloton des chars dut se replier. Les deux groupes de Légion, seuls avec leur chef de section, n'ont pas une seconde songé à abandonner leurs camarades engagés dans le village. Ils formèrent avec les trois half tracks un point d'appui fermé et combattirent sur place, sous le feu meurtrier de l'ennemi, rendant coup pour coup. »

Plus au sud, le CC 4 de Schlesser s'infiltre dans les collines du Sundgau. Le 2/RMLE est au cœur du combat : Arcey, Héricourt... et Courtelevant ; une affaire qui en dit long sur l'esprit qui anime les hommes du RMLE. Le 21 au soir, alors qu'il vient de se battre durement à Rechesy, le détachement du lieutenant Hallo reçoit l'ordre de s'emparer im-

---

1. Destruction d'un village alsacien dans la région de Mulhouse.
2. Les violents combats de la Libération en Alsace.
3. Progression d'un élément d'infanterie dans un village alsacien.

1. Destruction of an Alsatian village near Mulhouse.
2. Violent struggles for the liberation of Alsace.
3. An infantry unit advancing through and Alsatian village.

Un *Sherman* de la charge aux phares de Courtelevant (1er Cuirs-5e DB).

A Sherman in action at the Courtelevant lighthouses. (1st Cuirrasseurs, 5th Armoured Div.)

pérativement du carrefour de Courtelevant, indispensable aux communications de la 5e DB. Pour cette mission, le jeune lieutenant dispose de quatre chars : trois du régiment et un du 1er Cuirassiers ; à cela, il faut ajouter une section d'infanterie juchée sur les chars. Ne disposant d'aucun appui, Hallo va faire jouer l'effet de surprise : « *Pas d'artillerie, et il faut franchir un bois de 800 mètres qui fourmille de SS de la 30e division, puis un espace découvert, ce qu'on appelle un glacis. Il faut passer, on passera !* »

De son côté, le général Weygand relate cet engagement dans son « Histoire de l'Armée française » :

« *La nuit est d'encre, mais on a avisé au moyen d'y voir clair, car il le faudra. Marchant à petit bruit et tous feux éteints le détachement arrive à 21 h 05 en arrière de la dernière crête, à 1 500 mètres de l'objectif. Alors, phares et projecteurs fixés sur tourelles allumés, canons et mitrailleuses tirant, les légionnaires faisant feu de leurs mitraillettes, les chars sont lancés à toute vitesse, droit sur le carrefour, atteint en deux minutes. Les Allemands éblouis ne sont pas revenus de leur surprise que le carrefour est, à 21 h 15, nettoyé à la grenade et définitivement conquis par cette charge aux phares.* »

Le 2/RMLE ne s'arrête pas en si bon chemin. C'est ensuite la bataille des collines, la libération de Delle, à portée de voix des douaniers suisses, Suarce, puis le 27 novembre, en liaison avec la brigade FFI Alsace-Lorraine du colonel Berger, alias André Malraux, les durs affrontements de Dannemarie. Au début du mois de décembre, tout le RMLE est en Alsace. A cette date, le régiment a perdu 867 hommes tués ou blessés, dont une trentaine d'officiers. La première phase de la manœuvre du général de Lattre est close. La seconde a pour but de liquider la question d'Alsace et plus particulièrement de réduire la poche de Colmar. Mais l'ennemi n'entend pas abandonner ce qu'il considère comme une « terre d'empire » ; Hitler a donné des ordres dans ce sens et Himmler s'est rendu personnellement en Alsace pour stimuler les énergies. Longtemps la bataille est indécise, suffisamment même pour parler d'échec du côté français.

La campagne d'Alsace

Deux divisions, la 3e DIA et la 3e DI US renforcées par les CC 4 et 5 ont été chargées de percer sur l'axe Lapoutroie - Colmar - Neuf-Brisach. Les conditions sont épouvantables. Il fait un froid sibérien : entre - 15° et - 20°. Le passage des cols vosgiens en pleine nuit tient du prodige. A la pluie et la boue ont succédé neige et glace. Dans le col de Sainte-Marie-aux-Mines, il faut pousser les véhicules, alors que par - 20°, les patins des *Sherman*, des *tank destroyers* ou des *half tracks* imbriqués dans de gigantesques enchevêtrements sont bloqués par la neige et la glace. Néanmoins, la 5e DB passe quand même et l'attaque française reprend le 15 décembre avec une rare violence en direction d'Orbey et d'Hachimette. La 30e division SS et le *Kampfgruppe Waaser* supportent le plus gros du choc ; le général Hackel qui coordonne la défense allemande achemine aussitôt tous les renforts dont il dispose : groupes de combat, chars *Tiger*, bataillons de pionniers et d'infanterie des divisions

starving fellow countrymen, and the swarms of children to whom the men had given out their rations, had been a brush with reality. Finally they were moved up to the Belfort area. The ensueing campaign divided itself neatly into three phases :

The penetration of the Belfort Gap and the advance into the Vosges, from 15 November to 3 December 1944

The battle of Alsace and the reduction of the Colmar Pocket, from 5 December 1944 to 7 February 1945.

The campaign in Germany from 15 March to 8 May 1945.

The RMLE faced their baptism of fire on 3 November in the Vosges and in American fashion, the battalions were spread out among the combat commands (battle groups) of the 5th Armoured.

By that time, General de Lattre de Tassigny had built up stocks of supplies to allow him to get back into action. He launched his 1st Armoured Div. towards the Rhine by the southerly route along the Swiss frontier. Further north, the 5th Armoured was in support of this drive and then had the job od smashing their way through the Belfort Gap. The Germans had had time to establish four successive lines of defence in the Gap between the Vosges mountains and the Swiss border, anchired on the old Belfort fortifications. The enemy had an infantry division, an independant brigade, 16 batteries of artillery including 88 mm FLAK, self propelled artillery armed with the same calibre and some sixty tanks - Panthers and Tigers. Their numbers were bolstered by the stragglers who had retreated before the Allied advance.

The 5th Armoured advanced along three axes, whereby on the left, CC6 was the first to enter Belfort on 20 November before swinging north into the mountains. The men of the RMLE had to forget the impressive manoevres in Algeria and get used to the bitter cold of the Vosges in winter, faced by an ememy that showed no signs of giving up. The legionnaires often went into combat riding on the tanks, knowing full well the risk that if their mount was hit, they would be blown up with it. If stopped by a mine blowing off a track, then they were sitting ducks as the Germans hosed the area with their machine-guns. Progression in the villages was from house to house, always in fear of the hidden enemy in a cellar armed with a *panzerfaust*, ready to pick off any passing vehicle.

In the centre, CC5 with the 1st/RMLE liberated Montbéliard and then they too swung north to rejoin the rest of the division, fighting their war through the forests, the villages and the crossroads. At one stage a troop lost all its tanks, so the legionnaires with their three half tracks, not wishing to abandon their wounded, formed a strongpoint in a village and fought off a determined enemy.

To the south, CC4 with the 2nd Battalion was also in the thick of the fighting. In an action typical of that widely dispersed small unit warfare, the detachment of the young Lieutenant Hallo was ordered to secure a certain crossroads. With four tanks on which an infantry section of the Legion was mounted, he had to move through a wood and then cross an open space, towards the crossroads defended by SS grenadiers. Without any support and on a pitch black night, they got to within 1.500 metres of the objective where Hallo ordered the searchlights on the tanks to be lit, and with their machine-guns blazing, the tiny unit stormed cavalry-style into the attack at full speed, reaching the target in two minutes. The le-

Wacker et Braun. Pendant huit jours, l'attaque se poursuit, harassante et coûteuse ; le déminage est rendu impossible, l'aviation ne peut intervenir et les blindés américains se meuvent difficilement sur leurs chenilles étroites. Chaque mamelon fait l'objet d'une lutte acharnée. Le 13 décembre, dans ce secteur, le commandant Charton est grièvement blessé à l'abdomen ; le 21, le commandant Forde qui lui succède est tué !

Le CC 4 atteint ainsi Aubure, Freland et Hachimette qui doit lui servir de base d'assaut vers Orbey, les Trois-Epis et Colmar. L'attaque dure huit jours entiers, avec en point d'orgue les combats d'Hachimette et de la ferme Camerone où l'ennemi oppose une résistance farouche et contre-attaque même en lançant contre les vétérans de la Légion des cadets de l'école des cadres de Colmar. Hachimette se montre particulièrement indigeste et le 2/RMLE doit faire appel à « ses tripes » pour l'emporter. La 6e compagnie s'enterre dans le village, tandis que la 7e compagnie poursuit jusqu'au bas d'Orbey où elle reste encerclée pendant trois jours, soumise à des tirs de mortiers et à des assauts d'infanterie incessants. « *Peu de répit dans les combats ; on mange quand on a le temps, quant à dormir, ce n'est guère possible, ni recommandé au contact de l'ennemi.* » Mais l'opiniâtreté a raison du fanatisme de l'ennemi. Le 26 décembre, les blindés du CC 4 débouchent dans la plaine d'Alsace.

Le CC 5, quant à lui, s'enfonce tout droit sur un axe

La ferme Camerone

Du 9 au 15 décembre 1944, le RMLE livre de durs combats pour tout d'abord s'emparer d'Orbey, puis s'y maintenir. Alors que la 5e compagnie du 2/RMLE s'est emparée des bois qui dominent le village, la 7e compagnie, que commande temporairement le lieutenant Hallo à la suite de la blessure du capitaine Grange, s'installe en point d'appui fermé dans deux fermes et camoufle dans les granges le char qui lui reste. Alors que les combats s'intensifient sur la périphérie, le PC du bataillon s'est replié sur Hachimette et la 7e compagnie est encerclée. Par ailleurs, un repli effectué de nuit dans ces conditions serait très certainement aussi coûteux que de tenir les positions solidement aménagées dans les fermes. Déjà cette journée du 11 décembre a coûté 4 morts et 16 blessés ; il ne faut pas que leur sacrifice soit inutile.

La 7e compagnie reste donc sur place, à 200 mètres du centre d'Orbey, en bordure de la route qui suit le ruisseau. A l'est, domine un escarpement tenu par les Allemands, à l'ouest, le Grand-Faudé dont les 773 mètres constituent un remarquable observatoire. Vers le nord, la route d'Hachimette est coupée et toute communication avec le PC du bataillon est impossible. Dans la ferme, les légionnaires ont organisé la défense : mines sur la route d'Orbey, postes de guetteurs enterrés le long du ruisseau, caves renforcées, meurtrières, issues barricadées, secteurs de tir repérés, postes de combat camouflés ; et puis il y a le *Sherman* dans la grange, prêt à intervenir.

« *Dans la ferme*, écrit le général Hallo, *la circulation est strictement réglementée. Des tresses blanches indiquent les angles morts où le passage est possible sans être victime des snipers qui, à défaut d'objectifs précis, tirent systématiquement sur les fenêtres à longueur de journée. C'est ainsi que le légionnaire Ante a été tué dès le premier soir. Il buvait son jus adossé à la fenêtre pourtant masquée par un matelas... Il s'est effondré soudain sans un mot, sans qu'on ait rien entendu dans le vacarme ambiant, touché par une balle.* »

Le 13 décembre, malgré l'opposition du lieutenant Hallo, le chef de bataillon Charton décide de se rendre à la 7e compagnie. « *Vers 15 heures, l'arrivée de la jeep du commandant accompagnée de plusieurs blindés est saluée par le tir d'arrêt prévu et particulièrement bien ajusté. Un vrai massacre ! Le commandant est blessé, ainsi que son conducteur et plusieurs légionnaires accourus pour lui porter secours. Non sans mal, les blindés font demi-tour sous le feu, emmenant avec eux le commandant et les blessés. Le tir de harcèlement s'arrête quand les blindés disparaissent en direction d'Hachimette.* »

Quelques heures plus tard, la 7e compagnie se prépare à vivre sa troisième nuit dans ce qui est devenu « la ferme Camerone ». Le secteur est calme, trop calme pour le lieutenant Hallo. Mais les patrouilles de surveillance ne décèlent aucun mouvement suspect. Une alerte ! Ce n'est que le légionnaire Leezi qui revient avec un prisonnier. Il s'agit d'un sous-officier de l'école des cadres de Colmar qui confirme l'importance que l'ennemi accorde à cette position en envoyant les futurs cadres de la *Wehrmacht* pour la réduire. Habilement interrogé dans sa langue maternelle par l'adjudant-chef Porschmann, le prisonnier indique avec précision sur la carte les détails de l'opération qui se prépare : fixation par des éléments légers des positions du ruisseau et attaque principale par l'ouest, du côté de la prairie, après une préparation d'artillerie d'une heure.

« *Comme annoncée, la préparation d'artillerie s'abat sur la ferme. Un tir dense et brutal encadre littéralement la position où tout le monde est heureusement abrité. Un obus éclate juste devant la porte et blesse le caporal Ledreau et son complice Stervinou toujours à ses côtés ; d'autres explosent sur le toit et un sur la mitrailleuse qui flanque la face ouest. A peine remplacée, l'attaque démarre. Les mitrailleuses crachent à pleines bandes, les balles claquent comme des fouets. Une fusée monte et crève la nuit, éclairant une compagnie allemande qui débouche des bois à 200 mètres. L'obscurité revenue, le char sort de sa grange avec son équipe d'appui, contourne la maison, remonte phares éteints et aussi silencieusement que possible vers le nord pour prendre l'attaque de flanc et, brutalement allume son projecteur de tourelle et fonce en crachant de toutes ses armes sur les éléments ennemis. A trois reprises, il va renouveler ses coups de boutoirs meurtriers pendant qu'à la ferme, les légionnaires soutiennent le choc à la mitraillette et à la grenade...* »

Une fois de plus, l'assaut allemand a été repoussé. Les blessés encombrent les caves et la situation serait inquiétante, si les défenseurs de la « ferme Camerone » n'apprenaient que deux régiments de tirailleurs vont poursuivre l'attaque sur Orbey dans le cadre du « plan minimum » du général de Lattre. La délivrance est proche... Hélas, le 1er RTA et le 4e RTT sont bloqués par une résistance acharnée et les légionnaires du RMLE tiennent leurs positions jusqu'au 16 décembre comme le précise le JMO du 2/RMLE : « *L'attaque des tirailleurs reprend à 10 heures. Orbey est nettoyé. Les 5e et 7e compagnies sont repliées sur Hachimette, le bataillon est au repos, en réserve du groupement Schlesser. Les 5e et 7e compagnies qui ont eu de grosses pertes se réorganisent à deux sections au lieu de trois, tout en restant prêtes à intervenir au profit des goumiers qui tiennent les hauteurs, malgré les coups de boutoir incessants des Allemands.* »

1944 en Alsace. La ferme « Camerone » où le lieutenant Hallo et la 7ᵉ Cie du RMLE résistèrent victorieusement à plusieurs assauts allemands.

Alsace 1944. The farm "Camerone" where Lt. Hallo and the 7th Company of the RMLE victoriously fought off repeated German attacks.

(Coll. General Hallo.)

Vivandière d'honneur de la Légion

Déjà au mois de mai 1940, elle avait rencontré et soigné des légionnaires du 11ᵉ REI alors qu'elle était infirmière à l'ambulance 429. Blessée le 24 mai, elle est citée à l'ordre du corps d'armée. Après avoir participé à la Résistance en Provence, lors de l'entrée des troupes françaises à Marseille, Edmonde Charles-Roux est sollicitée par le général de Lattre de Tassigny pour reprendre du service à l'état-major de la 1ʳᵉ Armée française. Peu avant les combats meurtriers de la libération de Colmar, il la nomme assistante sociale de la 5ᵉ DB.

Au front, son dévouement est sans limite. Téméraire jusqu'à l'excès, elle apporte le réconfort de sa présence aux blessés et aux soldats dans la peine. Parmi eux, les légionnaires qui la fascinent et pour lesquels elle a peut-être une attention particulière. Le 10 mars 1945, le lieutenant-colonel Gaultier nomme Edmonde Charles-Roux « vivandière honoraire de 1ʳᵉ classe » du RMLE (ordre du régiment n° 252), exprimant ainsi par l'unicité du geste dans l'histoire de la Légion la gratitude à son égard des légionnaires de la 5ᵉ DB. Juste avant de rentrer en Autriche, sa jeep sautera sur une mine et elle sera à nouveau blessée, méritant une deuxième citation et la Croix de guerre.

Fière d'une fidélité qui ne s'est jamais démentie, le 30 avril 1989, lors de la cérémonie de Camerone, elle recevait, sur la voie sacrée du quartier Viénot à Aubagne, la Croix de chevalier de la Légion d'honneur à titre militaire.

« Il fallait la voir retrouver spontanément le pas Légion en prenant place parmi les autres récipiendaires ou l'entendre s'enquérir, avec une politesse exquise, de l'heure d'une éventuelle répétition des gestes de la remise des décorations avant la prise d'armes, pour comprendre qu'elle avait laissé beaucoup de son cœur du côté de la Légion.

Elle dira plus tard "que cette Légion d'honneur remise sur le front des troupes l'avait marquée plus intensément que son prix Goncourt". »

gionnaires jumped down from the tanks and grenaded the surprised Germans out of their trenches.

By the geginning of December all the units of the RMLE were in Alsace having lost 867 men killed or wounded and it was time to start the second phase of the campaign, especially the elimination of the Colmar Pocket which Hitler had ordered to be held at all costs.

The autumn rains had given way to snow and freezing temperatures up to -20° and crossing the high passes in the Vosges became a nightmare - tanks and half tracks had to be pushed as their tracks gor stuck in the snow drifts. Nevertheless, 5th Armoured went over to the attack on 15 December against the 30th SS Division well supported by artillery and tanks. Clearing mines was rendered almost impossible by the deep snow and the Allied aviation was unable to fly in those terrible weather conditions. The Germans threw in the students of the officer cadet school of Colmar and for eight days the battle raged, but on 26 December the tanks of CC4 reached the plains of Alsace having freed themselves from the mountains.

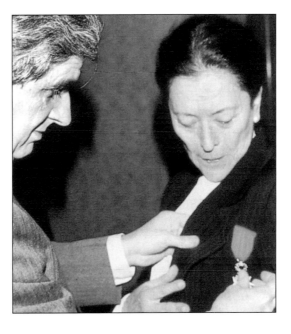

Edmonde Charles-Roux décorée de la Légion d'honneur.
Edmonde Charles-Roux awarded with the Legion of Honour.

Kaysersberg - Kientzheim - Ammerschwihr. Le 31 décembre, les deux *combat commands* sont mis au repos dans la région de Saint-Dié. Une nécessaire remise en condition ponctuée de visites de toutes sortes : autorités, journalistes comme Lucienne Mornay, assistantes sociales. Parmi ces dernières, celle qui connaîtra la gloire littéraire et qui est alors la fille d'un ancien ambassadeur de France, élevée dans le culte de la patrie et du devoir : Edmonde Charles-Roux. Pour la jeune résistante de Marseille, ce sont des retrouvailles.

Encore une fois, l'ennemi profite d'un répit dû à l'essouflement des troupes, à la nécessaire remise en condition des hommes et des matériels, au recomplètement logistique, à l'incorporation des maquis et surtout à l'offensive des Ardennes. Croyant à l'affaiblissement des Alliés, Hitler ordonne de passer à l'offensive en Alsace et de reprendre Strasbourg en créant un abcès de fixation à Colmar. Le 5 janvier 1945, le général von Maur, responsable des opérations, lance l'ordre du jour suivant : « *Je mets en vous toute ma confiance et tous mes espoirs pour que dans quelques jours, je puisse annoncer au Führer que la croix gammée flotte à nouveau sur la cathédrale de Strasbourg.* »

Le même jour, les bataillons d'instruction de sous-officiers Treutler et Schmidt traversent le Rhin par surprise. Les forces françaises contiennent difficilement la contre-offensive désespérée des Allemands. Du 6 au 20 janvier, les unités de Légion s'illustrent dans le Bas-Rhin. Les trois régiments mènent une guerre de position où le moindre village a son importance. Le 7 janvier, le 1/RMLE attaque Gambsheim malgré le feu extrêmement violent de l'artillerie allemande. Toute la journée, les légionnaires sont contraints à un combat de rue qui leur cause de lourdes pertes. Mais, soutenus par les *Thunderbolts* de l'*US Air Force* et par une puissante artillerie, dans la journée du 8, le 1er bataillon mène de dures opérations de nettoyage dans les secteurs de Saard et Erbsheim. L'avance ennemie est définitivement enrayée, mais les combats durent toutefois jusqu'au 21 janvier. A ce moment, les Français reprennent l'avantage et sont bien décidés à nettoyer la poche de Colmar.

L'attaque reprend le 20 janvier 1945 ; le CC 6 a en charge l'exploitation vers l'est, en direction de Jebsheim. Aux premières lueurs du jour, les chars, les

automitrailleuses et les *half tracks* repeints en blanc débouchent sur le moulin de Jebsheim. Les légionnaires dans leur parka blanc ou leur survêtement grand froid se confondent avec le paysage, silhouettes fantômatiques surgissant du brouillard. Les combats sont d'une rare violence, l'ennemi jette ses dernières forces dans la bataille : SS fanatisés, bataillons disciplinaires, tous animés d'une farouche détermination. La progression est quasiment nulle et se paie au prix du sang. En première ligne, l'approvisionnement est assuré par les brêles, comme au Belvédère ou sur le Garigliano, les camions ou les ambulances constituant des cibles de choix pour les *Panzerfaust* ou les *snipers*. C'est à Jebsheim, du 27 au 29 janvier, que les combats vont atteindre leur paroxysme. Il faudra trois jours aux légionnaires du 3/RMLE en liaison avec les parachutistes du 1er RCP et les Américains du 254e régiment d'infanterie pour réduire les résistances du village au prix de pertes sévères. Des deux côtés l'acharnement est le même : *Sherman* contre *Jagdpanther*, automoteurs *Hornisse* contre *tank destroyers*, *bazooka* contre *Panzerfaust*, lance-flammes et couteaux de tranchée contre le fanatisme et par dessus tout, omniprésente, l'artillerie des deux camps. C'est dans ces combats que l'aspirant Mérel, séminariste, gagnera le surnom de « boucher de Jebsheim » quelque peu équivoque, on en conviendra, pour un futur homme d'église ! En fait, précisera son supérieur : « *revêtu d'un survêtement de camouflage en drap blanc, il s'est battu au corps à corps avec un tel brio qu'il était couvert de sang. Le vêtement blanc tout tâché avec son capuchon lui donnait la silhouette d'un chevillard des halles.* » Le sous-groupement Boulanger, avec la 9e compagnie du capitaine Masselot est au cœur de l'action. La journée du 27 est tout entière employée au nettoyage d'une partie de Jebsheim.

« *Le nettoyage du tiers nord du village est particulièrement dur, écrira plus tard le colonel Masselot. Les maisons et même les champs sont occupés par une infanterie coriace, embossée dans les habitations et parfois dans des trous individuels, et abondamment pourvue en* Panzerfaust. *Un général allemand exortait encore à midi, au pied de l'église, ses hommes à ne pas se replier. Un froid sibérien (jusqu'à - 23°) avait recouvert champs et maisons d'un blanc manteau neigeux et verglacé. L'ennemi*

Un chasseur de chars *Jagdpanther* détruit en Alsace.

A Tank Destroyer Jagdpanther destroyed in Alsace.

(ECPA.)

1 et 2. Hiver 1944 en Alsace. Progression d'une unité du RMLE dans un village en ruines.

3, 4 et 5. RMLE. Campagne d'Alsace 1944-1945 : relevage d'un blessé sous le feu ennemi.

1and 2. Winter in Alsace 1944-45. A unit of the RMLE moving through a ruined village.

3, 4 and 5. The winter campaign in Alsace 44-45. Recovery of a wounded man under enemy fire.

est doté de combinaisons blanches. Il faut aller au contact pour le découvrir. Au surplus, les habitants du village n'ayant pas été évacués, nous nous refusons à détruire les maisons à coups de canon de chars. »

Les combats durent toute la journée et toute la nuit. Les pertes sont lourdes. Dans la soirée, le capitaine Masselot, les adjudants Mobmeyer et Mertens constituent tout l'encadrement de la 9ᵉ compagnie. Dès les premières lueurs du jour, les combats de rue reprennent, acharnés et sans quartier.

« Au cours des journées des 28 et 29 janvier, par un patient et meurtrier grignotage, la progression atteindra enfin, malgré deux puissantes contre-attaques allemandes soutenues par des blindés lourds qui seront stoppés avec l'appui énergique de l'artillerie du 62ᵉ RA, le dernier carrefour sud du village que bordent aussi par l'ouest les Américains de la 3ᵉ DI US. Les maisons de ce dernier îlot abritent pêle-mêle avec des chasseurs allemands, une

1. RMLE 1943-1945. Un instant de répit pour ces vétérans de la Légion durant le rude hiver d'Alsace.

2. Le lieutenant Hallo et la garde au drapeau du RMLE en Alsace. (Coll. Général Hallo.)

3. Le drapeau du RMLE (Lt Hallo).

1. RMLE 1943-45. A quiet moment for these Legion veterans during the bitter winter in Alsace.

2. Lt. Hallo and the colour guard of the RMLE in Alsace. (Coll. Gen. Hallo.)

3. The flag of the RMLE (Lt. Hallo).

---

grande partie de la population civile. Leur conquête sera d'autant plus coûteuse que les Français se refusent toujours à les bombarder. »

Le 30 janvier, à la demande des Américains, légionnaires et parachutistes du 1er RCP lancent en commun un ultime assaut qui a enfin raison des dernières résistances du *Gebirgs-Regiment 136* et des *Jagdpanther* du 525e groupe de chasseurs de chars. A la fin des combats, les Allemands laisseront 500 tués sur le terrain et près de 300 prisonniers aux mains des légionnaires du 3/RMLE.

Le lieutenant Hallo

En de nombreuses occasions, le général Jean-Pierre Hallo, vétéran de la Seconde Guerre mondiale et ancien rédacteur en chef de *Képi-Blanc*, a confié ses souvenirs de la « Grande Equipe du RMLE » au magazine de la Légion, à la presse, ou sous la forme d'un ouvrage de référence : « Monsieur Légionnaire ». Mais avant d'être un chroniqueur de talent, Jean-Pierre Hallo fut avant tout un remarquable guerrier auquel le monde légionnaire rendit hommage lorsqu'il fut désigné pour porter la main articulée du capitaine Danjou à l'occasion de la commémoration de Camerone en 1993.

Né à Paris le 9 janvier 1915, Jean-Pierre Hallo est admis en 1937 à Saint-Cyr, au sein de la promotion « Marne-et-Verdun ». Deux ans plus tard, après avoir choisi la Légion, alors que des bruits de bottes résonnent en Europe, le sous-lieutenant Hallo rejoint le 1er régiment étranger et est affecté à l'instruction à Saïda. Pendant deux ans, malgré ses demandes réitérées pour servir sur le front de France, il apprend son métier d'officier de Légion étrangère dans des conditions difficiles. La mobilisation de 1939 lui permet d'acquérir une connaissance de « Monsieur Légionnaire » qui ne fera que s'enrichir au fil des campagnes. Les Républicains espagnols arrivent en masse pour continuer leur guerre, les Juifs chassés d'Allemagne, avec dans leurs rangs un certain Andreas Rosenberg qui deviendra plus tard le peintre officiel des armées, les Russes, comme le capitaine Tchenkely, ou encore les « nobles proscrits » de la loi d'exil, le Prince Napoléon et le Comte de Paris... Beaucoup avaient déjà connu la guerre, mais en même temps qu'il la découvrait, il leur apprit la Légion. Il eut aussi à gérer de difficiles relations avec les membres de la commission d'armistice germano-allemande durant la période troublée qui suivit la défaite du mois de juin 1940.

C'est donc un officier expérimenté qui part avec la 4e DBLE au Sénégal. En 1943, enfin, la 4e DBLE est rappelée au combat en Tunisie. L'action est bientôt au rendez-vous et le lieutenant Hallo découvre le feu sans tarder. Chef d'un groupe de canons antichars au 1er REI, le lieutenant Hallo participe à la phase finale de la campagne de Tunisie avec ce régiment. Lors de l'attaque du djebel Mansour et l'attaque du Pont-du-Fahs, le 25 avril 1943, il voit ses canons de 25 sauter sur les mines, et c'est comme chef d'un corps franc qu'il obtient sa première citation lors des combats pour la prise de Dépienne.

Le 1er juillet 1943, le Régiment de Marche de la Légion étrangère est formé à partir d'éléments du 1er REI. Le lieutenant Hallo y trouve tout naturellement sa place au sein de la 7e compagnie. C'est avec cette unité qu'il ne quittera plus jusqu'à la victoire qu'il va donner toute sa mesure de soldat. Riche de l'enthousiasme et de la curiosité d'une jeunesse ardente, il participe à plusieurs stages de formation dans l'armée américaine et voit rapidement le parti que l'on peut tirer de l'organisation, de la mobilité et de la puissance d'un tel outil en l'adaptant aux vertus traditionnelles des légionnaires.

Le 20 septembre 1944, trois bataillons du RMLE sont acheminés sur les côtes varoises. Dans l'Est, les éléments de tête de la 1re Armée sont arrêtés entre Besançon et Belfort. Les Allemands ont profité de l'allongement des lignes de communication alliées pour se rétablir fermement à hauteur des Vosges, Belfort constituant le verrou d'accès en Alsace du sud. De novembre jusqu'à la victoire finale, le lieutenant Hallo sera de tous les combats avec les « Isidores », indicatif radio de la 7e compagnie. Il y gagnera 4 citations, dont trois à l'ordre de l'armée et la Légion d'honneur au feu. La « charge aux phares » de Courtelevant et la résistance acharnée de la « ferme Camerone » lors de la bataille d'Orbey témoignent de l'ascendant du lieutenant Hallo sur ses hommes et de ses capacités manœuvrières. Le lieutenant Hallo s'illustre encore lors de la prise de Colmar et de la campagne d'Allemagne. Chef de section, adjoint au commandant d'unité, puis commandant de la 7e compagnie après avoir été promu capitaine, Jean-Pierre Hallo prend une part importante aux combats de la Libération.

Le 2 juillet 1945, le capitaine Hallo revient en Algérie avec son régiment qui a repris depuis la veille son appellation du temps de paix : 3e REI. Le 27 novembre, le capitaine Jean-Pierre Hallo se marie et un mois plus tard, il embarque pour l'Indochine. Il en reviendra deux ans plus tard avec deux nouvelles citations, ayant fait une fois encore la preuve de son courage et de ses qualités d'officier. A son retour à Sidi-Bel-Abbès, il se voit confier la responsabilité du service information de la Légion. Parmi ses nombreuses attributions, il devient le second rédacteur en chef de Képi-Blanc après le capitaine Gheysens et commande également les quelques 300 pionniers qui compte encore la maison mère à cette époque-là. En 1951, il quitte Sidi-Bel-Abbès pour Offenbourg où il a la lourde responsabilité d'assurer le recrutement de la zone Est. Nous sommes en pleine guerre d'Indochine et, après Saïda, il lui incombe à présent de canaliser le fort courant germanique qui alimente les unités engagées en Indochine. C'est à Strasbourg qu'il reçoit, le 12 décembre 1952, la rosette d'officier de la Légion d'honneur. Il se dépense sans compter pour la réussite de sa mission, mais une tuberculose, contractée sans doute en Indochine, a raison de sa santé. C'est sur son lit d'hôpital où il demeurera trois ans qu'il reçoit ses galons de commandant. Le 1er janvier 1958, remis sur pied, il prend les fonctions de chef du service du moral et des œuvres de la Légion étrangère, le fameux SMOLE, à qui des générations de légionnaires confieront la solde gagnée au péril de leur vie. Puis vient le « 13 mai » ; l'Algérie est en proie à la guerre et le commandant Hallo se trouve lancé dans la vie publique comme président du Comité de Salut Public « Algérie-Sahara » pour l'arrondissement de Sidi-Bel-Abbès. Mais en 1960, le chef de bataillon fait ses adieux à la Légion étrangère après 21 années passées dans ses rangs. Il lui revient, sur l'instruction de M. Messmer, ministre des Armées, de créer un magazine commun aux trois armées : ce sera TAM qui aujourd'hui poursuit une brillante carrière sous le nom de « Terre-Magazine ». Nommé lieutenant-colonel en 1965, puis colonel en 1970, il occupera différents postes administratifs avant d'être nommé général de brigade le 9 janvier 1975. Admis en deuxième section, le général Hallo, après avoir animé de longues années durant l'amicale de Nice, continue à se consacrer à la Légion en mettant sa verve, son érudition et sa connaissance des légionnaires au service de la revue qu'il a contribué à lancer.

The Camerone Farm

Between 9 and 15 December the RMLE became involved in vicious struggle to capture the village of Orbey and while the 5th Company of the 2nd battalion was positioned in the woods which dominated the village, the 7th Company, commanded temporarily by Lieutenant Hallo, installed themselves in two farms and secreted their sole remaining Sherman tank in one of the barns. The battalion headquarters had retired to the rear, and as the fighting intensified, the 7th company was surrounded. Rather than try to break out during the night, it was decided to hold on to their well protected positions after that 11 December which had already cost four killed and sixteen wounded.

So, the 7th company held on to its positions 200 m from the centre of the village; beside the road that followed the course of a stream, while to the east they were dominated by a ridge held by the Germans and they were totally cut off from their headquarters. The legionnaires mined the approach road from the village, placed observers along the stream, reinforced the cellars and generally fortified as best they could, and they still had their tank ready to intervene.

Within the farm movement was strictly controlled with white tapes marking the paths protected from enemy snipers by dead angles. On 13 December in spite of protests from Lieutenant hallo, the battalion commander decided to drive up to see them, but his arrival in a jeep supported by several armoured vehicle brought down a veritable hail of fire and the visitors were compelled taking their wounded with them.

A few hours later the 7th Company settled down for their third night in what had become "Camerone Farm", named after the famous Legion feat in Mexico in the 19th century when a small group held an isolated farm against overwhelming odds. Everything had become suspiciously quiet but then there was an alarm - which was triggered by one of the legionnaires bringing in a prisoner. Interrogated in German, the latter confired that the Germans had sent in officer cadets from Colmar to retake the place.

After a savage preliminary bombardment, the attack commenced, and a flare which lit up the night revealed an enemy company exiting from the woods. The machine-guns fired until hot, and the Sherman moved out of its shelter, its lights extinguished to move to take the enemy in the flank. Suddenly it switched on its searchlight and opened fire with all its weapons. At the farm the legionnaires beat off the attack with grenade and machine-gun.

The cellars were filling up with the wounded and the situation was becoming worrying, but what the denfenders did not know was that relief was on its way. Two rifle regiments attempted to fight their way through to Orbey, but the initial attack got bogged down. Then a second attempt succeeded and the defenders were able to withdraw and were sent back to recover, thereby the 5th and 7th Companies were reorganised each with two sections instead of the normal three.

The honorary utler of the Legion

Already in May 1940 Edmonde Charles-Roux had cared for the wounded of the 11th REI when she was a nurse with the 429 Ambulance unit. where she was wounded on 24 May and cited in Corps orders. Subsequently involved with the Resistance in Provence, she was asked by General de Lattre to join his staff after they returned to France, and was appointed welfare officer to the 5th Armoured Div. just before the battles of Colmar.

Thoroughly devoted she brought comfort to the men, among whom were the legionnaires who fascinated her, and on 10 March 1945, Edmonde Charles-Roux was nominated Honorary Sutler First Class of the RMLE, a unique distinction in the history of the Legion. Just before the troops entered Austria, her jeep hit a line, and again wounded, she received a second citation for the Croix de Guerre.

In 1989, in a grand ceremony at Aubagne she was invested with the insignia of a Chevalier of the Legion d'Honneur.

On 31 December two of the combat commands were pulled back to St. Dié to rest and refit where they received a number of visitors and built up their strength

The Germans too profited from the exhaustion of the Allies who had to pause to rebuild their stocks of supplies and reintegrate resistance fighters into their ranks, while the Americans were preoccupied with the counter-attack in the Ardennes. Hitler intended to use the pause to recapture Strasbourg while using Colmar to pin down the French forces.

On 5 January 1945, two battallions of young Germans from the nco training schools made a surprise crossing of the Rhine and the Legion had a job to contain them in bitter fighting that lasted until 21 January, in spite of support from US Thunderbolt fighter bombers.

On 20 January, however, the general offensive got underway again, and CC6, ordered to exploit eastwards, moved off towards Jebsheim. All their vehicles had been painted white and the men with their white parkas and

1945 : Prisonniers allemands à Colmar.

German prisoners at Colmar in 1945.

La bataille de Colmar

Le 31 janvier au soir, Colmar est largement débordée par l'est par le 21e CA US et, au nord, le 2e corps français a atteint le Rhin. Au sud-ouest, le CC 5 attaque en direction de Neuf-Brisach et du Rhin. Au sud, le CC 4 avec le 2/RMLE fait route en direction d'Andolsheim. De Lattre décide alors de s'emparer de Colmar. Ce sera la 28e DI US renforcée du CC 4 du colonel Schlesser qui attaquera la ville. Dans la nuit du 1er au 2 février, après s'être emparé d'Horbourg, le CC 4 remonte sur Colmar tous feux éteints pour rejoindre sa base d'assaut

au nord de l'agglomération. A un carrefour, le général Schlesser, commandant le CC 4, organise lui-même la circulation et fait presser le mouvement. A l'aube, toutes les unités sont en place. Le 2 à 7 h 00, le *109th Infantry Regiment* passe à l'attaque. Arrivé aux lisières de la ville, il s'efface et laisse au CC 4 l'honneur d'entrer dans Colmar. A 11 h 15, les premiers chars du détachement de Préval débouchent place Rapp. Colmar est libérée.

« *5 h 00 - La radio grésille des ordres : s'emparer de la partie de Colmar depuis la voie ferrée Mulhouse - Strasbourg (...). Nettoyer Colmar entre la voie ferrée de Mulhouse et Lauch (...). La fatigue semble tout à coup avoir disparu, il n'y a plus que des visages attentifs, tendus, penchés sur la carte, des yeux qui brillent, des sourires où se lit cette confiance réciproque qui fait la force de l'équipe qui va libérer Colmar...*

13 h 00 - Il s'engage alors des combats singuliers contre quelques îlots de résistance, menés par de petits groupes de légionnaires, à la mitraillette, à la grenade. L'adjudant Deleenher, qui a succédé au sous-lieutenant Torquebiau, est tué en pleine rue, dans un véritable duel avec un sniper *allemand...*

Ailleurs, c'est un groupe qui appelle par radio : il est cerné par une quarantaine d'Allemands. Un half track *fonce et le dégage. Plus loin, c'est Bruneau qui, guidé par un civil de Colmar, contourne avec son char un pâté de maisons pour réduire un nid de résistance. Il est tiré deux fois au* Panzerfaust, *deux fois manqué...*

Vers 17 h 00, dans la ville enfiévrée, le combat se tait, toute résistance cesse cependant qu'au clocher de l'hôtel de ville montent nos trois couleurs. »

La résistance opiniâtre des Allemands devant Neuf-Brisach ne vise plus qu'à permettre à un maximum d'éléments de la 19e armée de Rasp de repasser le Rhin. Mais de Lattre referme la nasse pour capturer un maximum d'unités ennemies. Le 5 février, la 12e DB US et la 4e DMM opèrent leur jonction à Rouffach, et le 8, en rencontrant la 2e DB partie du nord, elles verrouillent l'accès au Rhin.

Février 1945. Le défilé du 1er REC dans Colmar délivrée. En tête, l'automitrailleuse « Camerone ».

February 1945. The 1st REI parading through liberated Colmar, led by the armoured car "Camerone".

La charge d'Aspach

Aux côtés du RMLE, parmi les triomphateurs de Colmar, son frère d'armes, le 1er REC dont le parcours depuis les côtes de Provence n'est guère différent, si ce n'est dans les missions et dans l'emploi des moyens. Après une série d'opérations préliminaires au cours desquelles les escadrons s'aguerrissent en étant engagés séparément dans les *combat commands* qui attaquent l'ennemi dans les Vosges, devant Montbéliard et Belfort, le régiment est regroupé au sein d'un groupement interarmes placé sous le commandement du colonel Miquel qui doit opérer entre Montbéliard et la frontière suisse. Première étape, se frayer un passage par le combat sur le canal du Rhône au Rhin. Le 20 novembre, les éléments à pied le franchissent de vive force à Bretagne. Toutefois, les ponts étant obstrués ou détruits, les éléments blindés du groupement sont stoppés sur la rive ouest. Pendant deux jours, les Allemands contre-attaquent avec acharnement pour tenter de reprendre le village de Bretagne et le contrôle de ce qui reste du pont de Montreux-le-Château. Ils sont partout repoussés et les légionnaires s'accrochent avec acharnement à leurs positions.

Pendant que se déroulent ces combats meurtriers, les reconnaissances du 1er REC recherchent en vain vers le nord-ouest un point de franchissement. Appuyé par des blindés, l'ennemi réagit avec vigueur. Passé maître dans le combat antichar grâce à ses 88 PAK, ses *Jagdpanther* et ses *Panzerfaust*, il inflige de lourdes pertes matérielles au groupement. Finalement, en même temps que la 1re DB entre dans Mulhouse, il se replie définitivement au nord de la ligne d'eau, se couvrant par des mines et des destructions. Les 24 et 25 novembre, le 1er REC assure au complet la ligne de communication Seppois - Hirtzbach - Hirsingue - Altkirch que menacent gravement des *Kampfgruppen* de la brigade von Oppen. Puis, dépassant Altkirch, l'escadron commandé par le capitaine Renucci, en pointe du dispositif du régiment, s'empare par surprise, dans la nuit du 25 au 26 novembre, du village d'Aspach que les Allemands ont transformé en puissant centre de résistance. Abattis, barricades et mines ne peuvent rien contre l'audace des légionnaires qui enlèvent les points d'appui de toute leur puissance de feu. Ce jour là, le peloton du lieutenant Gautier joue un rôle important dans la libération du village. Subissant des tirs d'artillerie précis, se heurtant à de nombreuses résistances, il arrive cependant aux lisières du bourg qui semble calme.

« *Ambiance désagréable de* no man's land*, écrit le lieutenant Gautier. Seul dans la nuit d'encre, le bruit assourdi des bottes en caoutchouc... Un oued, un pont, une barricade... Deux légionnaires passent, puis une explosion qui semble monstrueuse dans la nuit hostile. Et de nouveau le silence d'où s'élève le râle d'un gosse de 18 ans qui est tombé les deux jambes arrachées, le ventre ouvert. On l'a emmené vite, un mouchoir sur la bouche... Il faut que les Allemands puissent croire que c'est un obus qui est tombé et non pas une de leurs mines qui a explosé. La patrouille arrive dans Aspach, village mort aux volets qui battent sinistrement. Une grosse barricade au milieu de la rue. Des tranchées sur la droite d'où sort un canon de mitrailleuse ; une lumière dans la première maison. La patrouille s'approche, ouvre la porte... et cinq Allemands bondissent par les fenêtres ? Dégelée de grenades, coup de mitraillettes ! Au moins, on sait que les Allemands n'ont pas évacué Aspach, du moins pas tous. On commence même à entendre beaucoup de bruit dans ce village qui paraissait si mort.* »

overgarments, moved like wraiths in the fog. Jebsheim was destined to be bitterly fought over, garrisoned with SS fanatics and men from the penal battalions and progress was counted in metres. Resupply was often by mule train as trucks and ambulances were an easy target, and an American infantry regiment and a French parachute battalion were thrown in to support the 3/RMLE. On both side the casualties were severe as the village was cleared house by house where civilians were mixed up with combatants. A young officer cadet who had been training for the priesthood got the nickname of the "Butcher of Jebsheim, because in the course of hand to hand fighting, his white garment was so bloodsoaked that he looked like a worker in a slaughter-house. The last few days in January saw an end to the slaughter as the last cross-roads to the south of the village was finally cleared of the remaining defenders, a job made more difficult because the legionnaires refused to flatten the house occupied by the civilian population. 500 Germans were killed in action and only 300 prisoners were taken - an indication of the nature of the fighting.

The Battle of Colmar

On the 31st January Colmar was largely contained from the east by an American division and to the north the II French Corps had reached the Rhine, while in the south, CC4 with the 2/RMLE was moving in the direction of Andolsheim. General de Lattre decided to take the town and entrusted the job to the US 28th Inf.Div. and the French of CC4. The latter moved to take up their positions with all vehicle lights extinguished and at dawn on 2 February everyone was in position. When the American infantry arrived in the suburbs, they hung back, letting the French have the honour of liberating the town which was completed by midday, except for minor skirmishing with the German rearguard, and by the evening the French flag fluttered from the town hall.

Fighting still continued around Neuf-Brisach but by the 8 February the Americans and French had closed up arm along the Rhine.

As well as the RMLE, among the victors of Colmar were their comrades of the 1st REC with whom they had advanced from Provence. They too were divided up among the various divisional combat commands for the battles between Belfort and Montbéliard after which they were integrated into an all-arms independant battle group to fight their way along the Swiss border. They then came up against the Rhine-Rhone canal over which all the bridges had been blown but they managed on 20 November to get some infantry across at a village called Bretagne. There they held on, repulsing violent enemy counter-attacks, while the reconnaissance units sought in vain for a crossing point for the armour. Finally the enemy retreated, leaving behind minefields and demolitions at the same time as the 1st Armoured Div. liberated Mulhouse.

The battle for the liberation of the village of Aspach was typical of the type of fighting that had to be conducted to drive the enemy out of the area. Arriving during the night of 25/26 November, the lead squadron surprised the village that had apparently been abandoned by the defenders. On a pitch dark night they stormed their way in, forcing the barricades in the streets. At dawn the following morning the Germans attempted to re-

Lieutenant Hallo

On numerous occasions, General Jean-Pierre Hallo, veteran of the Second World War and one-time editor of the Legion journal, *Le Képi Blanc,* confided his memories of the RMLE to print, but apart from being a talented raconteur, Hallo was a remarkable warrior of the Legion.

Born in Paris in 1915, Hallo entered Saint-Cyr in 1937 and two years later, having opted for the legion, he was posted to the 1st REI in Algeria. There he got to know "Monsieur Legionnaire" and ended up having to work with the Italo-German Armistice Commission.

Later he left for Senegal with the 4th DBLE and gained his baptism of fire in Tunisia commanding an anti-tank section. When in July 1943 the RMLE was formed he took his place in the 7th Company where he stayed until the final victory, ending up as it commanding officer and promoted captain. His headlight charge and the defence of Camerone Farm became legendary exploits

At the end of the war, Captain Hallo returned to Algeria with his regiment which took on its old title as the 3rd REI and was then transferred to Indo China. When he returned to the depot in Algeria he became responsible for the Legion public relations and later on, responsible for recruitment in Germany. He left the Legion in 1960, having founded the welfare organisation, and was asked by the War Minister to create an official magazine. In 1975 he received promotion to Brigadier and continued to serve the legion in various capacities.

Légionnaires du RMLE et du 1er REC en Alsace.

Legionnaires of the RMLE and 1st REC in Alsace.

Durant la nuit, les légionnaires harcèlent les défenses allemandes et entretiennent un climat d'insécurité permanent. La barricade de la rue principale est enlevée. Des éléments se sont infiltrés dans le dispositif allemand, bientôt renforcés par des chars et de l'infanterie. Au petit matin, les Allemands se ressaisissent, mais il est trop tard. Un combat de rue meurtrier s'engage :

« *Des bazookas ne permettent pas de faire approcher les AM. Il faut prendre ces maisons à tout prix, sans cela les chars ne passeront pas tout à l'heure. Le maréchal des logis Dermanian, le brigadier Terrier, le légionnaire Wajsbrot vont s'infiltrer par derrière ; ils attaqueront à la grenade. Les trois mitrailleuses vont être poussées à proximité immédiate pour abrutir, sinon tuer les Allemands qui répondent à coups de fusil aux propositions de reddition qu'on peut leur faire. Le premier, le légionnaire Sanchez tombe sur sa pièce, puis le légionnaire Nègre. Deux autres légionnaires rampent à côté d'eux, reprennent la pièce et le feu continue. Le maréchal des logis Dermanian et ses deux hommes, entrant par les greniers, ont pris pied dans le réduit de la défense. Ils ramènent 18 prisonniers qui sont unanimes à avouer l'effet de surprise du matin. Repartant et s'infiltrant encore plus avant, le maréchal des logis Dermanian, quoique blessé, se fait porter dans un grenier d'où il peut voir les emplacements de tir ennemis et, tandis que le brigadier Terrier continue à harceler l'ennemi, le légionnaire Wajsbrot rend compte à son officier de la manière dont est agencé le réduit de la défense allemande.* »

Une à une, les maisons transformées en nids de résistance sont réduites par les AM M8 ou l'infanterie d'accompagnement. Lorsque les chars du 1er RCA et la compagnie Gouttière du RMLE arriveront, Aspach est entre les mains du 1er REC. Authentique fait d'armes, la libération d'Aspach a cependant coûté la vie à 18 légionnaires.

Sans même prendre la peine de se reformer, les escadrons découplés poussent sur la Doller et parviennent par leur manœuvres, malgré le mordant de la 159e division d'infanterie appuyée par des *Hornisse* à couper une des lignes de retraite de l'ennemi. La bataille du Sundgau est terminée.

Pour la deuxième phase de la campagne d'Alsace, en décembre et en janvier, les escadrons sont remis à la disposition des groupements tactiques de la division. Comme les autres unités, ils subissent les rigueurs du climat et les coups d'un ennemi fuyant, parfaitement adapté à la configuration du terrain et qui veut croire encore en une improbable victoire.

Le 25 janvier 1945, le 1er REC est engagé dans la bataille de Colmar. Avec les *combat commands*, les escadrons participent aux combats du secteur d'Orbey ; ils appuient le 3/RMLE à Jebsheim, avec le CC 5 ils investissent la vieille citadelle de Vauban à Neuf-Brisach. Le 2 février, pour entrer dans Colmar, le régiment est regroupé aux ordres du colonel Miquel. Il prend part aux combats qui se déroulent au sud de la ville et termine le nettoyage de la poche par un raid sur les premiers contreforts des Vosges, établissant ainsi la jonction avec les éléments du 1er corps d'armée venant du sud. La mission est remplie en 36 heures. Traversant le Rhin à Chalampé et à Neuf-Brisach, puis faisant sauter les ponts, les Allemands refluent en désordre. Au cours de cette période de la « poche de Colmar », les escadrons se sont distingués à tour de rôle :

« *Le 2 février, tandis que l'escadron Boileau poursuit au cœur de la ville un nettoyage difficile et*

take the place and a murderous conflict ensued as the legionnaires held on, defending themselves with bazookas. Three legionnaires succeeded in getting into a house that formed the central strongpoint of the German defence, by breaking in through the roof space. From there they descended into the building, grenading their way from room to room. Finally the arrival of French tanks settled the issue and Aspach was free at a cost of 18 dead legionnaires.

For the next phase of the offensive the squadrons of the 1st REC were allotted to the divisional battle groups, where they too suffered from the rigours of the climate and an enemy still believing in an inevitable victory. On 25 January the regiment took part in the fighting around Colmar, supporting the 3/RMLE at Jebsheim and with CC5, surrounding the ancient fortress of Neuf-Brisach. On 2 February the regiment entered the town from the south and participated in winkling out the last defenders. The Germans themselves fled back in disorder across the Rhine, destroying the bridges as they left. The campaign had cost the Regiment 30 % of its effective strength.

Defend Strasburg

Since their march up the Rhone, the 13 DBLE had become perfectly integrated into the First French Army, where they took part in the fighting for Belfort, unaccustomed as those veterans from Africa were to trench warfare in wet and freezing cold. When the offensive restarted they captured the Ballon d'Alsace on 25 November, but at the end of December they were relieved and sent to the Atlantic coast where the Germans were still holding out to protect their submarine bases at Bordeaux, Royal and La Rochelle.

The advance of the panzers, racing towards Bastogne and the threat to Strasburg, brought about their recall to Alsace, which, against Eisenhower's wishes, de Gaulle was determined to defend with French troops. On 30 December the demi-brigade was back, at Baccarat, and they were thrown into the battle for the villages between Colmar and Strasburg. This bitter resistance broke the back of the German attack, and on 20 January the tables were turned by the 1st French Corps, which launched an offensive to the south of the Colmar Pocket Several of the companies by then had been reduced to an average of 35 men as they struggled to reduce the German strongpoints in the villages one by one.

On 3 February, however, there was a more agreeable task when the 13 DBLE and the 1st REC who had pushed the enemy back all the way to the Rhine, re-entered Colmar where the civilian and military authorities passed through the town before a rejoicing throng. A few days later the legionnaires in parade uniform received General de Lattre de Tassigny and two days later it was the turn of de Gaulle to review a magnificent parade which marked the end of the campaign in Alsace.

Légionnaires au repos.
Legionnaires at rest.

Hiver 1944-1945. Les légionnaires de la 13ᵉ DBLE qui n'ont pas abandonné leur célèbre béret kaki de Norvège participent à la défense de Strasbourg.

Winter 1944-5. Legionnaires of the 13th DBLE who were still wearing their famous khaki berets from Narvik, taking part in the defence of Strasburg.

1944-1945. Un légionnaire de la 13ᵉ DBLE en Alsace.

A legionnaire of the 13th DBLE in Alsace 1944-45.

réussit dans la nuit à rejeter l'ennemi dans les bois du sud, les escadrons Vignon et Saint-Sernin aux ordres du chef d'escadrons Battisti s'engouffrent dans Colmar, se portent d'un seul bond à six kilomètres au sud, bousculent en passant les défenseurs d'un pont et ceux du hameau de Bellevue, et entrent par surprise dans le village d'Eguisheim. Contre-attaqués au cours de la nuit, ils clouent sur place la totalité des éléments ennemis. Le 4 février, l'escadron Denardou, tête de l'avant-garde commandée par le chef d'escadrons Lennuyeux, enlève Osenbach ; les escadrons Boileau et Saint-Sernin nettoient Soultzmatt, une petite ville d'eau promise à la destruction par une soldatesque haineuse. Reconnaissants, les habitants de la cité décerneront le titre de citoyen d'honneur au colonel Miquel. Toujours à la pointe du combat, le 1ᵉʳ REC a perdu 30 % de son effectif au cours de cette campagne, dont 9 officiers. »

Défendre Strasbourg

Depuis la ruée à travers la vallée du Rhône, la 13ᵉ DBLE et les unités de la DMI, où Le général Garbay a remplacé le général Diego Brosset tué aux portes de l'Alsace, se sont parfaitement intégrées dans la 1ʳᵉ Armée française. Œuvrant d'un même cœur, vétérans de l'armée d'Afrique, Français libres et maquisards se battent devant Belfort. Pendant deux mois, sous la pluie, dans la boue, la demi-brigade pratique une guerre de positions à laquelle ses formidables chevauchées avec Montgomery ne l'ont pas habituée. Mais, récompense de leur abnégation, lorsque l'offensive reprend, c'est aux légionnaires de la 13ᵉ DBLE qu'il revient de s'emparer du Ballon d'Alsace le 25 novembre 1944. A la fin du mois de décembre, la demi-brigade est relevée du secteur est pour participer à la réduction des « Poches de l'Atlantique », camps retranchés qui protègent généralement les bases sous-marines de Bordeaux et La Rochelle ou Royan qui commande l'entrée de l'estuaire de la Gironde. Elle s'illustre tout particulièrement lors des combats de la Pointe de Grave.

1 et 2. Les combats sur le canal d'Alsace en 1945.

1 and 2. Fighting on the Alsace canal in 1945.

Mais la ruée des panzers de von Rundstedt vers Bastogne et la menace que Himmler fait peser sur Strasbourg rappellent la demi-brigade en Alsace. Car malgré l'avis contraire d'Eisenhower, de Gaulle a décidé de défendre l'Alsace avec des troupes françaises. Le 27 décembre, la demi-brigade est rappelée en Alsace pour participer à la défense de Strasbourg. Le 30, elle est à Baccarat. Dès son arrivée sur le théâtre des opérations, la demi-brigade doit faire face à une violente contre-offensive ennemie qu'elle contient au prix de très lourdes pertes dans les villages entre Strasbourg et Colmar transformés en autant de points d'appui. La 1re DIM borde l'Ill d'Erstein à Osterheim avec des avant-postes entre ce cours d'eau et le canal du Rhône au Rhin. Affaiblie, elle est en proie aux violentes attaques de la division « *Feldherrnhalle* » et de la *198. I.D.* Le 10 janvier 1945, les points d'appui de Rossfeld et de Herbsheim tenus par des éléments du Bataillon du Pacifique et de la 13e DBLE sont violemment attaqués. Malgré de lourdes pertes, les légionnaires et les coloniaux tiennent leurs positions sans flé-

Après la libération de Colmar, les autorités civiles et militaires traversent la ville.

After the liberation of Colmar, the civic and military authorities crossing through the town.

Le général de Lattre de Tassigny, commandant la 1re Armée française. Hiver 1944.

General de Lattre de Tassigny, commander of the First French Army. Autumn 1944.

---

chir. Cette résistance devant Strasbourg brise l'effort allemand et, le 20 janvier, le 1er corps d'armée déclenche une offensive au sud de la poche de Colmar. Le 23 janvier, le 1/13e DBLE libère le village d'Illhausern, à 15 kilomètres de Colmar, puis le 2e bataillon pousse vers le moulin du Ried avant d'être stoppé par une réaction ennemie. Cette résistance est réduite le lendemain matin et les légionnaires prennent pied dans le bois d'Elsenheim. À ce moment de la bataille, les 5e et 7e compagnies, fortement éprouvées, ne comptent plus res-

---

En Alsace, 1945. Le général de Gaulle remet les insignes de grand officier de la Légion d'honneur au général de Lattre de Tassigny.

Alsace 1945. General de Gaulle investing General de Lattre de Tassigny with the insignia of a Grand Officer of the Legion of Honour.

pectivement que 32 et 38 légionnaires encore en état de combattre. Au même moment débute la bataille de Jebsheim. Le 26 janvier, le 3e bataillon relève le 2/13 à bout de force. Le nettoyage du bois d'Elsenheim continue, mais les légionnaires se heurtent à un ennemi habile qui utilise toutes les ressources du terrain et sa science du combat pour faire payer très cher son inéluctable défaite. Le lendemain, afin de soulager le 3e bataillon, le 1/13 attaque au sud en direction de Grüssenheim et établit une tête de pont devant le village alors même que le CC 6 n'en finit pas de conquérir Jebsheim. Le 28, Grüssenheim tombe sous la pression du 1/13 et le bois d'Elsenheim est enfin nettoyé. Dans les jours qui suivent, la progression continue, cahotante, entravée par des nids de résistance. Néanmoins, la 1re DIM parvient à s'emparer de Marckolsheim et la tenaille se referme sur Colmar qui est libérée le 2 février. La bataille d'Alsace est terminée. Alors que la 13e DBLE se voit confier une autre mission, le 3 février, au milieu d'une foule en liesse, le RMLE et le 1er REC, après avoir pourchassé l'ennemi jusqu'au Rhin, reviennent à Colmar alors que les autorités civiles et militaires traversent la ville en liesse. Ils apportent l'éclat incomparable de la rigueur et de la tradition légionnaire. Le 8 février 1945, les légionnaires revêtent la tenue de parade pour accueillir le général d'armée Jean de Lattre de Tassigny, sous les ordres de qui ils sont fiers de servir. Ce lien tissé dans l'adversité entre le « Roi Jean » et les légionnaires ne se démentira jamais. Et plus tard en Indochine, le 2e BEP constituera une véritable garde prétorienne pour le général. Le 10 février, c'est au tour du général de Gaulle d'être à Colmar où il assiste à une prise d'armes et au défilé des blindés. Le 11, la 11e compagnie du RMLE est sur les rangs, place Kléber à Strasbourg. La campagne d'Alsace est terminée ; sur cette terre hautement symbolique, la Légion s'est montrée digne du sacrifice de ses anciens. Ses régiments : 13e DBLE, RMLE et 1er REC ont connu de lourdes pertes, mais ils ont véritablement saigné à blanc la *Wehrmacht* dans tous les secteurs du front où ils lui furent opposés. Pour chacun d'entre eux, le nombre de prisonniers capturés au combat ou qui se sont rendus représente plusieurs fois l'effectif du régiment.

Ci-contre : Les légionnaires de la 5ᵉ D.B. De part et d'autre du pilote de blindé du 1ᵉʳ R.E.C., les légionnaires du R.M.L.E. en tenue de combat et en tenue de parade. Tous les effets, les équipements ainsi que l'armement sont d'origine américaine. (Dessin de Perez y Cid.)

Ci-dessous : Peinture illustrant les combats du Corps expéditionnaire français en Italie.

Opposite : The legionnaires of the 5th (French) Armoured Div. : a tank driver of the 1st R.E.C., men of the R.M.L.E. in combat and parade dress. Note that all the clothing, equipment and weapons were American issue. (Drawing by Perez y Cid.)

Below : A painting illustrating the fighting by the French Expeditionary Corps in Italy.

A travers ces dessins de Charles Jean Hallo, père du lieutenant Jean-Pierre Hallo, nous retrouvons le légionnaire du R.M.L.E., celui de la « Grande Equipe », lors de la libération de la France.

Throughout the drawings of Charles Jean Hallo, father of the Lieutenant Jean-Pierre Hallo, can be seen the legionnaires of the RMLE, those who belonged to the "Grande Equipe", (the Big Team), during the liberation of France.

Le half-track, véhicule chenillé tout-terrain, entame une très longue carrière dans l'armée française. C'est le véhicule de base du régiment d'infanterie portée du type RMLE. Chaque compagnie en compte 17 en dotation organique.

The half-track enjoyed a long career in the French army. It was the motorised infantry regiments like the RMLE. Each company had seventeen of them on the war establishment.

Débarquement en Provence du RMLE.

The landing in Provence of the RMLE.

Tenue de Garde
hiver

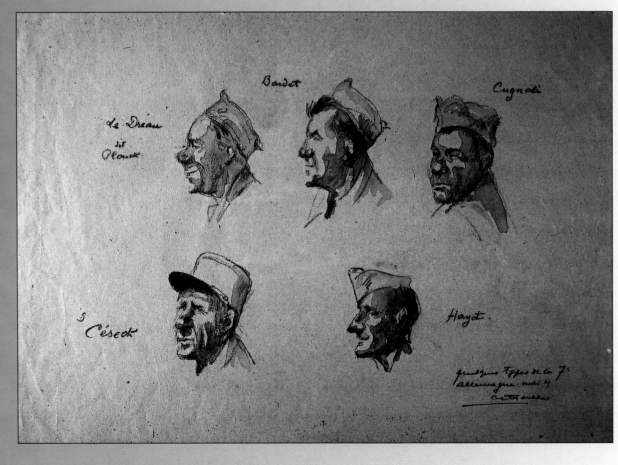

Le Dreau
dit
Plouck

Bardet

Cugnoli

S Césech

Hayet.

quelques types de la 7e
allemagne mai 4

Quelques portraits de légionnaires pris dans le vif de l'action par Charles-Jean Hallo.

Some sketched portraits of Legionnaires in the battle by Charles-Jean Hallo.

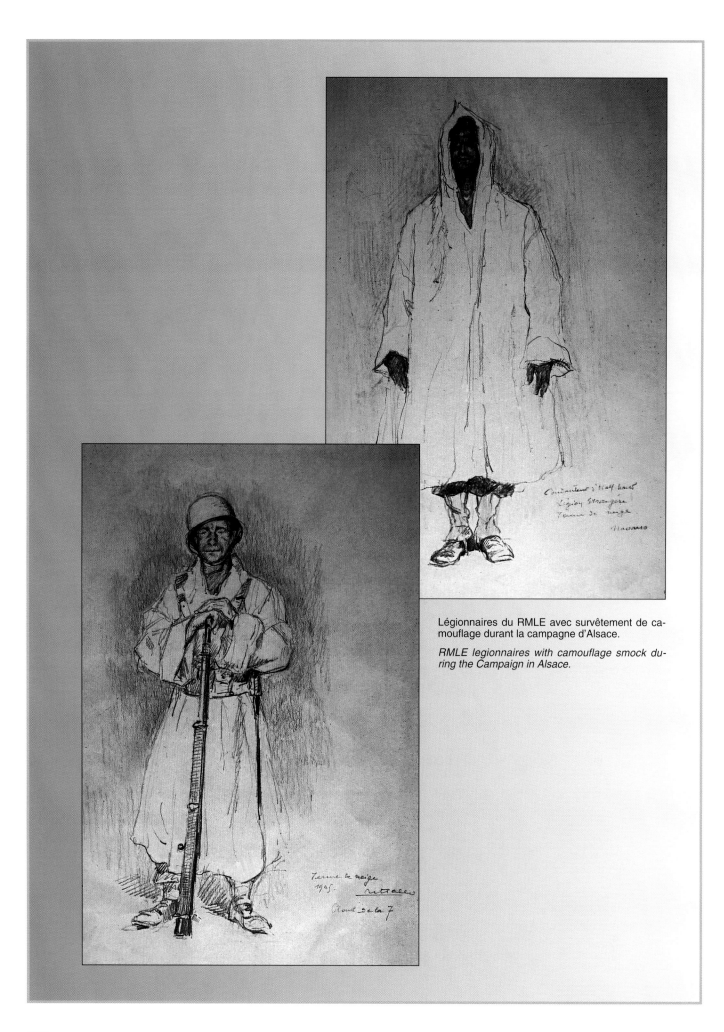

Légionnaires du RMLE avec survêtement de camouflage durant la campagne d'Alsace.

RMLE legionnaires with camouflage smock during the Campaign in Alsace.

La bataille de Jebsheim.
Janvier 1945.

The battle of Jebsheim. January 1945.

Passage de l'Ill pendant la
campagne d'Alsace durant
l'hiver 1945.

*Crossing the Ill during the
campaign in Alsace in winter 1945.*

La libération de Colmar.

The liberation of Colmar.

Etendard du 1er REC en 1945 avec les inscriptions des batailles de la 2e Guerre mondiale.

Flag of the 1st REC in 1945 with the names of the Second World War battles.

Les dogmes que l'on abat

*Le Drapeau brûlé, d'autres s'employèrent
Sommés de l'emblème du pays lorrain
Mais ce sont bien nos frères, les morts d'hier
Qui ont gagné la Paix de demain.
Ceux d'Aspach, de Sierck et du Bois d'Inor
Sont là dans les rangs des morts plus récents
D'Ulm, de Stuttgart, de Lindau, de Belfort
Morts pour la France qui vit par leur sang.*

Alain de Kergoër
11ᵉ REI - RMLE

Définitivement chassé d'Alsace, l'ennemi s'arc-boute maintenant sur les frontières du *Vaterland*. Pour cela, il s'appuie sur un obstacle naturel, le Rhin, et sur sur une zone fortifiée : la ligne *Siegfried*. Mais, dans la *Götterdämmerung* qui s'annonce, ceux-ci ne feront pas longtemps illusion.

Du Rhin à l'Arlberg

Dès le 15 mars, la 1ʳᵉ Armée porte le fer au cœur du système défensif allemand. Pour le colonel Miquel et le 1ᵉʳ REC, l'heure de la revanche a sonné. Le 20 mars 1945, le CC 6 qui comprend le 3/RMLE et le 4ᵉ escadron du capitaine Rastouil franchit la frontière à Scheibenhardt. Aux âpres combats des fantassins lors d'un hiver rigoureux succède, comme l'a appelée le général de Monsabert, « *la magnifique chevauchée d'un printemps radieux* ». La plaine de Bade-Würtemberg se prêtant particulièrement à une manœuvre de cavalerie blindée que la déliquescence de la *Wehrmacht* facilite.

« *Comme une avalanche que le soleil d'avril libère, les légionnaires à l'avant-garde de l'armée dévalaient, irrésistibles, vers le cœur de l'Allemagne. Il y avait encore les rudes combats, les engagements sévères qui demandaient l'extrême à l'homme et au matériel. Mais c'était des coups de boutoir qui enfonçaient chaque fois la porte de toute une région, l'exploitation profonde avec ses avances foudroyantes les enivraient de kilomètres et leur donnait conscience d'être vainqueurs. Il y avait ces villages occupés où ils étaient les maîtres, ces Allemands hier superbes qui rampaient serviles ; les prisonniers et déportés qu'ils rendaient à la vie, parce qu'anéantissant l'ennemi, ils les ressuscitaient.* »

Du 3 au 5 avril, après avoir percé les défenses de la ligne *Siegfried*, le 1ᵉʳ REC et le RMLE (3ᵉ bataillon) franchissent le Rhin à Spire et à Mannheim. Ensemble, leurs unités prennent part à la manœuvre d'investissement de Karlsruhe. Le 4 avril, le 1ᵉʳ escadron de chars légers du capitaine Saint-Sernin et le 2/RMLE entrent dans la ville

---

1 et **2.** Franchissement du Rhin en 1945.

3. Le colonel Miquel dans son AM de commandement à la fin de la campagne d'Allemagne en 1945.

1 and *2. Crossing the Rhine in 1945.*

3. Colonel Miquel in his command armoured car at the end of the campaign in Germany, 1945.

Le colonel Miquel, commandant le 1ᵉʳ REC durant les campagnes de la Libération.

Colonel Miquel, who commanded the 1st REC during the liberation campaigns.

1945 : Le 1ᵉʳ REC en Forêt Noire.

The 1st REC in the Black Forest in 1945.

qu'ils nettoient avec le groupement des bataillons de choc. Ce groupement s'empare ensuite de Königsbach où il subit une violente contre-attaque, mais parvient à se maintenir au prix de pertes sévères. Simultanément, le 2ᵉ escadron du capitaine Denardou est mis à la disposition du CC 5 du général Mozart. Poussant sur l'axe Bruchsal - Heilbronn, il atteint le Neckar dès le lendemain à Klingenberg et Nordheim, puis remonte le cours de la rivière sur la rive gauche et atteint Hofen-Waldheim et Lochgau les 8 et 9 avril.

« Le 8, le 1ᵉʳ REC, moins les 2ᵉ et 3ᵉ escadrons, est mis à la disposition du CC 6. Après élargissement de la tête de pont Enzberg-Mülhausen, l'escadron de tête (le 5ᵉ) s'empare de Gross-Glattbach à la tombée de la nuit. Après une violente préparation d'artillerie, l'ennemi contre-attaque en force. Il est anéanti par la fameuse charge du lieutenant Celier : déployés en ordre de bataille, les chars légers, crachant le feu, s'enfoncent dans le flanc des compagnies allemandes et les clouent sur place. En quelques minutes, le plateau est jonché de cadavres. Les 9 et 10 avril et jours suivants, l'ennemi réagit violemment et c'est une série de sévères actions locales qui n'ont d'autre résultat que de consolider la tête de pont. »

Le 8, c'est aussi la prise de Pforzheim et le déboulé sur la Forêt-Noire. Escadrons et bataillons rivalisent de prouesses et prennent des villes, des villages sans coup férir. C'est l'époque de toutes les audaces : des lieutenants de 20 ans s'emparent des bases d'aviation ou capturent des généraux avec une poignée de légionnaires. Le 15 avril, le 1ᵉʳ REC - moins les 3ᵉ et 4ᵉ escadrons - est mis à la disposition du CC 5. Le 16, ses escadrons reconnaissent Ettmansweiler, mais sont arrêtés devant Altensteig avant de contourner ce village dans la nuit. Au lever du jour, le sous-groupement Miquel atteint le Haut-Neckar ; les bataillons du RMLE bousculent l'ennemi à Calw, Na-

gold et Horb, puis s'emparent de Freundenstadt. Du 18 au 24 avril, le sous-groupement ne cesse de manœuvrer et, rien que dans la journée du 18, ses reconnaissances enlèvent 15 petites villes ou gros bourgs. Le 19, le peloton de Montplanet s'empare par surprise du pont sur le Neckar à Tübingen, au moment où les Allemands vont le détruire. Ne disposant pas d'une infanterie suffisante, les cavaliers de la Légion marquent une pause devant Reutlingen puissamment fortifiée. Le 20, après une manœuvre de diversion du détachement Denardou vers le nord, le groupement en entier attaque au sud et à l'ouest, réduisant les résistances et enlevant la localité qui arbore des draps et des linges blancs sur toutes les façades ; les habitants, victimes de leur propagande, avaient appris qu'ils avaient affaire à la Légion ! Le 24 avril, le CC 5 établit la liaison avec les éléments d'avant-garde de la 1re DB.

Légionnaires du RMLE en Allemagne en 1945.

Legionnaires of the RMLE in Germany, 1945.

Allemagne 1945. Les automitrailleuses du 1er REC foncent vers Stuttgart.

Germany 1945. The armoured cars of the 1st REC advancing towards Stuttgart.

Automitrailleuse du 1er REC en Allemagne (1945).

Armoured cars of the 1st REC in Germany, 1945.

155

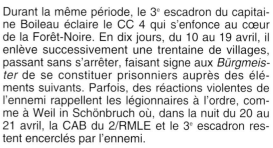

Durant la même période, le 3e escadron du capitaine Boileau éclaire le CC 4 qui s'enfonce au cœur de la Forêt-Noire. En dix jours, du 10 au 19 avril, il enlève successivement une trentaine de villages, passant sans s'arrêter, faisant signe aux *Bürgmeister* de se constituer prisonniers auprès des éléments suivants. Parfois, des réactions violentes de l'ennemi rappellent les légionnaires à l'ordre, comme à Weil in Schönbruch où, dans la nuit du 20 au 21 avril, la CAB du 2/RMLE et le 3e escadron restent encerclés par l'ennemi.

De son côté, du 14 au 20 avril, le 4e escadron remplit également une mission d'éclairage au profit du CC 6 d'abord dans la boucle du Neckar, lors du franchissement de la Schönbuch, puis dans la progression vers Stuttgart. C'est au cours de cette progression si rapide que le lieutenant Olié, après

Unité du RMLE en Allemagne (1945).
A unit of the RMLE in Germany.

Half-track du RMLE dans la région d'Ulm.
Half-track of the RMLE in the Ulm area.

avoir détruit la valeur de deux compagnies allemandes surprises sur la route, enlève à la tête de son peloton d'automitrailleuses le terrain d'aviation et le village de Plieningen.

Rien n'arrête la ruée des blindés français comme en témoigne ce compte rendu provenant du 1/RMLE :

« Le sous-groupement a pu s'approcher à l'abri d'une ondulation de terrain. Un escadron entier avec ses 17 chars et les 17 half-tracks de la compagnie de Légion ont pu être déployés en bataille, deux pelotons en tête et un en réserve. Les chars foncèrent dans cette formation vers le village, suivis des half-tracks tirant de toutes leurs pièces. Le village fut pris ainsi, à la hussarde ! »

Dans cette campagne de cavaliers où le général de Lattre a reproduit la manœuvre de Napoléon à Ulm, l'infanterie trouve néanmoins à s'employer. Combats urbains ou en campagne, les nids de résistance ne manquent pas ; et s'il n'y a plus guère d'affrontements entre grandes unités, les duels ou

Village allemand en 1945.
German village in 1945.

1945. Investissement d'un village allemand où se dissimule une résistance.

Surrounding a German village in which opposition is anticipated. 1945.

---

les engagements au niveau du groupe ou de la section ne manquent pas.

Le 21 avril, le 4ᵉ escadron du 1ᵉʳ REC et les 2ᵉ et 3ᵉ bataillons du RMLE entrent dans Stuttgart. Le 23, le sous-groupement Miquel franchit le Danube à Sigmaringen où a été emmené le Maréchal Pétain et où se sont réfugiés Laval, les membres de son gouvernement fantoche et les principaux collaborateurs des Allemands. Les deux régiments repartent alors vers le sud à la poursuite des divisions battues en Forêt-Noire qui sont signalées sur l'axe Donaueschingen - Bodensee. Le 1ᵉʳ mai, les éléments de reconnaissance du 1ᵉʳ REC pénètrent en Autriche. Le 2, ils sont suivis par le RMLE. Après avoir pris Friedrichshafen, Lindau et Bregenz, les légionnaires s'enfoncent dans le Vorarlberg et dans l'Arlberg, Dornhim, Feldkirch, Bludenz marquent les étapes de la progression en Autriche où il faut briser une assez vive résistance des unités SS. Le 5 mai à Brandt, le peloton Barbey du 1ᵉʳ REC capture le ministre von Neurath et les généraux von Mackensen et von Bosch. La capitulation allemande du 8 mai 1945 trouve les deux unités de Légion sur l'Arlberg.

« Hirondelle 30 à tous :

Par ordre du gouvernement français – Hostilités cessent pour compter du 8 mai 1945 à 0 h 41 - Opérations offensives cessent dès maintenant – Mouvements d'occupation continuent. »

L'heure est désormais aux honneurs, mais aussi aux adieux à la 5ᵉ DB. Le 20 mai, le général de Gaulle vient passer les troupes en revue à Obersdorf, au pied des Alpes autrichiennes ; en même temps, le 1ᵉʳ REC regagne l'Algérie. Le RMLE participera encore au triomphal 14-Juillet 1945 aux côtés de la 13ᵉ DBLE avant de rentrer en Afrique du Nord où, comme son glorieux prédécesseur, il redeviendra le 3ᵉ REI.

The dogmas we defeated

Finally chased out of Alsace, the Germans busied themselves with defending the frontiers of their *Vaterland,* behind the natural barrier of the Rhine and the fortified zone of the *Westwall,* in an attempt to postpone the inevitable defeat.

From the Rhine to the Arlberg

On 15th March the First French Army carried the war into the heart of the enemy's defences and 5 days later CC- including the 3/RMLE crossed the frontier, as memories of bitter winter combats gave way to an advance in magnificent spring sunshine across the plain of Baden-Wuertemberg which was ideal for mobile mechanised warfare. Between the 3 and 5 April, the Ist REC and the 3/RMLE crossed the Rhine at Mannheim and together took part in the advance towards Karlsruhe which they entered on the 4th. Afterwards the 2nd Squadron advanced towards Heilbronn and the Neckar river. They still faced determined opposition but if a strictly local nature and no longer organised as they took town after town with white sheets flapping from the windows. On 8 April Pforzheim was taken and the advance into the Black Forest began. This was a period of audacious mobile advances by small groups of light cavalry pushing the opposition aside and on 18 April, a troop rushed a bridge over the Neckar at Tubingen which the Germans were just about to demolish.

On 21 April the legionnaires entered Stuttgart and two days later a section crossed the Danube at Sigmaringen, last refuge of the Vichy government. They then headed south towards Austria, crossing the frontier on I May via Lake Constance and a few days later, capturing the Nazi, Baron von Neurath, and two senior generals. The surrender on 8 May found the legionnaires advancing into the Arlberg region where they said farewell to the 5th Armoured Division. There was a final parade on 20 May when they were reviewed by General de Gaulle and then it was time for the Ist REC to return to North Africa. The RMLE joined with the 13th demi-brigade in taking part in the grand victory parade in Paris on 14 July, before they too returned to Africa to become once again the 3rd REI.

The Authion Mountain Range

On 1 March 1945 the 13th DBLE, which suffered more than 1.000 killed or wounded in the Alsace campaign was reorganised and left for the region of Nice and Cannes on 11 March. There, in the spring of 1945, there remained a minor and forgotten war in progress in the Alps, and Paris decided to send in the demi-brigade with its mountain troop origin. Contained largely by Resistance fighters, the enemy was still quite aggressive and it was necessary to reinforce the Army of the Alps. Built back up to a full strength of 2.700, the 13th DBLE paraded at Nice where, in brilliant sunshine on 9 April, de Gaulle pinned the Cross of the Compa-

1. Officier du RMLE.

2. Légionnaire du RMLE surveillant un village allemand après la capitulation du 8 mai 1945.

3. L'étendard du 1er REC, 1945.

1. An officer of the RMLE.

2. A legionnaire of the RMLE observing a German village after the surrender on 8 May 1945.

3. The colour of the 1st REC, 1945.

nions of the Liberation to the flag of the first Free French regiment. Three days later the demi-brigade took over the sector of the frontier facing the Authion range, facing a german mountain division and Italian Alpini troops of the *Littorio* Division whom the 13th had already encountered at Halfaya. The summits rose as high as 2.500 metres and on 13th April, the three battalions advanced through thick fog, gradually dispersing the enemy before being relieved on 29 April just as the enemy resistance was slackening off.

When the survivors of the 13th marched down the Champs Elysees in their white képis at the famous slow pace of the Legion, that marked the end of a magnificent chapter in the history of the Legion.

The Ribbon of the Order of the Liberation

In response to the wishes of the veterans of the Free French, Jacques Chirac, President of the Republic, was asked to create a ribbon in the green and black colours of the Order of the Liberation to be attached to the flags of the 18 units, warships and air force squadrons which had received the decoration.

A large crowd assembled on 18 June 1996 to witness the ceremony at the Fighting France memorial at Saint-Valerian in Paris to commemorate General De Gaulle's call to the nation and the award of the ribbon to the commanders of the units to whose flags were pinned the Order of the Liberation. Among them the commanding officer of the 13th DBLE with their flag and its colour guard, the very first Free French unit.

1.059 Companions of the Liberation were nominated up to the end of the war, of whom 238 were posthumous. The 13th DBLE numbered several Companions within its ranks, two of whom were killed leading the regiment, Lt.Col Amilakvari and Lt.Col Brunet, in Indo China in 1948.

4. 14 juillet 1945. Le drapeau du RMLE quelques instants avant le défilé sur les Champs-Elysées.

4. 14 July 1945. The flag of the RMLE a few moments before the start of the victory parade.

5. L'étandard du 1er REC tenu par le colonel Miquel, chef de corps, est décoré de la Croix de guerre 1939-1945.

5. The flag of the 1st REC holded by Colonel Miquel, commanding officier, is awarded with the War Cross 1939-1945.

9 avril 1945. Le drapeau de la 13ᵉ DBLE à Nice.

9 April 1945. The flag of the 13th DBLE at Nice.

Nice le 9 avril 1945. Le général de Gaulle remet au drapeau de la 13ᵉ DBLE la croix de Compagnon de la Libération.

Nice, 9 April 1945. General de Gaulle pinning the Cross of a Companion of the Liberation on the flag of the 13th DBLE.

Le massif de l'Authion

Le 1ᵉʳ mars 1945, la 13ᵉ DBLE est administrativement reconstituée sous le commandement du lieutenant-colonel Saint-Hillier. Mais la demi-brigade qui aurait tant souhaité participer à l'hallali n'aura pas cette chance. Décimée – elle a perdu plus de 1 000 tués et blessés au cours des combats en Alsace, dont 700 rien que pour la période du 24 au 28 janvier –, elle quitte l'Alsace le 11 mars et s'installe le 15 dans la région de Cannes et Nice. Car, au printemps 1945, il reste un petit bout de guerre oublié dans les Alpes et l'on se souvient opportunément à Paris de la vocation montagne originelle de la demi-brigade. En fait, face aux BCA issus des maquis et équipés de bric et de broc, il s'agit d'un front que l'ennemi tient solidement et où il se montre agressif. Il est donc nécessaire de renforcer les unités de « l'armée des Alpes » par une formation aguerrie.

C'est donc sur le massif de l'Authion, dans les Alpes du Sud, que la 13ᵉ DBLE va livrer son dernier combat de la guerre. En priorité, les unités se réorganisent et incorporent les renforts d'Afrique du Nord afin de retrouver un effectif de 2 700 hommes. Le 9 avril, « *tandis que là-haut le canon tonne, à Nice c'est la parade sous un soleil éclatant. Sur les quais du port, le général de Gaulle remet au drapeau du premier régiment des Forces françaises libres, la 13ᵉ DBLE, la croix de Compagnon de la Libération et termine ainsi l'inspection du nouveau front d'attaque. Une petite foule se presse pour applaudir ces nouveaux venus... de si loin !* » Le 12 avril 1945, la « 13 » qui était cantonnée en réserve dans la région de Levens et de la Turbie relève les unités de la 4ᵉ brigade sur les lignes de crêtes de l'Authion où le front s'est stabilisé. En face, la 34ᵉ division de montagne allemande et les *Alpini* de la division italienne *Littorio* que les

La 13ᵉ DBLE retrouve dans le massif de l'Authion la division italienne « Littorio ». Comme en Norvège, c'est la guerre de haute montagne près de Nice.

The 13th DBLE encountered the Italian division "Littorio" in the Authion mountain range. As in Norway, it was mountain warfare around Nice.

légionnaires ont déjà vaincu à Halfaya. Jusqu'au 30 avril, ces unités se battent pour la possession de sommets qui culminent à 2 500 mètres. Comme en Norvège, c'est la guerre de haute montagne.

« La 13ᵉ DBLE a pour mission de poursuivre l'action et, une fois la percée réalisée, de continuer jusqu'à la vallée de la Roya rappelle son ancien chef de corps, le général Saint-Hillier, grand croix de la Légion d'honneur et Compagnon de la Libération. Elle dispose de trois bataillons : le BM 21, les 2/13 et 3/13. Ils ont chacun pour axe d'attaque une ligne de crêtes : cime de Causse et cime de Pézurbe au nord pour le BM 21 ; col de la Secca, Colla Bassa, cote 1120 pour le 3/13 et dans le sud, mont Giagiabella, Ventabren, l'Arbouin pour le 2/13. Ces trois axes sont séparés par de profondes vallées aux pentes abruptes : vallée de Cairos, vallon Saint-Anne. Les bataillons ne peuvent donc s'épauler mutuellement et doivent agir indépendamment l'un de l'autre. La progression se fait à pied, lente et pénible, avec certes des mulets, mais les muletiers ne valent rien, les animaux renâclent, se blessent, les bâts sont perdus ou cassés, le matériel est donc porté à dos. De plus, les pistes de montagne sont truffées de ces petites mines italiennes contenues dans des coffrets de bois qui les rendent indétectables... »

Le 13 au matin, les opérations se développent, gênées par une brume épaisse qui empêche les sorties de l'aviation et l'observation des tirs d'artillerie. Néanmoins, les légionnaires du lieutenant Geoffrey s'emparent de l'ouvrage de la Beole, puis le 15 avril, le 2/13 se rend maître de l'Arbouin et le BM 21 coiffe la cime de Causs. Le 18, après avoir été pris et perdu à trois reprises, Colla Bassa est enfin libre d'ennemis. Tous les objectifs sont atteints mais, dans les jours qui suivent, les Allemands et les *Alpini* lancent de violentes contre-attaques qui obligent le colonel Saint-Hillier à resserrer son dispositif. C'est en particulier le cas de la 6ᵉ compagnie qui est violemment attaquée sur la cime de Pézurbe. Son dispositif est orienté vers l'est, mais l'ennemi venant de l'ouest surgit dans son dos. Après un dur combat, les légionnaires restent tou-

tefois maîtres du terrain. Enfin, le 25 avril, la demi-brigade est relevée par le 29ᵉ RTA au moment où la résistance allemande s'effondre.

Seul manque le 1ᵉʳ bataillon qui, le 26 avril, pénètre en Italie par un mauvais chemin qui remonte la vallée de Castiglione jusqu'à Barache. Les légionnaires fêtent Camerone en Italie, dans le village de Vinadio. Mais le 4 mai, il a l'ordre de regagner Levens et le calme revient sur les montagnes en attendant un armistice que tout le monde sait très proche. La longue route de la 13ᵉ DBLE est terminée. Le 18 juin 1945, les survivants défilent en képi blanc sous l'Arc de Triomphe et descendent les Champs-Elysées derrière leur glorieux drapeau au pas lent de la Légion.

« A ces hommes là on n'avait promis ni récompenses ni honneurs

On ne leur avait offert que les souffrances et la mort

Et pourtant, ils avaient accepté de ramasser les tronçons du glaive. »

Combats dans le massif de l'Authion (13ᵉ DBLE).

Fighting in the Authion mountains (13th DBLE).

1. Les bâtiments du camp de Cabanes-Vieilles.

2. L'ouvrage de La Beole qui bloqua la progression du 3ᵉ bataillon de la 13ᵉ DBLE.

3. Le monument élevé à la gloire des troupes françaises qui combattirent sur ce front oublié de la guerre.

1. The camp buildings at Cabanes-Vieilles.

2. The La Beole fort which blocked the advance of the 3rd Battalion of the 13th DBLE.

3. The monument erected to commemorate the French forces who fought on that forgotten front.

Dernier moment de détente sur les Champs-Elysées avant le défilé de la Victoire le 14 juillet 1945.

A last moment to relax before the victory parade on 14 July 1945.

14 juillet 1945. La 13ᵉ DBLE défile sur les Champs-Elysées.

14 July 1945. The 13th DBLE parading on the Champs Elysees.

La fourragère de l'ordre de la Libération

Répondant à l'attente des anciens de la France libre, dès le début de son septennat, le Président de la République Jacques Chirac demandait à ce que soit créée une fourragère aux couleurs vert et noir de l'ordre de la Libération pour les 18 unités, bâtiments de guerre et formations aériennes décorés de cette distinction.

Ceux qui ont contribué à l'obtention de cette très haute distinction pour leur unité en conçurent une légitime fierté et, associant dans un même hommage leurs camarades tombés pour la libération du pays, ils se pressèrent nombreux au mémorial de la France combattante du Mont-Valérien le 18 juin 1996 pour assister, lors de la cérémonie traditionnelle commémorant l'Appel du général de Gaulle, à la remise solennelle de cette fourragère aux chefs de corps des unités dont les emblèmes portent, épinglée à leur cravate, la croix de la Libération. Parmi eux, le colonel commandant la 13ᵉ demi-brigade de Légion étrangère accompagné du drapeau et de sa garde. Cette distinction honorait celle qui fut la première unité constituée des Forces Françaises Libres, répondant ainsi pleinement à la définition du général de Gaulle lors de la création de l'ordre le 16 novembre 1940 à Brazzaville : *« pour récompenser les personnels ou collectivités civiles et militaires qui se seraient signalées d'une manière exceptionnelle dans l'œuvre de libération de la France et son empire. »*

1 059 Compagnons de la Libération furent nommés jusqu'à la fin de la guerre dont 238 à titre posthume. Parmi eux, 96 tomberont au combat ou en service commandé. C'est ainsi que la 13ᵉ DBLE compta de nombreux Compagnons de la Libération dans tous les grades, du colonel Magrin-Vernerey au simple légionnaire. Deux d'entre eux, le lieutenant-colonel Prince Amilakvari et le lieutenant-colonel Brunet de Sairigné, le second en 1948 en Indochine, tombèrent à la tête de la 13ᵉ DBLE.

Menaces sur l'Indochine

1936 : Légionnaires du
Tonkin.

*Legionnaires from Indo-
China, 1936.*

Excursion de cadres du
5e REI sur les hauts-
plateaux annamites.

*Officers from the 5th
REI on an outing in the
mountains of Indo-Chi-
na.*

Septembre 1939... La nouvelle de la déclaration de guerre parvient au Tonkin comme un écho assourdi du tonnerre. L'Indochine est calme. La colonie mobilise sans hâte ni passion : on est à 12 000 kilomètres de l'Europe ! Seul l'état de guerre entre la Chine voisine et le Japon pourrait paraître inquiétant. Mais voici que la fortune des armes a basculé. La France demande l'armistice. Soudain, le 22 septembre 1940, à minuit, les troupes du *Mikado* tentent un premier coup de force et attaquent les postes de la frontière sino-tonkinoise. Elles marchent ensuite sur Langson où la garnison du fort Brière de L'Isle est constituée par le 2/5ᵉ REI.

Le régiment du Tonkin

Créé en 1930 à partir des bataillons formant corps du 1ᵉʳ Etranger présents sur le territoire, le 5ᵉ régiment étranger d'infanterie, malgré ses bataillons dispersés sur l'ensemble du Tonkin, est une unité aguerrie formée de vétérans du Maroc et du Levant, et qui dispose d'une puissance de feu importante pour la région. Régulièrement, le régiment entretient son potentiel opérationnel en participant à des exercices ou à des manœuvres de grande envergure. Parfois, comme ses aînés de la conquête, il lui faut courir sus aux brigands, dignes émules des Pavillons-Noirs, ou mater une révolte nationaliste du VNQDD (*Vietnam Quoc Dang Dang*). On emprisonne son leader Nguyen Thaï Hoc et voici que surgit Nguyen Aï Quoc que l'Histoire retiendra sous le patronyme de Ho Chi Minh. Les premiers drapeaux rouges à l'étoile jaune font leur apparition... Mais, en 1940, une union de circonstance non dépourvue de méfiance s'établit entre les communistes, les nationalistes et les Français. Il faut lutter contre le Japon...

1. Scène de la vie quotidienne du 5ᵉ REI avant guerre.

2. Eclaireurs à cheval du 5ᵉ REI (Tonkin 1939).

1. A pre-war view of the daily life of the 5th REI.

2. Mounted scouts of the 5th REI in Indo-China, 1939.

Le légionnaire du Tonkin

Dispersés sur toute l'étendue du territoire tonkinois, les bataillons des 1ᵉʳ et 2ᵉ Etrangers sont habillés des mêmes effets qu'utilise la Légion étrangère en Algérie à la même époque. Les effets en toile kaki clair sont généralement du modèle colonial 1901. Toutefois, les tenues sont le plus souvent improvisées selon les lieux géographiques et les circonstances.

Avec la création du 5ᵉ régiment étranger d'infanterie en 1930, l'uniformisation des tenues se généralise autour du descriptif établi le 1ᵉʳ septembre 1923 par l'intendance. Toutefois, plusieurs modificatifs interviendront jusqu'en 1940 et l'interruption des relations avec la métropole. Le légionnaire dispose d'une collection d'été en toile kaki clair et d'une autre, d'hiver, en drap kaki moutarde. Les vareuses sont du modèle 1920, les pantalons-culottes du modèle 1922. La capote du modèle 1920 demeure inchangée. Cette tenue « d'hiver » est surtout utilisée en Haute-Région, sur la frontière de Chine quand l'humidité et les brumes hivernales transpercent les vêtements des légionnaires des postes installés dans les calcaires. Bandes molletières kaki et brodequins modèle 1917 complètent cette tenue. Malgré la restitution du képi de tradition modèle 1926, modifié en 1932, le casque colonial demeure la coiffure du légionnaire du Tonkin. Le modèle en usage est encore du type ancien, mais il est directement recouvert de toile coton kaki clair. Dès lors, les anciens casques blancs ne servent plus que pour la tenue blanche. Un nouveau modèle de casque colonial, de forme basse avec de larges bords légèrement inclinés, est réglementé par décision ministérielle du 10 décembre 1931. Mais ce n'est qu'en 1934 que l'ensemble du régiment en sera pourvu.

Avec l'adoption en automne 1935 du drap kaki foncé, l'uniforme d'hiver subit à nouveau quelques modifications et surtout un changement de couleur plus ou moins justifié. On notera toutefois que des effets des collections précédentes sont encore en usage en 1940. A partir de 1938, lors des prises d'armes, on commence de plus en plus à coiffer le képi de tradition sans toutefois la coiffe blanche. Le légionnaire continue à toucher en supplément les deux pantalons de toile kaki clair et l'ensemble blanc de sortie. Ce dernier est également porté à l'occasion des grandes cérémonies militaires : Camerone, 14-Juillet ou serment au drapeau. Depuis 1935, la vareuse blanche est de coupe identique à celle de toile kaki clair, le collet est rabattu en pointe. Un casque colonial de modèle 1931 en toile coton de couleur blanche accompagne l'ensemble blanc. En 1938, le 5ᵉ Etranger s'équipe de la petite tenue d'exercice d'été composée du casque colonial, d'une chemisette et d'un short en coton léger kaki clair. Des chaussettes hautes kaki et des chaussures basses en cuir fauve complètent l'ensemble colonial. En campagne, l'armement et les équipements sont ceux des régiments d'infanterie métropolitains.

Cette tenue du 5ᵉ Etranger comporte plusieurs particularités et attributs distinctifs. Ainsi, en 1935, sous les ordres du colonel Despas, un attribut de casque est adopté. L'insigne, de fabrication locale, en laiton, se présente sous la forme d'une grosse grenade à sept flammes dont deux en retour. L'intérieur de la bombe est estampé du numéro 5 propre au « régiment du Tonkin ». Toutefois, si les attributs sont ceux des régiments étrangers, le collet haut de la tenue blanche, les écussons sur toile blanche à soustaches et numéro vert constituent une tolérance du moment qui perdurera presque jusqu'à la fin de la guerre d'Indochine.

1. Pièce de 75 mm du 5ᵉ REI et son équipe de tir avant guerre.

2. Canon de 75 mm du 5ᵉ REI servi par des auxiliaires indigènes en action en 1939.

1. A 75 mm gun from the 5th REI with its crew, pre-war.

2. A 75 mm gun of the 5th REI served by native auxiliaries, in action in 1939.

Entraînement des tirailleurs anamites - Tonkin 1939.
Training of Anamite riflemen in Indo-China 1939.

A Langson, les Japonais se heurtent à un dur morceau. Non seulement les légionnaires tiennent, mais ils contre-attaquent. Sentant que la situation n'est pas encore mûre, les Japonais n'insistent pas, libèrent les otages et s'en tiennent à des négociations plus raisonnablement profitables.

Stoppé au Tonkin, l'Empire du Soleil-Levant encourage le Siam, l'actuelle Thaïlande, à exercer son hégémonie sur toutes les régions thaïs de l'Indochine française. Redoutable par son nombre et l'armement moderne dont l'a abondamment pourvue le Japon, soutenue par une aviation active et disposant d'une flotte importante, l'armée thaïlandaise attaque le 16 janvier 1941 sur la frontière dans le secteur de Phoum Preav. Les unités siamoises se heurtent aux 1er et 5e bataillons du 5e REI. Des combats dans la jungle dense qui préfigurent déjà les drames de la guerre d'Indochine. Le 3/5e REI du commandant Belloc supporte le gros du choc. Pendant plus de huit heures, les compagnies soutiennent une lutte inégale contre les blindés et l'infanterie d'accompagnement thaïlandais. Mortiers de 81, canons de 25 et mitrailleuses *Reibel* battent efficacement le terrain. Le capitaine Chalvidan est tué, le lieutenant de Cros Perronard également...

« Nos armes automatiques crachent à bout portant. Le canon de 25, gêné d'abord par les arbres, peut enfin prendre sous son feu, à 300 mètres, un char qui, en trente secondes, est mis hors de combat. Un deuxième, puis un troisième engin blindé sont atteints. Dans cette lutte inégale, une fois encore l'héroïsme de la Légion sauve la situation. La section de mitrailleuses d'Helmreich prend de front et d'enfilade, à 200 mètres, les fantassins thaïlandais qui tentent de déboucher et les cloue sur place. C'est la troisième attaque qui échoue depuis le matin devant la ténacité de nos légionnaires. Dans la brousse, de nombreux cadavres sont couchés. Un guetteur en signale 2 à 300 devant sa seule section. »

Craignant pour son allié siamois, le Japon impose sa médiation, fait cesser le feu adverse et préside à des négociations où le plus retors a le plus de chances de s'imposer. Toutefois, le sacrifice des bataillons de Légion n'a pas été vain, car les territoires cédés sont hors de proportions avec les prétentions de l'adversaire qui venait également d'essuyer une cuisante défaite navale. Après l'affaire siamoise, trois années durant, l'existence du 5e Etranger va être tranquille, coupée de périodes de repos dans les centres d'estivage, rendues d'autant plus nécessaires que les relèves ne s'effectuent plus et que la durée du séjour se prolonge anormalement. Pendant ce temps, l'infiltration japonaise se poursuit en même temps que la résistance s'organise clandestinement.

La sanglante surprise du 9 mars 1945

Considérablement renforcés, les Japonais, qui ont pris de fait le contrôle de l'Indochine française, disposent de moyens militaires importants et la police secrète, la *Kempetaï*, fait régner la terreur. En vingt-quatre heures, ils vont se rendre maîtres de toutes les garnisons. Ce sera la sanglante surprise du 9 mars 1945. Dès les premières heures du coup de force, le PC du régiment à Vietri est investi et l'état-major capturé. Ailleurs, la situation est tout aussi dramatique à Vinh, Yen Bay, Cao Bang, partout les Japonais font preuve d'une sauvagerie sans nom.

Threats to Indochina

In September 1939 the news of the declaration of war was little more than a distant rumble of thunder in Indo China where the atmosphere was calm. Mobilisation was not rushed and after all, Europe was a long way away - only the existing state of war between China and Japan caused some worry. But, the fortunes of war changed abruptly and as France requested an armistice, the Japanese essayed an initial assault, attacking border posts on the Chinese frontier.

The Indo China regiment

The 5th REI was created in 1930 from elements from the Ist REI present at the time in the colony and became a well trained unit composed of many veterans of Morocco and Levant, and with considerable fire power for the region. Largely occupied in counter-insurgency work between the wars against an embryo Viet Cong, in 1940 communists, nationalists and French combined to fight off the Japanese menace.

The legionnaire in Indo China

Dispersed throughout the country, the battalions of the 1st and 2nd REI were issued with the same uniforms as the pale khaki 1901 pattern worn in Algeria at the same period, with certain modifications imposed by the geographical circumstances.

With the creation of the 5th REI in 1930, equipment and uniforms became standardised on the basis of the scale of issue laid down in 1923 by the Supply Services. Several modifications, however, were imposed when in 1940, communications with France were interrupted. The legionnaire was issued with a summer uniform in pale khaki and a winter uniform in mustard-coloured khaki serge. The tunics were the 1920 pattern and the baggy trousers of 1922 pattern, while the 1920 pattern helmet remained unchanged. The winter uniform was mainly used in the hilly regions on the Chinese borders where the humidity and the winter fogs penetrated the normal clothing which was completed by khaki puttees and the 1917 pattern boots. In spite of the general reintroduction of the 1926/32 pattern képi, the colonial style helmet remained the normal headdress of the legionnaires in Indo China, covered with khaki cotton. The ancient white ones were only used with the white uniform. A new pattern of colonial helmet, flatter in profile and with wide slightly turned-up brim became standardised in 1931 but was only issued to the regiment in 1934.

With the adoption of the dark khaki cloth in the autumn of 1935, the winter uniform was subject to a few modifications as well as a change of colour more or less justified, even though items previously issued were still in use in 1940. From 1938 onwards, for parades, there was an increasing tendency to wear the traditional képi without a white cover, however, and the legionnaire continued to receive the two supplementary light khaki trousers and the white walking-out uniform, which was also worn for the large ceremonies, "Camerone", 14th July and the oath to the flag. As from 1935 the white tunic was of the same cut as the khaki one, and the 1931 white colonial helmet completed the white outfit. In 1938 the 5th REI was issued with a summer outfit for exercises consisting of the colonial helmet, and a shirt and shorts in lightweight pale khaki. The khaki knee socks and beige leather shoes completed that outfit. In the field, the weapons and equipment were the same as the metropolitan regiments.

That uniform for the 5th REI had various distinctive attributes. Thus in 1935 a locally made brass cap badge was introduced, in the form of a large seven-flamed grenade and on the bomb itself the number "5". These local variations such as the turned up collar on the white tunic, white cloth badges and the green number were tolerated at the time and lingered on until almost the end of the war in Indo China.

1

Ordre de bataille du 5ᵉ REI le 9 mars 1945

PC 5ᵉ REI à Vietri

Chef de corps : Lieutenant-colonel Belloc
Commandant en second : Chef de bataillon Laroire
Secrétariat : Sous-lieutenant Marguillies
Officier de renseignement : Lieutenant Jagut
Officier des transmissions : Sous-lieutenant Muller
Commandant la section hors-rang : Lieutenant Desfosses
Médecin-chef : Médecin-commandant Tonnerre
Commandant major : Commandant Berton
Effectifs : Capitaine Fradlandt
Trésorier : Capitaine Moitrier et Sous-lieutenant Angerer
Matériel : Capitaine Jurago
Commandant la compagnie de passage : Capitaine Rage
Commandant les jonques du 5ᵉ REI : Capitaine Mathieu

Détachements 5ᵉ REI

Détachement motorisé de Langson : Capitaine Fenautrigues et Lieutenant Duronsoy
Section de discipline de Ha Giang : Adjudant-chef Sury et Adjudant-chef Jost
Section de Son La : Lieutenant Chenel
Section de Khang Laï (Laos) : Adjudant Schleiterer
Section DCA (20 mm *œrlikon*) à Vinh (Annam) : Sergent Faussone

Commandant du groupement du 5ᵉ REI à Tong et Kim Daï

Chef de détachement : Commandant Thokadze

1/5ᵉ REI à Kim Daï

Commandant le bataillon : Capitaine Gaucher
Adjoint : Lieutenant Boisnard
Médecin : Médecin-capitaine Malarerre
1ʳᵉ compagnie : Capitaine de La Garde
2ᵉ compagnie : Capitaine Dupart
3ᵉ compagnie : Capitaine Aspirot
Compagnie d'accompagnement n° 1 : Capitaine Sloussarenko - Lieutenants Maruschek et Helmreich

2/5ᵉ REI à Tong et au Bavi

Commandant le bataillon : Capitaine de Cockborne
Adjoint : Lieutenant Pépin-Lehalleur
Médecin : Capitaine Caro
5ᵉ compagnie : Capitaine Besset
6ᵉ compagnie : Capitaine Komaroff
7ᵉ compagnie : Capitaine Courant
Compagnie d'accompagnement n° 2 : Capitaine Guillaume - Sous-lieutenant Luong - Lieutenant Bourboullon -
Lieutenant Elysseieff et Lieutenant Haugel

3/5ᵉ REI à Tuyen-Quang et Yen Bay

Commandant le bataillon : Capitaine Lenoir
Adjoint : Sous-lieutenant Petrovsky
Médecin : Médecin-capitaine Leric
9ᵉ compagnie : Lieutenant Chaminadas
10ᵉ compagnie : Capitaine Damez-Fontaine
11ᵉ compagnie : Capitaine Walther, puis Lieutenant Marguerie
Compagnie d'accompagnement n° 3 : Capitaine Demiautte - Sous-lieutenant Nguyen Van Mai
Base arrière de Tuyen Quang : Lieutenant Belloli

1. Sortie d'officiers du 5ᵉ REI dans les calcaires du Tonkin.

2. Les auxiliaires anamites, soutien précieux du 5ᵉ REI depuis 1930.

1. An outing to the chalk quarries in Indo-China for officers of the 5th REI.

2. Local native auxiliaries who had given valuable support to the 5th REI since 1930.

At Langson where there was a fort garisoned by the 3/5th REI, the enemy attacked what was a hard nut to crack and were counter-attacked in turn by the Legion. Realising that they were in a difficult position, they backed off, liberated their hostages and decided to negotiate.

Brought to a full stop in Indo China, the Japanese encouraged Siam (present day Thailand) to extend itself into the French colony. The Siamese army was a strong force well supplied by Japan with modern weapons, an active air force and a fleet. They attacked over the frontier on 16 January 1941 throwing themselves upon the Ist and 5th Battalions of the Regiment. In a series of battles reminiscent of the later Indo China war , fighting took place in dense jungle against the Siamese infantry supported by tanks and it was an unequal struggle although in the end the legion beat off the attackers.

Worried for their Siamese ally, Japan imposed its mediation and a cease-fire was arranged. The ensueing negotiations forced the French to make minor consessions in terms of ceding territory, but the sacrifice of the legionaries had not been

2

Le coup de force japonais

A Hagiang, l'adjudant-chef Sury commande la section spéciale, en tout 87 hommes. Les officiers de la garnison ont invité leurs homologues japonais pour un apéritif plus protocolaire que chaleureux. Immédiatement c'est la surprise. Les invités japonais dégainent leurs armes et tirent sur leurs hôtes. La section se regroupe dans le casernement et combat jusqu'au lendemain matin 7 heures. Les légionnaires ne se rendent que lorsque toutes les munitions sont épuisées. S'ensuit alors le massacre. Sur les 87 légionnaires, 9 auront été tués les armes à la main et 55 massacrés à la baïonnette, dont 4 sur leur lit d'hôpital.

A Langson, une partie du détachement motorisé sous les ordres du lieutenant Duronsoy fait partie de la garnison de la citadelle. Le 9 mars 1945 à 20 h 25, la plupart des officiers de la garnison sont kidnappés. Tout de suite, sans crier gare, les assaillants s'infiltrent dans la citadelle. Une mêlée terrible et confuse s'engage dans la nuit, au cours de laquelle les automitrailleuses de la Légion supporteront le choc principal. Elles parviennent même à déloger l'ennemi des bâtiments qu'il occupe déjà, se glissent au travers du quartier et tiennent jusqu'au jour en affolant les Japonais par de véritables raids menés au cœur de leurs positions. Ce n'est qu'à 15 heures le lendemain que le lieutenant Duronsoy, déjà deux fois blessé, ralliera ses équipages encore en mesure de poursuivre le combat et se repliera sur le fort Brière-de-L'Isle. A 18 heures, le combat cesse enfin. Les quelques rescapés, avec à leur tête le lieutenant Duronsoy, sont conduits par les Japonais devant le mur du fort et passés par les armes. Un seul en réchappera, le légionnaire Oleksy.

Ce soir du 9 mars, une partie du détachement motorisé se trouve à la citadelle d'Hanoï où il transite. Venant de Langson, il se dirige vers Tong où se trouve le gros du régiment. Le capitaine Fenautrigues est sorti en ville. Il n'aura pas le loisir de rejoindre ses hommes et sera abattu alors qu'il tente, les armes à la main, de se frayer un chemin vers eux. Le lieutenant Chenel est à Hanoï ce soir là ; il vient de ramener des armes parachutées dans la région de Son La. Averti de ce que fomentent les Japonais, il réagit aux premiers bruits de la bataille. Force de la nature, il réquisitionne pousse-pousse et vélo et réussit à rejoindre Tong Son La dont il est le chef de poste et qui est situé à 300 kilomètres d'Hanoï. Le lieutenant-colonel Marcellin qui sera tué à son poste le 10 mars avec 2 officiers et 25 légionnaires lui apprend que le régiment a décroché pour organiser la résistance et lui enjoint d'en faire autant. L'épopée commence pour lui. La chance va le servir à plusieurs reprises. Vers le 20 mars, il rejoint le 1/5 et retrouve ses propres hommes partis avec le capitaine Gaucher. Au fil des jours la situation évolue : il prend le commandement d'une compagnie sur le terrain, et gagnera la Chine avec le gros du régiment.

A Hanoï, après la mort du capitaine Fenautrigues, l'adjudant Roman reste seul à la tête de ses automitrailleuses. Il les dispose aussitôt aux points sensibles de la citadelle, puis contre-attaque avec une violence inattendue et reprend de force les bâtiments déjà occupés, malgré la supériorité de l'ennemi. Les légionnaires combattront jusqu'à l'extrême limite de leurs forces, contribuant ainsi grandement à la défense de la citadelle. Du moins à Hanoï, aucun sévice ni aucune représaille n'ont été exercés contre ces combattants invaincus.

D'après la revue Képi-Blanc

Le retour des survivants du 5ᵉ REI à Sidi-Bel-Abbès en 1947.

The return of the survivors of the 5th REI to Sidi-bel-Abbes in 1947.

Les survivants de la « longue marche » du 5ᵉ REI à Sidi-Bel-Abbès en 1947.

The survivors of the "long march" of the 5th REI at Sidi-bel-Abbes in 1947.

Mais à Tong, en vue d'opérations contre les troupes japonaises, le général Alessandri a constitué secrètement un groupement interarmes dont l'ossature est formée des 1ᵉʳ et 2ᵉ bataillons du 5ᵉ REI, le 3/5ᵉ REI couvrant la colonne principale sur son flanc gauche en direction du Nord-Annam et de Sam-Neua. Le 10 mars 1945, le général Alessandri décide de conduire son groupement en Chine pour se placer sous la protection des Nationalistes et reprendre l'offensive avec eux. Aussitôt la colonne se met en marche vers Hung Hoa sur le fleuve Rouge. Au-delà, la jungle et les calcaires de la Haute-Région... Mais à Hung Hoa, le bac est inutilisable. Alessandri sacrifie son matériel lourd et son train de combat. Il démobilise les tirailleurs tonkinois et, à la tête d'une colonne de 1 500 Européens, essentiellement des légionnaires, par Phong Tho, il essaie de gagner la frontière.

Les étapes de cette odyssée sont inscrites en lettres de sang dans le livre d'or de la Légion, doublement car l'on retrouvera la même toponymie quelques années plus tard dans le martyrologe légionnaire. Le 16 mars, Alessandri apprend que la route de Son La est libre ; à marche forcée, protégé tour à tour par le 2/5 et le 1/5, le groupement essaie de gagner les Japonais de vitesse. Du 20 au 24 mars, le 1/5 du capitaine Gaucher supporte l'essentiel des combats. A Ban Na Nghia, il perd 26 légionnaires dont le sous-lieutenant Lequeux. Le 22 mars, il arrête à nouveau l'ennemi à Chien Dong, puis les combats continuent du Petit-Conoï à Ban Lot. Ramené sur l'axe principal, le 2/5 du capitaine de Cockborne mène lui aussi un combat retardateur qui permet d'évacuer Son La le 26 mars. A cette occasion, ses pertes se montent à une soixantaine de tués, disparus et blessés qu'il faut brancarder. En outre, une section entière a disparu près de Tuan Chau. Les 28 et 29 mars, le groupement entier accroche au col des Méos et perd encore une quinzaine d'hommes ; puis la nuit suivante, la colonne se scinde en deux. Pendant que le commandant d'Alverny avec les autres éléments se dirige vers Laï-Chau, le général Alessandri avec la Légion oblique vers Dien-Bien-Phu où le 5ᵉ REI met en place un dispositif en vue de défendre la vallée et son terrain d'atterrissage. Sous la poussée des Japonais, le 3/5ᵉ REI du commandant Lenoir quitte ses positions de Pan Pa Ma et, forçant les étapes, se dirige vers Dien-Bien-Phu. Ses colonnes s'étirent sur 80 kilomètres à travers la brousse et les calcaires où, contrairement à certaines affirmations, les Japonais ne sont pas plus à l'aise que les Européens. Toutefois, grâce à leur nombre, ils essaient sans cesse de déborder le bataillon qui perd le capitaine Komaroff lors d'une contre-attaque de la 6e compagnie.

La jonction réalisée, le 5ᵉ REI quitte la cuvette de Dien-Bien-Phu le 4 avril. Considéré comme une troupe fraîche (!), le 3/5 assure l'arrière-garde. Le 6, il livre un dur combat et perd sa 10ᵉ compagnie qui, n'ayant pu décrocher à temps, prend la brousse et ne le rejoindra en Chine, à Tsao Pa, que le 3 juillet ! Décimé, à partir du 15, il mène une guérilla sans pitié sur les arrières du groupement qui se dirige vers Boun-Neua où il faut encore protéger des « forteresses volantes » enlisées qui s'efforcent de redécoller. Le 22 avril, le groupement complètement épuisé est surpris à Muyong-Yo. Jusqu'au 30 avril, les bataillons tronçonnés, réduits à leur plus simple expression, de petites colonnes, des groupes sans cesse harcelés par l'ennemi, minés par la maladie, se replient en combattant. A cette date par exemple, le 3/5 ne compte plus qu'une vingtaine de combattants physiquement et moralement aptes à mener la guérilla dans la jungle. Sous les ordres du lieutenant Marguerie, ces hommes forment une section qui va harceler les Japonais.

Le 1ᵉʳ mai, le 3/5 arrive à Muong-I-Hou ; le 2/5 passe à Ma Li Tao et le 1/5 quitte Ou-Neua, dernier poste français d'Indochine. Le général Alessandri et le PC se dirigent sur SzéMao. Désormais, tous les rescapés du groupement sont en Chine où l'on ne peut pas dire que leur présence soulève l'enthousiasme de Tchang Kaï Chek. Les armes à la main, les légionnaires ont parcouru à pied plus de 2 000 kilomètres et perdu les trois quarts des leurs au combat dans la jungle.

Le regroupement des forces françaises sera entravé par des difficultés de toutes sortes dues essentiellement aux Chinois de la 95ᵉ division. Faute d'effectifs, le 1ᵉʳ juillet, les bataillons sont dissous et leurs compagnies de tradition forment sous les ordres du capitaine Gaucher le bataillon de marche du 5ᵉ REI. Le 15 août 1945, les Japonais capitulent en Indochine qui est occupée au nord par les Chinois, au sud par les Britanniques. Mais ce n'est qu'en 1946 que le commandant Gaucher et ses hommes seront autorisés à rentrer au Tonkin.

Sans avoir démérité, un grand nombre de légionnaires avaient été capturés par les Japonais, soit isolés et sans défense, soit après avoir épuisé tous leurs moyens de défense, soit englobés dans des redditions auxquelles ils ne pouvaient s'opposer. Regroupés à Hanoï, puis envoyés au camp de concentration d'Hoa Binh, la capitulation japonaise les sauva d'une mort certaine. A l'arrivée des troupes du général Leclerc, ils seront regroupés en une unité de marche aux ordres du commandant Dumaire et rapatriés sur Saïgon où ils seront réarmés. Aux ordres du capitaine Besset, ils vont dès lors participer à la protection de la ville. Mais ici, sous la pression du *Viet Minh*, une autre guerre commence.

in vain. There then ensued three years of comparative calm where the troops enjoyed regular rest periods which were necessary owing to the fact that the units could no longer expect regular reliefs from home. During that time, however, there were regular Japanese incursions while at the same time the resistance organised itself clandestinely.

The bloody surprise of 9 March 1945

Considerably reinforced the Japanese decided to take control of French Indo China by employing considerable military force and the secret police engaged in a reign of terror, the intention being to take control of all the garrisons with 24 hours. That was the bloody surprise of 9 March 1945. During the initial hours of the offensive, the headquarters of the regiment at Vietri was surrounded and the staff taken prisoner. There was the same story at various other places the japanese demonstrated their capacity for savagery.

At Tong, however, in view of operations against the Japanese, General Alessandri had secretively assembled an all-arms force, the skeleton of which was formed from the Ist and 2nd battalions of the 5th REI, while the 3rd covered the main north-south route on the left flank. On 10 March the General decided to take his unit into China, place it under the protection of the nationalists and re-enter the struggle with them. Accordingly the column set off for Hung Hoa on the Red River, but when they arrived they found that the ferry was unusable. Abandoning their vehicles, much of their equipment and demobilising the local auxiliaries, Alessandri led 1,500 men, essentially European, towards China.

The stages of that march are written in blood in the history of the Legion. Constantly harried by the Japanese, the losses steadily mounted as they withdrew northwards, passing through the place called Dien Bien Phu, and gradually breaking up into small columns. The survivors passed into China at the beginning of May where they were not received with much enthusiasm by the Chinese nationalists after their 2.000 km march which had cost them three-quarters of their strength.

The Chinese made life difficult for the French forces, but at the beginning the remnants of the three battalions were formed into one. On 15 August 1945 the Japanese in Indo China surrendered and the north of the country was occupied by the Chinese and the south by the British. It was only in the following year that the remaining legionnaires were permitted to return.

Many legionnaires were captured by the Japanese having been cut off or run out of ammunition. They were collected together at Hanoi and then sent to a concentration camp where the Japanese surrender saved them from certain death. The survivors were repatriated to Saigon where they were rearmed and organised as an infantry battalion to protect the city, where, under pressure from the Viet Minh, another war was about to begin.

The Japanese surprise attack

At Ha Giang, Sergeant-Major (WO1) commanded the special section, a total of 87 men and the officers of the garrison invited their Japanese opposited numbers for drinks, an occasion more formal than warm. Suddenly the guests pulled out their weapons and began firing at their hosts. The section regrouped in the barracks and fought back until 07.00 hrs the following morning when they surrended having used up all their ammunition. On the 87 men, 9 were killed in the fighting and the rest were bayonetted to death including four in the hospital beds.

At Langson, a part of the motorised detachment was assigned to the garrison of the citadel, and on 9 march at 20.35 hrs, most of the officers were kidnapped. Without warning the assailants had infiltrated into the citadel and a terrible melée ensued during the night with the Legion's armoured cars bearing the brunt of the unequal struggle. They managed, however, to dislodge the enemy from the buildings they had occupied, and managed to hold out until daybreak. At 15.00 hrs their twice-wounded commander, collected the survivors together, and to continue the fight, withdrew to a neighbouring fort. A few hours later it was all over and the remaining men were put up against a wall by the Japanese and shot - only one legionnaire managed to escape.

Another part of the motorised detachment found itself in transit on the evening of 9 March at the citadel in Hanoi, en route from Langson to Tong where the rest of the regiment was located. A captain who had gone into the town was shot down while trying to cross a street to get back to his men. Another officer, a lieutenant, was in Hanoi that same evening who had come to recover weapons parachuted in the vicinity. He reacted instinctively to the noise of the battle and requisitioning a rickshaw and a bicycle, managed to get to Tong Son La where he discovered that the regiment had moved out, and after an arduous journey managed to join up with the Ist battalion, eventually ending up in China.

At Hanoi, after the death of the captain, a senior nco remained in command of the armoured cars which he positioned at the vital points in the citadel and then counter-attacked to regain the buildings occupied by the enemy. He carried on until exhausted, greatly contributing to the defence of the citadel, and at Hanoi at least there were no atrocities committed on the surviving defenders.

ANNEXES

ANNEX

Note de l'éditeur

Les documents suivants, issus des Archives de la Légion étrangère à Aubagne, sont des témoignages exceptionnels sur les engagements des unités de la Légion au cours de la Deuxième Guerre mondiale. Leur exceptionnelle valeur a conduit à les reproduire malgré parfois leur médiocre qualité ou l'altération que certains d'entre eux ont subie, altération due à la fois aux vicissitudes du temps et aux conditions dans lesquelles ils ont été retranscrits à l'époque. Ainsi le lecteur pourra découvrir lui-même les engagements des unités de la Légion dans les rapports et les directives établies avant, pendant ou immédiatement après les combats.

Publisher's forward

The following documents, supplied by the archive of the Foreign Legion at Aubagne, are unique accounts of the engagements of the Legion during the Second World War. Their exceptional value has led to their being reproduced in spite of their sometimes poor quality or alteration to which some of them have been subject, due to the vicissitudes of age and the conditions under which they were transcribed at the time. Thus the reader can discover the actions of the Legion from the reports and directives produced before, during or immediately after the events concerned.

NARVIK 1940

Mémorandum N° OP. 80 S. SECRET

E.M.3. " EFFINGHAM "   9 Mai 1940

ORDRE D'OPERATIONS POUR L'ATTAQUE SUR BJERVICE

(Titre abrégé : " O.B ")

-:-:-:-:-:-:-:-

Références : Carte marine N° 2312 - Carte militaire de la zône de NARVIK

Appendices : Tableau des forces de débarquement

Schémas : N° 1 : Défenses ennemies
N° 2 : Dispositif de croisière N° 21
N° 3 : Dispositif de croisière N° 22

Renseignements : Les détails des positions ennemies sont représentées sur le schéma N° 1. Ces positions n'ont pas été confirmées.

Intention : 2 : L'intention est d'occuper la zône de BJERVIK au moyen d'un débarquement à l'extrémité Nord du HERJANGS Fjord.
Des opérations militaires subséquentes seront exécutées direction Nord pour faire la jonction avec les forces françaises opérant à partir de GRATANGEN et direction Sud pour occuper la zône d'OYEDFYORD

Date de l'opération :
3 - Le débarquement commencera le II Mai à I heure.

Forces participant à l'opération :
4 - Forces navales :

RESOLUTION   Croiseur de Bataille
EFFINGHAM   Croiseur
ENTERPRISE
AURORA   + D.C.A + ateliers
VINDICTIVE
PROTECTOR

5 destroyers désignés par voie des transmissions - 2 chalutiers chasseurs de sous-marins désignés par voie de transmissions.

+ ARK-Royal

5 - Forces terrestres :

2 bataillons de Légion Etrangère

6 - Forces aériennes :

Tous les appareils disponibles de l'ARK - ROYAL

MOUVEMENTS PREPARATOIRES

7 - Les mouvements préparatoires suivants auront lieu :

Après-midi Jeudi : Embarquement de 5 chars de SKAANLAND sur le RESOLUTION à HOL.
~~Chargement de troupes sur L.M.C. avec les chars~~
4 Puffers (sortes de bateaux) se rendent à BO et 4 à TJELLEBOTN près BALLANGEN. 1 destroyer embarque 6 mortiers de Ballangen.
2 chalutiers remorquent les L.M.C. à BALLANGEN.

Matin Vendredi : Les forces navales prenant part à l'opération seront concentrées à BALLANGEN avec le " VINDICTIVE " au large de TJELLEBOTN et le " PROTECTOR " au large de BO.
A.LC. seront à BALLANGEN

...../.....

8 - Deux bataillons de Légion Étrangère embarqueront dans la zône de BALLANGEN
le Vendredi IO Mai comme suit :
   (a) I° Bataillon : de BO
   (b) 2° Bataillon et Commandement de TJELLEBOTN

9 - Matériel et personnel seront embarqués suivant l'horaire ci-dessous :
  - 4 seront utilisés à chaque point d'embarquement
  - <u>I2 I2 heures</u> : Embarquement du matériel à bord du " PROTECTOR " et du
    " VINDICTIVE"
  - <u>I4 heures</u> : Embarquement du personnel à bord du " PROTECTOR" et du
    " VINDICTIVE"
  - <u>I9 heures 30</u> : Embarquement des troupes sur les "A.L.C." et ~~les chalou-~~
    ~~pes~~ suivant le tableau ci-inclus des bâtiments de débarquement.
  - <u>20 heures 30</u> : L'embarquement sera achevé.Les forces seront formées sui-
    vant le tableau de croisière N° 2I ci-inclus.

<u>Approche :</u>

IO - Les forces quitteront BALLANGEN à 2I heures et feront route vers le fjord
HERJANGS à une vitesse d'environ 6 noeuds.

II - A 23 heures,deux destroyers seront détachés pour partir devant et prendre
position 500 yards 200° et 800 yards 240° à partir du plus grand quai de bois
de BJERVIK pour minuit.

I2 - Le gros des forces naviguera ensemble jusqu'à ce que le navire de tête soit
à I mile du rivage; les forces se formeront suivant le tableau N° 22 .
Lâchant leurs remorques,les deux chalutiers chasseurs de sous-marins se
porteront à l'entrée du fjord HERJANGS pour y patrouiller

<u>L'Attaque :</u>

I3 - Quand on donnera l'ordre,les M.L.C. et A.L.C. approcheront de la grève immédiatement à l'Ouest du grand quai. Les M.L.C. accosteront d'urgence et
déchargeront les chars sur un front d'environ 500 yards.Lorsque ces chars
seront à terre,procédant au nettoyage de la grève, les 4 A.L.C. accosteront
et débarqueront leurs troupes. Les M.L.C. retourneront alors au "RESOLUTION"
et embarqueront d'autres chars.
   Les A.L.C. retourneront au "PROTECTOR" et embarqueront d'autres troupes
(Confert : Tableau des navires de débarquement)

I4 - Les 4 trains de chaloupes précédées du détachement de la grève débarqueront
sur l'ordre du vaisseau amiral sur les 4 points de la grève indiqués sur le
tableau des bâtiments de débarquement (Note : Les points sont numérotés
de gauche à droite regardant la terre). Après le débarquement des troupes,
les trains de chaloupes retourneront au " VINDICTIVE" pour embarquer les premiers contingents du second bataillon et continueront le débarquement
jusqu'à sa fin.

I5 - A.L.C. seront utiles pour débarquer les deux détachements du " PROTECTOR"
et ensuite iront aider les chaloupes à débarquer les troupes du " VINDICTIVE"

<u>Appui du feu :</u>

I6 - On n'a pas l'intention de faire un bombardement préliminaire à moins que
l'ennemi ouvre le feu durant l'approche ou ne soit repéré par les bateaux
ou avions. Les deux destroyers envoyés en tête du gros (Confert : para-
graphe II) devront fournir ces feux.

I7 - Si un bombardement ultérieur est nécessaire avant le débarquement :
  (a) - Les bâtiments exécuteront un tir sur zône à débit rapide comme suit :
    - destroyers (a) avec des mortiers de tranchées sur la partie de terrain
    en arrière de la grève de débarquement,sous la direction de l'officier
    Français commandant les mortiers

.....·/·.....

176

- Destroyers (c) le flanc ouest de la grève de débarquement sur une profondeur de 400 yards et une largeur de 200 yards
- Destroyers (b) le flanc est de la grève de débarquement sur une profondeur de 400 yards et une largeur de 200 yards
- "RESOLUTION" et "EFFINGHAM" côté est du HERJANGS fjord sur une profondeur de 400 yards entre MEBY et le carrefour 1000 yards vers le Nord.
- "ENTERPRISE" le côté ouest du fjord sur une profondeur de 400 yards chaque côté de HAUGEN
- Destroyers (e) et (z) et destroyers (d) et (é) tous les objectifs qui se présenteront respectivement sur les côtés ouest et est.
- "AURORA" tout objectif qui se présentera.

NOTE : Destroyers (a) et (b) etc... sont vus sur le tableau de croisière N° 22.

Tous les efforts doivent être faits pour situer les objectifs dans ces zônes mais le fait que les objectifs n'auraient pas été localisés ne doit pas empêcher de tirer, le but étant de produire la densité maxima de feu sur toute position ennemie possible.

Le signal de l'ouverture du feu sera une fusée lancée du bateau amiral.

(b) Demandes particulières de tir par signal du vaisseau amiral. Les bateaux seront normalement appelés à tirer dans leur zône propre définie plus haut. Le feu doit être rapide mais l'identification des objectifs est de la plus grande importance que dans le cas de tir (a) ci-dessus.

(c) Le tir des mortiers de tranchées du destroyer (a) à la demande de l'officier français le plus ancien du premier détachement directement au destroyer.

I8 = L'appui du feu après que les premiers éléments auront débarqué sera donné normalement sur la demande de l'officier de marine en liaison à terre. Les bateaux auront pour mission principale les zônes indiquées en (a) ci-dessus. Les objectifs seront indiqués par référence topographique au quadrillage de la carte accompagnant ces ordres.

I9 = Etant donné l'étroitesse de la zône disponible pour les forces de bombardement, les bateaux doivent être préparés à la nécessité de changer de mouillage pour permettre aux autres bateaux d'amener leurs feux sur leurs objectifs assignés.

COOPERATION DE L'AVIATION

20 = Comme suit :
  (a) - Protection d'avions de chasse sur les forces pendant l'approche et le débarquement entre I8 heures et 6 heures et ensuite selon les circonstances.
  (b) - Patrouilles de reconnaissance pour situer l'ennemi et signaler ses mouvements.
  (c) - aviation de bombardement armée de bombes contre le personnel pour attaquer les objectifs signalés par les avions de reconnaissance ou désignés par l'Amiral.

2I = Les détachements avancés français disposeront des bandes blanches et des noires sur le sol pour marquer la limite des lignes françaises

NOTE POUR L'APPENDICE
Starboard side = Tribord
Port side = babord

A.L.C. et chaloupes continueront alors le débarquement des troupes du "VINDICTIVE" comme pour les séries 50 à 50

Les bateaux devront préparer des fanions avec numéros pour leurs propres bateaux. EFFINGHAM devra, en plus, fournir les fanions pour A.L.C. et M.L.C.

-0-0- 0-0- 0-0-0-0-

APPENDIX - LANDING CRAFT TABLE

	Boat	Boat No	Load carried	Where to embark	Beach	Tow provided by Boat No
1	M.L.C.	M.1.	Tank	SKAANLAND		
2	M.LC.	M.2.	Tank	SKAANLAND		
3	M.L.C.	M.3.	Tank	SKAANLAND		
4	M.L.C.	M.4.	Tank	SKAANLAND		
5	A.L.C.	A.1.	30	BO		
6	A.L.C.	A.2.	30	BO		
7	A.L.C.	A.3.	30	BO		
8	A.L.C.	A.4.	30	BO		
9	Motor Cutter (A)	1	25 Beach Party Beach V/S Link	BO	2	—
10	Launch (R)	2	70	BO	1	—
11	Cutter (R)	3	30	BO	1	2
12	Cutter (R)	4	30	BO	1	2
13	Pinnace (ENT)	5	35 5 Naval Directing Officers	BO	2	—
14	Cutter (R)	6	30		2	5
15	Cutter (ENT)	7	30		2	5
16	Motor Boat (E)	8	—		3	—
17	Cutter (E)	9	30		3	8
18	Cutter (E)	10	30		3	8
19	Picket Boat (R)	11	—		4	—
20	Pinnace (E)	12	40		4	11
21	Cutter (A)	13	30		4	11
22	A.L.C.	A.1.	30	PROTECTOR port side	1	—
23	A.L.C.	A.2.	30	PROTECTOR Port side	2	—
24	A.L.C.	A.3.	30	PROTECTOR stbd.Side	3	—
25	A.L.C.	A.4.	30	PROTECTOR stbd.Side	4	—
26	M.LC.	M.1.	Tank	RESOLUTION	As Ordered	—
27	M.L.C.	M.2.	Tank	RESOLUTION	"	—
28	M.L.C.	M.3.	Tank	RESOLUTION	"	—
29	M.LC.	M.4.	Tank	RESOLUTION	"	—
30	A.L.C.	A.1.	30	PROTECTOR Port side	1	—
31	A.L.C.	A.2.	30	PROTECTOR Port side	2	—
32	A.L.C.	A.3.	30	PROTECTOR stbd.Side	3	—
33	A.L.C.	A.4.	30	PROTECTOR stbd.Side	4	—
34	Motor Cutter(A)	1	25	VINDICTIVE port side	1	—
35	Launch (R)	2	70	VINDICTIVE stbd.Side	1	—

95

...../.....

178

OPERATION ORDER FOR ATTACK ON BJERVIK
(Memorandum No O.P. 005 of 9 th May 1940)

.1	Boat	Boat No	Load carried	Where to embark	Beach	Tow provided by Boat No
			45			
36	Cutter (R)	3	30	VINDICTIVE stbd. Side Tribord	I	2
37	Cutter (R)	4	30	VINDICTIVE stbd. Side	I	2
38	Pinnace (ENT)	5	40	VINDICTIVE Port Side Babord	2	
39	Cutter (R)	6	30	VINDICTIVE Port Side	2	5
40	Cutter (ENT)	7	30	VINDICTIVE Port Side	2	5
41	Motor BOAT (E)	8	20	VINDICTIVE stbd. Side	3	
42	Cutter (E)	9	30	VINDICTIVE stbd Side	3	8
43	Cutter (E)	10	30	VINDICTIVE stbd Side	3	8
44	Picket boat (R)	11	20	VINDICTIVE Port Side	4	
45	Pinnace (E)	12	40	VINDICTIVE Port Side	4	11
46	Cutter (A)	13	30	VINDICTIVE Port side	4	11
47	A.L.C.	A.1.	30	VINDICTIVE Port side	I	
48	A.L.C.	A.2.	30	VINDICTIVE Port side	2	
49	A.L.C.	A.3.	30	VINDICTIVE stbd side	3	
50	A.L.C.	A.2.	30	VINDICTIVE stbd Side	4	

A.L.C. and ships boats then continue to disembark troops from VINDICTIVE as for
serials 34 to 50.   545

Note (R) indicates RESOLUTION Boat
(E) indicates EFFINGHAM Boat
(ENT) indicates ENTERPRISE boat
(A) indicates AURORA boat

Ships are to prepare canvas flags with numbers for their own boats EFFINGHAM will,
in addition, provide flags for A.L.C. and M.L.C.

4° 99 - /3

COPIE CONFORME notifiée pour éxécution à :

- Monsieur le Lieutenant-Colonel Cdt la I3° Demi-Brigade de Légion Etrangère (6 exemplaires)
- M. Le Commandant de la Compagnie de Chars N° 342 (I exemplaire)

o
o o

I - Les prescriptions du présent ordre du Commandement britannique qui seraient contraires à celles de l'Ordre d'Opérations N° I6 ne seront pas appliquées.

II - Le bateau " MK N° 9 - Motor Cutter " ne peut être utilisé par les troupes embarquées.

III - Le Commandant du I° Bataillon de Légion Etrangère et sa Maison seront embarqués à bord du bateau N° I3."PINNACE (DNT)

Le Général BETHOUART
Commandant la I° Division Légère de Chasseurs

Destinataires :

I3° Demi-Brigade de Légion Etrangère
(6 exemplaires)
Compagnie de Chars N°342.
Archives.

BRIGADE DE HAUTE MONTAGNE
ETAT-MAJOR
COURRIER
SORTI le
N° 9 MAI 1940
Destinataire

Allocution du général Béthouart à l'occasion de la remise de la médaille militaire au légionnaire Gayoso le 25 septembre 1941 à Sidi-Bel-Abbès.

Speech of general Bethouart on occasion of the Military Medal investiture to legionnaire Gayoso, 25 September 1941 (Sidi-Bel-Abbès).

Légionnaires,

Le 6 Mai 1940, la 13° 1/2 Brigade de Marche de Légion Etrangère débarquait dans le Fjord de NARVIK, en NORVEGE, au Nord du Cercle Polaire, dans un pays et sous un climat que la Légion n'avait jamais connus.

J'étais à ce moment engagé, contre mon gré, avec les trois seuls bataillons de Chasseurs dont je disposais, dans des combats épuisants, en pleine neige, dans lesquels les pertes et les gelures faisaient fondre les effectifs sans résultat positif rapide.

Un seul moyen me semblait pouvoir venir à bout rapidement de NARVIK - un débarquement de vive force - Le général anglais sous les ordres duquel j'étais placé y était farouchement opposé.

C'était disait-il une opération extrêmement difficile qui n'aboutirait qu'à d'inutiles hécatombes.

J'avais des raisons de penser au contraire que l'opération était possible et serait fructueuse.

Une de ces raisons était l'arrivée de la Légion, et la Légion s'est chargée de montrer que pour une troupe de sa valeur, que ce soit dans les neiges de l'extrême Nord ou dans les sables du Sahara, il n'était rien d'impossible.

Le 13 Mai à minuit, les deux bataillons débarquaient successivement avec l'appui de la Flotte : le 1° Bataillon à BJERKVIK, le 2° Bataillon, fils du 1° Etranger à MEBY.

En quelques heures l'ennemi était battu et devait abandonner la partie; le front Nord était dégagé. Le soir même une exploitation rapide sur OJORD nous permettait de prendre, sous notre feu, la fameuse voie ferrée du fer. Le but de l'opération était atteint.

C'est au cours de cette attaque du 2° Bataillon sur MEBY - ELVEGAARD que se place le fait d'arme dont le souvenir nous réunit aujourd'hui et qui restera célèbre dans les annales de la Légion.

Le Bataillon après avoir enlevé le Camp d'ELGAARD était arrêté par les feux de mitrailleuses allemandes placées sur la côte 220, un énorme rocher qui dominait de sa masse tout le terrain environnant.

Traversant un torrent glacé, dans l'eau jusqu'au ventre, les sections de tête étaient plaquées au pied du rocher et, au-dessus de leurs têtes, une mitrailleuse impossible à museler par le feu, continuait à tirer sur le reste du bataillon.

Alors les Légionnaires GAYOSO, LALEVEE et MORELLAS grimpent dans la paroi et arrivent sous la pièce. Dès qu'elle les aperçoit la mitrailleuse s'abaisse et tue LALEVEE et MORELLAS, mais GAYOSO bondit sur la pièce, la bascule, tue l'officier qui la commandait et rest maître de la position.

La prise de la côte 220 obligeait bientôt l'ennemi à une retraite précipitée abandonnant 8 avions immobilisés sur le lac gelé d'HARTVIGVAND aux pieds des vainqueurs de la côte 220.

En remettant à GAYOSO la Médaille Militaire, je veux évoqu la gloire et le souvenir de la 13° 1/2 Brigade de Légion Etrangère toute entière, dernière émanation de cette Légion qui de CAMERONE à NARVIK a écrit la plus belle épopée militaire que le monde ait connue et dont vous, Légionnaires, maintenez les traditions glorieuses, prêts à reprendre, où et quand il le faudra, la série de vos exploits.

G. P. R. L.

19ème D.I.

6me Régiment Étranger
d'Infanterie

Bureau du Colonel

N°   /D

Objet :

Moral de
la troupe.

S.P. 512,le 3 juillet 1940

N O T E   D E   S E R V I C E

-:-:-:-:-:-:-

Il est apparu que des bruits ou renseignements
des plus fantaisistes,propagés dans les unités,tels que :

- arrivée des Italiens ;
- dissolution de la Légion ;
- libération prochaine sur place des légionnaires ;
- etc...

étaient de nature à jeter le trouble dans certains esprits.

Il convient de réagir énergiquement contre cet
état de choses.Toutes ces nouvelles sont fausses et dénuées
de tout fondement.Elles sont cependant habilement exploi-
tées par nos ennemis qui cherchent à semer le désordre
dans nos rangs.

Il n'est pas possible,à l'heure actuelle,de garantir l'avenir,ni
tout ou partie des droits acquis par chacun ...Mais l'attention de nos hommes doit être attirée sur les points ci-après :

1°/ - Il est possible que la Légion continue,longtemps encore,soit dans
les États du Levant,soit dans d'autres parties du monde.Tout espoir d'action
n'est donc pas encore perdu.

2°/ - Quoi qu'il arrive,les Officiers de Légion,partageront jusqu'au dernier moment le sort de leurs hommes.Ils prendront,ou provoqueront en temps
utile toutes les mesures nécessaires propres à sauvegarder au maximum les intérêts matériels et moraux de ces derniers.Cette question est dès maintenant
à l'étude.

3°/ - La Légion au Levant ne saurait faillir.Elle se doit de rester calme
et fière,disciplinée,groupée autour de ses Chefs,de ses fanions,et de donner
à tous l'exemple jusqu'au bout.

La présente Note sera lue et commentée,à tous les gradés et légionnaires,dans chaque Unité./.

Destinataires :

- 1er - 2me Btn -
- DC - CHR - CRE - S.M.

- 11ème E.U.V.M. (A titre d'information)

- Colonel Cdt 1'ID/192
      (A titre de C.R.)

- Archives (2 ex.)

Le Lieutenant-Colonel BARRE
Commandant le 6me Régiment Étranger :

NOTE A DIFFUSER CHEZ LES OFFICIERS 6° R.E.I.
(E.M.)

③

Au moment où peut se déclencher une attaque anglaise contre le Levant,
importe de raffermir au maximum le moral de la troupe et son esprit de
combativité.

Le tract ci-joint, qui sera diffusé dans la troupe, s'appuie sur quelques
ées que les officiers devront dans les jours à venir développer chez leurs
mmes. Ces idées sont les suivantes :

les destins de la France sont actuellement dans les mains du Maréchal PE-
IN et, sous les ordres de celui-ci, dans celles de l'Amiral DARLAN.

Le Maréchal et l'Amiral sont deux militaires qui ont certainement de "l'
nneur et de l'intérêt national français" une conception à priori plus saine
e celles de M.M. CHURCHILL et EDEN.

Leur assurance - renouvelée dans le message du Maréchal en date du 15 Mai
loit nous suffire.

L'honneur militaire français et l'honneur individuel de chacun est engagé
ns l'aventure. Il serait trop facile de ne point se battre en cherchant à
ouver une excuse dans la conception particulière que chacun peut avoir de
intérêt national.

En défendant un territoire français, en conservant à la France un terri-
ire français, nous combattons pour la France.

Les anglais ne croient pas à une résistance vraiment sérieuse de notre part
leur attente est déçue, il peut en résulter l'abandon même de leur entre-
ise.

Ils ne disposent pas, en effet, d'effectifs considérables sur nos frontiè
s. Ils ont à faire face ailleurs. Ils se décourageront rapidement s'ils nou
ouvent vraiment décidés à nous défendre.

Toutes les considérations précédentes valent pour les Officiers aussi b
en que pour les hommes.

Pour les officiers qui peuvent encore ne pas se rendre un compte exact de
situation politique, nous ajouterons les remarques suivantes.

- En ce qui concerne l'honneur :

Au 25 Juin 1940, en continuant seuls la lutte en France, nous avions sa-
ifié pour la cause commune 100.000 tués et près de 2 millions de prisonnier
s nous sommes trouvés alors dans l'obligation d'abandonner la lutte.

Le 3 Juillet, la Grande Bretagne tentait de détruire notre flotte à Mers-
Kébir. Cela était peut être conforme à une certaine vue des intérêts bri-
niques. Nul - même parmi les défenseurs les plus acharnés de l'Angleterre
songera à prétendre que c'était conforme à l'honneur. Les marins anglais
mêmes ne le prétendent point.

En septembre, agression analogue contre Dakar. Là encore, si l'attaque
it réussi, peut être eut-elle servi les intérêts britanniques. Mais l'hon-
ur ?

Depuis, comme le rappelait l'Amiral dans sa déclaration du 31 Mai, l'
gleterre

- nous affame

.../.

- fait la guerre à nos communications et s'empare sans scrupule de nos
bâteaux. Ces saisies représentent plus de vingt milliards de francs

- s'empare quand elle le peut de nos colonies, même de celles qui sont
loin du théâtre de la guerre (Nouvelle Calédonie, Tahiti)

- incite chaque jour le peuple français à la résistance active contre
l'occupant, sans souci de savoir si les résultats à attendre d'une
telle attitude sont proportionnés aux représailles que cette attitude
entraînerait.

Tout cela est-il conforme à l'honneur ?

L'honneur ne peut pas nous commander la jobarderie ni le suicide en
faveur de la Grande Bretagne.

)- Quant à l'intérêt :

Le Gouvernement se trouve à l'heure actuelle confronté avec deux pro-
blèmes :

- l'un immédiat, vivre et assurer la subsistance des Français —

- l'autre, le plus lointain, refaire une France et un Empire indépen-
dants et prospères.

Ces tâches se heurtent :

a) aux conditions d'un armistice qui mettent à la merci de l'Allemagne nos
biens et nos personnes (à l'exception de la flotte et d'une partie de l'
Empire, mais l'une et l'autre seront stérilisées si on les détache de la
Métropole).

b) aux Anglo-Saxons qui, dans leur déception de ne plus nous voir
nous battre pour eux, cherchent sous des prétextes divers, à se payer sur
nous de leurs échecs et de leurs pertes.

c) à un esprit public désorienté et souvent égaré par les propagandes étrangères.

Le Maréchal, et à sa suite l'Amiral DARLAN, ont déclaré que nous n'entre-
prendrions rien contre notre ancienne alliée.

Celle-ci qui veut provoquer chez nous la dissidence, s'emparer sur mer
de nos bâteaux, et sur toute la surface du Glob de nos colonies, invoque
ici tel prétexte et ailleurs tel autre.

Elle nous reproche en Territoires sous Mandat le fait que nous ayons
laissé transiter des avions vers l'Irak sans nous y opposer par la force.
Or,
- nous étions liés par les conventions d'armistice
- nous ne pouvions pas matériellement adopter une telle attitude.

La Grande Bretagne se soucie peu de nous voir périr dans une défaite allemande, et les Français qui disent que l'Angleterre doit gagner à tout prix
ne pensent pas que dans ce prix il y a la mort de la majorité des Français.
La Grande Bretagne ne nous donnera rien, n'ayant rien à nous donner et l'on
peut être assuré qu'en cas de victoire elle se basera sur ses propres intérêts pour régler notre sort. Sa conduite actuelle en est la preuve la plus
certaine.

Quant à l'Amérique, l'expérience de plusieurs mois a montré qu'elle s'
est bornée, en notre faveur, à des gestes de charité. En revanche, elle

...//.

185

elle s'est refusée à accorder les autorisations d'exportation de blé néce-
saires au ravitaillement de la France, bien que celle-ci eut offert de le
payer comptant en or. Tout dernièrement enfin, elle vient de mettre la main
sur nos bateaux et depuis longtemps travaille activement à provoquer la dissidence de l'Afrique du Nord.

Angleterre et Etats-Unis peuvent difficilement sans nous faire la guerre, nous causer plus de tort qu'ils ne le font à l'heure actuelle.

Une victoire complète de l'Angleterre à brève échéance semble exclue.
Les Anglais, même avec l'appui des Etats-Unis, ne se trouvant pas en mesure
de reconquérir le Continent. La seule paix possible à l'heure actuelle ne
saurait donc être qu'une paix de compromis, dans laquelle il serait illu-
soire d'attendre que l'Angleterre défende nos intérêts.

La politique dite de collaboration doit être poursuivie sans arrière-
pensée si l'on veut qu'elle puisse porter quelques fruits.

Elle est peut être dure pour notre orgueil. Le Maréchal a jugé que seule elle peut sauver la France.

Elle consiste :

a) à admettre que nous avons été vaincus.

b) à prendre part à une réorganisation économique de l'Europe qui, si nous
n'y participons pas, se fera en dehors de nous et contre nous.

En contre partie de quoi - et c'est le Maréchal qui nous l'assure - la
France peut espérer rester :

- une grande puissance européenne
- et une grande puissance coloniale.
- pour ce qui concerne le Levant, en particulier, nous avons reçu l'assurance formelle que la France y demeurerait, sous réserve, toutefois, qu'elle
  assure la défense de ce domaine. Nous avons donc la charge d'en maintenir
  l'intégrité pour nous mêmes et par nous mêmes.

La politique de collaboration n'implique aucune collaboration militaire.
Mais au chapitre des obligations que nous assumons figure la défense - la
défense réelle et non symbolique de notre Empire.

Si cette condition n'est pas remplie, l'Allemagne s'estimera le droit
de ne plus remplir ses propres obligations.
Une fois de plus nous aurons perdu sur les deux tableaux.

Le succès ou l'échec de la politique actuelle du gouvernement - du gouvernement du Maréchal - le sort de la France en tant que puissance européenne et coloniale sont dans les mains des forces armées de l'Empire, et tout
particulièrement dans les mains des forces armées du Levant. Rarement sans
doute un si petit nombre d'hommes auront eu à remplir un rôle aussi décisif
dans l'histoire de la France.

Le Maréchal refuse de fonder la politique de la France sur des mots ou
de vaines passions; le seul souci du gouvernement est le salut de la France,
la politique qu'il poursuit n'a qu'une règle; l'intérêt de la France et de
la France seule.

———ooo000ooo———

Officiers, Sous-Officiers, Soldats du Levant

Je suis le Général Catroux. Mon nom vous est connu. C'est celui d'un Chef et d'un homme. Prêtez-moi attention, je vous parle au nom de la France.

On abuse votre conscience de Soldat. On vous affirme que l'ennemi ne convoite pas l'Empire, qu'il sera défendu les armes à la main, que la Syrie ne sera pas cédée, que l'honneur interdit de combattre vos anciens alliés.

On vous dit tout cela. On vous trompe. La Syrie est déjà abandonnée à l'Allemagne pour qu'elle en fasse en Orient sa place d'armes contre les Britanniques. Si vous doutez, écoutez ceci :

Pour faire place à l'Allemagne, l'Amiral Darlan a dépouillé la France de son mandat. C'est ce qu'il a signifié au monde en signifiant qu'il se retirait de la Société des Nations. Puis par une convention occulte il a passé ses droits à l'Allemagne. Et l'encre en est à peine séchée que l'Allemagne paraît en Syrie.

Avec le consentement de vos chefs, ses agents sont d'abord venus; maintenant ce sont ses avions. Interrogez votre ciel, regardez vos aérodromes. Depuis quatre jours les appareils de guerre ennemis dissimulés parfois sous nos propres couleurs atterrissent et s'envolent. On les voit a Beyrouth, à Rayak, à Alep, à Damas. Le terrain de Mezzé en a reçu dix sept en une seule matinée.

Où vont ces appareils ? Les uns portent en Irak secours aux adversaires des armées Britanniques. Les autres prennent le contrôle de votre Sol. La classique infiltration germanique, prélude de l'occupation totale, s'étend sur la Syrie. Cependant huit cents tonnes d'armes et de munitions tirées de vos dépôts de Baalbeck remontent par la voie ferrée de Bagdad pour alimenter en Mésopotamie la guerre de l'Axe.

Ceci a un nom; ceci s'appelle assistance à l'ennemi; ceci s'appelle trahison! Assistance et trahison préméditées qui vous aviliraient et vous déshonoreraient, si vous n'y faisez pas obstacle !

Soldats ! je vous connais, je connais votre clairvoyant patriotisme. Vous ne vous associerez pas à cette politique de fourberie et d'opprobre qui ferait sombrer devant l'Orient et devant le monde, l'honneur et la réputation de la France. Vous prendrez vos armes pour vous y opposer. Vous chasserez l'ennemi.

Si vous choisissez cette voie, sachez que je suis à vos portes avec ces ardentes cohortes de Français qui en Libye et en Erythrée, n'ont remporté que des victoires.

14 Mai 1941
GENERAL CATROUX

F.F.L.   Q.G. le 25 Mai 1942

AT-MAJOR-3° BUREAU

858/3

      ORDRE PREPARATOIRE DE DEFENSE.

I. La réorganisation de la défense de BIR HACHEIM est à l'étude .Un ordre de défense est en préparation.

2. Sans attendre la sortie de cet ordre ,les mesures prescrites ci-aprés seront entreprise sans délai et activement.Se referer au calque et croquis ci-joints.

3. BUT.

I/ Donner de 1 a profondeur à la défense des faces Ouest et Sud.

2/ Organiser la défense intérieure de la position.

4. METHODE. Organiser des P.A. fermés Infanterie et Anti-Char sur la crête en fer à cheval entourant la cuvette du Q.G. 5I.

P.A. n° I.

B.M.2.- par prélévement sur ses moyens et ceux de la 2° ½ Brigade .
En principe : effectifs de la valeur de 3/4 de Cie. - 2 armes A.T. lourdes.

P.A. n° 2.

B.P.I. - par prélévement sur ses moyens notamment ceux de la Cie. du P.A. du Fort qui seront réduits au minimum ,sans toutefois modifier la physionomie du P.A. actuel : emploi de faux camions - faux canons......
En principe :effectifs 2 sections Infanterie - 2 armes A.T. lourdes.

P.A. n° 3.

Compagnie du Capitaine de LAMAZE (tout ou partie) du 3° B.L.E. (aux ordres tactiques du B.P.I.).

Les P.A.I et P.A.2. formant bastions et flanquants la courtine tenue par la compagnie du Capitaine de LAMAZE.

P.A. n° 4.: comprendre ,la I° Compagnie de S.M. ,la compagnie LABORDE du B.I.M. - 2 armes lourdes A.T. .Cet ensemble sera commandé par le Capitaine DE AISONS qui recevra ses missions tactiques du B.P.I.

Tenir compte que ce P.A. doit continuer sa mission même en cas de départ du B.I.M.

La compagnie de LABORDE reconnaitra ~~xxxxxpixxxxxxxxx~~ et préparera ses emplacements de combat.

P.A.n°5. : Compagnie JACQUIN.

La compagnie RUDAUT tient son P.A. dans le dispositif du B.P.I.-En cas de départ ,la compagnie MESSMER du 3° B.L.E. prendra sa place .
Reconnaissance immédiate.

BATTERIES.: organiser les batteries pour pouvoir résister par armes automatiques et canons.

Le détachement sur Bren de surveillance des champsde mines Nord de BIR HACHEIM remplit sa mission et rejoint BIR HACHEIM sur ordre ,aprés mission accomplie derriére le champ de mines Est.

           ..../.......

.....

...NDEMENT.

Lt-Colonel DE ROUX est chargé de coordonner et de controler l'executi
des mesures de défense dans les deux quartiers B.M.2. et B.P.I.

Le Lt-Colonel AMILAKVARI est à la disposition du Cdt. de la Brigade ,en
réserve.

Il dispose de l'E.M. du 3° B.L.E. et de la Compagnie MESSMER tant que le
B.I.M. sera maintenu à BIR HACHEIM,et des éléments disponibles de la
C.L.3.

P.C. sans changement.

Réseau de T.S.F. de commandement : en poste II.

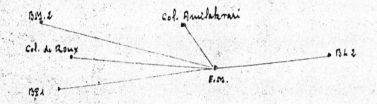

Les Commandants de quartier s devront avoir leur poste de T.S.F. à proximité immédiate de leur P.C. pour pouvoir causer directement au Général.

6. OBSERVATION.

Observatoire du B.M.2.) sans changement
Observatoire du B.P.I.)

Observatoire du B.A. 4 fourni par B.I.M.

. VEHICULES - BAGAGES.

Tous les véhicules - bagages ,seront préts à faire mouvement sur les
échelons B. sur préavis de 2 heures.

sauf :

A/ voitures de liaison
   par compagnie et batterie   : I camion ou camionnette
   par batterie   : 2 tracteurs
   pour la 22° N.A.   : 2 tracteurs

B/ Le Lt-Colonel AMILAKVARI proposera une liste de véhicules pour la
   valeur de I colonne.

       - E.M. 3° BLE
       - I compagnie d'infanterie (Capitaine MESSMER)
       - 2 canons de 75 A.T. (Capitaine SIMON)
       - I batterie de 4 piéces
       - 3 postes de T.S.F.
       - 2 sanitaires
       - Voiture de liaison.

C/ Préparer l'éxécution des & A et B pour lesquels des ordres sont
   demandés.

. Commencer les reconnaissances.

........./........

8. Commencer les reconnaissances.

Les destinataires adresseront leur projet de plan de feux au 10.000 pour le <u>27 Mai 14 heures.</u>

P.O. le Chef d'Etat-Major
(s) Masson

===

3° B.L.É.   Honneur et Fidélité

N° 276/C.3.

<u>TRANSMIS aux Cdts? de Cies.</u>

1/ Le Lieutenant SVATKOWSKI prendra immédiatement liaison avec le Cdt. du B.P.I. dont il prendra les ordres a/s. de la constitution du P.A.3. .Toute la C.P.IO (sauf la section de Brenn et les éléments de Cdt. qui sont partis avec le Capitaine de LAMAZE) sera employé à la constitution de ce P.A.

2/ Le Capitaine MESSMER reconnaitra dans la journée le P.A. tenu par le Capitaine ROUDAUT.

3/ Le Capitaine SIMON organisera ses 4 piéces de BIR HACHEIM pour pouvoir résister par canon (aidé des quelques armes de protection rapprochée).
Il est bien entendu que la C.L.3. est à considérer comme batterie a/s. tracteurs.

4/ Le Capitaine LALANDE prendra les ordres du Colonel a/s. de la constitution de son P.C. avec les éléments de Cdt. du 3° B.L.E.

le 26 Mai 1942
Le Chef de Bataillon PUCHOIS ,Commandant
le 3° B.L.E.

Capitaine
Lalande.

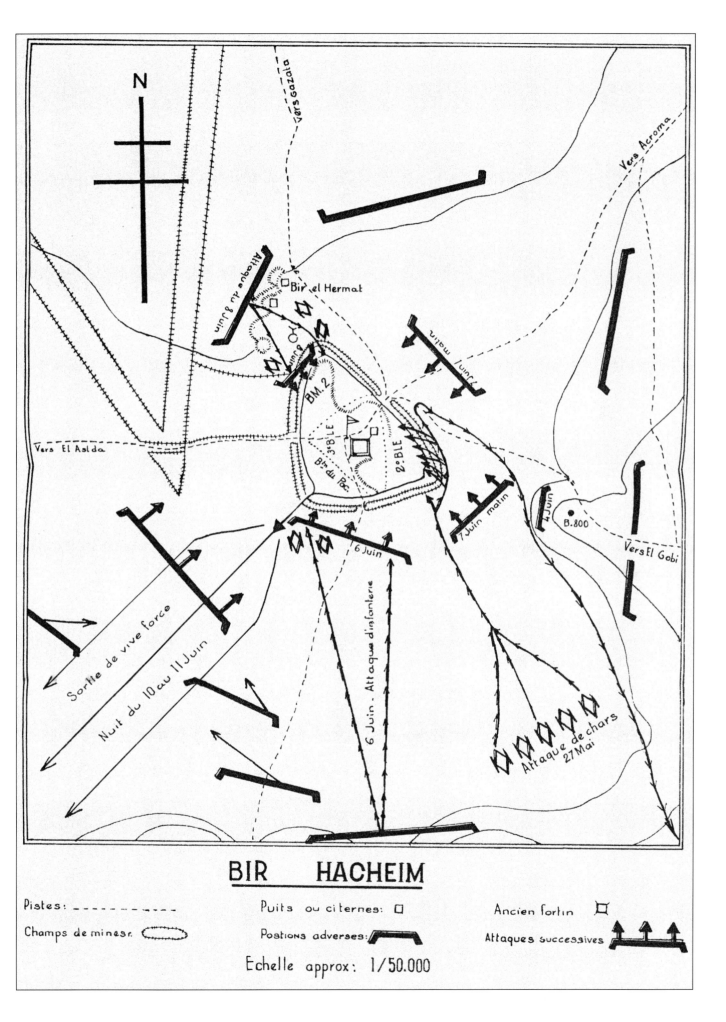

BIR HACHEIM

Pistes: - - - - - - - - -   Puits ou citernes: ☐   Ancien fortin ☒

Champs de mines: ⬭   Postions adverses: ▟   Attaques successives ⬆⬆⬆

Echelle approx: 1/50.000

Ultimatum du général Rommel au général Koenig à Bir-Hakeim.
Ultimatum from General Rommel to General Koenig at Bir-Hacheim.

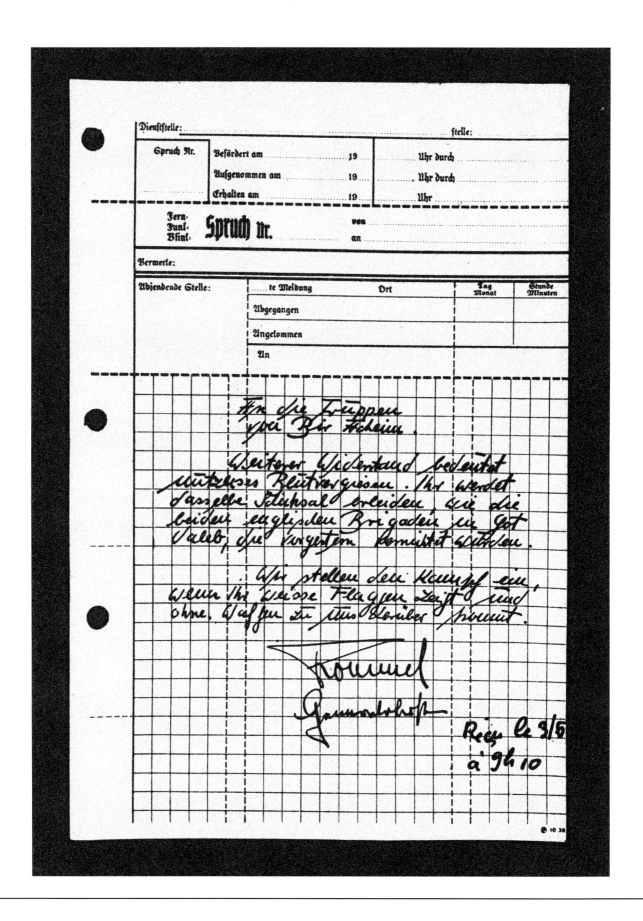

S/AF
FRANCAISES LIBRES
=0=0=0=0=0=0=0=0=0
ISION - I° BRIGADE
=0=0=0=0=0=0=0=0=0
TAT MAJOR - 2° BUREAU
=0=0=0=0=0=0=0=0=0
N° 922 /2

Q.G. le 10 Mars 1943.

RECITS DE FAITS D'ARMES

Réf. Extrait de "AIS/7065" du 18/2/43
notifié le 27/2/43 s/N°244/2 par la I°DFL

=0=

Dans la nuit du 10 au 11 Juin 1942, au cours de la sortie de vive
force de BIR HACHEIM, le soldat de 2° Classe X ...., d'un Bataillon
d'Infanterie des F.F.L., quoique grièvement blessé, a, à force de
volonté et dans des conditions particulièrement difficiles, sauvé
la vie à un Sous-Officier de son Bataillon gravement blessé et sans
connaissance, en le ramenant en rampant à l'ambulance la plus proche.

=0=

Conduisant un canon AT porté, dans la nuit du 10 au 11 Juin 1942
(sortie de BIR HACHEIM), le bras droit fracassé par une rafale de
mitrailleuse, le Caporal X ...., d'un Bataillon d'Infanterie des
F.F.L., n'a quitté son volant que lorsque la voiture fut en sécurité
hors des lignes ennemies. Il a, par son magnifique courage, sauvé sa
pièce de 25, ramené le corps de son Chef de Bataillon tué dans la
voiture ainsi que deux de ses camarades grièvement blessés.

=0=

Le Capitaine X ...., d'un Bataillon d'Infanterie des F.F.L., déjà
trois fois cité pour sa magnifique tenue au feu, avait commandé un
détachement mobile de toutes armes pendant les journées des 27, 28,
29 et 30 Mai à BIR HACHEIM. Il a trouvé une mort glorieuse en char-
geant à la tête de ses soldats les positions ennemies, au cours de
la sortie de vive force de la position, dans la nuit du 10 au 11 Juin
1942. Officier Chrétien dont la mémoire restera un symbole de la valeur morale de sa race. Sa foi dans la destinée de sa Patrie et son
suprême sacrifice sont à citer en exemple aux futures générations
d'Officiers.

=0=

Le 28 Mai 1942, au cours d'une patrouille au Nord de BIR HACHEIM,
le Sergent X ...., d'un Bataillon d'Infanterie des F.F.L., a fait
front à 12 chars qui fonçaient sur sa pièce, détruisant deux d'entre
eux à courte distance. Le 8 Juin 1942, ayant reçu de nombreux éclats
de 155 dans la circulaire de sa pièce, la plupart de ses munitions
ayant sauté, deux de ses hommes ayant été grièvement blessés, a con-
tinué à tirer avec le plus grand sang froid, détruisant deux chars
qui allaient pénétrer dans la position. Il a ensuite trouvé la force
de porter son pointeur au Poste de Secours.

TSVP.

L'Aspirant X....., jeune Séminariste, d'un Bataillon d'Infanterie des F.F.L., a été volontaire pour toutes les missions dangereuses. Du 27 Mai au 10 Juin 1942, à BIR HACHEIM, il a dirigé de nombreux coups de main, pénétrant profondément dans les lignes ennemies et ramenant de précieux renseignements. Il a réussi à ramener intact un important convoi de ravitaillement en eau et en munitions, en lui assurant un passage dans les lignes ennemies. Au cours de la sortie de vive force de BIR HACHEIM, chargé d'orienter un convoi sanitaire transportant tous les blessés, il a sauté successivement sur trois mines et bien que blessé, a réussi à conduire la plus grande partie de ce convoi à destination.

---o---

L'Aspirant X ....., d'un Bataillon d'Infanterie des F.F.L., le 8 Avril 1942, au cours d'une reconnaissance des lignes ennemies vers ROTONDA SEGNALI en vue d'un coup de main, ayant été surpris par deux auto-mitrailleuses ennemies et voyant ses hommes en danger et sans moyen de lutte contre les véhicules blindés, leur a donné l'ordre de se replier et est resté seul sur place, se sacrifiant pour fixer l'attention de l'ennemi. Un Colonel Italien fait prisonnier a raconté plus tard qu'il avait tiré sur son adversaire jusqu'à enrayage de son arme automatique et après lui avoir lancé toutes ses grenades est tombé glorieusement, ayant refusé de se rendre.

---o---

Le Chef de Bataillon X ....., Père Dominicain, animé du plus pur souffle patriotique, n'a pas accepté la défaite et s'est engagé dans les F.F.L. Il a pris en Juillet 1941 le Commandement d'un Bataillon d'Infanterie avec lequel il a participé aux opérations de LYBIE 1942. Il a formé à son image les unités de ce Bataillon. Au cours du siège de BIR HACHEIM, il a pris, le 9 Juin 1942, le commandement d'un Groupement formé d'éléments de son Bataillon et d'un autre Bataillon dont le Chef venait d'être tué, et a repoussé un assaut violent. Il a été tué dans la nuit du 10 au 11 Juin 1942, au cours de la sortie de vive force de la Ière Brigade des F.F.L., alors qu'il entrainait des travaux contre les lignes d'investissement ennemies. Il a scellé par cette mort glorieuse une vie consacrée à Dieu et à la Patrie.

---o---

La vie et la mort du Lieutenant X .....sont tellement significatives qu'elles méritent d'être évoquées.

Lorsque la Guerre de 1914 éclate, X....., âgé de 18 ans, devance l'appel et s'engage dans un Régiment de Cuirassiers. D'abord cavalier, fantassin au 60° Régt d'Infanterie de 1915 à 1917, il vient à peine de passer son Brevet de Pilote au moment de l'Armistice, non sans avoir eu le temps de mériter la médaille militaire pour faits de guerre. Démobilisé, il entre dans les Chemins de Fer, mais profite de tous ses instants de liberté pour perfectionner son pilotage, soit au cours de périodes de réserve, soit dans des aéro-clubs civils.

TSVP ...

En 1939, il est hélas trop âgé pour servir dans le personnel navigant de l'Armée de l'Air et reçoit une affectation de Lieutenant dans les Chemins de Fer de Campagne. C'est en cette qualité qu'il passe en ANGLETERRE deux jours après l'Armistice de Juin 1940. Affecté d'abord à un Etat-Major, il insiste et obtient au bout de peu de temps sa mutation dans un Bataillon d'Infanterie des F.F.L., et, comme Chef de Section, il prend part à toutes les campagnes.

En ERYTHREE, il s'empare d'une Batterie de Montagne, profite d'un séjour relativement calme à GHINDA pour déminer la voie ferrée de MASSAWA à ASMARA, sur 80 Km, et y fait à nouveau circuler les automotrices. Lors de la prise de MASSAWA, il s'empare, avec 6 hommes, d'un "nid" d'armes automatiques servi par une vingtaine de marins italiens. A une autre occasion, il attaquera lui-même à la grenade un char qui s'avance volets ouverts, blessant l'équipage qui abandonne son char.

En LYBIE, le Lieutenant X .... commande une section de chenillettes blindées ; son esprit d'initiative, sa valeur technique, son courage y font merveille. Du 25 Mai au 5 Juin, il participe sans relâche aux patrouilles effectuées dans le Nord de BIR HACHEIM. Plusieurs sont marquées par des coups sérieux portés à l'ennemi. Dans l'après-midi du 10 Juin, porté en soutien d'un point d'appui gravement menacé, il intervient efficacement contre deux canons de 50 mm.

Dans la nuit du 10 au 11 Juin 1942, alors que la Brigade Française se fraye, les armes à la main, un passage à travers les unités allemandes qui encerclent BIR HACHEIM, le Lieutenant X .... reçoit l'ordre de précéder et de protéger la sortie de certains éléments automobiles comprenant notamment des Ambulances. Une arme automatique lui barre la route; il l'écrase sous ses chenilles. A sa gauche, deux mitrailleuses de 20 mm tirent à balles traceuses sur le convoi qu'il doit protéger. Il se jette sur la première qu'il écrase et fait taire la seconde par le feu de son fusil mitrailleur. Reprenant sa route, il voit la longue flamme d'un canon anti-char. Il ordonne à son équipage de se diriger dans cette direction et, pour donner confiance à ses soldats, se dresse tout debout à son poste de combat. A quelques mètres du canon anti-char dont il s'approchait, une longue flamme jaillit et semble traverser la chenillette qui s'arrête. Le Lieutenant X ...... s'écroule sans un mot sur son conducteur; il est mort. Son équipage le venge aussitôt en "nettoyant" à la grenade les servants de l'anti-char allemand. Le sacrifice du Lieutenant X .... n'a pas été vain; le convoi de voitures passe dans un couloir de sécurité désormais libre d'ennemis.

---o---

Le Sergent X .... (24 ans de service) était Chef de pièce de 75 anti-char d'un Bataillon d'Infanterie des F.F.L. lors de l'attaque du 27 Mai 1942. Rentrant de patrouille quelques minutes seulement avant l(attaque, il n'a pas le temps de décharger sa pièce montée sur camion et sert au pied levé avec son équipe une pièce de 47 qui venait d'être placée à l'emplacement de sa pièce de 75 absente. Au cours du combat, le 47 arrête 5 chars au moins et réduit au silence 4 autres immobilisés par les mines. 6 chars ayant cependant pénétré dans la position, le Sergent X .... sort de la tranchée et en attaque deux à la stick-bomb.

TSVP ...

...Juin 1942, vers midi, l'ennemi intensifiant son bombardement, le Sergent X ..., gêné par le mirage, se lève pour vérifier si l'infanterie ne progresse pas; il a la main gauche entièrement coupée à hauteur du poignet. Sommairement pansé par ses hommes, il attend jusqu'à la nuit (21 heures) que l'évacuation puisse se faire; il part alors tranquillement à pied pour l'infirmerie distante de 2 Kilomètres. L'Ambulance chirurgicale ayant été détruite par le bombardement, il est impossible de l'opérer. Il laisse nettoyer sa plaie et couper les tendons qui dépassent, sans une plainte.

Le 10 Juin au soir, sortie générale de la garnison de BIR HACHEIM. Le Sergent X .... se trouve dans une ambulance qui est détruite par le tir ennemi quelques cent mètres après la chicane; il descend alors calmement et part seul dans la nuit pour le point de regroupement situé à 7 Kilomètres. Un peu plus tard, un camarade le trouvera à 1500 mètres de là "faisant la pause parce qu'il est un peu fatigué". Il restait encore une ligne ennemie à franchir. Le Sergent X ... n'a pas encore été retrouvé.

---O---

Le soldat X ...., d'un Bataillon d'Infanterie des F.F.L., fut blessé au bras par un éclat de bombe dans la matinée du 3 Juin 1942, au cours d'un bombardement d'aviation. Pansé à l'infirmerie, il refuse de se laisser évacuer et rejoignit sa pièce de 75 où il servait en qualité de pointeur.

Le 8 Juin, au matin, se produisit une attaque d'infanterie appuyée par 8 gros chars M. IV et par un violent tir d'artillerie. Le soldat X ... ouvre le feu sur les chars. Sa pièce est tout de suite repérée et violemment prise à partie par l'artillerie et deux mitrailleuses Breda. Un coup direct de 155 tombe dans la circulaire de la pièce - 100 coups de 75 explosent à côté de la pièce. Le soldat X .... est blessé à la main droite - 2 de ses doigts pendent - Le soldat Y .... est grièvement blessé à côté. Le Sergent Z ...., Chef de pièce, pose un garrot autour du bras de X .... avec la courroie de ses jumelles. Les Chars continuent à avancer - Le Sergent Z ... pointe lui-même la pièce et X .... continue à engager les obus et à mettre le feu avec la main gauche. 2 chars sont touchés par des coups directs, l'un d'eux flambe immédiatement. Les autres chars s'arrêtent et font demi-tour. Ayant tiré toutes ses munitions, le Sergent Z .... prend sur son dos le soldat X .... et le ramène en arrière accompagné par le tir des mitrailleuses lourdes et de l'artillerie.

Dans la nuit du 10 au 11 Juin 1942, le Soldat X ..., en dépit de la douleur que lui causent ses blessures, essaye de franchir à pied le barrage. Il est blessé pour la 3ème fois, recevant 2 balles de mitrailleuses lourdes dans les jambes. Il s'effondre par terre en criant : "A moi". Un camion de la Compagnie Lourde de son Bataillon l'entend, s'arrête et le rapporte en arrière d'où il est évacué sur l'hôpital.

DESTINATAIRE :
-1ère DFL
(EM 2° B.)

TSVP.

FORCES FRANCAISES COMBATTANTES
=o=o=o=o=o=o=o=o=o=o=o=o=o=o=o
  F.F.W.D. - Ière BRIGADE
  =o=o=o=o=o=o=o=o=o=o=o=o=o
   ETAT MAJOR - 2° BUREAU
   =o=o=o=o=o=o=o=o=o=o=o
      N° 808 /2

Q.G. le 7 Janvier 1943

N O T E
=========

1.   Il est fait envoi ci-joint, sous n° 803/2 du 3 Janvier 1943,
   d'une traduction d'un article consacré à la défense de BIR HACHEIM
   en Mai-Juin 1942 par la Brigade et paru dans le Journal Allemand
   "BERLINER ILLUSTRIERTE ZEITUNG" n°3I retrouvé sur un champ de
   bataille.

       Cet Illustré est connu en Allemagne et la personnalité de
   LUTZ KOCH est suffisamment importante pour conférer à l'article
   un intérêt évident.

2.   Venant d'un ennemi habitué aux outrances et aux mensonges de
   la Propagande, l'article est dans l'ensemble un hommage certain
   rendu à la défense "farouche" de la position par nos troupes.

       Nous savons exactement que, mis à part l'observatoire N. qui ne
   faisait pas partie de la position en elle-même, la position de
   BIR HACHEIM était intacte lorsque nous l'avons quittée le 10 à
   22 heures.- Nous savons aussi que 70 % de la Brigade a rejoint la
   8ème Armée.- Le reste est "battage" de journaliste.-

3.   Quant aux affirmations ou appréciations désobligeantes sur le
   Commandement et nos camarades britanniques, les faits viennent
   de donner un cinglant démenti à LUTZ KOCH.- Il est assez piquant
   que ses critiques violentes et mensongères nous parviennent au
   moment où la 8ème Armée reconduit, à une allure record et l'épée
   dans les reins, l'armée ennemie dans le but de le chasser définitivement d'AFRIQUE.

4.   Quant au "Général Gaulliste", il était en effet très confiant
   dans la valeur de ses hommes. Il avait raison, puisque l'ennemi
   n'a pu conquérir la position les armes à la main et que, depuis
   le 27 Mai jusqu'au 11 Juin, il n'a subi devant BIR HACHEIM que
   des échecs cuisants.-

Le Général de Brigade KOENIG
Commandant la Ière Brigade

signé : KOENIG

P.A.Le Chef d'Etat-Major :

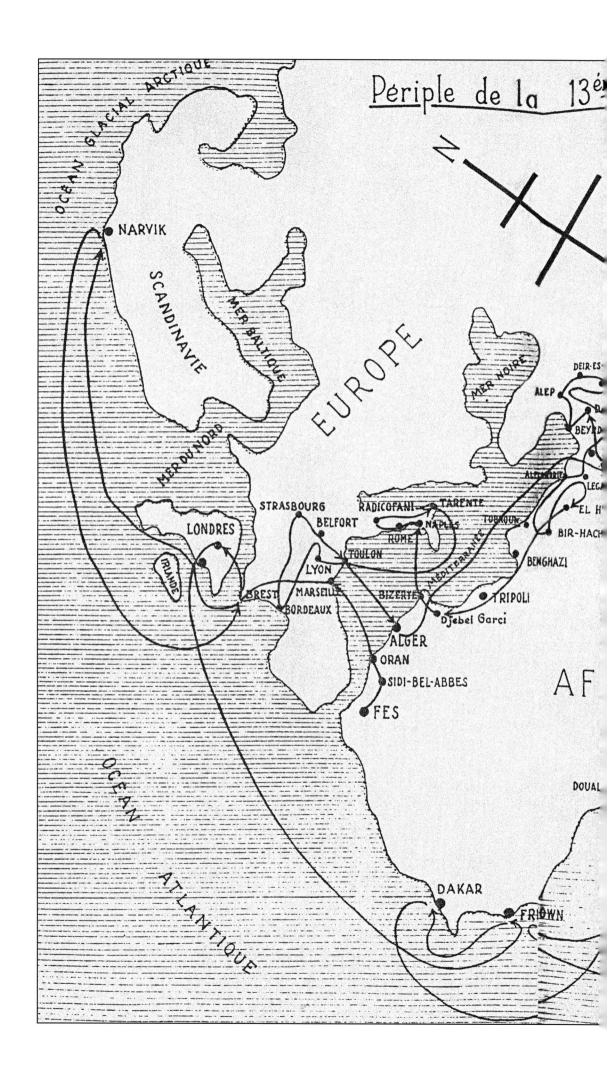

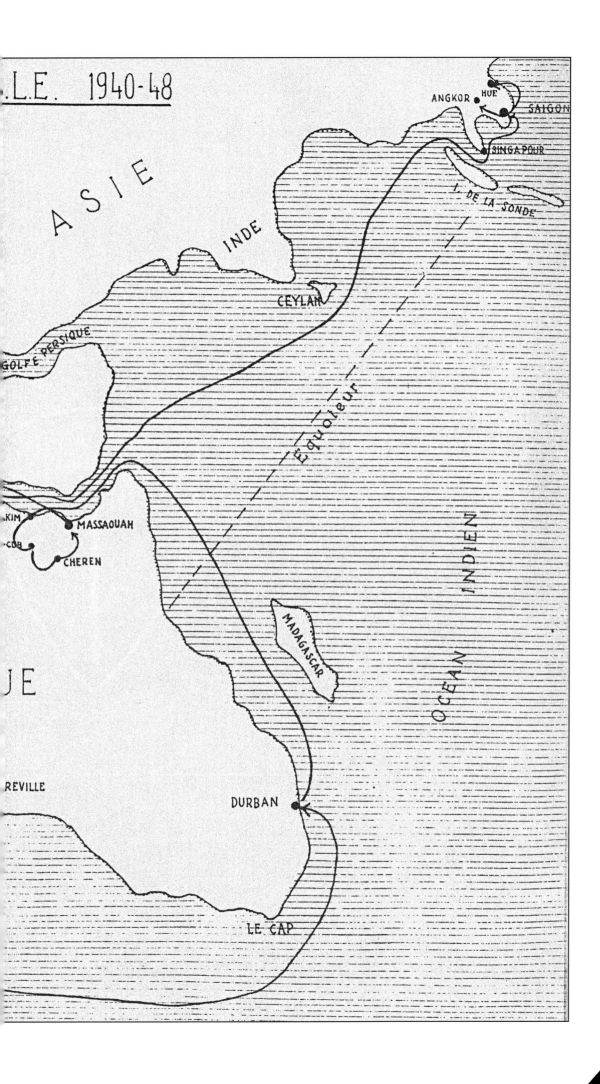

.L.E. 1940-48

CAMPAGNE DE TUNISIE 1942-1943
TUNISIAN CAMPAIGN 1942-1943

CAMPAGNE DE TUNISIE

1942 - 1943

JOURNAL DE MARCHE

du

3ème RÉGIMENT ÉTRANGER D'INFANTERIE

(I° Partie)

Période du I° Décembre 1942 au I° Avril 1943

Le 5 décembre 1942, la I°ère Demi-Brigade de Marche de Légion Etrangère et d'Infanterie Coloniale est formée. - Aux ordres du Lt-Colonel LAMBERT, elle comprendra :

- La C.R. du 3° R.E.I. (Capitaine VENARD)
- Le I/3° R.E.I. (Commandant LAPARRA)
- Le 2/3° R.E.I. (Commandant LANGLET)
- Un Bataillon du R.I.C.M.

Elle sera formée sur le type de l'Armée de l'Armistice, en partie motorisée, mais conservera néanmoins un échelon muletier. Elle doit se préparer le plus rapidement possible. Tout le monde se met au travail, la joie d'un départ prochain éclairant tous les visages.

Le I3 décembre, une note de l'Etat-Major de RABAT annonce que le Bataillon du R.I.C.M. initialement prévu est remplacé par le 3/6° R.T.S.

La Demi-Brigade doit se grouper à MEKNES, mais depuis le 6 décembre, le I/3° R.E.I. qui y tenait garnison, a été envoyé au Camp d'EL-HADJEB. Il regagnera sa garnison à partir du I3 décembre, tandis que le 2/3° R.E.I., qui stationne normalement à KHENIFRA, se met en route pour remplacer le I/3°.

Le lundi I4 Décembre, l'E.M. du Régiment et le Peloton des Transmissions vont s'installer à MEKNES.

Le Général GIRAUD rend visite au Régiment à FES, dans l'après-midi du I4 décembre. Il rassemble les Officiers et sous-officiers du régiment et dit notamment : " J'ai besoin d'une troupe à laquelle je puisse tout " demander. J'ai choisi le 3° Etranger. N'est ce pas LAMBERT ? ".

Par note de service n° 68-E/I du 8/I2/42 de l'E.M. de RABAT, la Demi-Brigade de Légion Etrangère et d'Infanterie Coloniale devient Régiment de Marche de la Légion Etrangère. Il comprend :

- Une C.R. (Capitaine VENARD)

- Le I/3° R.E.I.   (Commandant LAPARRA)
- Le 2/3° R.E.I.   (Commandant BOISSIER)
- Le 3/2° R.E.I.   (Commandant LANGLET).

Le Bataillon BOISSIER sera formé avec la C.C.B. du 2/3°, une Compagnie de F.V. (3° R.E.I.) et deux Compagnies du 2° R.E.I.

Constitué par des unités provenant du 3° et du 2° R.E.I., le R.M.L.E. prend, à la date du 15 décembre, le titre de 3° Régiment Etranger d'Infanterie.

L'enfantement a été laborieux, mais il semble cette fois que le produit sera de choix.

L'encadrement du Régiment est le suivant :

- Lt. Colonel LAMBERT,   Commandant le Régiment.
- Chef de Btn BOYER-RESSES,   Chef d'Etat-Major.
- Médecin-Commandant PALEOLOGUE, Médecin-Chef.
- Capitaine LECLERE,   Officier Adjoint.
- Capitaine LABROUCHE,   Officier de Renseignements.
- Capitaine FORDE,   Officier d'approvisionnement.
- Lieutenant MEDORI,   Officier du Chiffre et Observateur.
- Lieutenant MALFERE,   Officier de liaison.
- Lieutenant SIRMAIN,   Officier de liaison.

C.R.

- Capitaine VENARD,   Commandant de Compagnie.
- Capitaine DUFOUR,   Officier de Transmissions.
- Lieutenant MARECHAL,   Commandant le Peloton d'Engins.
- Lieutenant GUFFLET,   Commandant la Section de 25.
- Aspirant BERTHON,   Cdt la Section de Mitrailleuses.
- Adjudant-Chef PERRIN,   Officier des détails.

Ier BATAILLON

- Chef de Btn LAPARRA   Commandant le Bataillon.
- Capitaine DUTAILLY,   Adjudant-Major.
- Capitaine AMYOT D'INVILLE,   Officier de Renseignements.
- Lieutenant MOUILLAUD,   Commandant la C.C.B.
- Lieutenant DUBOS,   Commandant les Engins.
- Lieutenant ROUVILLOIS,   Officier de liaison.
- Capitaine BOUCHET,   Officier des détails.
- Médecin-Lieutenant FALCOU,   Médecin du Bataillon.

Ière COMPAGNIE

- Capitaine CHAPERON,   Commandant la Compagnie.
- Lieutenant LE GUILLOU,   Chef de Section.

2ème COMPAGNIE

- Capitaine VALENTIN,   Commandant la Compagnie
- Lieutenant CUAZ,   Chef de Section.
- Aspirant SUGIER,   Chef de Section.

3ème COMPAGNIE

- Capitaine LE MEUNIER,   Commandant la Compagnie.
- Lieutenant LUX,   Chef de Section.

4ème COMPAGNIE

- Lieutenant MAILLOT,   Commandant la Compagnie.
- Lieutenant BOUIX,   Chef de Section
- Aspirant SMOLIKOVSKY,   Chef de Section

2ème BATAILLON

- Chef de Btn BOISSIER,   Commandant le Bataillon
- Capitaine PANCHUQUET,   Adjudant-Major
- Capitaine SAINT JOURS,   Officier des détails
- Capitaine HELL,   Officier de Renseignements
- Capitaine LEROY,   Commandant la C.C.B.
- Capitaine GELAT,   Officier de Ravitaillement
- Médecin-Capitaine LEMEUR,   Médecin du Bataillon.

5ème COMPAGNIE

- Lieutenant De PUYSEGUR,   Commandant la Compagnie
- Lieutenant BOGAERTS,   Chef de Section
- Lieutenant LISENFELT,   Chef de Section

6ème COMPAGNIE

- Capitaine LAVOYE,   Commandant la Compagnie
- Lieutenant LE PUENTEN   Chef de Section
- Lieutenant HELLER,   Chef de Section

7ème COMPAGNIE

- Capitaine SCHMITZ,   Commandant la Compagnie
- Lieutenant LACOTE,   Chef de Section
- Lieutenant ROUSSELET,   Chef de Section
- Aspirant HAZAT,   Chef de Section

8ème COMPAGNIE

- Capitaine NADAL,   Commandant la Compagnie
- Lieutenant BOSSLER,   Chef de Section
- Aspirant FLAN,   Chef de Section

3ème BATAILLON

- Chef de Btn LANGLET,   Commandant le Bataillon
- Capitaine ENSCH,   Adjudant-Major
- Capitaine MARCOUT,   Commandant la C.C.B.
- Lieutenant PERROS,   Commandant la Section d'Engins.
- Lieutenant BESSON,   Chef de la Section de mitrailleuses
- Lieutenant DELUOL,   Officier de Renseignements
- Capitaine DUBOIS,   Officier de Ravitaillement
- Capitaine ROCHETTE,   Officier des détails
- Médecin-Auxiliaire ALMAYRAC   Médecin du Bataillon.

9ème COMPAGNIE

- Capitaine De La ROCQUE,   Commandant la Compagnie
- Lieutenant MATTEI,   Chef de Section
- Lieutenant ROBILLARD,   Chef de Section

10ème COMPAGNIE

- Capitaine POUMAREDE,   Commandant la Compagnie
- Lieutenant JOHANNY,   Chef de Section
- Lieutenant WATTIEZ,   Chef de Section

IIème COMPAGNIE

- Capitaine EVEN,   Commandant la Compagnie
- Lieutenant PRAVAZ,   Chef de Section
- Lieutenant BOURGOGNE,   Chef de Section

12ème COMPAGNIE

- Capitaine De KERMABON,   Commandant la Compagnie
- Lieutenant HUMBEL,   Chef de Section
- Lieutenant GUIVARCH,   Chef de Section

•
         °   °
•

Le 20 décembre arrivent à MEKNES les éléments destinés à la C.C.B. du 2° Bataillon. Ils sont fournis par les restes du 3/3° Etranger.

Le 22, à 12 H. 30, les deux compagnies de F.V. données par le 2° R.E.I. pour la formation du 2/3°, débarquent à la gare.

A 16 H. 52, le premier train, emmenant le Colonel, l'Etat-Major du Régiment, les Transmissions et le T.R. quitte la gare de MEKNES, le reste de la C.R. embarque à FES à 18 H. 29.

Le convoi est à TAZA le 21 à 2 H. 29, à OUDJDA à 3 H. 06, à TLEMCEN, le 22 à 3 Heures.

Il passe à SIDI BEL ABBES le 22 à 11 heures. Il est reçu par les Officiers et la Musique du 1° R.E.I.- Des sandwichs et des rafraichissements sont offerts par le 1° R.E.I.

Le voyage se poursuit à la lenteur coutumière, des convois militaires. Noël est fêté dans le train, quelque part entre AFFREVILLE et ALGER. - Les moyens manquent, mais le coeur y est. Quelques branches de sapin, apportées en gare de PRUDON par un camion du 1° Etranger, ornent wagons et compartiments.

Le 25 vers midi, le train est garé à HUSSEIN DEY et n'en repartira que le 26 à 1 heure. On entendra les premières bombes lancées par les bombardiers ennemis du côté de MAISON BLANCHE.

BENI-MANSOUR est atteint à 19 heures. Une manoeuvre malencontreuse d'un train de marchandises provoque un tamponnement. Résultat : 3 blessés légers.

A 20 H. 30, à la suite d'un faux aiguillage, la voie d'ALGER et celle de BOUGIE sont obstruées. Comme la direction de SETIF est déjà encombrée, le convoi passera la nuit à BENI MANSOUR. Il arrivera le 27 à 23 Heures à SETIF, et le 28 à 5 heures aux OULED-RAMOUN. A SETIF, il avait été rattrapé par le train emmenant la moitié du Bataillon LANGLET et c'est en empruntant le même train à voie d'un mètre, que, délesté de son convoi automobile, les éléments de la C.R. et de l'E.M. quitteront les OULED RAMOUN à midi pour arriver à TEBESSA à 7 heures et à BOU ARADA le 30 à 3 heures.

Le Colonel et son Etat-Major qui avaient devancé le convoi en automobile, se trouvaient à l'arrivée du train à BOU ARADA.

La C.R. et deux Compagnies du 3/3° R.E.I. campent dont le 30 Décembre à 8 Kms au Sud de BOU ARADA.

Le convoi auto, après divers ennuis mécaniques, finira par rejoindre.

Dans l'après-midi du 31, les premiers éléments du 3° R.E.I. se mettent en route pour prendre position dans la région du carrefour d'EL-HAMRA, au Sud du Réservoir de l'Oued KHEBIR. Il y relèvera les restes du Bataillon SANTINI, du 3° R.T.T.

Le 31, au soir, les Compagnies De KERMABON et EVEN débarquent à BOU ARADA et rejoindront EL HAMRA le 2 Janvier 1943.

Le L^t. Colonel LAMBERT, placé sous les ordres du Général MATHENET, Commandant la 1° D.M.M. reçoit le commandement du sous-secteur de l'Oued KHEBIR à partir du 1/1/43 à 0 heure. Ce sous-secteur est limité au Nord par le Djebel MANSOUR, Au Sud par une ligne passant à 200 mètres Sud du carrefour de la côte 572 et de la côte 543.

Le L^t. Colonel LAMBERT dispose de :
- 2 Bataillons de Légion (1/1° R.E.I. et 3/3° R.E.I.
- La C.R. du 3° R.E.I.
- III/64° R.A.A. (Commandant JANNIQUE)
- 5 canons de 37 de la Compagnie E.

Sa mission est de tenir solidement la région de la côte 467, le RAGOUBET EL BIAD (côte 593).

- Observer une attitude défensive tout en restant agressif.

Le 1/1° R.E.I., aux ordres du L^t. Colonel BOUCHER, est arrivé dans la région depuis une quinzaine de jours déjà. Il occupe le quartier Nord du sous-secteur.

Du 1° au 7 Janvier, aucun évènement important ne se déroule dans cette région.

Le 3/3° R.E.I. (Chef de Bataillon LANGLET) monte en lignes dans la nuit du 31 décembre au 1° Janvier pour y relever le 3/7° R.T.M. (Bataillon CLAIRE) et occuper le quartier Sud du réservoir de l'Oued KHEBIR.

Dès la première nuit et la journée suivante, les emplacements doivent être occupés en combattant et en repoussant de fortes patrouilles allemandes qui tiennent déjà les croupes Sud de la côte 485 que le Bataillon relevé était censé occuper.

Une Compagnie allemande est surprise par les feux des premiers éléments du Bataillon LANGLET alors qu'elle se dirige vers la côte 593. Elle se retire en abandonnant sur le terrain 2 mitrailleuses, 3 cadavres et de nombreux bagages.

Le 9 Janvier, le 3/3° R.E.I. est enfin solidement établi sur le RAGOUBET EL BIAD après avoir conquis en combattant les côtes 485 et 566.

Le 8 Janvier, ordre est donné d'attaquer, avec deux compagnies du Bataillon LANGLET, la croupe 558.

Après quelques contre-ordres, l'opération a lieu le 13 Janvier.

Au petit jour, après une préparation d'artillerie exécutée par 4 batteries de 75 (III/64° R.A.A. et une batterie du Groupe de VIN-CELLES), la IO° Compagnie (Capitaine POUMAREDE) atteint l'éperon Ouest de 658 où elle est clouée au sol par des tirs massifs de mortiers et d'armes automatiques. Pendant ce temps, la II° Compagnie (Capitaine EVEN) qui a pour mission d'occuper 543 et d'aider par son feu la progression de la Compagnie POUMAREDE, gênée par des tirs de notre artillerie, laisse deux sections s'aventurer vers l'Oued EL METCKI. Ces deux sections, complètement entourées, se battent à peu près jusqu'à extinction, quelques survivants sont faits prisonniers.

L'opération devait se faire avec un peu d'infanterie et en principe sans trop de casse. Le Général MATHENET, Commandant la I° D.M. M., mis au courant de la situation, donne vers IO H. 30 l'ordre de stopper l'attaque et de reprendre les positions de départ.

La Compagnie POUMAREDE, malgré les tirs de mortiers qui l'accablent, s'accroche au terrain jusqu'à la nuit pour pouvoir ramener ses morts et ses blessés.

Le décrochage s'effectue à I8 H. 30, à la nuit tombante, grâce à un excellent tir d'artillerie appliqué sur 658.

Ordre est donné de ménager les munitions d'artillerie et de mortiers de 8I dont les approvisionnements sont très réduits.

Bilan de la journée : 85 tués, blessés ou disparus (blessés 53 tués : I Officier (Capitaine FORDE) I7 légionnaires,- disparus : I5

A partir du I4 Janvier, le Bataillon LANGLET ne cesse d'être harcelé par les minen qui lui causent journellement des pertes s'élevant en moyenne à 6 ou 8 par jour.

Les patrouilles allemandes viennent chaque soir au contact de nos premiers éléments. Afin d'assurer l'intégrité des positions tenues, des défenses accessoires sont demandées. Il n'est pas donné satisfaction à ces demandes.

Pendant la même période, le Bataillon du I° R.E.I. (Chef de Bataillon ROUGER) qui a des vues excellentes sur la plaine comprise entre le Djebel MANSOUR et PONT DU FAHS signale chaque jour une activité accrue chez l'ennemi : - reconnaissance d'Officiers, gros mouvements de camions (jusqu'à 80 le I6 Janvier).

L'aviation allemande est aussi très active, chaque jour elle survole nos positions à basse altitude et mitraille les objectifs visibles.

Aucune aviation alliée ne peut être obtenue pour tenter d'assurer la protection aérienne du secteur et préciser la destination donnée aux troupes transportées par l'ennemi.

Des emplacements de nouvelles batteries ennemies sont repérés dans la région de la ferme LONGUE (N.E. de 467).

Tous les renseignements recueillis permettent d'établir le I7 au soir que l'ennemi se renforce dans la zône du sous-secteur.

Dans la nuit du I7 au I8 Janvier, le 2° Bataillon du 3° R.E.I.

(Commandant BOISSIER) vient, après une dure étape de 10 heures, relever le Bataillon ROUGER dans le quartier Nord. Le I/I° R.E.I. se reporte en arrière sur le RAGOUEET SANDA (Côte 546 et côte 566) au cours de la nuit sous les ordres du Lt-Colonel BOUCHER.- Le Chef de Bataillon ROUGER reste auprès du Commandant BOISSIER pour lui passer les consignes du quartier ainsi qu'un Officier du I/I° R.E.I. pour chaque P.A.

Le 18 Janvier au petit jour, une attaque ennemie avec chars se déclenche sur les positions du Bataillon BOISSIER.

Pilonné par les minen (gros calibres, au moins 150) soumis à une supériorité de feu écrasante, le Bataillon perd ses P.A. avancés, côtes 404, 444 et la croupe 505 m. Sud de 444.

Toutes les communications sont coupées entre le P.C. sous-secteur et le P.C. Bataillon. Un poste Radio E.R. 17, envoyé au P.C. BOISSIER en side car est capturé au pied de 475.

Une forte infiltration ennemie est signalée par le Djebel SOLBIA.

Un officier de liaison, le Lieutenant SIRMAIN, envoyé à 9 H. 30 au P.C. BOISSIER rentre au P.C. du sous-secteur vers 13 heures après avoir traversé à l'aller et au retour les premiers éléments ennemis.

Ordre est donné au I/I° Etranger, tout en tenant fortement 546 et 566 d'établir la liaison vers 475 avec le 2/3° R.E.I.

A 13 heures, l'ordre écrit de relève du I/I° R.E.I. par le 2/3° R.E.I. parvient au P.C.du Commandant du sous-secteur. Cet ordre prescrit au Lt-Colonel BOUCHER de conserver le commandement du quartier Nord jusqu'au 19 Janvier 0 heure.

Cet ordre est transmis, par agent de transmission au Lt-Colonel BOUCHER, qui confie le Bataillon ROUGER au Capitaine LAIMAY, Adjudant-Major et accompagné de son Officier Adjoint, le Capitaine ROSIER, part à pieds par les pentes Sud du Djebel SOLBIA pour rejoindre la côte 467.

L'attaque ennemie continue toujours plus pressante sur les position BOISSIER. Les chars ennemis sont signalés comme se glissant d'Est en Ouest en direction du Djebel SOLBIA.

A 14 heures, la Compagnie NADAL (8° Compagnie du 2/3° R.E.I.) réservée au carrefour d'EL HAMRA, est engagée par le commandement du sous-secteur pour reprendre 497 et rétablir la liaison par la route. Cette compagnie doit être appuyée par un Escadron de chars anglais en position depuis 10 heures vers le carrefour d'EL HAMRA.

Le Compagnie NADAL atteint le Djebel SOLBIA par ses propres moyens et les chars britanniques se replient en hâte tandis que les chars allemands, passant par la route au Sud de 475, achèvent l'encerclement du Bataillon BOISSIER.

A la tombée de la nuit, le Lt-Colonel BOUCHER qui n'a pu atteindre le Bataillon BOISSIER déjà encerclé, rejoint le P.C. du Commandant du Sous-secteur pour y recevoir ses ordres.

Des éléments du Bataillon BOISSIER arrivent à se glisser entre 467 et le réservoir de l'Oued KHEBIR. Ces éléments, immédiatement regroupés, sont installés en bouchon, face au réservoir sur les croupes S.E. du carrefour d'EL-HAMRA.

Vers 19 heures, le Lt-Colonel LAMBERT donne l'ordre à la Compagnie NADAL, qui occupe toujours les pentes du Djebel SOLBIA de se replier sur le carrefour d'EL HAMRA.

Il décide en présence du Lt-Colonel BOUCHER de rester sur ses positions au cours de la nuit. En cas d'attaque par chars, le dispositif se transformera en crochet défensif avec :

- le I/I° R.E.I. tenant solidement le RAGOUBET SANDA,
- le 3/3° R.E.I. sur le RAGOUBET EL BIAD avec des éléments sur 508 et 572.
- des éléments récupérés du 2/3° R.E.I. venant prendre position entre 560 et 508.

Le Lt-Colonel BOUCHER, mis au courant de cette décision, rejoint le I/I° Etranger vers 20 heures.

Le Lt-Colonel LAMBERT téléphone au P.C. du Général Cdt la I° D.M.M. sa décision qui est approuvée. Le Général MATHENET lui annonce en même temps qu'il va demander l'appui pour le 19 matin d'éléments alliés.

Vers 21 heures, le dispositif réalisé est le suivant :

- Bataillon BOISSIER, considéré comme perdu (240 hommes seulement ont rejoint EL-HAMRA)
- Compagnie NADAL, au carrefour d'EL HAMRA, renforcée par une Section de mitrailleuses de la C.R.

- Bataillon LANGLET, en place sur le RAGOUBET EL BIAD,

- Canons de 25 de la C.R. du 3° R.E.I. au carrefour d'EL HAMRA.

- Les trois canons de 75 automoteurs de la Batterie EVRARD, mis à la disposition du Lt-Colonel LAMBERT dans la matinée sont demandés par le Colonel CARPENTIER, Commandant le 7° R.T.M. - Ils lui sont envoyés.

La 7° Batterie du Groupe JANNIQUE place une section en anti-chars face au carrefour d'EL HAMRA.

Le Chef de Bataillon LANGLET arrive au P.C. du Commandant du sous-secteur vers 21 heures. Il lui est communiqué la décision de libérer le carrefour en cas de grosse attaque ennemie et d'établir un crochet défensif en tenant le RAGOUBET EL BIAD et la région de la crête 560. - D'autre part, la nouvelle d'une contre-attaque blindée alliée pour le 19 matin lui est donnée.

Le Colonel indique à ses unités, au Commandant du 3/64° R.A.A. que son P.C., en cas d'attaque de chars, sera déplacé sur 560 (Djebel BOU ZINA).

Vers 21 H. 35, le Capitaine JAUBERT de l'E.M. du Général MATHENET, vient en liaison accompagné d'un Officier Anglais, " Demain 19 au matin, une contre-attaque de chars alliés avec des moyens puissants, agira en direction du carrefour d'EL HAMRA. - Le Général désire que vous mainteniez votre dispositif pour permettre la mise en place des éléments alliés. "

207

Vers 22 H. I5, Le Capitaine VENARD, Commandant la C.R. du 3° R.E.I. arrive au P.C. suivi des éléments de sa Compagnie, le carrefour a été tourné, des infiltrations de blindés ennemis se sont produits au Sud.

Le Colonel déplace son P.C. sur 560, après un dernier coup de téléphone à la D.I. avant de couper les fils.

Pendant toute la nuit, bruits de moteurs, fusées. Nous comptons toujours sur la contre-attaque anglaise avec de gros moyens.

Au jour, on aperçoit les chars allemands sur la route de ROBAA, au Carrefour d'EL HAMRA et des voitures nombreuses qui descendent la route entre 475 et le carrefour d'EL HAMRA.

On attend toujours la contre-attaque anglaise.

Vers 8 heures, trois chars lourds ennemis sont engagés sur la pente entre le carrefour d'EL HAMRA et le carrefour 572. D'autre chars montent par les pistes, qui, du Sud de la route de PONT DU FAHS aboutissent au Djebel BOU ZINA. Vers 8 heures 30, on observe un repli rapide et ordonné des derniers éléments du 7° R.T.M. vers 477, 535 (Nord de DRAA EL MAAMIR).

Aucune liaison avec la D.I., le poste E.R. I7 à l'écoute ne prend rien, le poste de l'artillerie non plus.

A ce moment on comprend enfin qu'une fois de plus, les chars anglais ne se sont pas compromis et que la Légion est seule à tenir son terrain.

Le Colonel envoie par un Officier (Lieutenant SIRMAIN) l'ordre à la C.R. (Transmissions) et au 3° Bataillon (Commandant LANGLET) de décrocher, et donne l'ordre au Commandant JANNIQUE de déclaveter ses canons (75 tractés inutilisables en montagne).

A 9 H. I5, il donne l'ordre à son Etat-Major de décrocher.

A ce moment, nous sommes entourés de chars à l'Est, au Nord et à l'Ouest, l'infanterie ennemie s'infiltre à l'Est et au Sud, direction générale : DJEBEL BOU KEHIL (Côte 762 et au delà, Sud Sud-Ouest).

Après avoir été pris en chasse sur le plateau de SI AMARA et la Région Nord de 617 par les canons des chars et des armes automatiques de l'infanterie, nous atteignons le Djebel BOU KEHIL à 752, puis par l'est les Djebels TOULIA - KEF BOU TINA, Djebel MESSA MET. A la nuit, la réjuin de Bordj DRIDJA et le P.C. du Général MATHENET à BOU SAADIA. Le Lt-Colonel LAMBERT n'a près de lui que les Capitaines LECLERE et LABROUCHE, le Caporal-Chef LEBLANC, le Légionnaire SOUKOFF clairon et le Légionnaire PARADES.

Le I9 Janvier au soir, on trouve des éléments du 3° R.E.I. à SILIANA, BOU SAADIA, BOU ARADA où les ont conduits les fortunes diverses des convois.

Le Centre de regroupement sera SILIANA et sa région où le Colonel s'installera le 2I Janvier dans la Maison des Travaux Publics.

De petits détachements arrivent de temps à autre : ils ont erré dans les Djebels, surveillant les pistes où patrouillent les chars allemands et ont fini par découvrir le chemin des postes français.

Le 22 Janvier, le Colonel décide de reformer le Régiment de la façon suivante :

- Le I/3° sans changement (on n'en a pas encore de nouvelles)
- Le 2/3° reformera deux Compagnies de F.V.
- le 3/3° de même.
- la C.R. mettra sur pied des sections d'E.M., de transmissions et de brancardiers.

Le 23, l'encadrement de ces éléments est ainsi donné :

ETAT-MAJOR : Lt-Colonel LAMBERT
Capitaines LECLERE et LABROUCHE.
Lieutenant SIRMAIN

C.R. : Capitaine DUFOUR,
Lieutenant MARECHAL
Aspirant POITE.

2/3° R.E.I. : Capitaine LAVOYE, Cdt Provisoirement
Lieutenant ROMET, Adjoint
Lieutenant BOGAERTS, Officier des détails et d'approvisionnement.

5° COMPAGNIE : Lieutenant De PUYSEGUR, Cdt de Cie F.V.
Lieutenants ROUSSELET et LE FUENTER.

6° COMPAGNIE : Lieutenant LISENFELT, Cdt la Cie Mixte.
Lieutenant HELLER.

3/3° R.E.I. : Capitaine VENARD, Cdt Provisoirement.
Capitaine EVEN, Adjudant-Major
Capitaine DUBOIS, Officier d'approvisionnement
Capitaine ROCHETTE, Officier de détails.

9° COMPAGNIE : Lieutenant BESSON, Cdt de Cie F.V.
Lieutenants MATTEI et ROBILLARD.

10° COMPAGNIE : Lieutenant JOHANNY, Cdt de Cie Mixte.
Lieutenants WATTIEZ et GUFFLET.

Le 3/3° se prépare à rejoindre la ferme RAFFIN, aux ordres du Commandant KOLUKOWSKY, des Chasseurs d'Afrique.

Sa mission consiste à établir le P.A. de l'Oued SILIANA au Sud et à l'Est de la ferme RAFFIN.

Les jours suivants se passent à réorganiser, à regrouper les divers éléments du Régiment. Le Général JUIN passe à SILIANA le 28. Il félicite le Colonel pour la brillante conduite du Régiment dont la résistance a permis l'intervention des réserves alliées.

Le 30 Janvier 1943, le bilan des combats peut être enfin établi :

- 35 Officiers, I420 sous-officiers, caporaux et légionnaires ont disparu,

- 179 hommes de troupe ont été évacués, il manque donc : 1634 gradés et
légionnaires.

Le 31 Janvier, le Général GIRAUD, Commandant en Chef, inspecte les
éléments du Régiment présents à SILIANA, la C.R. et le 2/3° R.E.I.;
après avoir passé en revue la troupe rangée en lignes sur trois rangs,
le long d'une haie de cactus, le Général rassemble les Officiers et les
sous-Officiers et leur dit en substance :

" Je me suis fait raconter votre histoire. C'est bien. Vous avez
" combattu un adversaire plus nombreux, mieux équipé. Vous avez eu des
" pertes. C'est la guerre."

" Vous irez au grand repos un mois, deux mois peut-être; je vous
" recompléterai. Je vous armerai et vous repartirez à l'attaque ici ou
" ailleurs."

" En 1918, il y a 25 ans, la Légion du Colonel ROLLET arrêtait à
" Hangard en Santerre une division allemande qui avait déjà des chars.
" La moitié de leur effectif y resta. Quelque temps après, réformé, le
" Régiment de Marche attaquait violemment."

" Vous avez fait comme eux. C'est très bien. La prochaine fois ce
" sera parfait."

Le 31, avant la visite du Général GIRAUD, le I/3° avait traversé
SILIANA et était allé s'installer à 2 Kms sur la route d'EL AKOUAT au
milieu de haies de cactus. Il arrivait de SIDI NOCEUR où il s'était rassemblé après une période agitée dont voici le récit.

(Voir journal du I/3°)

*

* * *

Le I° Février, le Capitaine LAVOYE, miné par un mal qui ne pardonne
pas et littéralement à bout de forces, était évacué contre son gré après
avoir passé le commandement du 2/3° au Capitaine DUTAILLY.

Jusqu'au 9 février, le Régiment continue sa "remise en conditions".
Il a d'ailleurs fort belle allure, et, rasés, habillés de neuf dans la
mesure du possible, les légionnaires demeurent les beaux soldats qu'ils
ont toujours été.

Le 10, branle-bas.- Le Régiment doit être enlevé en cars et camion
pour aller au repos. Le premier point de destination fixé est La MESQUIA
NA, petit village entre TEBESSA et AIN BEDA.- Tout le monde se raccroche
à l'espoir du "premier point de destination", car l'on imagine un lieu
de repos plein de délices.

Le Colonel et son Etat-Major quittent SILIANA vers 10 H. 30.

Le Régiment s'embarque vers 20 heures. La pluie commence à tomber.
Bientôt ce sera une véritable tempête de neige qui assaillera le convoi
qui, au KEF, sera dérouté sur SEDRATA. On passe la nuit à SAKIET où l'on
retrouve des visages connus : La Compagnie du Train de FES.

Les pleins d'essence faits, on repart au milieu d'un paysage polaire et les cars progressent comme ils le peuvent, tant bien que mal et
plutôt mal que bien. Finie la belle ordonnance du convoi. Chacun recher-

che à gagner SEDRATA..... et tout le monde y arrivera, les derniers deux
jours après les autres, car les routes sont étroites, glissantes de neige glacée et les fossés profonds.

SEDRATA est un village algérien, c'est le décrire. Peu de ressources, quelques cafés qui seront assiégés et qui en notre honneur double-
ront ou tripleront les prix de leurs consommations.

La population est charmante et aura quelques attentions aimables
pour les légionnaires, vin chaud, gâteaux.

Le dimanche 14, à la Messe, le curé, impressionné par les nombreux
uniformes qui se pressent dans sa petite église, improvisera une allocution prononcée d'une voix qui trahit bien son émotion.

Le repos devait être court. Le 16, le coup de boutoir de ROMMEL se
déclenchait dans le Sud Tunisien. Immédiatement le I/3° Etranger renforcé par une Compagnie du 2/3 et une Compagnie du 3/3° était mis en état
d'alerte, recevait quelques "Jeep" trainant des 37 américains anti-chars
et quelques pistolets mitrailleurs Sten.

Le 17, le Colonel et son Etat-Major, le Commandant LAPARRA et son
bataillon partaient en auto pour CHERIA, au S.O. de TEBESSA.

Les Compagnies prenaient contact avec les patrouilles anglaises et
s'installaient aux cols à l'Est de CHERIA ou la Maison du Caïd abritait
le Colonel.

Les jours suivants se passent en liaisons et reconnaissances. Le
Général BARRE, Cdt le D.C.T., le Colonel De La GARENNE, Cdt le Sous-Sec-
teur Centre du F.S.E.A., le Colonel MARCHAL? Cdt le 3° R.S.A. viennent à
CHERIA.

Le 22 février, le détachement du 3° R.E.I. resté à SEDRETA embarque
dans une rame de camions anglais et quitte SEDRATA pour rejoindre le
Colonel. La population qui, la veille encore avait confectionné à notre
intention de vastes paniers d'oreillettes, est consternée par notre départ. Elle se sait comment le prouver et plus d'un légionnaire gardera
un souvenir ému d'un embarquement chancelant. L'Administrateur nous délivre un certificat de bien-vivre qui ne cache pas son regret de nous
voir partir. - Le voici :

" Sedrata le 22 février 1943

" L'Administrateur de la Commune Mixte atteste que le 3° Régiment
" Etranger d'Infanterie a séjourné pendant dix jours à SEDRATA.

" Pendant cette période, le soussigné n'a eu à enregistrer aucune
" plainte des populations contre ce Régiment.

" Au contraire, il avait su conquérir déjà l'affection de tous,
" français et musulmans, par la tenue parfaite de la troupe et par sa
" discipline exemplaire."

(signé) "..........."

Le Mardi 23 février à 5 heures, après un voyage sans histoire, la C.R. débarque à CHERIA.

Le 2/3 et le 3/3 sont poussés sur BORDJ DALA où ils arrangeront la piste LA MESQUIANA-KENCHELA.

Ce même jour parvient au Colonel LAMBERT, le texte de la citation à l'ordre de l'Armée accordée au Régiment pour sa brillante conduite à l'OUED EL KEBHIR.

CITATION A L'ORDRE DE L'ARMEE

" Très beau Régiment, digne héritier des traditions "
" de la Légion Etrangère. Malgré un armement et un "
" équipement inférieurs à ceux de l'adversaire, sous"
" les ordres du L^t. Colonel LAMBERT a rempli toutes "
" les missions qui lui ont été confiées pendant la "
" période du I° au 19 Janvier 1943, soit sur la dé- "
" fensive, soit dans l'opération du 12 Janvier 1943 "
" Le 18 Janvier 1943, attaqué par un ennemi supérieur
" en nombre et doté de nombreux chars, dont quel- "
" ques-uns du modèle le plus lourd et le plus mo- "
" derne, a lutté jusqu'à l'épuisement de ses forces,"
" perdant les deux tiers de son effectif. Par sa ré-"
" sistance acharnée, a permis de faire venir à temps"
" les réserves."

*
* *

Et la vie continue....... Quelques reconnaissances, quelques liaisons avec les troupes Américaines. Le 28? un détachement sous les ordres du Capitaine CHAPERON, comprenant la I° Compagnie, le Goum Motorisé du Capitaine SPITZER et quelques moyens de transmissions va occuper BIR EL HATER. Cette expédition fournira le texte du communiqué du G.Q.G. n° I03 - BIR EL ATER a été occupé sans coup férir.

Le 2 Mars, le Médecin-Capitaine VIGROUX est affecté au 3° R.E.I, en qualité de Médecin-Chef.

Le 3 Mars, le détachement CHAPERON effectue une reconnaissance sur MOULARES.

Le 4, la Compagnie LIEENFELT fait mouvement sur BIR EL ATER.

Le 6, passage à CHERIA du Général BOISSAU, Commandant le F.S.E.A.

Le I0, le Bataillon VENARD fait mouvement sur TAMERZA.

Le II, la poussée en avant s'amplifie. Les Transmissions du Régiment partent avec l'E.M. du Colonel De la GARENNE pour TAMERZA, où

212

l'on retrouvera le I/3 et le 3/3 moins deux de leurs compagnies qui s'échelonnent encore entre CHERIA et HENCHIR BETITA, ou l'Oued MIDES étale un lit de sable sur I2 Kms, qui soumettront les malheureux camions du Régiment à des épreuves fatales pour bien des embrayages.

Le Caïd de CHERIA et l'Administrateur de la Commune Mixte ont su traduire leurs sentiments, l'un en termes "administratifs" l'autre avec une pointe d'éloquence.

Voici les textes :

" GABA HAFSI, Caïd — Douar TLIDJEN — CHERIA
(par TEBESSA).

TEMOIGNAGE DE SATISFACTION

" Le Caïd du Douar TLIDJEN, Membre de la Société des Habous des
" Lieux Saints de l'Islam et de l'Institut Musulmane de PARIS, Membre
" fondateur de "Miad El Kheiri (les Amis de la France), soussigné,
" témoignant sa satisfaction personnelle et exprimant l'opinion musul-
" mane de la Région, atteste que le 3° Régiment de la Légion Etrangère
" pendant son séjour dans la région, notamment au cours des opérations
" militaires dans le Douar, s'est montré d'une conduite irréprochable,
" de contact excessivement correct à l'égard des populations musulma-
" nes de notre Pays.

" Il affirme en outre qu'il a su, une fois de plus, consolider
" les liens indissolibles qui unissent étroitement les Musulmans Fran-
" çais à leurs Frères Français Catholiques.

" Par sa discipline notoire et exemplaire et plus particulière-
" ment par la déférence de ses dirigeants, élite des Officiers de
" l'Armée Française, cet honorable Régiment a réaffermi l'union entre
" tous les Français sans distinction de race et de religion.

" La Légion Etrangère fait honneur à l'Armée Française. "

Fait à CHERIA, le I5 Mars I943

(signé) ....

" ETAT FRAN9AIS — CHERIA, le I5 Mars I943. "

" L'Administrateur de la Commune Mixte de CHERIA (Département de
" CONSTANTINE) — Algérie —

" Certifie que durant son séjour à CHERIA et ses environs le
" 3° R.E.I., sous les ordres du Colonel LAMBERT, s'est particulière-
" ment fait remarquer à tous les échelons par sa discipline et sa cor-
" rection. En maintes occasions ce Régiment a apporté un concours dé-
" voué au bon fonctionnement de la vie économique du pays et a su très
" rapidement s'assurer la sympathique affection de la population tant
" européenne que musulmane qui l'a vu avec un sincère regret quitter
" le Pays. "

(signé) "........."

Participation de la Légion Etrangère

à la Campagne de Tunisie en 1942-43.

Participent à cette campagne les :

3° Régiment Etranger d'Infanterie de Marche; Colonel LAMBERT, formé en décembre 1942 avec les éléments des 2° et 3° R.E.; stationnés au Maroc.

ETAT NUMERIQUE DES PERTES EN 1943 EN TUNISIE
=-=

3° REI   Officiers (Tués 16   S/Officiers (tués 26   troupe (Tués 108
                   (disp -   (disp.3   (disp 17

I° REIM Officiers (Tués 3
                   (disp -   S/Officiers (tués 26   troupe (Tués 109
                                              (disp 3   (disp 31

ETAT NUMERIQUE DES PERTES DEPUIS 1946 EN INDOCHINE
=-=

3° REI Officiers (tués   S/Officiers(tués et
                  (et disp= 37   (disp = 77   troupe(tués et
                                                               (disp= 726

=-=

37
77
726

840

35 Officiers,1420 Sous-Officiers et Hommes de troupe ont disparu; 179 ont été évacués.

Le régiment a donc perdu 1634 Gradés et Légionnaires. L'héroïque conduite du 3° R.E.I. durant ces journées est sanctionnée par la citation à l'Ordre de l'Armée avec le texte suivant :

....../

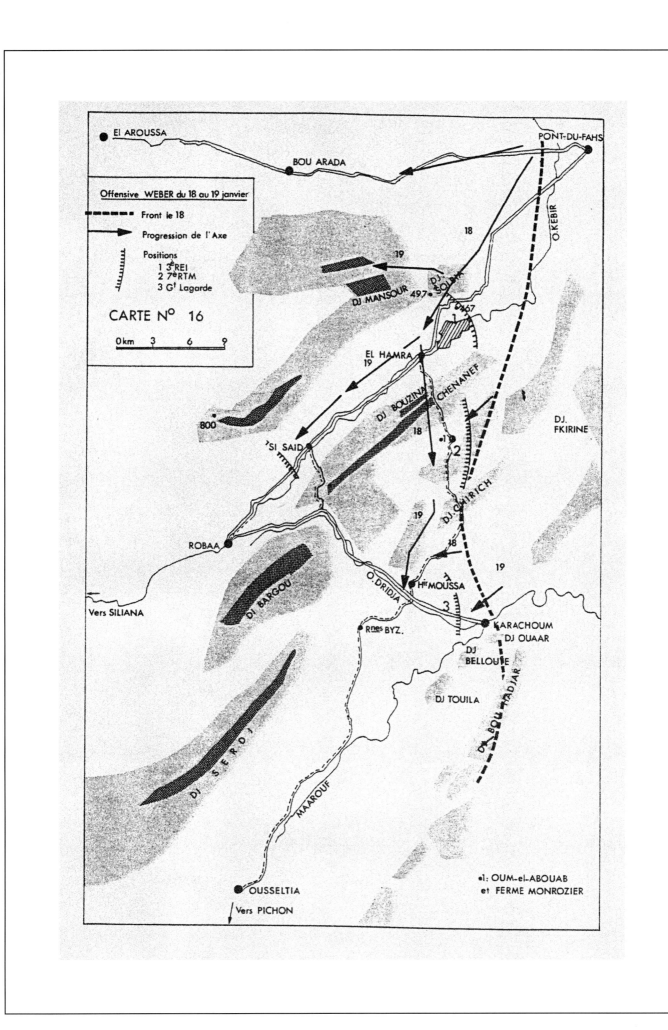

EL AROUSSA

BOU ARADA

PONT-DU-FAHS

O. KEBIR

Offensive WEBER du 18 au 19 janvier

Front le 18

Progression de l'Axe

Positions
1 3ᵉ REI
2 7ᵉ RTM
3 Gᵗ Lagarde

CARTE Nº 16

0 km   3   6   9

18

19

DJ. SOLBIA

DJ MANSOUR   49.7

467

EL HAMRA
19

CHENANEF

DJ. BOUZINA

DJ.
FKIRINE

800

'SI SAID

18

DJ. CHIRICH

19

ROBAA

18

19

O. DRIDJA

Hᵗ MOUSSA

3

Vers SILIANA

DJ. BARGOU

KARACHOUM
DJ OUAAR

Rⁿᵉˢ BYZ.

DJ
BELLOUTE

DJ. BOU HADJAR

DJ TOUILA

DJ. SEROJ

MAAROUF

OUSSELTIA

Vers PICHON

•1: OUM-el-ABOUAB
et FERME MONROZIER

215

Extraits du Journal de marche du 1er groupe autonome du Régiment étranger de cavalerie.
1st Independant Group/REC Military Diary extracts.

G U E R C I F (Maroc)
5 Décembre 1942.-

Le 1er Groupe Autonome du Régiment Etranger de Cavalerie est créé le 5 Décembre 1942 à GUERCIF (Maroc).-

Il est constitué en grande partie par le personnel (cadre et troupe) et le matériel du 1° Groupe du 1er Etranger de Cavalerie. Il a été renforcé, pour être porté à son effectif nouveau type, par des éléments venant de tous les Escadrons du Régiment père.-

Le P.V. de création est rapporté par Monsieur l'Intendant des C.T. de OUJDA.-

L'ordre de bataille en est le suivant :

ORDRE DE BATAILLE

	Chef de Corps	Chef d'Escadrons	ROYER
E.M.	(Capitaine Adjoint	Capitaine	DELUC
	(Officier de Renseignements	Lieutenant	de la CHAPELLE
	(Officier des Transmissions	Adjudant-Chef	GOLDMAN
Services	(Officier des Détails	Adjudant-Chef	PAUL
	(Officier de l'Approvisionnement	Adjudant	LE YAVANC
	(Officier du Service Auto		
	(Officier du Service de Santé	Lieutenant Médecin	DARBON

1° ESCADRON PORTE	2° ESCADRON A.M.M.
Capt. Cdt. Capitaine VILLE	Lieutenant de NEDDE
of de Pon. Lieutenant MICHEL (Mi. et Eng.)	~~xxxxxxxxxxxxxxxxx~~
S/Lieutenant LAEMUYRE (1° Pel.)	Lieutenant COMPAGNON (2° Pel.)
S/Lieutenant COEFF (3° Pel.)	Aspirant BOUHIER (1° Pel.)
Adjudant TALABAC (2° Pel.)	Adjudant MARES (3° Pel.)

L' E.M., l'E.H.R. et l'Escadron de NEDDE sont stationnés à GUERCIF, l'Escadron VILLE est stationné à OUJDA.-

1° ESCADRON PORTE

Les pelotons de l'Escadron Porté sont constitués de la façon suivante :

3 Pelotons de F.V.) 2 Groupes de Fusilliers mitrailleurs
) 1 Pièce de mortier de 60

1 Peloton de Mi.) 1 Groupe de Mitrailleuses
et Engins) 1 Groupe de mortier de 81

2°.- ESCADRON AUTO MITRAILLEUSES , MOTOS-SIDES

Les pelotons de l'Escadron A.M.M. sont constitués de la façon suivante :

3 Pelotons A.M.M.) 1 Groupe A.M. de 3 White Chevrolet
) 1 Groupe motos-sides à) 2 Escouades de F.M.
) 1 Escouades de Mortiers de 60

---

5 Décembre 1942

Dès sa création , le 1er G.A./R.E.C. est affecté à la Division MATHENET (1° Division de Marche Marocaine), en qualité de Groupe de Reconnaissance Divisionnaire.-

Le Chef d'Escadrons ROYER reçoit aussitôt l'ordre de mettre sur pied ses différents éléments pour être à être enlevé avec son Groupe, à partir du 20 Décembre à midi.-

n'aura qu'un préavis de 24 heures pour embarquer sur voie ferrée.-

mandant ROYER donne ses ordres en conséquence et le Groupe se prépare activement pendant les qui suivent. Un gros travail doit être fait pour équiper, armer, etc..., mettre au point ons automobiles, d'un Groupe que les conditions imposées par l'armistice ont réduit énormé-

............./........

Un coup de téléphone de l'Officier du 4° Bureau de la 1ère D.M.M. prévient officieusement le Commandant ROYER de ce que l'avis d'enlèvement va arriver et que le Groupe doit embarquer Dimanche 20 Décembre et quitter GUERCIF Lundi 21 à 6 Hres.05.-

Toutefois le mouvement aura lieu en 2 rames :

a)- une 1/2 de l'E.M., de l'E.H.R. et l'Escadron de NEDDE partiront selon l'horaire indiqué ci-dessus
b)- une 1/2 de l'E.M., de l'E.H.R. et l'Escadron VILLE partiront ultérieurement.-

20 Décembre 1942

Le Commandant ROYER est avisé de ce que le mouvement de la 2° rame aura lieu Lundi soir 21 Décembre à 16 Hres.05 (Départ de Guercif).-

L'Escadron VILLE étant stationné à OUJDA, il sera pris au passage.-

EMBARQUEMENT : Toute la journée du Dimanche 20, les éléments de la 1ère rame embarquent le matériel sous la pluie, dans des conditions très difficiles. Néanmoins tout est terminé à 17 Heures.

Tout est prêt. Les hommes sont contents et chantent. Leur désir d'action est grand. Ils espèrent enfin pouvoir le satisfaire.-

21 Décembre 1942

L'embarquement du personnel a lieu à partir de 3 heures, les véhicules sont vérifiés et le brêlage consolidé.

A 6 Hres.05 le train démarre, l'ambiance est excellente.-

Pas d'incidents pendant cette première journée.-

A OUJDA : Au passage en gare le Colonel le VAVASSEUR, Commandant le 1er R.E.C. vient faire ses adieux au Groupe. Il adresse quelques mots aux Officiers et Sous-Officiers.-

Les camarades du Groupe Miron (2° G.A./R.E.C.), sont aussi présents.-

Le train traverse TLEMCEN à 21 Hres.30
BEL-ABBES vers 2 hres. du matin.-

22 Décembre 1942

Journée sans incidents.-
Passage à St. BARBE du TELEBAT   à   8 Heures.
RELLANE   15 Heures.
ORLEANSVILLE   20 Heures.

23 Décembre 1942

Passage à Maison Carrée avec 3 heures de retard à 8 Heures.
Passage à MENERVILLE à 13 Heures.
INCIDENTS : Le camion atelier CARFORD qui avait été privé de ses roues à l'embarquement parce q trop haut pour les tunnels, se déplace par suite d'une manoeuvre trop brutale du train. Il doit être laissé à MENERVILLE.- Il rejoindra à temps pour le débarquement.-
Passage à BENI MASSOUR à 22 Heures.-

24 Décembre 1942

Passage à SETIF à 10 Hres.30 (retard de 5 heures), arrivée à OULED RAMOUN à 21 Hres.30 (retard de 8 heures).-

A OULED RAMOUN, (embranchement de TEBESSA) l'ordre nous est donné par le Régulateur des Transpor de débarquer et de se porter dès que possible sur AIN BEIDA, à mi-chemin de TEBESSA.-

Toutes mesures de sécurité anti-aérienne ont été prises depuis SETIF. La région en effet a été bombardée à plusieures reprises par les avions de l'axe.-

Le débarquement commence à 23 Hres.45, dès que le train est à quai.-

Il s'opère sous la pluie qui tombera presque toute la nuit, sur un quai de côté, ce qui est tr gênant pour les blindées et les gros camions.-

A 4 heures du matin, toutes les opérations de débarquement sont terminées. Seul le Carford, a telier de l'Escadron de NEDDE n'est pas prêt.-
Il a fallu, presque sans lumière (D.C.A.) le remettre sur ses roues.-
A 6hres.30 cependant, le 25 au matin, jour de Noël, le détachement est prêt à prendre la route

.... (60 coups environ sont tirés).-

Dégâts : Une vitre brisée à un camion de la garde.-

Cette batterie ennemie a été amenée sans doute pendant la nuit (l'observatoire n'a rien entendu).- Elle repart aussitôt son tir terminé, vers le KARACHOUM. (elle est tractée).-

Après midi : R.A.S.

Le soir vers 18 Hres.30, l'observatoire signale qu'il a devant lui une patrouille de 18 hommes. Il tire quelques coups de feu. la patrouille s'éloigne.-

---

8 Janvier 1943

Matinée : Calme

Après midi : La patrouille mixte A.M. de l'Aspirant BOUHIER de l'Escadron de NEDDE est accrochée pendant une mission de liaison et de reconnaissance vers le Groupement NORD (Colonel CARPEN-TIER).-

Elle réagit vigoureusement avant de se replier sur nos lignes (remplissant sa mission) et démolit avec ses canons de 37 deux armes automatiques, en met une troisième en fuite (renseignements donnés plus tard par l'Adjudant Chef des Goums, blessé dans les environs : elle aurait tué ou blessé une dizaine d'allemands).-

La patrouille revient sans une égratignure.-

---

9 Janvier 1943

Nuit de 8 au 9 : Vers 23 Hres. le Colonel LAGARDE fait parvenir au Groupe un ordre nous prescrivant de nous mettre en mesure de résister à une attaque imminente de l'ennemie. Les ordres sont donnés immédiatement.

Rien ne vient.

MATINEE : Calme en tous points, pas de signe d'attaque.-

APRES MIDI : Calme, activité de nos patrouilles .- R.A.S.-

SOIREE : Le M.d.L. Chef DARES est mitraillé près de ROBAA, le légionnaire MARTIN, Mle 1258 est légèrement blessé. Le camion endommagé assez sérieusement.-

---

10 Janvier 1943

MATINEE : Calme. Le Colonel LAGARDE nous prévient que l'attaque du KARACHOUM, ou plus exactement du FOUM ES GOUAFEL, dont il nous avait déjà dit quelques mots, aura lieu le lendemain.-

A 11 Hres.30, nous recevons ses ordres. Ils sont en gros, les suivants :

ORDRE D'OPERATIONS N° 1

1°.- Le Groupement a pour mission de s'emparer du FOUM ES GOUAFEL

2°.- Devant lui, les unités allemandes et italiennes, dont la valeur ne doit pas excéder à l'heure actuelle un bataillon avec quelques faibles éléments mécaniques.-

3°.- MANOEUVRE : Franchir rapidement et de nuit, la ride du DJEBEL BELLOUTE et OUAAR, avec des éléments légers, chargés de couper la route du FOUM, vers 241 et plus au SUD EST. Maîtriser le FOUM par l'arête du DJEBEL OUAAR pendant que les défenseurs du débouché occidental seront neutralisés par une action directe à base d'anti-chars.-

4°.- REPARTITION DES MISSIONS ET DES MOYENS

  a)- Le sous-groupement LAPARRA (SUD) composé d'un bataillon du 3° R.E.I., deux Goums, un Groupe d'artillerie (CAPPELLO) opérera la première partie de la manoeuvre par le SUD, après une approche de nuit et tentera de s'emparer des crêtes dominant le FOUM.-

  b)- Le sous-groupement ROYER (CENTRE) disposant de son G.R., moins l'Escadron A.M., d'une Anti-Tanks company américaine, d'une batterie britannique de 6 livres, un peloton de chars D.I du 4° R.C.A., opérera une diversion frontale par la route de l'OUED DRIDJA, KSEUR sur le FOUM et ses débouchés occidentaux. Il neutralisera tout élément mécanique sortant du FOUM ou opérant dans le HENCHIR MAAROUF et le TELLET EL BAGRA. En cas de succès, s'emparer du débouché du FOUM. En cas d'échec, couvrir la retraite du sous-groupement SUD et conserver au minimum la position actuelle.-

  c)- Sous-Groupement LECOINTE (NORD) disposant de 2 Cie. du 7° R.T.M. et de 1 Goum, couvrira la rocade et particulièrement l'observatoire 477.-

    En cas de succès, s'emparer du TELLET EL BAGRA.-

    D'autre part, une action d'artillerie et d'aviation de bombardement est prévue avant le début de l'opération.

    L'Escadron de NEDDE (A.M.) devra conserver le carrefour 56-62 (HENCHIR MOUSSA).-

SOIREE DU 10 :

    A 16 heures, le Commandant ROYER envoie ses ordres aux différents chefs de détachements Tout le monde est mis au courant, la nuit se passe dans le calme.-

11 Janvier 1943

MATINEE : L'opération se déroula point par point, à l'exception :

a)- de l'aviation qui ne vient qu'une fois au lieu de deux prévues et ne semble pas toucher d'objectifs.- Bombarde beaucoup trop haut.-

b)- de la batterie Britannique qui arrive vers 10 heures seulement, reste une certaine distance à l'arrière et repart avant 16 heures (pour le thé sans doute) sans même avoir pris contact avec le Commandant ROYER.-

DEROULEMENT :

6 Hres.30   Départ de la base de départ.-
L'escadron VILLE progresse régulièremenr en suivant les coulées et cheminements. Il a 3 pelotons F.V. en tête et son peloton mitrailleuse et engins. 1 Peloton de réserve (celui de la Garde).-

8 Hres.30   Il arrive à courte distance des positions ennemies (600m.)

9 Hres.30   Une fusée blanche du Commandant LAPARRA indique que le Djebel OUAAR est occupé par lui. Il y rencontre une faible résistance.-
De nôtre côté, le Capitaine VILLE, après une manoeuvre remarquablement réussie, aborde le plateau 273 par le NORD OUEST et après un feu sévère de l'ennemi auquel il répond de ses armes automatiques et de ses mortiers, il monte à l'assaut de la position.-
La voix du Capitaine VILLE se fait entendre de loin, entraînant tout son monde dans un élan que l'ennemi ne peut briser.-

11 Hres.   Le Capitaine VILLE est maître de tout le plateau.-
Il s'empare hativement du débouché du FOUM et s'organise en prévision d'une contre attaque possible.-
Entretemps il dénombre ses prisonniers et son matériel capturé.-
Ceci se chiffre par :
Une quarantaine d'hommes tués chez l'ennemi
Plus de 200 prisonniers dont 6 Officiers
4 canons de 47
4 mortiers de 81
6 mitrailleuses
14 fusils mitrailleurs - un nombre considérable d'armes individuelles de munitions de toutes sortes, de grenades etc....
Seule une batterie italienne de canons de 77, parvient à décrocher à temps et à fuir.-
Le Capitaine FULLER, de l'armée Américaine, a prêté un concours précieux au Capitaine VILLE au moment de l'assaut du plateau.-

12 Hres.17   Peut de réaction. Le Capitaine VILLE organise sa position en liaison avec le Commandant LAPARRA, qui a fait une marche épuisante jusque là.-

17 Hres.30   Vive réaction ennemie. Contre attaque par trois fois répétée, sur la lèvre NORD du FOUM tenue par le peloton COERT. Le S/Lieutenant COERT repousse magnifiquement les 3 contre-attaques, tuant de sa main (au tir) 6 allemands et grenadant tout autour de lui.- Son peloton bien que fatigué suit son Chef et réagit avec vigueur.-

SOIREE : Calme - Aucune réaction pendant la nuit.-

L'opération a été très bien menée et réussie au delà de toutes espérances.- Le butin est là pour en faire foi.-
Nous avons à déplorer la mort de 2 de nos légionnaires :
TROFIMOV
ROCHER
- 3 autres sont blessés.-

A signaler particulièrement :
- La conduite brillante du Capitaine VILLE, du S.Lt. COERT, de l'Adjuant TALAZAC, du légionnaire TEJERA, qui sont l'objet d'une proposition de citation à l'Ordre de l'Armée.-
Le légionnaire TROFIMOV, en outre, qui a eu avant sa mort, une attitude splendide est l'objet d'une citation à l'Ordre de l'Armée et d'une proposition pour la Légion d'Honneur à titre posthume

———————————

12 Janvier 1943

MATINEE : Sans incident à l'Escadron VILLE. Les positions sont améliorées. La récupération des armes et munitions continue.-
Escadron de NEDDE.-

...... CAPELMIER) est survolé à basse altitude par un avion allemand et mitraillé. La blindée White Chevrolet du M.d.L. MULLER est incendiée après que le M.d.L. MULLER ait été blessé très légèrement à la main et le légionnaire MULLER, Charles, Mle 773 grièvement blessé à l'épaule et aux reins. L'équipage a eut le temps de sauter de la voiture avant qu'il n'explose avec toutes ses munitions. La voiture est complètement détruite.-

SOIRE :

Sans incident, quelques tirs d'artillerie sur la position VILLE, pas de dégâts.-

---

13 Janvier 1943

MATINEE : à 8 Hres.45, alors que tout était calme, une escadrille de STUKA (8 avions) gardés par 6 chasseurs MESSERSCHMIDT arrivent au dessus des positions tenues par l'Escadron VILLE et le P.C. du groupe. Les bombardiers, en piqué, déversent sur nous le chargement de bombes.-

Personne n'est touché.-

à 9 Hres.30, le ravitaillement de l'escadron VILLE (1 camion),un side-car dans lequel se trouve le Capitaine VILLE lui-même), est pris à partie par 2 chasseurs allemand, qui le mitraillent et s'acharnent sur lui jusqu'à ce que le camion soit incendié.-

Résultat : Le brigadier DE SAINT HUBERT Mle 275 grièvement blessé. Les légionnaires PERRIS Mle.630 et SCHNEIDER, Mle.1559 sont aussi grièvement blessés par balles.-

Le camion est entièrement détruit par incendie.-

SOIRE : Sans incidents, les patrouilles continuent à rechercher le contact.-

---

14 Janvier 1943

MATINEE : Sans incidents.

l'Escadron VILLE a légèrement changé son dispositif, il tient entièrement le TELLET EL BAGRA et surveille l'OUED NEBANA à l'EST, le bled TELLET EL BAGRA à l'OUEST et au NORD.-

SOIREE : R/ A. S.

---

15 Janvier 1943

MATINEE : R.A.S. - Patrouilles.-

SOIRE : Visite du Général MATHENET à 20 Heures. Il se déclare satisfait du dispositif.- Il promet au Commandant ROYER de lui faire donner des mines anti-chars anglaises pour barrer l'OUED NEBANA très perméable au chars ennemis.-

A peine le Général est-il parti, qu'un renseignement de patrouille indique (renseignement fourni par un indigène) que 25 chars seraient embossés dans l'OUED NEBANA à 4 ou 5 Km. au NORD-EST des positions VILLE.-

En prévision d'une attaque possible, le Commandant envoie chercher d'urgence les mines promises par le Général MATHENET.-

Les mines arrivées à 4 Hres. du matin le 16, sont immédiatement mises en place par le peloton TALAZAC de l'Escadron VILLE.-

A l'Escadron de NEDDE, un accident coûte la vie au légionnaire KESSNER, Mle.676. De nuit une sentinelle, le légionnaire GONZALES, affolée par un bruit quelconque tire après une sommation et tue le légionnaire KESSNER, qui dormait et dont la toile de tente etait simplement agitée par le vent.

---

16 Janvier 1943

MATINEE : Aucune nouvelles des chars ennemis, le S/Lt. COERT fait une longue patrouille de 6 Hres. avec son peloton. Il pousse très loin en avant de nos lignes, ramène des renseignements intéressants mais ne voit pas de chars, même à 6 et 7 Km. de nous.-

l'Escadron VILLE, améliore le barrage de l'OUED NEBANA. Il avance encore son dispositif sur le TELLET EL BAGRA. Le Commandant ROYER accompagne le Colonel LAGARDE, qui va inspecté le champ de mines posé la veille.-

SOIRE : l'Escadron VILLE place encore une centaine de mines au NORD du TELLET EL BAGRA, dans un passage obligé pour se rendre de l'OUED NEBANA dans le bled TELLET EL BAGRA. Des emplacements de canons de 25 sont également étudiés de part et d'autre du TELLET EL BAGRA.

Escadron de NEDDE - R.A.S.- Ses patrouilles se font néanmoins chaque jour, mitraillées par l'aviation, mais prudentes elles observent le ciel et ne se laissent pas atteindre.

---

17 Janvier 1943

MATINEE : Calme dans le secteur. l'Artillerie allemande tire de temps en temps sur nos positions. Pas de dégâts.-

Le Capitaine FULLER, Cdt. la Cie. de Destroyers américains nous est enlevé avec sa compagnie, pour aller dans un autre secteur.-

SOIRE : Calme. Cependant nous sommes survolés à basse altitude et à plusieurs reprises par les avions aux croix noires. Il jettent des tracts incitant les français à passer les lignes. ..../.........

.... " le Führer, qui n'a qu'une parole, s'engage à les faire rapatrier selon leurs désirs etc....

18 Janvier 1943

MATINÉE : Calme . Quelques tirs de bonne heure sur le DJEBEL TEBIKA où se fait un coup de main par Goum LAURE, actuellement aux ordres du Commandant ROYER. Grosse activité aérienne ennemie pendant toute la matinée. 2 escadrilles de STUKAS passent très bas. Elles ne sont pas pour nous.-

L'Escadron MORELLE de la Garde (4/8° Régt.) est relevé et nous quitte pour rejoindre le KEFF en réserve, à la disposition du C.S.T.T.- L'Escadron VILLE devra détacher un de ses pelotons à 349 pour remplacer l'Escadron MORELLE.-

SOIRÉ : Le premier courrier du Maroc arrive!... mais l'administration des P.T.T doit être composée d'humoristes! depuis le 20 Décembre, pas une lettre. La première qui arrive est adressée à un sous-officier qui n'a pas quitté GUERCIF.-

19 Janvier 1943

MATINÉE : Après une nuit calme dans notre secteur, le Colonel LAGARDE, nous fait savoir que vers OUM EL ACUAE et au NORD (réservoir de l'OUED KEBIR) une forte attaque allemande à base de chars lourds (53 Tonnes), a bousculée le groupement CARPENTIER. Les éléments de la 1ère D.M.M. appartenant au 3° R.E.I. et au 7° R.T.M. seraient très abimés et en retraite.-

Vers 11 heures, nous apprenons en effet par l'escadron de NEDDE, que les chars allemands commencent à le prendre à partie à 6 Km. au NORD du carrefour 56-62, dont il doit assuré la conservation. Ils se trouvent encore en arrière d'un barrage de mines qu'ils ont eux-mêmes placé pendant la nuit précédente. A partir de 12 hres.30, 17 chars allemands débordent ce champ de mines et attaquent les pelotons BOUHIER et MARES.

Les pelotons résistent pendant une heure pour permettre le repli du dispositif tout entier. Le peloton BOUHIER en bon ordre, le peloton MARES plus ou moins désordonné, par la disparition de son chef de peloton.-

Ils sont recueillis par le peloton COMPAGNON, qui s'était installé depuis le matin à 1 Km. NORD du carrefour du MAUSOLÉE, appuyé de 2 sections d'infanterie du 3° R.E.I., mises à sa disposition par le Colonel LAGARDE.-

Le légionnaire LECOMTE, conducteur de side du Lieutenant de NEDDE, Cdt. l'Escadron, est tué d'une balle dans la tête. Regroupé à nouveau à 1 Km. NORD du carrefour, l'escadron de NEDDE résiste pendant 3 heures à la pression des chars et en immobilise trois de façon certaine, Ayant épuisé presque toutes ses munitions, l'escadron se repli au barrage du MAUSOLÉE (entrée du goulet) où il compte retrouver son approvisionnement en munitions.-

Or Alors le T.U. de l'unité ayant été évacué sur ordre de la Division vers BOUSSAADIA, l'escadron ne peut faire son recomplètement en munitions.-

Débordé par l'infanterie d'accompagnement ennemie par les hauteurs NORD du MAUSOLÉE, abandonné en outre par les 2 sections d'infanterie citées plus haut et qui jusque là avaient replié en bon ordre, l'escadron effectue un troisième repli vers 17 Hres.30 sur KEF EN NECOR où il arrive à la nuit tombée, pressé toujours par les chars allemands.-

L'escadron passé, le Lieutenant Cdt. donne l'ordre de faire sauter les destructions préparées et de préparer d'autres mines. Vers 21 Hres.30 l'escadron se voit confirmer sa mission d'empêcher les chars de passer le KEF EN NECOR.-

C'est au peloton COMPAGNON qu'incombera cette mission.-

Il la remplira jusqu'au 20 au soir (17 Hres.30).-

Les pelotons BOUHIER et ORLOW (ex MARES) contribueront à cette mission en poussant des reconnaissances sur BORDJ SIDI SAID où ils signalent un stationnement de blindées ennemies. D'un autre côté, au P.C. du Groupe, au pied du TELLET EL BAGRA, le 19 vers midi, craignant à la suite des renseignements, que le carrefour du MAUSOLÉE ne soit enlevé, le Capitaine Adjoint envoie vers 13 hres. la camionette bureau du Groupe vers OUSSELTIA sous les ordres du Chef LOUET. (on ne le retrouvera que le 24 Janvier). L'échelon du Capitaine VILLE, ainsi que le Service de Santé (Docteur DARBON), reçoivent aussi l'ordre de quitter la plaine du MAAROUF pour une région plus au SUD (EL ABRICH au minimum à 15 Km.).-

Le bureau du Groupe passe. L'échelon VILLE ne passe pas. Nous sommes coupés de l'Escadron de NEDDE, le carrefour étant pris par les Allemands vers 17 Hres.30. Nous n'aurons plus de nouvelles de lui jusqu'au 24.-

Le docteur s'est replié vers le DJEBEL BELLOUTE (au pied), d'où les chars allemands les délogeront pendant la nuit suivante. Il n'échappera que de justesse à la prise.-

A 17 Hres., le P.C. du Groupe quitte le pied du TELLET EL BAGRA et se porte par ordre du Colonel LAGARDE à DAR EL BEI au pied du BELLOUTE en se juxtaposant au P.C. du Bataillon LAPARRA (1/3° R.E.I.). L'ordre du Colonel LAGARDE est de décrocher pendant la nuit; pour éviter l'encerclement et de se porter sur le BELLOUTE (se rapprochant des troupes de la Division d'ALGER).-

A 21 Heures, l'Escadron VILLE commence son repli.-

....../.......

 - Escadron de HEDDE R.A.S.- La mission sur le KEF EN MROR continue toute la journée, effectuée
par le Lt. COMPAGNON. Relève par le 7° R.T.M. à 17 Hres.30. L'escadron rejoint BOU SAADIA.-

c)- Groupe et Escadron VILLE. La matinée se passe sans incidents. L'Escadrons VILLE est installé sur
les quelques mamelons situés au SUD - SUD OUEST du BELLOUTE. Peu d'activité vers l'OUEST. Quelques
rares véhicules (allemands) vont du carrefour 56-62 vers EL ABRICH (route d'OUSSELTIA).-

L'observatoire du Chef de PREAUDET, bien installé, renseigne exactement et fréquemment.-

A partir de 16 heures cependant, des bois qui entourent le carrefour du MAUSOLEE sortent pendant un long moment des chars et des camions lourds transportant des troupes. L'observatoire en
compte jusqu'à 37 (dont environ une vingtaine de chars). Ils se dirigent vers EL ABRICH et OUSSEL-
TIA.-

Le renseignement est fourni au Colonel LAGARDE, qui est tenu au courant heure par heure. Notre encerclement commence à se préciser.-

Or donc, le Colonel LAGARDE n'a pas pu trouver la liaison avec la Division d'ALGER. Le TABOR du
Capitaine MAJUD qui nous arrive vers l'EST a fait simplement liaison par la vue avec un groupe
de Spahis isolé sur le BOU HAOJAR.-

La situation est donc assez confuse pour nous, en ce qui concerne la position de la Division
d'ALGER. Le Commandant LAPARRA propose au Colonel LAGARDE de profiter de la nuit pour essayer une
sortie vers l'OUEST. Il y a en effet de grandes chances pour que l'on traverse la plaine facilement
et que l'on puisse se reformer derrière le DJEBEL SERDJ ou le BARGOU.-

Cette proposition (déjà faite la veille n'a pas de succès).-

Le Capitaine DELUC, qui d'ailleurs s'être concerté avec le Commandant LAPARRA, parle dans le
même sens au Colonel LAGARDE? Pas plus de succès. Le Colonel LAGARDE refuse, veut continuer plus
vers le SUD et décide un nouveau repli.-

Le 1/3 R.E.I. décrochera vers 22 Hres. et se portera sur le SERDOUL.-

Le TABOR décrochera au jour vers l'OUSSELTIA où doivent se trouver de Spahis.-

Le G.R. (Escadron VILLE) au jour également et protègera le flanc OUEST en se portant sur 404
(2.500 Km. environ OUEST du pied du SERDOUK).-

Vers 2 Hres. du matin, le Lieutenant de la CHAPELLE, qui est parti la veille à midi, dans l'espoir de faire une liaison avec les troupes de la Division d'ALGER, par l'OUEST et de ramener du
ravitaillement (nous n'avons plus rien depuis la veille) revient et ramène au Colonel LAGARDE
quelques renseignements intéressants. Les renseignements confirment le Colonel LAGARDE dans sa
l'idée du repli indiqué. Ils disent en effet, que les positions de la Division d'ALGER nous per-
mettront de nous ressouder à elles, que d'autres part nous passons sous le commandement du Général
DELIGNE, Cdt. cette Division. En outre, impos' le P.C. de BIT EL AOUIN 4 Km. au SUD de nos positions prévues par le Colonel LAGARDE.-

Mais le Lieutenant de la CHAPELLE, qui a fait cette liaison dans les conditions les plus difficiles, voir dramatiques, fait au Colonel LAGARDE le point de la situation depuis qu'il a quitté le Général DELIGNE (et même le Général HOLM) Cdt. le 19° Corps, qu'il a vu aussi).- Il précise au Colonel LAGARDE que l'ennemi est aux portes d'OUSSELTIA, que EL ABRICH et le P.A. 2 (Point
d'appui chargé de couvrir EL ABRICH) ont sauté, que par conséquent, les ordres qu'il apporte
ne conservent pas leur valeur et doivent être reconsidérés.-

Le Colonel LAGARDE reste sourd et maintient son point de vue.-

Le repli se fera selon l'horaire et les indications données.-

Le Lieutenant de la CHAPELLE n'a bien entendu pu ramener aucun ravitaillement.-

---

ESCADRON de HEDDE : L'escadron stationne à BOU SAADIA - R.A.S.

Le Lieutenant Cdt. fait le point de sa situation en personnel et en matériel.-

GROUPE et ESCADRON VILLE : La nuit s'est passée sans incidents. Sans manger, on a peu dormi.

Vers 10 hres. du matin nous arrivons à 404 sur les positions de repli in-
diquées. Depuis 3 jours l'Escadron VILLE, privé de ravitaillement emporte sur son dos tout son armement (mitrailleuses et mortiers y compris) et toutes ses munitions.-

Etant donné les mouvements observés à l'OUEST, route d'OUSSELTIA, et les
renseignements donnés par le TABOR à l'EST (menaces d'attaque plus au moins prochaine) le Commandant
LAPARRA propose à nouveau au Colonel LAGARDE d'essayer de nuit une percée vers l'OUEST.-

Nouveau refus du Colonel LAGARDE, qui taxe tout le monde de regarder vers
l'arrière, et donne des précisions sur les renseignements reçus selon lesquels " 50 chars anglais sont
prêts à passer à la contre attaque (?) etc.... etc...

Il n'en sera malheureusement rien.....

Il n'y a plus de vivres depuis 2 jours, les hommes de l'Escadron VILLE
sont à bout de force...... La soirée est calme cependant. On espère contre attaquer..... mais pas
seuls???..........

. . . .

ESCADRON de REDDE.

L'escadron quitte BOU SAADIA à l'aube pour la maison forestière du SODJA avec mission de garder le col du SODJA et éventuellement de protéger le repli de l'artillerie divisionnaire.-

GROUPE et ESCADRON VILLE.

A partir de 4 hres. du matin, on entend de nombreux bruits de moteurs, dont les véhicules semblent se diriger de 'OUEST en EST, au SUD de notre position.-

L'encerclement sera complet au jour.-

En effet dès que celui-ci se lève, l'accrochage se fait partout autour de nous.-

Le Commandant LAPARRA, qui commande l'ensemble du secteur (ordre du Colonel LAGARDE depuis la veille) essaye d'entrer en liaison avec le Colonel LAGARDE. Impossible, nous sommes coupés de lui.

Il ne reste qu'une solution, celle que l'on désire depuis 3 jours, mais qui va être singulièrement plus dure à prendre : l'attaque pour se dégager.-

Elle est décidée par le Commandant LAPARRA en accord parfait d'ailleurs avec le Commandant ROYER et le Capitaine MAJEUR.

Le Commandant LAPARRA envoie au Commandant ROYER l'ordre de juxtaposer son P.C. au sien. L'attaque débutera à 11 Hres.30, dans la forme suivante (ordres donnés à 9 Hres.45) :

Direction plein SUD

Objectif : BIT EL AREI (pour un premier regroupement)

Formation :

en tête

2 compagnies du 1/3 R.E.I.

au centre

artillerie de montagne et P.C. (Cdt. LAPARRA et Cdt. ROYER)

en 2° échelon

2 compagnies du 1/3 R.E.I.

flanc gauche

TABOR (par les crêtes)

flanc droit

Escadron VILLE

L'attaque part à l'heure : 11 Hres.30.- Les 4 premiers Km. sont faits rapidement, qui nous séparent de BIT EL AREI.- Un Officier allemand fait prisonnier nous dira vers 14 Hres. qu'il n'a jamais vu, ni en France, ni en Russie une attaque menée avec un tel mépris du feu, tant des armes automatiques que des obus.-

Le Commandant LAPARRA, canne à la main, debout, pousse ses éléments, toujours en tête. Son action personnelle est remarquable.-

Vers 12 Hres.30, BIT EL AREI est atteint. Les 2 compagnies allemandes de chasseurs alpins qui se trouvaient devant nous sont bousculées. De nombreux prisonniers sont faits et emmenés aussitôt.-

Mais l'aile droite du dispositif accroche terriblement. La 4° Cie., celle de droite du 2° échelon et l'Escadron VILLE, ne peuvent pas arriver à rompre le contact.-

La lutte est sans merci. Les infiltrations se font de plus en plus nombreuses, entre les 2 compagnies de tête et celles du 2me échelon. L'artillerie qui est au centre, attire les coups de mortiers et de 77 d'un canon auto-moteur qui se trouve dans la plaine. Devant l'impossibilité de regrouper, le Commandant LAPARRA pousse encore un peu plus avant, pour se dégager et tenir quelques pitons environnants.-

A l'EST, le TABOR ne suit pas le mouvement rencontrant une très grosse résistance sur les crêtes. Le Capitaine MAJEUR est tué.-

Vers 14 Hres. le cercle de feu s'est refermé derrière le Commandant LAPARRA, qui faute de munitions et ne pouvant regrouper ne peut que sauver ce qui est en avant. Faute de réserve il ne peut manoeuvrer pour ratrapper ses 2 unités restées en arrière.-

La bagarre durera encore jusque vers 16 Hres.-

Le Commandant LAPARRA et quelques 220 hommes sur 700, le Commandant ROYER et sa liaison parviennent à franchir les quelques Km. qui les séparent de nos lignes à la faveur de la nuit, entre le DJEBEL ALFA et OUSSELTIA. Ils arrivent vers minuit à la ferme NASSEUR, 'où ils sont arrêtés (par le Colonel LAGARDE qui s'y trouve déjà depuis longtemps) pour être regroupés à l'arrière des premières lignes.-

Quelques éléments isolés, pris à partie par des armes automatiques et qui n'ont pas pu suivre rejoignent dans le courant de la nuit.-

La Capitaine Adjoint et le brigadier-chef MURELL partis en liaison vers l'escadron VILLE vers 12 hres.45 n'ont pu l'atteindre. A partir de 13 Hres.30 environ en effet, la contre-attaque allemande avait encerclé de nouveau, les éléments du flanc droit.- Ils rejoindront tous les deux

TROUPES FRANÇAISES EN CHINE — AN

E T A T - M A J O R

C A B I N E T
N° 121/3 /Cab

KUNMING, le 10 Octobre 1945

5 REI

RAPPORT du Général ALESSANDRI,
Commandant Supérieur des Troupes Françaises
en Chine

sur la participation du 5ème Régiment d'Infanterie   Etranger

à la campagne d'Indochine, pendant la période du 9 mars

au 2 Mai 1945.

(suite à lettre 12727/Cab/Mil/Déce, du 8 Avril 1945;

du Ministre de la Guerre et au télégramme 373 /Cab

du 6/.../45 du Général Commandant Supérieur des T.F.C.).

-o-o-o-o-o-o-o-

La dispersion, à la date du 9 Mars, des divers

détachements du 5ème Régiment Etranger d'Infanterie,

comme l'indépendance de leurs missions tactiques,

ne permet pas pour le moment, une étude chronologi-

que d'ensemble détaillée.

L'essentiel des faits sera donc exposé pour

chacun des détachements de ce régiment. Toutefois,

le présent rapport ne considérera ni les conditions

d'engagement, ni les pertes subies par plusieurs

d'entre eux, faute de renseignements précis.

Une synthèse générale des opérations militai-

res, actuellement à l'étude, arrêtera définitivement

la part contributive apportée par le 5ème Régiment

Etranger à la résistance de l'Indochine.

X

X   X

Le 5ème Régiment Etranger d'Infanterie est
provisoirement commandé par le Lieutenant-Colonel
BELLOC.

Il comprend :

L'Etat Major et la Portion principale, avec les
seuls organes administratifs,administratifs et
de Commandement.   VIETRI

La Section Hors Rang commandée par le Lieutenant
DESFOSSES.   CO TICH

La Section spéciale, commandée par l'Adjudant Chef
SURY.   HAGIANG

Le détachement motorisé, commandé par le Capitaine
FENAUTRIGUES.   LANGSON et HANOI

Un détachement au poste de   KHANG KHAY

Un détachement, commandé par le Lieutenant CHENEL,
au poste de   SONLA

Ier Bataillon, commandé par le Capitaine GAUCHER
                                    KIM DAY

2ème Bataillon, commandé par le Capitaine
de COCKBORNE   TONG

....

(avec une Compagnie détachée)   BA VI

3ème Bataillon, commandé par le Capitaine LENOIR,
en cantonnement dans la région de

TIEN KIEN - VIETRI.

X

X   X

B/ OPERATIONS DE GUERRE:-

I°/ SECTION HORS RANG.- La Section Hors Rang, commandée par le Lieutenant DESFOSSES, est stationnée
sur la position de la pagode, dans le voisinage de
CO TICH à I2 Km. au N.W. de VIETRI. Elle ne comprend
qu'un faible effectif, spécialement la Section d'observation et de transmissions et le groupe de commandement de l'unité.

Alertée au cours de la nuit du,9 au I0 Mars,
elle prend ses dispositions défensives et occupe les
emplacements prévus en cas d'agression.

Vers 6 heures, elle est brusquement attaquée,
par un ennemi relativement supérieur, estimé à 2
sections de voltigeurs, appuyées de mortiers. Au
cours du premier assaut, le Sous-lieutenant MULLER,
Chef de la section des Transmissions, est tué; plusieurs autres gradés et légionnaires sont tués, blessés ou disparus.

. . . . . .

La vigueur de ce premier choc ennemi, la faiblesse des effectifs et le peu de moyens défensifs dont dispose cette unité spéciale, la contraint à abandonner ses emplacements initiaux pour occuper une nouvelle position, s'appuyant sur le 3ème Bataillon installé à 8 km. de CO TICH.

Tout en alertant le 3ème Bataillon et en poursuivant le repli envisagé, la S.H.R. soutient un combat meurtrier, jusqu'au contact des premiers éléments du 3ème Bataillon auxquels elle s'intègre et dont elle suivra, dorénavant, le sort.

Au, cours de cette rapide action la S.H.R. aura perdu une trentaine d'hommes. Il ne lui restera plus que 20 combattants, dont le Commandant d'unité.

2°/ SECTION SPECIALE DE HAGIANG.-

Commandée par un Adjudant-Chef, cette section une trentaine de disciplinaires et une quarantaine de gradés et légionnaires du cadre de garde.

Casernée à HAGIANG, elle est attaquée par surprise, le 9 Mars vers I9h,30, en même temps que tous les éléments de la garnison. Les renseignements parvenus jusqu'ici font état d'un combat épique, livré par ces légionnaires surpris dans leurs casernements. Le combat dure toute la nuit malgré l'appel à la reddition, renouvelé plusieurs fois; lorsque les munitions sont épuisées, les légionnaires
....

les légionnaires se défendent, dans les chambres,
à coups de baïonnette. Le corps à corps est général
et un témoin oculaire, prisonnier des Japonais, rapporte qu'il a vu, après l'ultime effort, le massacre
total des survivants épuisés.

Abandonnés, les corps n'ont reçu de sépulture
que vers le 16 Mars, grâce à l'intervention d'une
femme annamite non identifiée jusqu'ici.

3°/ DÉTACHEMENT MOTORISÉ.- La section de chars et
de chenillettes est à LANGSON, commandée par le
Sous-lieutenant DURONSOY. Elle contribue à la défense de la citadelle du 9 au 12 Mars et subit le sort
de la garnison, dont la plus grande partie est tombée
au cours des opérations, ou a été massacrée.

La deuxième fraction, sous le commandement du
chef du Détachement motorisé, le Capitaine FENAUTRI-
GUES, se déplace sur TONG. Les évènements la trouvent,
la 9 Mars au soir, dans la citadelle de HANOI où elle
prend une large part à la résistance.

Les renseignements de la dernière heure signalent que le Capitaine FENAUTRIGUES et le Lieutenant
DURONSOY, ont été tués au cours de la lutte.

La liste du personnel non Officier tué, blessé
ou disparu est en cours d'établissement.

Il est bon de souligner que la résistance à
HANOI a forcé l'admiration d'un adversaire déchaîné.
......

4°/ **DÉTACHEMENT DE SONLA**.- Commandé par le Lieutenant CHENEL, le détachement de SONLA comprend
60 légionnaires. Au moment de l'agression japonaise,
une section, constituée sur place, est portée hâtivement à SU YUT, sur la route de HANOI à SONLA et
constitue le premier barrage, dès le 12 Mars. Cette
section concourt, avec des éléments divers amenés
dans cette région, à la défense d'un axe convoité
sur lequel l'ennemi portera désormais tous ses efforts, pour couper la retraite à la colonne venant
de TONG, qui a reçu pour mission de mener un combat
retardateur dans la province de SONLA et ultérieurement, dans les IV et Vème Territoires militaires.

Jour et nuit au contact, ne cédant le terrain
que pas à pas, et sous une pression ennemie sans
cesse accrue, elle livre bataille sans défaillance,
jusqu'au moment où le Ier Bataillon de Légion rejoi-
gnant la route de SONLA pour prendre le combat à
son compte, elle s'intègre à cette unité, pour y
poursuivre une lutte déterminée.

Elle perd au cours de ces premiers jours, du
13 au 20 Mars, 5 tués, 3 blessés et 5 disparus.

5°/ **Ier BATAILLON**.- Commandé par le Capitaine
GAUCHER, le Ier Bataillon occupe, au moment de l'a-
gression japonaise, le camp de KIM DAY, dans la région de TONG. Son effectif, très réduit par suite

. . . .

très réduit par suite de la libération des tirailleurs le II Mars, ne compte que 350 gradés ou légionnaires. Axé sur la route locale, il reçoit l'ordre,
avec les autres bataillons du 5ème Régiment Etranger, d'y ralentir l'ennemi en combattant en retraite. Cet axe est particulièrement menacé, parce qu'il
conduit à la fois à l'important terrain d'aviation
de DIEN BIEN PHU et au Centre de LAI CHAU. C'est
également la voie d'accès aux pistes d'évacuation
vers la Chine, situées à l'extrême nord du Territoire militaire de PHONG SALY.

Dès le II Mars, à marches forcées, sur des
pistes incommodes, avec un ravitaillement difficile,
le Ier Bataillon du 5ème R.E. se porte à 8 Km. du
col du PETIT CONOI, sur la route, au Sud de SONLA.

Il occupe, le 20 Mars, une position intercep-
tant la route à BAN NA NGHA, avec mission de retarder l'avance japonaise, qui s'intensifie de plus en
plus, l'adversaire se renforçant sans cesse de troupes fraiches, amenées en camions.

Vers II heures, le combat s'engage. Les éléments au contact sont violemment attaqués et contraints au repli, sous une poussée irrésistible. La
position de résistance, abordée rapidement, oppose
une détermination inébranlable à un ennemi bien supérieur en moyens, qui répète ses assauts toute la
journée et renonce à la lutte vers 20 heures.

. . . .

Au cours de cette dure journée de combats, le Capitaine ASPIROT, Commandant la 3ème Compagnie, est grièvement blessé. Le Lieutenant LEQUEUX, 7 gradés et légionnaires sont tués; il y a, enfin 6 blessés et 9 disparus.

Dans le courant de la nuit du 20 au 21 Mars, le Ier Bataillon passe en réserve sur ordre du Commandement.

Il reprend le contact le 22 Mars à CHIEN DONG et a, au cours du combat, un tué et un blessé.

L'état de fatigue d'un personnel harassé par les marches forcées qui l'ont conduit d'oeuvre et les veilles imposées sur les positions, amènent le Commandement à replier le I/5ème Etranger sur la position située au Sud du COL DES MEOS, où il reprend le contact à sa charge le 28 Mars au petit jour. Il soutient, là encore, des assauts répétés, qui durent sans interruption jusqu'au 29 Mars à 23 heures. Le choc est particulièrement rude, mené par de grosses forces d'infanterie japonaises, appuyées de tirs d'artillerie précis.

Le Commandement fait passer le Ier Bataillon en réserve le 30 Mars à 3 heures.

Le bilan de ces deux journées s'élève à 5 tués, 9 blessés dont un Officier, un disparu.

De nombreuses actions quotidiennes sont livrées ensuite dans une jungle épaisse et hostile, jusqu'au 2 Mai. Et chaque jour, à toute heure, ce sont les combats obscurs, conduits de taillis en taillis, à travers une brousse inextricable, où le combattant se sent isolé et à jamais perdu, si la moindre blessure lui échoit.

Indépendemment de ces rencontres quotidiennes, de cette poursuite déprimante, de ces corps à corps silencieux et perfides, au cours desquels plusieurs légionnaires tombent, ignorés et abandonnés, livrés impuissants au cruel Japonais, c'est donc un total de trois gros combats qu'il y a lieu de porter à l'actif du Ier Bataillon du 5ème R.E., avec 20 tués dont un Officier, 16 blessés dont 2 Officiers et 15 disparus.

6°/ 2ème BATAILLON.- Le 2ème Bataillon dont la garnison est à TONG sera réduit à environ 350 Européens, lorsqu'il quittera THAN SON, le 11 Mars, par suite de l'ordre de libérer les Indochinois donné par le Commandement.

Il est commandé par le Capitaine de COCKBORNE et comprend, tout comme le Ier Bataillon, 3 compagnies de F.V.

Au moment du regroupement, la 7ème Compagnie, commandée par le Capitaine COURANT, qui rejoint ....

qui rejoint le 10 Mars le bac de THNG HA, venant
du mont BA VI, où elle était détachée, voit l'une
de ses sections disparaitre au combat de CAM DAI,
sur la route de TONG.

En une rencontre brutale, les Japonais, fort
d'une compagnie environ transportée en camions anni-
hilent pratiquement cette section, qui effectuait
une reconnaissance. Sur un effectif d'une vingtaine
d'hommes, elle a en effet, 12 tués et 4 blessés,
achevés probablement, d'après les déclarations des
indigènes du voisinage.

C'est à marches forcées, que le 2ème Bataillon
se porte sur SON LA, pour y juguler l'effort d'un
ennemi puissant et tenter de lui interdire la route
de DIEN BIEN PHU et l'axe de LAI CHAU.

Son premier combat est soutenu sur la position
sur la position de BAN LOT, où derrière la coupure
de la rivière, le pont sauté, la 6ème Compagnie soutient, pendant 48 heures le choc des forces adverses.
Dans une brousse dense, le combat est lent, sans doute,
mais pénible. L'effort de veille, imposé à tout l'effectif est déprimant. Mais la supériorité de la manœuvre de la 6ème Compagnie retient l'adversaire pendant
une journée tout entière. Sans cesse les renforts
affluent. Les tentatives adverses se renouvellent
à diverses reprises. La 6ème Compagnie défend ses
positions pendant toute la journée du 23 et mène
                                        l'ennemi
le 24, un combat retardateur, qui conduit/avec des
                              . . . .

qui conduit l'ennemi avec des pertes élevées, si l'on en croit les Indochinois de la région, jusqu'à Km 5 au Nord de SON LA, le Commandement ayant décidé, pour des raisons politiques, de ne pas défendre le Centre provincial de SON LA, qui ne présente, du reste, aucun intérêt tactique.

Le 26 mars, vers 19 heures le 2ème Bataillon, occupant une position sur la Route Locale N° 41, à environ 4 Km. au Nord de SON LA, prend contact avec l'ennemi. De DAN LOT à SON LA, celui-ci s'est renforcé de troupes fraiches. Le combat, dans ces conditions, entre brusquement dans la phase difficile de l'attaque de nuit. Un adversaire fanatisé et presque au coude-à-coude, aborde les positions, se précipite à la baïonnette et à la grenade, mais ne réussit pas à y pénétrer. Pendant quatre heures il attaquera pour renoncer finalement à la lutte vers 23 heures.

La lutte reprend le lendemain 27, à l'aube.

Sous une pluie incessante, la position du II/5 est martelée par de nombreux mortiers. Des armes automatiques la mitraillent sans discontinuer. Les assauts successifs, ponctués de sinistres hurlements, sont néanmoins repoussés. Pendant quatre heures encore, sous un feu infernal, le 2ème Bataillon contient un farouche ennemi, dont les effectifs se renouvellent après chaque assaut. Presque complètement encerclé et sur un ordre du Commandement, il amorce vers 11 heures un combat en retraite meurtrier, qu'il soutient toute la journée, occupant des occupant des positions successives, jusqu'à 23 heures.

Pendant la nuit du 27 au 28 il passe en réserve, derrière la position du Ier Bataillon.

En résumé, du 26 mars à 19 heures au 27 à 23 heures, il stupéfie le Japonais, qui ne peut croire à une telle résistance. mais le bilan est lourd : 4 tués, 20 blessés dont 4 Officiers, 39 disparus. Le Bataillon est, en outre, exténué par les veilles.

Pourtant, le 29 Mars, ayant à peine repris haleine, il prend part au combat du COL DES MEOS, qui se solde encore par 5 disparus.

Le Ier Avril, au kilomètre 13 de TUAN GIAO, sur la voie de DIEN BIEN PHU, le II/5 livre un nouveau combat très pénible, dans une région de calcaires perméable où le Japonais s'infiltre.

Avec d'importants effectifs, évalués à un millier d'hommes, l'ennemi et développe rapidement un large débordement. Cette manoeuvre contraint le Bataillon à se dégager à plusieurs reprises par des contre-attaques menées par des éléments prélevés sur ses propres unités, toutes engagées. Au cours de l'une de ces contre attaques, le Capitaine KOMAROFF, qui la dirigeait, est mortellement blessé; 2 légionnaires sont tués, 2 autres grièvement blessés.

Le lendemain, 2 Avril, au kilomètre 35 de TUAN GIAO, une attaque violente des Japonais, profitant de la supériorité du terrain et des moyens, oblige le II/5 à se replier en combattant. Le Bataillon...

Le Bataillon perd un tué, 4 blessés et 5 disparus, dont un Officier.

Le Ier mai enfin, à MA LI TAO, à proximité de la frontière de Chine, à laquelle les circonstances ont acculé les troupes françaises, le 2ème Bataillon subit une dernière attaque qui se déroule à la fois dans le village et sur les pistes de la forêt. Le combat de mêlée et le corps à corps sont de règle. Au début de l'action, le Capitaine de COCKBORNE, Commandant le Bataillon est blessé. Le Capitaine BESSET prend le Commandement du Bataillon et continue la lutte. Au choc vigoureux et ininterrompu de l'adversaire, le II/5 offre une détermination héroïque. Il est toujours contraint, pour sauver ce qui lui reste d'un effectif déjà infiniment réduit, à mener un combat en retraite, sur près de 30 Km, de MA LI TAO à OU NEUA, protégeant ainsi le mouvement vers le Nord, du gros du sous-groupement CARBONEL.

Au cours des combats de cette journée, le II/5 a perdu 9 tués, 4 blessés achevés sur le terrain par les Japonais et 5 autres blessés, dont le Commandant du Bataillon.

A cette date du 2 mai, en fin d'opérations, indépendamment des rencontres journalières de moindre importance, non signalées dans ce rapport, le 2ème Bataillon du 5ème Etranger totalisa 7 combats d'envergure avec 29 tués dont un Capitaine, 38 blessés dont 5 Officiers et 39 disparus, tués ou blessés
....

tués ou blessés probables.

8°/ 3ème BATAILLON.- Le 3ème Bataillon se trouve,
le 9 mars, en cantonnement dans la région de VIETRI-
TIEN KIEN - CO TICH. Dès le 10 mars au petit jour,
il se porte au secours de la Section Hors Rang, attaquée à la Pagode et dans le village de CO TICH; il
ne dispose pour dégager la S.H.R. et occuper les positions prévues dans la même région que de 2 compagnies
de voltigeurs et d'une compagnie d'accompagnement réduite. Les circonstances de guerre obligent la 3ème
Compagnie de voltigeurs, cantonnée près de VIETRI,
dont la garnison est capturée par surprise le 10 au matin, à rejoindre TUYEN QUANG, pour tenter de s'intégrer
à la colonne de la Rivière Claire.

C'est donc pratiquement avec 2 compagnies de
F.V. et la compagnie réduite d'accompagnement que le
Capitaine LENOIR, Commandant le III/5ème étranger mène,
le 10 Mars, un gros combat, isolé et sans possibilité
de secours.

Sa mission initiale comporte la défense des bases
de TIEN KIEN.

La section hors rang dégagée et comprise dans le
dispositif LENOIR, le 3ème Bataillon est à son tour attaqué
dès 8 heures le 10 Mars. L'action ennemie se borne,
tout d'abord à des contacts de grosses reconnaissances,
qui se heurtent au feu nourri et ajusté des éléments
du III/5. Le 3ème Bataillon passe même à la contre attaque et enlève, pendant deux heures environ, la gare de
TIEN KIEN, occupée par l'ennemi.   ....

Cependant, vers 10h,30 , les Japonais sont renfor
cés. L'assaillant fait s'infléchir la position vers
l'Est.

Le combat continue jusqu'à 15 heures, inégal
désormais, et meurtrier.

Vers 15h,30 , un nouveau renfort japonais, trans
porté sur 22 camions, vient définitivement déséquili
brer les forces en présence et menace le III/5 d'une
destruction inéluctable et prochaine. Le Bataillon
amorce en conséquence, un repli opportun, en terrain
de rizière, impropre au mouvement, pour traverser le
Fleuve Rouge et rejoindre le Groupement du Général
ALESSANDRI, auquel il se rallie, pour continuer la
lutte.

Au cours de cette journée de combats incessants,
le III/5 perd 4 tués, 39 blessés évacués pendant la
lutte sur l'hôpital de HUNG HOA et 20 disparus.

Incorporé au Groupement de la Rivière Noire,
avec les 3 autres bataillons de Légion, le III/5 reçoit
la mission générale de la défense de l'axe SON LA -
DIEN BIEN PHU - LAI CHAU et la mission particulière,
au début des opérations, de protéger vers SAM NEUA,
le flanc droit du Groupement ALESSANDRI. Il remplit très
très heureusement cette mission.

Puis, DIEN BIEN PHU enlevé par les Japonais, il
livre, le 11 avril à HOUEI HOUN un combat inégal et
confus, dans une région accidentée et boisée, et a,
au cours d'un assaut de nuit, 3 légionnaires blessés.
. . . .

Opérant un mouvement en retraite, suivant les ordres du Commandement, le III/5 combat, sans répit, du 15 au 18 Avril à BAN NEM NGA, MUONG KHOUM, NAM MA TAY et perd, au cours de ces affaires, un tué, 9 blessés et 5 disparus.

Enfin, la 9ème Compagnie, qui a rallié le Groupement opérant dans la région de LAO KAY, enlève à l'ennemi, au cours d'une contre attaque brillante, le 28 Avril, le poste de MAN MEI. Cette opération lui coûte 3 légionnaires tués.

Le III/5 Etranger totalise ainsi du 10 Mars au 2 Mai, 4 combats particulièrement durs, en dehors des rencontres quotidiennes.

Les pertes s'élèvent à 8 tués, 51 blessés et 35 disparus dont la plupart tués, suivant toute vraisemblance.

X

X   X

Il est difficile de mesurer l'importance exacte des pertes du 5ème R.E.I. En effet, peu de renseignements nous sont connus, se rapportant aux détachements de HAGIANG, LANGSON, HANOI, VIETRI, TONG, BAVI, KHANG KHAI. Sans doute le nécrologe et les pages glorieuses écrites par chacun d'eux fixeront-ils la contribution apportée à la campagne d'Indochine, dès qu'il aura été possible d'en arrêter le bilan dans le détail.

Jusqu'ici.............

Jusqu'ici, les pertes connues de ces détachement se limitent à celles du Lieutenant-Colonel MARCELIN, Commandant d'Armes de TONG, assassiné dans son bureau à coups de baïonnette le 10 Mars vers 7 heures, du Capitaine VAN WEYEMBERG, tué dans les locaux de l'Ecole de TONG, avec trois légionnaires, inaptes à la marche, employés à l'Ecole, du Commandant LAROIRE, Officier adjoint à VIETRI, tué ultérieurement à son arrestation, du Capitaine FENAUTRIGUES, Commandant le Détachement motorisé de la Légion, tué au cours de la défense de HANOI, du Sous-Lieutenant DURONSOY, Commandant la Section de Chars du D.M.L. à LANG SON, tué au cours de la défense de cette place.

X

X   X

Bien que composés d'effectifs réduits et affaiblis à la fois par un long séjour et un age moyen avancé, dans des conditions de ravitaillement souvent difficiles, les 3 bataillons du 5ème Régiment Etranger d'Infanterie totalisent, en 54 jours de bataille, 16 combats, et ont perdu 63 tués dont 3 Officiers - 108 blessés, dont 7 Officiers - 109 disparus dont 10 Officiers.

Au cours de cette période, le 5ème Régiment Etranger s'est montré digne de la réputation de la Légion. Il a porté le combat partout où les nécessités tactiques l'imposaient.

Avec un brio étonnant et un héroïsme sans défaillance, souvent avec abnégation, il a contribué, dans il a contribué, dans une mesure essentielle, à maintenir, jusqu'à l'épuisement total des moyens, le drapeau tricolore militant, sur le Territoire de l'Indochine Française.

Le Général Commandant Supérieur des Troupes Françaises en Chine, Délégué du Gouvernement Provisoire de la République Française a, en conséquence, l'honneur de demander qu'une citation à l'Ordre de l'Armée soit accordée à ce Régiment, avec octroi de la Croix de Guerre à son Drapeau.

MOTIF DE PROPOSITION

de CITATION A L'ORDRE DE L'ARMEE établi

en faveur du 5ème Régiment Etranger d'Infanterie.

-o-o-o-o-o-o-o-

" Régiment d'élite stationné dans la région de TONG, au centre même du système de forces de l'armée nippone au Tonkin. Est parvenu malgré sa position aventurée à se dégager dans la nuit du 9 au 10 Mars 1945, au cours de l'attaque brusquée japonaise, pour rejoindre à marches forcées la seule route restée libre.

" S'est alors porté résolument au-devant du groupement ennemi progressant sur cet axe, et bien que menacé constamment d'encerclement, l'a contenu jusqu'à la frontière chinoise pendant près de deux mois de marches et contre-marches et de combats incessants, lui infligeant des pertes extrêmement lourdes.

" Malgré les rigueurs du climat, les souffrances, les sacrifices consentis, Cadres et Légionnaires du 5ème Régiment Etranger d'Infanterie épuisés mais animés du plus haut moral et du plus prestigieux esprit d'abnégation, ont lutté héroïquement contre un ennemi très supérieur en nombre et en armement, ajoutant ainsi au LIVRE D'OR de la Légion Etrangère, une de ses plus belles pages de Gloire. "

-:-:-:-:-:-:-:-

SYNTHESE SUR LE 5ᵉ R.E.I.

AU TONKIN 1939/1945

Source : Interrogatoire du premier détachement de 59 rapatriés
sanitaires du 5ᵉ R.E.I. arrivés à Bel Abbès le 31.8.45

I - **MOBILISATION GENERALE** (septembre 1939)

II - **OPERATIONS DIVERSES**

       a) Affaire de LANG-SON (3.9.1940)
       b) Occupation japonaise de l'Indochine (fin setp.1940)
       c) Lutte contre les pirates du Nord (novembre 1940)
       d) Aide apportée à la Coloniale - Région de MYTHO - Cochi
          chine - Novembre 1940 -
       e) Guerre contre les Siamois (au Cambodge - 16.1.1941)
       f) Complot anarchiste inter-légion (avril 1941)
       g) Pression japonaise (mi-1941)
       h) Coup de force japonais (9 mars 1945)

III - **CONDITIONS DE COMBAT**

       a) Légion Etrangère
       b) Armée japonaise

IV - **BILAN DES PERTES LEGION**

V - **EFFECTIF PROBABLE EXISTANT AU 5ᵉ R?E.I.**

VI - **MORAL DE LA TROUPE**

VII - **TRAITEMENT EN CHINE**

I - MOBILISATION GENERALE EN SEPTEMBRE 1939.-

A la mobilisation générale du 2 septembre 1939, les garnisons du 5º R.E.I. sont en état d'alerte.

Seul le 3º bataillon, en garnison à TUYAN QUANG fait mouvement, le 6.9.1939, sur YEN BAY pour border la ligne de chemin de fer.

Le 2 octobre 1939, le 3º Bataillon réintègre TUYAN QUAN sans incident.

Emplacement des unités en octobre 1939 :

P.C. et 10º Cie détachée : VIETRI

ler bataillon : TONG

2º bataillon : DAP-CAU

3º bataillon : TUYAN-QUANG

II - OPERATIONS DIVERSES .-

a) Affaire de Lang-Son.- (3 septembre 1940)

En juillet 1940, le 2ª bataillon fait mouvement sur Lang-Son.

Mission : Effectuer des travaux de défense : tranchées, fossés anti-chars, sur un front d'environ dix kilomètres.

Les Japonais qui se trouvaient en Chine demandent l'autorisation de passage aux autorités françaises d'Indochine, pour se rendre au Japon.

Cette autorisation leur ayant été refusée, le 3.9.1940, l'artillerie japonaise ouvre le feu sur LANG-SON. L'artillerie coloniale riposte.

Dispositif des troupes amies :

- Postes avancés à DONG-DANG (Coloniale)

- à Lang-Son (5ª R.E.I.)

    - 2ª bataillon 5ª R.E.I.
    - un détachement motirisé Légion (sides et motos)
    - 3ª R.T.T. (3 bataillons)
    - 2 batteries de 75 de la coloniale
    - une batterie 155 long coloniale
    - 8 chars F.T. (coloniale.

Commandant de groupement : Général MENARA.

Déroulement des évènements

Le 3.9.1940, les japonais ouvrent le feu par bombardement d'artillerie. L'artillerie coloniale riposte par du 155 long.

L'aviation japonaise bombarde le fort situé dans le secteur de LANG-SON. Le P.C. du groupement est touché par l'artillerie - Un colonel de la Coloniale est tué.

LANG-SON est encerclé par les japonais le 3.9.1940 au soir.

L'armistice est signé à HANOI le 5.9.1940; les japonais rentrent à LANG-SON et les troupes françaises déposent les armes devant le colonel japonais OKA, ancien chef de la Mission japonaise à Lang-Son, qui commande les troupes d'attaque.

Le 2ª bataillon est fait prisonnier. Immédiatement, les autorités japonaises exigent un triage par nationalité des gradés et légionnaires. Trois groupes sont ainsi formés :

/....

- allemands et autrichiens (180 environ)
- français et autres nationalités (350 environ)
- annamites (200 environ)

Trois camps distincts, entourés de barbelés, sont créé celui des allemands est situé à environ 1 Km 500/2 Kms des autres.

Trois jours après les deux derniers groupes sont libé et le 2ᵉ bataillon reformé, cantonné à KYLOUA dans la ban lieue de LANG-SON.

Le groupe des allemands et des autrichiens reste inter né.

Vers le 20 septembre 1940, le 2ᵉ bataillon rejoint DAP-CAU sans armes qui ne seront perçues que fin octobre 1940

Groupe des allemands et des autrichiens.

Sont internés à la mission catholique.
Effectif : 180 dont 14 sous-officiers.
Le 5 septembre 1940, ils reçoivent la visite de deux civils qui sont les légionnaires :

HASSE de la C.A.2
BRUNERT de la 5ᵉ Cie

déserteurs du régiment.

Ils apportent des cigarettes et des gateaux.

HASSE avoue faire partie du S.R. japonais.

Le lendemain, nouvelle visite, ils apportent deux mat et deux drapeaux, l'un allemand, l'autre japonais.

Une cérémonie aux couleurs a lieu et le groupe y part cipe presque en entier en saluant à l' "hitlérienne"; le "Hor wessellied" est chanté.

Vers le 15 septembre 1940, les internés sont embarqué en camion sur NAN-NINH où ils sont cantonnés dans un grand ma gasin de la ville, gardés par les japonais.

HASSE leur apprend qu'ils vont être dirigés sur CANTO pour être mis à la disposition des autorités allemandes. Mais le 20 octobre 1940, le détachement est mis en route sur LANG-SON où il arrive le 25, puis repart sur DOLG-MO où se trouvai cantonné le 3ᵉ bataillon, puis sur DAP-CAU.

Le détachement est remis à la disposition du Colonel de CADOUDAL commandant le 5ᵉ R.E.I., qui réclame HASSE et BRUNERT. Les japonais refusent de les livrer.

Trois jours après, une cérémonie au drapeau a lieu. Les gradés et légionnaires rejoignent leurs unités mais plu sieurs font l'objet de mutations à l'intérieur du régiment.

/....

Pour mémoire : En juin/juillet 1940, avant les operatio.
de LANG-SON, les allemands ont été invités à souscrire une déclaration qui portait sur les trois questions suivantes :

    1º) rupture de contrat pour rejoindre l'Allemagne,
    2º) continuer à servir à la Légion et rentrer ensuite
        en Allemagne;
    3º) continuer à servir à la Légion et ne plus rentrer
        en Allemagne.

    Le nombre des volontaires pour le rapatriement en Alle-
magne n'a pu être déterminé.

b) Occupation japonaise de l'Indochine (fin sept.1940)

    Fin septembre 1940, les japonais procèdent à l'occupa-
tion de l'Indochine. Les garnisons du 5º R.E.I. sont fixées
ainsi :

    P.C.   : VIETRI

    1º bataillon : TONG (caserne transformée en partie en
                   centre d'accueil pour les familles de la
                   garnison de DAP-CAU)

    2º bataillon : DAP-CAU (les japonais ont occupé le cen-
                   tre d'accueil de la gare et la mairie
                   où ils installent des groupes de surveil.
                   lance)

    3º bataillon : TUYAN-QUANG (a fait mouvement au début
                   octobre 1940 sur HANOI - caserné au Parc
                   des Expositions - et le 20/22 octobre
                   1940 sur DOLG-MO, à environ 40 Kms de
                   LANG-SON).

c) Lutte contre les pirates du Nord de l'Indochine
Novembre 1940.-

    Au début de novembre 1940, le 2º bataillon, sous les
ordres du Commandant MARCELLIN, se rend à LANG-SON pour combattre les pirates annamites qui opéraient en Annam et au Tonkin.

    Ces pirates étaient armés par les japonais (possédaient
des F.M. et des fusils que les japonais avaient saisis à l'armée française en septembre 1940).

    Les pirates sont refoulés sur la Chine et ceux qui
avaient réussi à s'infiltrer en territoire français sont faits
prisonniers et fusillés par groupes de 20, 25 et 30.

    Le 16.11.1940, le 2º bataillon se déplace à DOLG-MO, à
environ 40 Kms de LANG-SON, pour relever le 3º bataillon qui
était dans cette garnison depuis le 22 octobre 1940.

                                                    /....

Ces opérations se terminent fin janvier 1941, date à laquelle le 2ª bataillon rejoint sa garnison de DAP-CAU pour repartir immédiatement sur BIEN-HOA (région de Saïgon) où il stationne pendant tout le mois de février 1941. Il rejoint ensuite DAP-CAU.

d) Aide apportée à la coloniale (région de MYTHO - Cochinchine)

Le 3ª Bataillon, en quittant DOLG-MO, relevé par le 2ª bataillon, se déplace sur SAIGON où il arrive le 22.11.40, afin de prêter main-forte à la "Coloniale" pour mater une révolte communiste qui avait éclaté dans la région de MYTHO.

Il rentre à Saïgon le 22.12.40 après avoir rétabli l'ordre.

Bilan : un sous-officier tué (sergent-chef PIETRI) plusieurs blessés.

e) Lutte contre les siamois au Cambodge (16.1.41)

Par suite de revendications siamoises sur une partie du Cambodge qui leur avait appartenu jadis, les siamois ne préparaient à violer la frontière du Cambodge.

Dans la nuit du 9 au 10 octobre 1940, le 1er bataillon, en garnison à TONG, fait mouvement sur la Cochinchine, s'installe à THUDAUMOT (32 Kms de Saïgon) dans l'attente des événements.

Le 3ª bataillon, qui était resté à Saïgon après les émeutes de MYTHO, rejoint, le 7.1.41, la ville de BATTAMBANG au Cambodge. Le 15.1.41, il se porte à PUM-PREAN, dans la région de SISAPHON.

1) Dispositif :

Secteur 1ª bataillon : 1er bataillon Légion (avec une section de cyclistes)
Un bataillon de Coloniale

Secteur 3ª bataillon : 3ª bataillon Légion (avec P.C.du 5ª R.E.I.)
6 bataillons de Coloniale

Le Général de BOIBOISSEL commandait l'ensemble des éléments qui étaient constitués en groupements tactiques.

Le Colonel de CADOUDAL commandait le groupement où était inclus le 3ª Bataillon.

2) Disponibilités ennemies :

Les siamois disposaient d'une artillerie puissante, de chars de dix tonnes (matériel anglais) mitrailleuses, mitraillettes Thompson (une pour trois hommes).

/...

248

3º) Déroulement des évènements :

Au début de janvier 1941, les siamois lancent des milliers de tracts pour mettre en garde les habitants des villes frontières contre les français. Trois jours après ils ouvrent le feu.

Le jour "J", le 16.I.I941, le Ier bataillon se porte à PAILIN et le 3º bataillon à FUM-PREAV (Sisaphon).

Dès l'attaque, les siamois sont refoulés au delà de la frontière, mais leurs moyens étant supérieurs à ceux dont disposaient les troupes françaises, une partie du terrain doit être cédé.

Le 3º bataillon qui a supporté le plus gros effort de la lutte, a subi de lourdes pertes, tandis que le Ier bataillon n'a engagé que des cyclistes (missions de patrouille).

Les hostilités cessent sur l'initiative - paraît-il - des japonais, dans la première quinzaine de février 1941.

Le 3º bataillon repart sur TUYAN-QUANG pour revenir dix jours après à BATTAMBANG (Cambodge) jusqu'au 18/20 juillet 1941, date de l'arrivée des siamois qui en ont pris possession, en exécution des clauses de l'armistice.

Le territoire comprenant la région de SISAPHON jusqu'à BATTAMBANG, d'une part, et la région de KHONG d'autre part, aura été occupé par les siamois.

Enfin, les deux bataillons quittent le Cambodge.

Ier bataillon : début mars 1941 est réparti entre camp SAINT JACQUES (2º et 3º Cie) et BARIA (Iº Cie, section de commandement et P.C.) en Cochinchine.

En avril, les unités du camp SAINT JACQUES partent pour BARIA et celles de BARIA à BIEN HOA.

3º Bataillon : 20 juillet 1941, tient garnison à THAI NGUYEN (80 Kms Nord de Hanoï).

f) Complot anarchiste inter-légion - avril 1941

EN avril 1941, un complot est découvert par le sergent BEHR Joseph qui en rend compte très tardivement au chef de bataillon, afin de l'exploiter avec plus d'éclat. (Ce sous-officier a été rétrogradé).

Ce complot fomenté par des légionnaires et des japonais devait déchaîner une révolte anarchiste ayant pour but de s'emparer des pouvoirs militaires et civils. Une liste noire d'officiers avait été établie.

Parmi les légionnaires, les principaux dirigeants étaient

KRAMER Hans (rapatrié sur l'AFN comme volontaire pour être remis aux autorités allemandes, arrivé en octobre 1944 et interné à Méchéria)

MICHELOWSKI Urnenty - polonais - C.A.2

D'autres dont les noms n'ont pu être relevés pour le moment, appartenaient à la 6º Cie.

Plusieurs auraient été traduits devant un T.M. et un ou deux auraient été fusillés.

/....

La découverte de ce complot motiva le déplacement du 2e
bataillon sur TONG,(en juillet 1941 - (la 6e Cie fut employée
à titre de sanction, aux travaux de piste et de coupe de bois à
BA-VI - 15 Kms de TONG).

g) Pression japonaise.- mi-1941 -

La pression japonaise se faisait sentir de plus en plus
et des dispositions furent prises en vue d'assurer la sécurité
du territoire.

Ainsi :

1º) le 1er bataillon, en garnison à BIEN HOA (Cochinchi
depuis avril 1941, à l'arrivée des japonais, en août 1941) se
déplace à SEPT-PAGODES (30 Kms de BAC-NINH) pour repartir presq
aussitôt sur le Tonkin, les japonais ayant exigé l'évacuation d
la garnison.

Il s'installe enfin à KIM-DAY à 3 Kms de TONG,

2º) le 3e bataillon, le 29.9.41, se déplace avec missio
de surveillance de la frontière chinoise à YEN-BINH-XA à 70 Kms
de HA-GIANG (section spéciale du 5e R.E.I.

Le 20.12.1941, il reprend sa garnison de TUYAN-QUANG.

Le 26.11.1944, sur ordres reçus du P.C. du Régiment, il
fait mouvement sur CAO-MAI (20 Kms au Nord Est de VIETRI) pour
effectuer des tournées de police.

3º) Le 18.10.44, la S.H.R. du 5e R.E.I. à VIETRI, se re
en secteur à COTICH (17 Kms Nord de Vietri)

h) Coup de force japonais du 9.3.1945

Par suite du refus des autorités françaises de prêter d
matériel de transport aux japonais pour leurs besoins de guerre
l'agression japonaise a lieu simultanément dans les garnisons
françaises d'Annam, Cochinchine, Laos et Tonkin, dans la nuit
du 8 au 9 mars 1945.

1º) P.C. de VIETRI : Dans la nuit du 8 au 9.3.1945, la
garnison est faite prisonnière san
combat (renseignement donné par le
lieutenant DESFOSSE qui a pu, en s
sauvant, rejoindre la SHR à COTICH

2º) S.H.R. à COTICH: Le 3.9.45 à 2 heures du matin, le
s/Lt.MULLER, chef des transmissions
qui se trouvait à environ 1 km 500
de COTTICH, donne l'ordre à son ad
joint de renforcer le poste de poli
de la section et de lui envoyer du
renfort au poste-radio. Il donne é
lement l'ordre de distribuer des mu
nitions et de prendre les dispositions d'alerte.
Vers 6 heures du matin, des élément
d'infanterie japonaise transportés
en camion, se présentent devant CO-
TICH et ouvrent le feu.

/...

Le sous-lieutenant MULLER est tué sur le
coup ainsi qu'une grande partie du personnel
du poste-radio (renseignements fournis par
les sergents SEGINA et STAUDENMANN qui ont
pu s'évader du Poste et rejoindre le P.C. de
la section).
La S.H.R. se replie sur TIEN-KIEN, direction
de PHUTO, et rejoint le 3º bataillon sur les
hauteurs dominant TIEN KIEN.

3º) 1º Bataillon à KIM DAY :

A la tombée de la nuit du 9.3.1945, on en-
tendait le bombardement sur HANOI. Les japonais se trouvaient à environ 2 Kms de KIM-
DAY.
Vers 20 h 30, le 1er Bataillon se déplace,
très vite, en direction du fleuve rouge, re-
connu d'avance.
Les aviateurs français combattent aux environs de TONG, ralentissant ainsi l'avance
japonaise.
Les éléments du premier bataillon, se regroupent sur la route de SONLA.

4º) 2º Bataillon à TONG :

Vers 10 heures du soir le 9.3.45, le bataillon quitte la garnison. Le lendemain TONG
est occupé par les japonais dont quelques
éléments attaquèrent le bataillon sur la
route de HUNG-HOA (27 Kms de TONG)
Le fleuve rouge est traversé.

5º) 3º Bataillon, dans la région de CAO-MAI

Dans la nuit du 9.3.45, le 3º Btn.est averti par T.O. de la Division d'Hanoï de se tenir prêt. Le bombardement d'Hanoï avait été
entendu.
Au petit jour du 10 mars, arrive l'ordre de
se porter à COTICH pour dégager la S.H.R.
Fait mouvement, à l'exception de la 9º Cie
qui se trouvait dans le secteur d'ACTRI et
n'a pu être avertie; arrive à TIEN-KIEN où
il rencontre les éléments restants de la SH
Tient sur TIEN KIEN jusqu'à 18 heures. Avan
le décrochage sur CAO-MAI, il est procédé à
la destruction du matériel de transmissions
Après le combat du 10 mars, le groupe de
mortiers 81 et le groupe du canon 25 n'ont
pas rejoint.
Par des isolés qui ont pu rejoindre, on apprend que le chef du groupe de mortiers 81,
l'adjudant EDINGER Franz, après avoir jeté
les pièces à l'eau, était passé aux japonai
ainsi que le sergent MERTES Pierre,chef du
groupe du canon 25. Cette pièce, après avoi
été détruite, a été laissée sur place, elle

n'aurait,d'ailleurs, été d'aucune utilité,
les japonais ne possédant pas de chars.
Le Bataillon arrive à CAO MAI et traverse
le fleuve rouge.

6º) Jonction des trois bataillons du 5º REI et autres éléments

Dans la journée du 10 mars s'effectue la
jonction des trois bataillons après la tra-
versée du fleuve Rouge
Réorganisation du dispositif.
Le général ALEXANDRI prend le commandement
de la Brigade formée par la Légion, la coloniale et l'aviation (sans les avions restés dans les bases de TONG et HANOI).
Après avoir traversé la Rivière Noire, les
annamites de la Légion ont été désarmés et
rendus à la vie civile.
A l'arrivée à Petit CO-NOY, il est procédé
à une distribution de matériel d'armement
américain et de vivres qui avaient été para-
chutés et stockés.
Une deuxième distribution de mitraillettes
a lieu à MONG LA.
Les trois bataillons de légion se disper-
sent à nouveau :

le 1er bataillon: suit la direction de la route de SONLA

le 2º bataillon : suit le 1º bataillon

le 3º bataillon : prend la direction du Nord de SONLA

la S.H.R. : marche seule, puis est versée au 1º bataillon le 20.3.45, sur la route de SONLA.

Le 3º bataillon est celui qui a eu le plus
d'accrochages sérieux les 11, 17, 20, 24 et
26 avril 1945.

7º) Franchissement de la frontière chinoise.-

le 1er et le 2º : franchissent la frontière chinoise le 2 mai
bataillon   1945 à XIENG-HONG

                                                    (12.5.4
1º point de ralliement en Chine : SZE-MAO
2º point : SAOUPA

le 3º bataillon : franchit la frontière le 30 avril 1945, se
rend à IOU le 2.5.45 où il est reçu par la
Mission Française.
Le 11 mai 1945, il arrive à SZE-MAO

III - CONDITIONS DE COMBAT.-

a) Légion Etrangère

1º) armement :

- armement individuel (fusil 86/92 - mousqueton 16 - fusil 15)
- fusil-mitrailleur Hotschkiss
- mitrailleuse Hotschkiss
- mortiers 60 et 81

2º) Reçu au cours des opérations (mars 45 par parachute)

- mitraillettes
- F.M. Brandt
- mortiers 50
- lance-fusées

3º) Moyens de transport

- chevaux de bât annamites (force 50 Kgs maximum)

b) armée japonaise

1º) armement

- armement individuel similaire à celui de la Légion, supériorité en armes automatiques.

2º) Moyens de transport

- camions genre "Dodge" américains (malgré la destruction des ponts remplacés rapidement par des moyens de fortune)
- chevaux
- Pas de blindés.

Glossaire

ACL   antenne chirurgicale légère - Premiers soins au contact des combattants.

AEF   Afrique équatoriale française - Parmi les premiers à se rallier à la France libre dès 1940.

AM   automitrailleuse de type français jusqu'en Tunisie, américain par la suite.

AOF   Afrique occidentale française - Fut plus reticente à se rallier à la France libre (incidents de Dakar en 1940).

BCA   bataillon de chasseurs alpins - Les 6e et 14e participèrent à l'expédition de Narvik.

BEP   bataillon étranger de parachutistes formé en 1948.

BLE   bataillon de Légion étrangère - Unité formant corps de la 13e DBLE.

BM   bataillon de marche - Le plus célèbre fut le bataillon de marche du Pacifique à Bir-Hakeim.

CA   compagnie d'accompagnement ou d'appui - Abréviation de corps d'armée.

CAB   compagnie d'accompagnement de bataillon.

CAC   compagnie antichar en service à la 13e DBLE.

CC   compagnie de combat ou, en 1944, *combat command*, l'équivalent d'une brigade interarmes.

CHR   compagnie hors rang - Unité de commandement et des services de cette époque.

CL   compagnie lourde regroupant les appuis feu du bataillon.

CRE   compagnie régimentaire d'engins - En 1939 elle comprend principalement des chenillettes.

DB   division blindée - L'armée française en compte 3 en 1944.

DBLE   demi-brigade de Légion étrangère créée en 1940 pour opérer en Finlande.

DBMLE   selon le cas, demi-brigade de montagne de Légion étrangère ou de marche.

DCA   défense contre avion - Peu efficace contre la *Luftwaffe* en 1940.

DCRE   dépôt commun des régiments étrangers situé à Sidi-Bel-Abbès.

DFL   1re division de Français Libres - Combattit dans l'armée britannique entre 1941 et 1943.

DI   division d'infanterie - Grande unité de base de l'armée française en 1939.

DIA   division d'infanterie algérienne créée pour le CEF d'Italie en 1943.

DIM   division d'infanterie motorisée - Changement d'appellation de la 1re DFL.

DIC   division d'infanterie coloniale formée en majorité de troupes noires.

DINA   division d'infanterie nord-africaine issue de l'armée d'Afrique entre 1930 et 1940.

DMM   division marocaine de montagne créée pour le CEF d'Italie en 1943.

EHR   escadron hors rang au 1er REC et au GRD 97.

EM   état-major d'une unité à partir de la taille d'un régiment.

EV   engagé volontaire - Défense les candidats à l'engagement dans la Légion étrangère.

EVDG   engagé volontaire pour la durée de la guerre en 1939.

FLAK   défense antiaérienne allemande.

FV   fusilier voltigeur - Soldat de base d'une section d'infanterie.

GA   groupe autonome - GA/1er REC mis sur pied pour la campagne du Tunisie en 1942.

GPU   police secrète soviétique des années 1930 redoutée de la population.

GRD   groupement de reconnaissance divisionnaire - Unité de cavalerie blindée légère mobilisée en 1940.

GV   grenadier voltigeur - Fantassin de base.

JMO   journal de marche et opérations tenu par une unité aussi bien en temps de paix qu'en campagne.

MAS   Manufacture d'armes de Saint-Etienne - Son fusil Mle 36 équipe une partie de l'infanterie en 1939.

NKVD   Police secrète soviétique particulièrement efficace durant la Deuxième Guerre mondiale.

PAK   canon antichar allemand.

PC   poste de commandement sur un théâtre d'opérations.

RA   régiment d'artillerie - Répartis par groupes dans les *combat commands* en 1944-45.

RCA   régiment de chasseurs d'Afrique - Unité de reconnaissance blindée similaire au 1er REC.

RCC   régiment de chars de combat - Le 501e se distinguera avec la 2e DB de Leclerc.

RE   régiment étranger - Appellation d'origine de la Légion étrangère.

REC   régiment étranger de cavalerie créé en 1920 avec d'anciens soldats russes blancs.

REI   régiment étranger d'infanterie - Appellation actuelle du 2e régiment de la Légion étrangère.

REIM   régiment étranger d'infanterie de marche - Mis sur pied durant la campagne de Tunisie en 1942-43.

RMLE   régiment de marche de la Légion étrangère créé le 11 novembre 1915.

RMVE   égiments de marche de volontaires étrangers formés en 1939-40 au Barcarès.

RTA   régiment de tirailleurs algériens - Campagne d'Italie 1943-44 et libération de la France.

RTM   régiment de tirailleurs marocains - Campagne d'Italie 1943-44 et libération de la France.

RTT   régiment de tirailleurs tunisiens - Campagne d'Italie 1943-44 et libération de la France.

SMOLE   Service du moral et des œuvres de la Légion étrangère jusqu'aux années 1970.

TED   tableau des effectifs et dotations d'une formation militaire.

VNQDD   sigle du parti indépendantiste vietnamien dirigé par Hô Chi Minh en 1945.

Glossary

ACL First aid post or casualty clearing station.

AEF French Equatorial Africa

AM armoured car - French up until Tunisia and afterwards, American.

AOF French West Africa

BCA Chasseur Alpin Battalion.

BEP Foreign Legion Parachute Battalion, formed in 1948.

BLE Battalion of the Foreign Legion, unit forming the body of the 13th DBLE.

BM Foot battalion - the most famous was the Pacific BM at Bir Hacheim.

CA 1).Support company, 2). Army Corps

CAB Battalion support company.

CC Rifle company, or in 1944, combat command, an American style all-arms battle   group.

CHR Headquarters company.

CL Heavy weapons company.

CRE Regimental motorised and engineer company - In 1939, mainly equipped with tracked carriers.

DB Armoured division. The French army had three in 1944.

DBLE Foreign Legion demi-brigade created in 1940 for operations in Finland.

DBMLE Either a mountain or mechanised demi-brigade.

DCA Anti-aircraft defence or gun.

DCRE Central depot of the Legion at Sidi-bel-Abbes.

DFL 1st Free French Division, fought in the British army 1941-43.

DI Infantry division.

DIA Algerian Infantry Division. Created for the Italian campaign in 1943.

DIM Motorised Infantry Division, originally the DFL.

DIC Colonial Infantry Division, composed mainly of black troops.

DINA North African Infantry Division, Formed from the Army of Africa between 1930 and 1940.

DMM Moroccan Mountain Division. Created for the Italian campaign 1943.

EHR Headquarters squadron of the 1st REC and the GRD 97

EM Staff of a unit larger than a battalion.

EV Foreign volunteer. Title of a member of the Foreign Legion.

EVDG Foreign volunteer for the duration of the war.

FLAK German anti-aircraft defence.

FV Rifleman/private soldier.

GA Independent detachment. Formed as a part of the REC for the Tunisia campaign

GPU Soviet Secret Police in the 1930's.

GRD Divisional reconnaissance group. Light mechanised cavalry unit mobilised in 1940.

GV Private soldier/infantryman.

JMO Unit war diary

MAS St. Etienne arms factory. Its 1936 pattern rifle was issued to come of the infantry in 1939.

NKVD Soviet secret police during WW11.

PAK German anti-tank weapon.

PC Command post or headquarters.

RA Artillery regiment.

RCA African Scout Regiment. Armoured reconnaissance unit similar to the 1st REC.

RCC Tank regiment.

RE Foreign Regiment. Original name for the Legion.

REC Legion Cavalry Regiment formed in 1920 from White Russian veterans.

REI Legion Infantry Regiment.

REIM Legion Foot Regiment - Tunisia 1942-3

RMLE Legion Foot Regiment created 11 November 1915.

RMVE Infantry regiments of foreign volunteers formed in 1939-40 at Bacarès.

RTA Algerian Rifle Regiment. Italy 1943-4 and liberation of France.

RTM Moroccan Rifle Regiment. Italy 1943-4 and liberation of France.

RTT Tunisian Rifle Regiment. Italy 1943-4 and liberation of France.

SMOLE Legion welfare association during the 1970's.

TED War establishment of a unit.

VNQDD Acronym of the Vietnamese independence party led by Ho Chi Minh in 1945.

Sommaire/*Summary*

Imprimé en France.- JOUVE, 18, rue Saint-Denis, 75001 PARIS
N° 279379E. - Dépôt légal : Avril 2000